Lothar Lang Malerei und Graphik in Ostdeutschland

Lothar Lang

Malerei und Graphik in Ostdeutschland

Faber & Faber

Inhaltsverzeichnis

Vorwort

Vor 25 Jahren, im November 1977, erschien bei Edition Leipzig in Erstauflage mein Buch *Malerei und Graphik in der DDR*. Es wurde von einem westdeutschen Rezensenten in einer großen Tageszeitung »ein vergleichsweise liberales Buch« genannt, während es ein ostdeutscher Kunstkenner in einer Laudatio als ein »der zeitgenössischen Kunstkritik weit vorauseilendes Buch« bezeichnete. Letzteres verwundert schon deshalb nicht weiter, weil es Künstler wie Altenbourg, Claus und Glöckner würdigte und ihnen im Ensemble der in der DDR entstandenen Kunst einen gebührenden Platz einräumte. Manche Maler wurden durch diese Publikation aus ihrer Isolation befreit, die nicht immer selbst gewählt worden war.

Das Buch erlebte drei Auflagen und weitere zwei Auflagen als Taschenbuch, die letzte 1986.

Wenn ich jetzt zum gleichen Gegenstand, nun historisch erweitert, ein Buch vorlege, das nahezu ein halbes Jahrhundert Malerei in Ostdeutschland überblickt, so sind darin auch Passagen aus dem Buch von 1977 (1986) aufgehoben, die zu ändern nicht notwendig gewesen ist. Zeitliche Distanz und neu gewonnene Erkenntnisse über Kunst und Künstler in dem untergegangenen Staat veränderten zwar nicht die Haltung zu jener Kunst, aber die Jahre brachten, frei von Selbstzensur und Opportunitäten, doch eine modifizierte Sichtweise.

Ich bin zu der Auffassung gelangt, daß es eine »DDR-Kunst« nicht gegeben hat, wohl aber Werke von Künstlern, die in der Deutschen Demokratischen Republik gelebt und gearbeitet haben. Das ist keine Sophisterei, sondern folgt einer kunsthistorischen Denkschule, die von Julius von Schlosser bis Ernst Gombrich entwickelt worden ist. Daraus folgert, daß Künstler, die sich der Staatsmacht verweigerten, nicht aber dem Land und seinen Menschen, ebenso Gegenstand dieses Buches sind wie jene, die im Prozeß innerhalb der gesellschaftlichen Verhältnisse mehr oder weniger Öffentlichkeit erlebten, und auch solche, die mit Privilegien überhäuft worden sind. Der Autor selbst war seinerzeit als Kritiker, Ausstellungsmacher, Graphikverleger und kunstwissenschaftlicher Buchautor streitbar im Für und Wider der künstlerischen Entwicklung verflochten. Als Publizist suchte er im Pro und Kontra jener Jahrzehnte sowohl der Wahrheit verbunden zu bleiben als auch das Risiko auszuhalten, Irrtümern zu erliegen.

Dieses Buch beschäftigt sich nur mit Malerei und Graphik. Angewandte Bereiche bis zur architekturgebundenen Kunst (Wandmalerei), ebenso aktionelle und intermediale Kunstformen (Objektkunst, Kunstinstallation, Mediencollage usw.) sind nicht Gegenstand der Untersuchung, obgleich auf sie gelegentlich verwiesen wird. Gegenstand dieses Buches ist auch nicht das verwirrende Auf und Ab der Kunstpolitik, obschon dieses nicht vollständig ausgeklammert wird. Im Vordergrund stehen die künstlerischen Ergebnisse, die Leistungen der Künstler, und zwar so, wie sie der Autor selbst gesehen und erkannt hat. Nicht alle Künstler, die es wert gewesen wären, konnten dabei in Wort und Bild berücksichtigt werden. Die Auswahl bleibt subjektiv, aber nicht einseitig. Bernhard Heisig ist ebenso vertreten wie Gerhard Altenbourg, Hermann Glöckner und Michael Morgner, um nur vier wichtige und von ihrer künstlerischen Auffassung her konträr zueinander stehende Künstler zu nennen.

Das unbeirrbare Bewußtsein von der eigenen Bedeutung, eine Hybris, die vielen Künstlern lebensnotwendig ist, soll hier unberührt bleiben. Aber der Platz im künstlerischen Prozeß kann weder selbst ausgesucht noch vom Kritiker zugewiesen werden. Der Platz muß erarbeitet sein, er kommt auf den Künstler zu, ob er will oder nicht. Am Ende kennt die Kunstgeschichte jenseits vom Streit des Tages eine eindrucksvolle Gerechtigkeit.

Dieser Arbeit wurde hilfreiche Unterstützung entgegengebracht. Ein herzlicher Dank gebührt den Mitarbeitern mehrerer Museen und Galerien, zahlreichen Künstlern und Wissenschaftlern, darunter besonders Dr. Gabriele Werner (Dresden), Jörg-Heiko Bruns (Erfurt) und Dr. Hans-Georg Sehrt (Halle). Nicht zuletzt bin ich den beiden Verlegern Elmar und Michael Faber dankbar, deren fortgesetzter Zuspruch das Buch überhaupt erst ermöglichte, und meiner Frau Elke, welche wie immer die textliche Kleinarbeit geleistet hat.

Lothar Lang *Spreewerder bei Berlin, Mai 2002*

Die Kunst der ersten Jahre nach 1945

Stunde Null

Als der Krieg zu Ende war, schien es, als sei in Deutschland jegliche Kultur erloschen. Zumal in den großen Städten, zumal in Berlin. Die alte Reichshauptstadt, die Metropole der »goldenen zwanziger Jahre«, einst eines der aufregendsten Kunstzentren Europas, lag in Trümmern, eine Wüstenei aus zerborstener Architektur, »eine radierung Churchills nach einer idee hitlers«, wie Bertolt Brecht im Oktober 1948 in seinem *Arbeitsjournal* notierte. Gleiches Schicksal widerfuhr Dresden, Hamburg und anderen deutschen Städten. Zwei Gemälde reflektieren Symptome jener Zeit. Karl Hofers *Frau in Ruinen* und Heinrich Ehmsens *Das Ende eines Krieges*. Beide Bilder sind 1945 gemalt. Hofer stellt eine fragend-zweifelnde Frau als Metapher in das Chaos der Trümmer, Ausweglosigkeit, Trauer, Ohnmacht und die bange Frage: Was soll werden? Ehmsen malt das Bild einer gespenstischen, scheinbar surrealen Szene zwischen Traum und Spuk, dennoch wirklich: Menschen im Ungewissen, ratlos und auf der Suche. Das war auch die Situation der Kunst. Stunde Null?

Sensible Beobachter, wie der Kunstkritiker Werner Haftmann, fragten sich im Frühjahr 1945, »ob in der Vollständigkeit des Zusammenbruchs und der Zerstörung nicht auch die tiefere Gemeinschaft der schöpferischen Kräfte vernichtet worden sei ...«.[1] Das war keineswegs der Fall. Aber die vorhandenen Kräfte erwiesen sich als nur unzureichend auf die neue Situation vorbereitet. Die Künstler reagierten zudem auch sehr verschieden. Willi Baumeister, von dem 1947 ein grundlegendes Werk zur Entwicklung der Abstraktion in der Malerei *(Das Unbekannte in der Kunst)* erscheinen sollte, notierte in seinem Tagebuch unter dem 20.10.1945: »Das Jahr 1945 brachte nicht die allgemeine künstlerische Wiedergeburt in Deutschland, wie sie sich 1919 ereignete. Der Elan der Schaffenden war durch die vielen Jahre der gründlichen Irreführung und Einschüchterung gehemmt. Die Jugend hatte keine echte zeitgemäße Kunst gesehen.«[2] Auch Max Beckmann hielt in seinem Tagebuch die »eintönige Monotonie des ersten Nachkriegsjahres« fest.[3] Eine andere Position formulierte Werner Gilles. Er gehörte als Maler zu einer Zwischengeneration, die erst nach 1945 in das Bewußtsein der Öffentlichkeit treten konnte. In einem Brief vom 21.10.1945 schrieb er: »Der Krieg war kaum ein paar Tage zu Ende, da stand eine neue Welt in neuem Lichte vor mir. Über Nacht waren die Ketten gesprengt, und sorgsam verstecktes Unterbewußtes blühte hoffnungsvoll auf.«[4] Gilles nannte den Sommer 1945 den schönsten seines Lebens. Der Maler Heinrich Ehmsen erinnert sich so: »Es war kulturell gesehen der Beginn einer neuen Zeit. Mit Paul Wegener, Ernst Legal, Karl Hofer und Hans Scharoun begannen wir zu planen und zu arbeiten.«[5] Viele Künstler empfanden und handelten wie Gilles oder Ehmsen, zumal solche, die aus dem Exil zurückgekehrt oder, wie Herbert Sandberg, aus dem Konzentrationslager befreit worden waren. Eine »Stunde Null« war das Jahr 1945 für Malerei und Graphik nicht.

Die tiefgreifenden, jedoch nicht immer gleich erkennbaren Prozesse, welche die Kunstgeschichte bewegen, beginnen selten mit einem exakt festlegbaren Datum. Aber das Jahr 1945 brachte im chronologischen Ablauf der Weltgeschichte einen so tiefen Einschnitt, daß es in vieler Hinsicht als historische Wende, als fundamentaler Neubeginn in das Bewußtsein der Völker eingegangen ist. Wer von heute aus auf das Jahr 1945 zurückblickt, sieht einen Wandel in der Welt, wie er tiefer und folgenreicher kaum vorstellbar ist. Die politischen Landkarten mußten auf vielen Kontinenten geändert werden.

Auch für die Kunstentwicklung bedeutete das Jahr 1945 eine Zäsur. Es war eine historische, keine kunsthistorische. Nach der Zerschlagung des Faschismus, nach dem Zweiten Weltkrieg, nach den Konzentrationslagern, nach der Atombombe von Hiroshima war das Vertrauen in die alte Gesellschaft und in ihre Kultur weithin erschüttert. Die Ereignisse lösten an den verschiedensten Orten der Welt kreative Prozesse aus, die das Erscheinungsbild der bildenden Künste allmählich wandelten. Für die Kunst in der DDR wird in dem Jahrfünft zwischen 1945 und 1949 der Grundstein gelegt.

Die ersten Ausstellungen

Aller Anfang ist schwer. Aber hinter dem Neubeginn im Jahre 1945 standen Leidenschaft und Elan, der entschiedene Wille, die Welt und die Künste der Humanitas zurückzugeben. Deshalb gehörte die Sammlung der antifaschistischen, humanistischen und demokratischen Kräfte innerhalb der deutschen Intelligenz zu den vordringlichsten Aufgaben jener Jahre. Ihr waren auch die ersten großen Ausstellungen nach dem Kriege verpflichtet, insbesondere die »I. Deutsche Kunstausstellung der Deutschen Zentralverwaltung für Volksbildung« in Berlin (Mai/Juni 1946) und die »Allgemeine Deutsche Kunstausstellung« in Dresden (August bis Oktober 1946). Im Vorwort zum Katalog der Berliner Ausstellung stellt der Schriftsteller Erich Weinert fest: »Die Kunst im neuen Deutschland (und auch die Literatur) ist sichtlich noch um den revolutionären Ausdruck verlegen. Das ist kein Wunder … Was gezeigt wird,

Horst Strempel *Nacht über Deutschland* 1945/46. Öl. 150 x 168 cm (Mittelteil des Triptychons). Berlin: Nationalgalerie

kann noch nicht mehr sein als eine erste Inventur.« Woher – wohin? Das wurde zu einer Grundfrage, mit der sich die schöpferischen Kräfte unter den Künstlern in langen Streitgesprächen beschäftigten. Der Disput war nicht auf die deutschen Kunstzentren beschränkt, er wurde in verschiedenen europäischen Ländern, zumal in Frankreich und in Italien, ebenfalls ausgetragen und konzentrierte sich auf die Frage, ob sich die Kunst in den gesellschaftlichen Auseinandersetzungen zu engagieren habe. An freundschaftlichem Rat fehlte es nicht. Alexander Dymschitz, Kulturoffizier der Sowjetischen Militäradministration, gab in seiner Rede zur Eröffnung der Dresdner Ausstellung drei Hinweise:

- »Schafft eine Kunst, die die Seele eines befreiten Volkes widerspiegelt.
- Schafft eine Kunst, die dem deutschen Volk die Selbstachtung und die Achtung anderer Völker wiedergibt.
- Schafft eine Kunst, die tief im Volke wurzelt, die das Volk begeistert und die es mit allen Völkern verbindet!«[6]

Diese Sätze formulierten bereits ein allgemeines ideologisches Programm für die Entwicklung der Künste. Sie blieben die breiteste theoretische Grundlage für den Kunstprozeß in der Deutschen Demokratischen Republik. Die beiden Ausstellungen in Berlin und Dresden aber waren zunächst einmal ein wichtiges »Dokument aller Richtungen und Auffassungen, die den deutschen Beitrag zur Kunst seit dem Jahrhundertbeginn bedeutsam« gemacht hatten.[7] Ihr unbestreitbares historisches Verdienst bestand darin, ein erstes Wiederbegegnen mit den von den Nazis verfemten oder in die Isolation gedrängten Künstlern ermöglicht zu haben. Endlich konnten die Werke der politisch Verfolgten ans Tageslicht kommen, etwa die Arbeiten von Hermann Bruse, Hans und Lea Grundig und Herbert Sandberg – auch von Alfred Frank, Fritz Schulze, Kurt Schumacher und Johannes Wüsten, die von den Faschisten ermordet worden waren. Von den Verfemten (und Verstorbenen) wurden Otto Mueller, Oskar Schlemmer, Paul Klee, Ernst Ludwig Kirchner und Christian Rohlfs geehrt, mit besonderem Nachdruck aber Käthe Kollwitz und Ernst Barlach. Selbstverständlich beteiligten sich die wichtigsten Meister der deutschen zeitgenössischen Kunst wie Max Beckmann, Otto Dix, Lyonel Feininger, George Grosz, Erich Heckel, Oskar Kokoschka, Max Pechstein und Karl Schmidt-Rottluff – alles Künstler, die von den Nazis auf die Liste der »Entarteten« gesetzt, deren Werke aus den öffentlichen Sammlungen gerissen und in diffamierenden Ausstellungen als Beispiele eines »Kulturbolschewismus« an den Pranger gestellt worden waren. Schmidt-Rottluff lebte damals, 1945, in Chemnitz. Der Künstler stellte sich dem Neuaufbau sofort zur Verfügung: Von seiner Hand stammt ein Plakat-Entwurf »Chemnitz baut auf«, und bei der Wahl kandidierte er als Parteiloser für die Liste der SED. In den Ausstellungen sah man natürlich auch Werke anderer bekannter Maler, so von Willi Baumeister, Werner Gilles, Ernst Wilhelm Nay, Karl Rössing und Rudolf Schlichter. Zu ihnen gesellten sich nahezu alle wesentlichen Künstler, die damals in Berlin oder Dresden ansässig waren. Die Jahre des faschistischen Terrors von 1933 bis 1945 spiegelten sich indessen nur in wenigen Werken überzeugend und bedeutsam wider: Sie wurden abstrakt reflektiert in den *Triebkräften der Erde* (1944) von Fritz Winter und zu eindringlichen, realistischen Symbolen verdichtet in Gemälden von Hans Grundig (*Das Tausendjährige Reich*, 1935–1938; *Kampf der Bären und Wölfe*, 1938) und in Arbeiten von Magnus Zeller (*Der Hitlerstaat*, 1938; *Staatsbegräbnis*, 1944).

Neue Sinnstiftung und frühe Irritationen

Die Ausstellungen von 1946 waren im großen und ganzen ein Spiegelbild des Ratlosen, ein Ausdruck der Sprachlosigkeit des schöpferischen Menschen vor dem unvorstellbaren Ausmaß des geistigen Niedergangs und der materiellen Zerstörung. In ihnen konnte keine Antwort gefunden werden auf die Frage, welche bildnerischen Ideen der historischen Stunde gemäß seien. Die Anregungen, die den neuen Kunstprozeß beförderten, kamen jedenfalls von außerhalb der Kunst, wurden verursacht durch die grundlegenden gesellschaftlichen und ökonomischen Veränderungen in der Sowjetischen Besatzungszone. Diese führten zur Herausbildung einer »antifaschistisch-demokratischen Ordnung« (Enteignung des Großgrundbesitzes und Entwicklung einer neuen Agrarstruktur, Bodenreform, Schulreform, Entmachtung des Monopolkapitals, Bildung und Festigung eines volkseigenen Sektors in der Industrie usw.). Zu den wichtigen gesellschaftlichen Forderungen gehörten: die demokratische Erneuerung der deutschen Kultur; ein kämpferischer, realer Humanismus in Kunst und Literatur; die Überwindung der Kluft zwischen Arbeiterklasse und Intelligenz sowie eine wirklichkeitsnahe und volksverbundene Kunst, in welcher der »schaffende Mensch mit all seinen Nöten, seinen Bedürfnissen und Rechten, aber auch mit all seinen unerschöpflichen Fähigkeiten ... im Mittelpunkt der ... Gestaltung« steht.

Ende 1948 kam es infolge einer allgemeinen Unzufriedenheit über den Zustand der bildenden Künste zu einer großangelegten, in Offenheit und mit Leidenschaft geführten Diskussion »über die formalistische Richtung in der deutschen Malerei«, die vorwiegend auf den Seiten der *Täglichen Rundschau*, der Zeitung der Sowjetischen Militäradministration in Deutschland, ausgetragen wurde. An der von Alexander Dymschitz ausgelösten Debatte beteiligten sich unter anderen die Maler und Graphiker Herbert Sandberg, Horst Strempel und Oskar Nerlinger. Der Streit ist Geschichte. Er erreichte in den Jahren 1951 bis 1953 seinen Höhepunkt und wurde nicht nur in der bildenden Kunst geführt (vergleiche die Kritikerschlacht um die Inszenierung der *Mutter Courage* von Bertolt Brecht 1949).[8] Auf dessen weit zurückreichende Ursachen kann in unserem Zusammenhang schon aus Platzgründen nicht eingegangen werden. Er spülte zahlreiche falsche, ungerechte und einseitige Urteile über Künstler und Kunstwerke heraus. Bei der Dix-Ausstellung 1949 in Dresden, um nur dieses eine Beispiel zu nennen, entdeckte der Kritiker Heinz Lüdecke in seiner Rezension im *Neuen Deutschland* vom 23.5.1945 den »Verfall einer einst kämpferischen Malerpersönlichkeit« und konstatierte ein Ausweichen in »mystisch-verschwommene Räusche« (*Neues Deutschland* vom 23.9.1949). Trotz noch lange nachwirkender Fehleinschätzungen, die zahlreiche Künstler beschädigten, haben die Auseinandersetzungen partiell dazu beigetragen, das Bewußtsein zahlreicher Künstler von der Verantwortung vor Gesellschaft und Geschichte (und vor dem künstlerischen Erbe) zu wecken und zu schärfen. Die Auseinandersetzungen spielten auch in die Debatte hinein, die zwischen Karl Hofer und Oskar Nerlinger, den beiden Herausgebern der 1947 gegründeten Zeitschrift *bildende kunst*,[9] über das Thema »Kunst und Politik« geführt wurde.

Bildnerisch tragfähige Antworten auf diese Auseinandersetzungen wurden in verschiedenen Kunstzentren gesucht und auf mehreren Ausstellungen zur Diskussion gestellt. Schon 1945 hatte sich in Dresden die Künstlergruppe »Der Ruf« gebildet. Zu ihr gehörten unter anderen Edmund Kesting, der aus dem *Sturm*-Kreis um Herwarth Walden kam und der mit Lichtmontage, Fotogramm und Fotografik seinen Anteil an der modernen Kunst hat, die ehemaligen Mitglieder der »Assoziation Revolutionärer Bildender Künstler« (ASSO) Hans Christoph und Erna Lincke, die Maler Helmut Schmidt-Kirstein und Karl von Appen, der später Brechts wichtigster Bühnenbildner am Berliner Ensemble wurde, sowie der Maler, Zeichner und Plastiker Hermann Glöckner, der mit logischer Konsequenz einen der bemerkenswertesten Beiträge zum deutschen Konstruktivismus ausarbeitete. Fritz Duda gründete 1946 in Berlin die »Arbeitsgemeinschaft sozialistischer Künstler«, die an die Tradition der ASSO anknüpfen wollte – zu ihr gehörten neben anderen Paul Fuhrmann, Alfred Beier-Red, Ernst Jadzewski, Horst Strempel und Paul Schultz-Liebisch. In Dresden bildete sich nach dem »Ruf« noch eine andere Künstlergemeinschaft: »Das Ufer – Gruppe Dresdner Künstler 1947«. Ihre Zielsetzung war politisch und kunstpädagogisch: Diese Künstler wollten die neue gesellschaftliche Wirklichkeit spiegeln, und sie wandten sich programmatisch an die Arbeiter. Die Gruppe trat bevorzugt mit Ausstellungen in Produktionsbetrieben hervor. Im Vorwort zum Katalog einer Betriebsausstellung (1949) schrieb der Schriftsteller Kurt Liebmann: Die Ziele der Gruppe heißen »Realismus gegen Formalismus ... Schönheit durch Wahrheit. Und: Die Kunst als Aufgabe, als gesellschaftliche Funktion und nicht: Kunst um der Kunst willen. Die Ufer-Leute gehen bewußt unter die Werktätigen, um von ihrem Leben und von ihrer Arbeit zu lernen. Sie wollen gleichzeitig das Bewußtsein der Arbeiter ansprechen und verändern.« Zu den Mitgliedern der Gruppe zählten Rudolf Bergander, Siegfried Donndorf, Alfred Hesse, Willy Illmer, Herbert Kunze, Franz Nolde, Fritz Skade, Fritz Tröger und Willy Wolff.

Auch aus Halle, wo Erwin Hahs und Carl Crodel als Lehrer und Inspiratoren wieder wirksam werden konnten und wo nach 1945 ein beispielloser Aufschwung des künstlerischen Lebens begann, traten Künstler hervor, die nach neuen Wegen suchten. Sie schlossen sich 1948 zur Gruppe »Die Fähre« zusammen. An den Ausstellungen waren unter anderen beteiligt: Karl Erich Müller, Willi Sitte, Fritz Freitag und Meinolf Splett. Die neuen Werke wurden auch auf einigen zentralen Ausstellungen (»150 Jahre soziale Strömungen in der Kunst«, Dresden 1948; »Mensch und Arbeit«, Berlin 1949) vorgeführt. Zu den interessantesten Arbeiten aus der Malerei und Graphik gehörten: Hermann Bruses Gemälde *Hungermarsch* (1945/46), Hans Grundigs Malerei *Den Opfern des Faschismus*, Radierungen von Lea Grundig, Zeichnungen von Josef Hegenbarth, Hans Theo Richter und Herbert Sandberg, Aquarelle von Richard Birnstengel, Eugen Hoffmann und Curt Querner, Pastelle von Wilhelm Lachnit, Linolschnitte von Eva Schulze-Knabe, Holzschnitte von Sella Hasse und Wilhelm Rudolph, Gemälde von Rudolf Bergander und Magnus Zeller.

In gleicher Richtung wie diese Gruppen und Ausstellungen wirkte in Berlin die von Herbert Sandberg und Günther Weisenborn herausgegebene Zeitschrift *Ulenspiegel* (1945–1950), die zu einem Sammelbecken antifaschistischer Künstler wurde. Der *Ulenspiegel* war nicht nur die erste satirische Zeitschrift nach dem Zweiten Weltkrieg, sondern auch die beste in jenen Jahren. Das künstlerische Bild dieser Zeitschrift war außerordentlich, es kann nur mit dem *Simplicissimus*, und zwar dem guten alten *Simplicissimus* bis 1914, verglichen werden. Der *Ulenspiegel* wurde in Berlin zu einem geistigen Kristallisationspunkt, der zu Vortragsreihen, Kabarettabenden usw. expandierte. Friedrich Wolf schrieb dazu: »Es begann mit der Zeitschrift, die sofort eine scharfe Klinge gegen die alten und neuen Dunkelmänner schlug. Doch sehr bald folgten die Ulenspiegelabende mit lebhaften Diskussionen über prinzipielle und aktuelle Fragen, es folgten Vorträge über die Grundfragen der bildenden Kunst und Literatur, bei denen – kontradiktorisch – je ein Referent bejahend oder verneinend zu einer These sprach; hierzu erschienen auch sehr bald Vortragende von jenseits der Zonengrenzen. Es gab dann eine regelmäßige Ulenspiegelsendung im Berliner Rundfunk.«[10] Zu den Zeichnern des *Ulenspiegels* gehörten neben Herbert Sandberg unter anderen Bele Bachem, Theo Balden, René Graetz, Josef Hegenbarth, Hannah Höch, Karl Hofer, Heinrich Kilger, Werner Klemke, Oskar Nerlinger, Max Pechstein, Hans Theo Richter, Paul Rosié, Elizabeth Shaw, Horst Strempel, Mac Zimmermann, Albert Schaefer-Ast, Karl Holtz und Jeanne Mammen. Die Zeitschrift, die sich nicht nur als satirisches Blatt, sondern als Bild-Wort-Periodikum für Kunst und Literatur verstand, ist eine Fundgrube für die künstlerischen Tendenzen und Probleme der ersten Nachkriegsjahre.

Dieser Neubeginn nach 1945 war eine Zeit voller Tatkraft und Zuversicht. Der Kunsthistoriker Gerhard Strauss erinnerte sich: »Nie zuvor und selten wieder habe ich so viele und so heiße Diskussionen unter Künstlern und Kunstengagierten erlebt wie in den ersten Jahren seit 1945 ... Jeder rang mit jedem um die Auswertung gemachter Erfahrungen für einen richtigeren Weg der Kunst, um deren Inhalt und Thema, um den unabdingbaren Anspruch der Form. Noch wirkte die Solidarität weiter, die aufrechte Künstler im politischen Kampf gegen den Faschismus oder mindestens in der Verteidigung der Kunst gegen ihn geübt hatten. Und immer standen den Künstlern Offiziere der Sowjetischen Militäradministration mitdiskutierend und helfend zur Seite, voller Achtung vor den Errungenschaften auch der deutschen Kunst, voller Anerkennung von deren Besonderheiten, klug auf neue Ziele weisend im Sinne der humanistischen Verpflichtung der Kunst.«[11] Insbesondere Berlin entwickelte sich in jenen Jahren zu einem neuen geistig-kulturellen Zentrum. Es war ein Aufbruch ohnegleichen. Er ist verschiedentlich mit den »großen« zwanziger Jahren verglichen worden: Es gab wieder gutes Theater mit erstklassigen Schauspielern, zahlreiche Ausstellungen, neue Literatur, eine Fülle von Zeitschriften ... Dennoch trifft der Vergleich nicht zu. Die zweite Hälfte der vierziger Jahre unterscheidet sich von den Zwanzigern durch eine andere historische Dimension: Der Sieg der Alliierten und der Sowjetunion über den Faschismus in Deutschland leitete eine grundlegende Veränderung der politischen Kräfteverhältnisse ein. Gegen Ende dieser kurzen fünf Jahre konstituierte sich die Bundesrepublik Deutschland, und es wurde die DDR gegründet. Eine solche Veränderung mußte sich auch auf Kunst und Künstler auswirken.

Herbert Sandberg *Die Eiferer* 1948. Holzschnitt. 17,5 x 12,5 cm.

Graphische Zyklen: Lea Grundig, Herbert Sandberg

Wie sahen die künstlerischen Ergebnisse dieser Jahre aus? Zunächst: Die wirklich bedeutenden Werke zwischen 1945 und 1949 entstanden in der Sowjetischen Besatzungszone ausnahmslos im Disput mit der Realität als progressive antifaschistische Bewältigung der jüngsten Vergangenheit; als Dokumentation der Katastrophe (Trümmerlandschaft, Hunger, Obdachlose); als sinnbildliche Reaktion auf das Geschehene; im Nachdenken über sich selbst (und über die Stellung des Künstlers in der Welt: Selbstbildnisse); als Reflektion des neuen Anfangs (Bilder vom Enttrümmern, vom »Anderswerden« usw.).

Große Bedeutung kam den Zyklen zu, in denen die jüngste Geschichte beschworen oder die aktuelle Situation protokolliert wurde. Sie begannen mit den Folgen von Lea Grundig und Herbert Sandberg und führten über Suiten von Conrad Felixmüller (*Jahr des Malers*, 1947; *Ich sah und schnitt in Holz*, 1947–1951), Oskar Nerlinger (*Krieg und Nachkrieg*, 1947/48), Ernst Hassebrauk (*Dresdener Visionen*, 1946–1949) und Wilhelm Rudolph (Dresden-Zeichnungen und Holzschnitte) bis hin zur Berlin-Mappe von Werner Heldt (Lithographien, 1949) und zu den in Holz gestochenen satirischen *Bemerkungen zur Zeit* (1949) von Werner Klemke.

Lea Grundigs und Herbert Sandbergs Zyklen sind wichtig, weil sich dahinter mit zwingender künstlerischer Kraft ein neues, ein antifaschistisches Geschichtsbewußtsein ausspricht. Lea Grundig knüpfte mit den Zeichnungs-Folgen *Ghetto* und *Ghettoaufstand* (1946–1948) und *Niemals wieder* (1944–1950) an ihre radierten Zyklen an, die seit 1933 entstanden waren. Die weiteste Verbreitung fanden aber ihre Zeichnungen der Folge *Im Tal des Todes*. Sie waren schon 1942/43 in Palästina, wohin sich die Künstlerin als Jüdin und Kommunistin mit einem der letzten Schiffstransporte retten konnte, zu Papier gebracht worden. 1947 wurden sie mit Texten von Kurt Liebmann, der einstens im Spätexpressionismus als Lyriker begonnen hatte, als erster Band der Bücherei *Zeit im Bild* (Sachsenverlag Dresden) publiziert. Der Zyklus *Im Tal des Todes* war im antifaschistischen Europa bereits von Palästina her bekannt. Oskar Kokoschka schrieb in einer Rezension: »Diese Künstlerin ... stellt die künstlerischen Ausdrucksmittel in den Dienst der reinen Menschlichkeit. In diesen Blättern, die an die Gewalttätigkeit eines

Beckmann, an eine Käthe Kollwitz in ihrer Tragik, und in ihrer Volkstümlichkeit an den lieben Berliner Zille, der ein scharfer Sittenrichter war, gemahnen, ballen Schatten und Licht sich zu Gestalten, die jedem unvergeßlich bleiben müssen, dem der Kampf für die Befreiung der Völker von Unterdrückung, der Kampf gegen den Faschismus kein Lippenbekenntnis ist.«[12] Lea Grundigs Zyklen sind optimistische Tragödien. Abhold jeglicher Schönfärberei, wird das erschütternde Geschick vieler Menschen geschildert, die vom faschistischen Moloch erniedrigt, gepeinigt und ermordet wurden. Das ist die Tragik, und die Graphikerin verschweigt sie nicht. Es geht der Künstlerin vor allem um die Opfer. Diese werden als die Großen jener Zeit vorgeführt. Und hier eben hellt sich die Tragik zuversichtlich auf: Lea Grundig glaubte an die Kraft des Menschen.

Auch ihre anderen Arbeiten aus jener Zeit belegen das. In den Zeichnungen lebt dramatische Dynamik (insbesondere in den Folgen *Ghetto* und *Niemals wieder*). Die kühne Drastik der Szenen, leidenschaftlich und zeichnerisch sicher mit dem Tuschpinsel auf das Papier gebracht, legt in der Wucht der Figurenkomposition eine stilistische Beziehung zur Graphik von Goya und Käthe Kollwitz nahe. Es hat längere Zeit gedauert, bis diese Werke in ihrem gedanklichen und formalen Reichtum verstanden worden sind. 1951 wurde ihnen in völliger Verkennung ihrer Bedeutung von dem Kunstwissenschaftler Joachim Uhlitzsch nachgesagt, eine »falsche Vorstellung von der Welt« zu übermitteln.[13]

Auch Sandbergs Zyklus *Eine Freundschaft* ist im Buch erschienen (Berlin: Aufbau-Verlag 1949). Im Erlebnisfeld stehen ihm Hermann Bruses Gemälde *Hungermarsch* (1945/46) und die Theresienstadt- und Mauthausen-Zyklen von Leo Haas nahe. Einige der 30 Holzschnitt-Skizzen waren bereits 1944 im Konzentrationslager mit Hilfe von Ofenruß und Schlämmkreide entstanden. Die Arbeiten wurden aber doch im Wesentlichen nach der Befreiung, und zwar 1946, vollendet. Auch hier weder Tagebuch des Grauens, wie das die ersten Veröffentlichungen über die Konzentrationslager waren, noch ein detailreicher, sachlicher Bericht über die Unmenschlichkeit der Lager. Was Herbert Sandberg ins Bild brachte, war zwar auch der grausame Alltag der Folterlager – aber in das Zentrum wurde ein Freundschaftserlebnis gerückt, die Solidarität mit einem Haftgenossen, einem jungen Tschechoslowaken. Der Zyklus, formal in manchem Element direkt von Masereels Holzschnittstil beeinflußt, kann in seiner zeitgeschichtlichen Bedeutung nur mit den ersten wesentlichen literarischen Verarbeitungen des KZ-Erlebens verglichen werden, etwa mit Wolfgang Langhoffs *Die Moorsoldaten* (München 1946), mit Günther Weisenborns *Memorial* (Berlin 1948) oder mit Nico Rosts *Goethe in Dachau* (München 1949) – hier wie dort geht es um mehr als um nackte Tatsachen. Methodisch bewegen sich Sandbergs Skizzen zwischen realistischem Detail und symbolhafter Überhöhung: Der Künstler sucht die äußerste Grenze einer vereinfachenden Form in der Schwarzweißkunst zu erreichen. Stilistisch verschafft sich in diesen Blättern der Expressionismus eine späte, merkbar eigenwillige Reaktion. In den folgenden Jahren wurde Sandberg ein graphischer Publizist von Rang. Besonders die Porträtzeichnungen und Zeichnungen im Brecht-Theater sind weithin bekannt geworden. Sandberg wurde nach Rudolf Großmann, B. F. Dolbin und Emil Orlik zum Porträtisten der geistigen Elite seiner Zeit. Insbesondere die Anregerschaft Großmanns ist nicht von der Hand zu weisen. Es hat nach Großmann nur wenige Pressezeichner gegeben, die im Porträt die gleiche Brillanz und Eleganz aufgebracht haben wie eben Sandberg. Die beiden Brecht-Zeichnungen *Berliner Ensemble* (1956) und *Brechts Verhör* (1959) sind die in aller Welt am meisten publizierten Arbeiten Sandbergs.

Requiem: Hans Grundig, Wilhelm Lachnit

Tritt bereits in Sandbergs *Tagebuch* das sinnbildhafte Element auf, so bestimmt es erst recht die besten Gemälde und Aquarelle jener Jahre. Hier müssen wenigstens die Bilder von Max Lingner (*Zwei Kriege – zwei Witwen*, 1946), Oskar Nerlinger (*Der letzte Soldat*, 1947), Erich Gerlach (*Der mitleidende Tod*, 1948, Aquarell) und Horst Strempel (*Nacht über Deutschland*, 1945/46) genannt werden. Für die Kunst in Ostdeutschland besonders

Wilhelm Lachnit *Der Tod von Dresden* 1945. Mischtechnik. 200,5 x 113,5 cm. Dresden: Galerie Neue Meister

wichtig werden Gemälde von Hans Grundig und Wilhelm Lachnit. Grundig erreichte mit der 2. Fassung (1. Fassung 1946) des Gemäldes *Den Opfern des Faschismus* (1946–1948) einen letzten Gipfel seiner Malkunst. Er beschreibt das Bild in einem Brief vom 16. Februar 1947 an seine Frau Lea: »Du siehst in einen riesigen Lagerhof hinein, abgeschlossen in der Horizontale von der endlosen Mauer, dahinter düstere Kiefern, jagende Wolken, Schwärme von Krähen, die Baracken der SS. Im Vordergrund zwei gestreckt liegende Tote, teilweise verdeckt durch Decken. Die toten Menschen lebensgroß, und einer zeigt ein ernstes, stilles Gesicht, und einer zeigt an seiner Kleidung, daß er ein gefangener kämpfender Mensch war. Sonst nichts. So wunderbar und schön wollte ich es malen, daß alle von der Gewalt des stillen Gesichtes, von der Haltung der armen, gequälten Körper erschüttert sind ... Ich wollte diese zertrümmerte wunderbare Menschlichkeit einhüllen in alle Kostbarkeit, die uns Menschen möglich ist. Ich fand, man müßte sie auf pures Gold legen, ich tat es. So wirken sie jetzt in eindringlicher Feierlichkeit, verbunden mit der wilden Schönheit der Naturgewalt Tod.«[14] Das Tafelbild, in dem ein Höchstmaß an Transparenz und Leuchtkraft der Farbe verwirklicht wurde, enthält als Inschrift drei Namen: Helen Ernst, Christel Beham, Fritz Schulze. Helen Ernst starb an den Folgen der KZ-Haft in Ravensbrück, Christel Beham wurde im KZ Buchenwald erschossen, weil er im Zweiglager Dora, einer Produktionsstätte für V-Waffen, Sabotageakte organisiert hatte, und Fritz Schulze wegen illegaler Arbeit für die KPD ermordet. Das Gemälde läßt indessen, trotz der Namensnennung, die Erinnerung an diese Opfer direkt nicht aufkommen: Die Gestaltung der Körper und der Gesichter ist so zwingend allgemeingültig, daß das Werk zu einem Requiem für die Opfer des Faschismus schlechthin geworden ist. In dieser Arbeit verschmelzen reale und sinnbildliche Mittel (selbst in der Behandlung des Raumes), vereinen sich Wirklichkeit und Vision. Die realistische Grundkonzeption nimmt expressionistische und phantastische Gestaltungsmittel auf. Von der Kunsttheorie in der DDR wurde dieses Gemälde lange Zeit nicht gebührend gewürdigt, weil sie bedauerlicherweise an einem aus dem 19. Jahrhundert überkommenen Realismusbegriff festhielt.

Ein ähnliches Schicksal widerfuhr dem Gemälde *Der Tod von Dresden* (1945) von Wilhelm Lachnit, der, wie auch Hans Grundig, vor 1933 ein potenter Vertreter der vom Expressionismus und vom sozialkritischen Verismus wesentlich mitgeprägten proletarisch-revolutionären Kunst in Dresden gewesen ist. Mit diesem Bild beginnt das späte Werk des Malers, welches bald in eine feinsinnige und stille Bildlyrik (*Sinnendes Mädchen mit Stuhl*, um 1950) einmündet. *Der Tod von Dresden* kündigt diese verhaltene Sprache schon an, wenngleich der expressive Hintergrund, der die unter den Bomben zerborstene Stadt versinnbildlicht, voller Unruhe ist. Leid und Klage werden durch eine Umwandlung des tradierten Pietà-Motivs mitgeteilt. Die Sinnbildlichkeit der Darstellung wird verstärkt, indem der Trauernden (in gleicher Haltung und Figurensprache) ein mitleidender Schmerzensmann zugesellt wurde. Diese Bild-Metapher »mitleidender Tod«, Ausdruck tiefster Betroffenheit vor diesem Ausmaß an Zerstörung, taucht um 1945 auch in anderen Werken der deutschen bildenden Kunst auf, zum Beispiel bei Karl Rössing, Erich Gerlach oder Oskar Nerlinger.

Memento mori: Wilhelm Rudolph

Zu den bleibenden künstlerischen Leistungen aus den ersten Jahren nach 1945 gehören auch die Zeichnungen und Holzschnitte von Wilhelm Rudolph. Ihre Motivwelt ist das Dresden nach jener schrecklichen Februarnacht 1945 – eine Landschaft aus Trümmern und Schutt.
Der Zweite Weltkrieg mit seinem bis dahin nicht vorstellbaren Grauen rief eine Springflut künstlerischer Produktionen hervor, die sich mit seinem Elend befaßten. Von besonderem, weil auch dokumentarischem Wert sind dabei jene Werke, die unmittelbar unter dem Eindruck der Ereignisse entstanden sind. Dazu gehören Arbeiten von Frans Masereel (*Danse macabre,* 1941), Graham Sutherland (Kriegszeichnungen, 1940/41), Henry Moore (Shelter-Zeichnungen, 1941), Anatoli Kaplan (Leningrad-Folge, 1943–1945), Eugen Hoffmann (Aquarelle über die Folgen deutscher Luftangriffe auf englische Städte, 1941/42), Tadeusz Kulisiewicz (*Warschau 1945,* 1945) und auch einzelne Gemälde und Plastiken vieler anderer Künstler; der Bedeutung wegen sei wenigstens noch an die Ruinenbilder von Karl Hofer und Werner Heldt und an die Plastik *Die zerstörte Stadt* (1946, erster Entwurf) von Ossip Zadkine erinnert. Auch die Literatur reflektierte die Ereignisse, etwa in Dichtungen von Max Hermann-Neiße *(Ruinenwelt)* oder Johannes R. Becher *(Trümmer-Land-*

Wilhelm Rudolph *An der Bürgerwiese am 14. Februar 1945* Um 1949. Holzschnitt. 27 x 40 cm.

schaft, Gesang über den Ruinen und viele andere). Wie tief diese Eindrücke waren und in welcher Breite sie gerade in der Lyrik ausgesprochen worden sind, belegt eindrucksvoll die erste Sammlung neuer deutscher Dichter nach dem Kriege, die 1947 von Wolfgang Weyrauch unter dem Titel *Die Pflugschar* herausgegeben wurde; eines ihrer Kapitel trägt die Überschrift »Tote Stadt«.

Das 1945 einsetzende zeichnerische und druckgraphische Werk Wilhelm Rudolphs, das die Zerstörung des alten Dresden zum Gegenstand hat, nimmt vor dem Hintergrund anderer künstlerischer Hervorbringungen zum gleichen Thema eine Sonderstellung ein: Es zeigt nicht die Zerstörung des einen oder anderen Gebäudes, also ein Detail des Krieges, sondern die Verwüstung einer ganzen Stadt durch die Bombenschläge einer einzigen Nacht. Die Zeichnungen geben das totale Bild der Vernichtung. Neben Wilhelm Rudolph hat das nur noch Tadeusz Kulisiewicz am Beispiel Warschaus geschildert. Die Ruinenzeichnungen des Sachsen sind aber unerbittlicher und härter als die des Polen. Bei Rudolph glaubt man zuweilen dem rauhen und unartistisch wirkenden Strich den Ingrimm abzulesen, mit dem die Hand die Feder geführt hat, aber auch den Trieb des Beobachters, noch im unscheinbarsten Ziegelgebröckel den Fluch der ruchlosen Tat für immer festzuhalten. Rudolph hat inmitten der Trümmerberge mit der Besessenheit eines Mannes gezeichnet, der seine Mission vor der Geschichte begriffen hat und sich mit ihr identifiziert. Die Arbeit erstreckte sich vom 13. Februar 1945, dem Datum des Unheils, bis in das Frühjahr 1946. Es entstanden einige hundert Blätter, zumeist Tuschzeichnungen mit Rohrfeder auf Zanders-Bütten, von denen hundertfünfzig unter dem Titel *Das zerstörte Dresden* zu einer Folge vereint worden sind. Von wenigen Ausnahmen abgesehen, zeigen die Blätter nur die Ruinen und Schutthalden, Menschen fehlen. Rudolph hält den ersten Augenblick fest, da die Menschen entsetzt der Zerstörung entflohen waren. Weite Gebiete des Stadtzentrums hatten sich in eine Welt der Leere verwandelt, in der es beklemmend still war und ein vom Gemäuer sich lösender Stein ein schmerzhaft lautes Geräusch verursachte – fast eine Landschaft des Surrealismus. Das Fehlen der menschlichen Figur in den Zeichnungen trifft genau den Charakter der Zerstörungen im Zweiten Weltkrieg, der – als »Totaler Krieg« – gegen sein Ende die Existenz der menschlichen Gesellschaft in Frage stellte.

Wilhelm Rudolphs Blätter sind Dokumente eines geschichtlichen Ereignisses (viele künstlerische Arbeiten hatten damals dokumentarischen Charakter!), zugleich aber in hohem Maße Kunst der Zeichnung. Die Schönheit dieser Blätter besteht ja in der Zeichnung, nicht im Motiv. Der dadurch entstehende Widerspruch zwischen dem Dargestellten und seiner Darstellung macht die Faszination dieser Zeichnungen aus: Sie führt nicht zur Verklärung, sondern zur erschütternden Einsicht: »... welch ein Sterben spricht uns unvergeßlich an aus den Ruinen« (Johannes R. Becher).

Eine andere, ergänzende Erklärung zur Ästhetik dieser Zeichnungen gab Wilhelm Rudolph selbst. Über die aquarellierte Federzeichnung *Dresden, Breite Straße* – sie gehört nicht zu dem Hundertfünfzigblatt-Werk, sondern zu einer zweiten, losen Folge *(Dresden als Landschaft)*, die den weiteren Verfall der Ruinen durch Frost und Schnee, Regen und Sturm darstellt – schrieb er: »Der Sandstein, das bevorzugte Baumaterial des alten Dresden, gab den Trümmern viel Skelettartiges. Seine Oberfläche war in den Flammen in schönen gelben und roten Farben verglüht. Den Fassaden schien die Haut abgezogen zu sein. Aber immer noch, auch im Tode, bewahrten sie den großartigen Formwillen ihrer Schöpfer. Als Zeugen einer großen früheren Epoche waren sie rührend schön und einsam in tiefer Trauer.«[15]

Wilhelm Rudolph beschäftigte sich mit dem Tod des alten Dresdens bis etwa 1949. Die Zeichnungen, so selbständig sie gesehen werden müssen, boten zugleich die Grundlage für einige Gemälde und für die druckgraphischen Folgen *Dresden 1945 – Nach der Katastrophe* (35 Holzschnitte, 1949 abgeschlossen), *Aus* (47 Holzschnitte, vor Oktober 1949 beendet) und *Dresden 1945* (20 Holzschnitte und Lithographien, erst 1955 gedruckt). 1972 wurde das gesamte Material neu gesichtet, und die besten Blätter wurden zu der letztgültigen Folge *Dresden 1945* (55 Holzschnitte der Jahre 1945–1947) zusammengefaßt. Mit den Arbeiten von 1945 begann zugleich ein neuer Abschnitt in der Entwicklung des Holzschnitts bei Wilhelm Rudolph, die um 1920 eingesetzt hatte und bereits vor 1933 wesentliche Ergebnisse zeitigte. Stofflich erweitern sie den Fundus, den die Zeichnungen der Jahre 1945 und 1946 zusammengebracht hatten: Die Holzschnitte stellen nicht nur die Trümmerlandschaft dar, sondern auch Menschen – Ausgebombte, Flüchtlinge, Soldaten. »Hier lag einst unser Leben«, diese Zeile aus Bechers *Gesang über den Ruinen* könnte unter vielen Holzschnitten stehen. Die Flüchtlinge sind meist Durchziehende, die mit den Trecks aus allen Himmelsrichtungen kamen. Josef Hegenbarth hat sie in dem fast karnevalistisch anmutenden grotesken Gemisch ihrer Kleidung gezeichnet und die Flucht als rastlose Eile festgehalten. Rudolph gab diese Menschen schwer und plump, gebeugt unter der Last ihrer Bürde.

Stilistisch bringen die Holzschnitte eine noch größere Umsetzung ins Allgemeine, das Dokumentarische wird zurückgedrängt. Geblieben ist die Feinteiligkeit des Holzschnitts und damit der Verzicht auf größere geschlossene schwarze

Hans Grundig *Selbstbildnis* 1946. Öl. 126 x 86,5 cm.
Berlin: Nationalgalerie

Otto Griebel *Selbstbildnis vor dem brennenden Dresden* 1945. Öl. 50,3 x 39,9 cm.
Leipzig: Museum der bildenden Künste

Flächen. Die Feinteiligkeit ist geeignet, das Zerbröckeln und Zerkrümeln des zerschlagenen und ausgebrannten Mauerwerks darzustellen; Ruinen bauen sich aus Steggeflechten auf. Neu hingegen ist die Raumauflösung: Formen öffnen sich, und die Darstellung verliert ihre feste Fassung im Rechteck des Grundes. Das Papierweiß gewinnt eine größere Bedeutung als früher, obgleich es infolge zahlreicher Steginseln nicht zu geschlossenen Weißflächen kommt. Die entscheidende Neuerung aber ist der Kontrast zwischen Großformen, welche die Silhouette geben, und ihren stark differenzierten Binnenformen einerseits und den horizontal aufgeschnittenen Feldern (Ruinen) sowie den vertikal strukturierten Flächen (Himmel) andererseits. Inhaltlich bewirkt Rudolphs neue Stilphase eine gewisse Zeichenhaftigkeit der Holzschnitte, welche die Ursache dafür ist, daß stärker vom Platz des Geschehens abstrahiert werden kann: Vernichtung und Zerstörung allgemein, ja Atomisierung der

Welt werden gezeigt. So wächst den Holzschnitten Wilhelm Rudolphs eine weitere Dimension zu: Dresden 1945 nicht nur als historisches Ereignis, Geschichte längst, überwunden und abgeschlossen, sondern als grausiger Fall der Denaturalisierung des Menschen in einer entmenschlichten Gesellschaftsordnung, mithin als warnende Mahnung für jede Zeit und für jeden Ort.
Die Bedeutung der Holzschnitt-Folge hat zuerst (1951) der Dresdner Kunsthistoriker, der Dix- und Hegenbarth-Biograph Fritz Löffler, erkannt: »Was Dix in seinen Radierungen *Der Krieg* für die Generation von 1918, schuf Rudolphs Folge ... für die von 1945.«[16] Die Zeichnungen und Holzschnitte, in Dresden und Berlin mehrfach ausgestellt, weckten erst die internationale Aufmerksamkeit, als das Kupferstich-Kabinett in Dresden 1970 die Ausstellung »Fünf Städte mahnen« *(Dresden, Leningrad, London, Rotterdam, Warschau)* veranstaltete, die im Jahr darauf auch in Stuttgart zu sehen war. Sie sicherte den europäischen Rang der Rudolphschen Kunst des Holzschnitts und der Zeichnung so überzeugend, daß sich Werner Hofmann, der Direktor der Hamburger Kunsthalle und einer der besten Kenner der Kunstentwicklung in seiner Zeit, entschloß, für die Ausstellung »Kunst in Deutschland 1898–1973« (Hamburg und München 1973 bzw. 1974) das Jahr 1945 mit einer aquarellierten Federzeichnung des Dresdner Künstlers signifikant zu belegen. 1975 gelang es Gotthard Graubner, einem ehemaligen Schüler Rudolphs, die Städtische Kunsthalle Düsseldorf für eine umfassende Werkschau des Dresdner Meisters zu gewinnen. Damit war Rudolph als singuläre Erscheinung der deutschen Graphik der zweiten Hälfte des 20. Jahrhunderts endgültig bekannt geworden.

Otto Manigk *Selbstporträt* 1948. Öl. 38,5 x 34 cm.
Rostock: Kunsthalle

Selbstbildnisse

Die Griechen der klassischen Antike nannten den Menschen einen Mikrokosmos. Bis in unsere Tage ist diese Wahrheit sehr wörtlich genommen worden: Der Mensch enthält im verkleinerten Maßstab das vollständige Bild der großen Welt, besonders seiner Welt. Renaissance- oder Barock-Porträts betrachtend, interessiert die Vita des Dargestellten nur noch bedingt. Vielmehr versuchen wir das Leben von seinesgleichen zu entziffern: das Porträt als Tür in die Zeit und zum Geist der Zeit. Anders ist das Verhalten vor Bildnissen unseres Säkulums, besonders dann, wenn es sich um das Porträt einer namhaften Persönlichkeit handelt. Uns beschäftigt plötzlich der Einfall, das Einmalige; Porträt nun doch Schlüssel zur Persönlichkeit, was Renaissance- und Barock-Werke gewiß auch waren und auch noch sind. Indes, die Zeit hat sich über sie gebreitet und ist mächtiger geworden als die Person. So vollzieht sich Dialektik im Bildniswerk als widerspruchsvolle Einheit von Person und Zeit. Auch im Eigenporträt waltet diese Dialektik, nur spezifisch, besonders rätselhaft und besonders deutlich zugleich. Es gibt kein Selbstbildnis, welches nicht Aufschluß gäbe über die Zeit, besonders über die Stellung des Künstlers in der Zeit und zu seiner Zeit. Schwieriger ist die psychologische Interpretation der Selbstporträts, die ja Kunde geben von der schöpferischen Kraft des Künstlers, von seinen Leiden und Freuden an der Kunst und an der Welt. Psychologische Interpretation entschlüsselt Bekenntnishaftes, welches in den meisten Eigenporträts enthalten ist. Die großen

deutschen Selbstbildnis-Meister des 20. Jahrhunderts, Max Beckmann, Lovis Corinth, Otto Dix, Käthe Kollwitz und Paula Modersohn-Becker, haben erschütternde Offenbarungen ihres Ichs und ihres Verhältnisses zur Welt gemalt und gezeichnet. Es ist bemerkenswert, daß die besten Selbstporträts nach 1945 gerade an diese realistische Tradition anschließen.
Die Jahre zwischen 1945 und 1949 haben einige der ausdrucksstärksten Selbstporträts hervorgebracht, welche die Kunst in der DDR kennt. Diese Zeit forderte ja die schonungslose Selbstbefragung geradezu heraus. Eigenporträts von Otto Griebel (1945), Hans Grundig, Bernhard Kretzschmar, Rudolf Nehmer, Albert Schaefer-Ast (sämtlich 1946), Erich Gerlach, Curt Querner (beide 1947), Edmund Kesting (1948), Gerhard Altenbourg, Sella Hasse, Otto Nagel und Otto Niemeyer-Holstein (alle 1949) spiegeln Besinnung und Hoffnung, aber auch Entschlossenheit und Schmerz. Viele dieser Bildnisse haben eine Tendenz zum Klassischen, weil die Autoren auf die bekenntnishafte, gewissermaßen »endgültige« Darstellung ihrer Position bedacht waren: Kretzschmar stellt sich mit kritisch prüfendem Blick, Griebel zeigt sich vor dem brennenden Dresden, Grundig in der Bilderkammer, wachen Auges und entschlossen zur Tat. Gerlach fügt sein Porträt vor eine kahle, winterliche Ruinenstraße, er hält einen Haselzweig in der Hand, Symbol der Hoffnung. Bei der Arbeit, beim Malen porträtieren sich Querner und Nagel – Querner, in der winzigen Malstube unterm Dach seines Hauses, fragend, zögernd; Nagel dagegen befreit von Last und Qual, hingegeben dem Werk. Beim Jüngsten, bei Altenbourg, der damals (in Weimar) gerade seine ersten künstlerischen Schritte getan hatte, wird das Entsetzen einer Generation sichtbar, die ganz zuletzt noch in den Krieg mußte. Auch stilistisch ist in diesen Porträts vieles beisammen, was fortan die Entwicklung der Kunst in der DDR charakterisiert: von der altmeisterlichen Malweise Griebels und Gerlachs, die wenige Jahrzehnte später von verschiedenen Leipziger Künstlern wieder aufgegriffen wird, über die offene, nachimpressionistische Malerei Kretzschmars und Nagels, in der sich Spezifika Berliner und Dresdener »Schulen« äußern, bis zu Altenbourgs sensibler Lineatur, die sich einem phantastischen, fast surrealen Prinzip hingibt.

Otto Nagel *Selbstbildnis* 1949. Öl. 85,5 x 65,5 cm.
Berlin: Nationalgalerie

Die neue Wirklichkeit

In den Jahren bis 1949 wurden zahlreiche kraftvolle realistische Bilder der Malerei und Graphik geschaffen: Reinhold Langner entwickelte ab 1945 ein expressives druckgraphisches Werk, in dem die Sprache Barlachs fortlebt. Zu einer malerischen Bestandsaufnahme setzte Heinrich Ehmsen an. Heinz Lohmar verarbeitete in wenigen Bildern die Begegnung mit dem Surrealismus in der französischen Emigration, während Fritz Duda die geschundenen Körper der Heimkehrer malte und Eugen Hoffmann sein faszinierendes Aquarell-Werk vorantrieb. Curt Querner setzte nach der Rückkehr aus der Kriegsgefangenschaft neu ein und bereicherte in der veristischen Tradition von Otto Dix mit dem *Elternbild* (1948) die deutsche Kunst um eines der ausdrucksstärksten Doppelporträts. Bekannt und als

Hermann Bruse *Der neue Eigentümer* 1951.
Öl. 100 x 70 cm. Dresden: Galerie Neue Meister

schöpferischer Impuls aufgenommen wurde Max Lingners malerisches und zeichnerisches Werk, das vornehmlich in Paris entstanden war. Wilhelm Rudolph gab mit dem Porträt *Ikala* (1949) eine Probe seines disziplinierten malerischen Könnens ... Das Werk einiger dieser Künstler (insbesondere das Querners) erhielt freilich erst viel später die gebührende Anerkennung.

Von Bedeutung war die Suche nach dem Neuland – sie äußerte sich zunächst ausschließlich im thematischen Bereich, also ohne Neuerungen in den Sprachmitteln bzw. in Form-Erfindungen anzubieten. Herbert Sandberg war von den hitzigen Debatten der Nachkriegszeit inspiriert. 1948 schuf er zwei seiner besten Holzschnitte: *Verschiedener Meinung* und *Eiferer.* Durch beide Blätter flackert ein später Widerschein des Expressionismus. Ikonographisch handelt es sich um frühe Beispiele der seit den fünfziger Jahren für die Kunst in der DDR so charakteristischen »Diskussionsbilder«. Noch wichtiger wurde Arno Mohrs Bildfindung: der Arbeiter mit der Mainelke, der zuerst in dem Plakat zum 1. Mai 1946 auftaucht. Der Graphiker wiederholte sie später mehrfach variierend. Auch Mohrs Gemälde *Lesende* (1949) drückt eine zeittypische Situation aus. Arbeiter und Bauern werden nun wieder Gegenstand der Kunst, nicht nur in den Trümmerfrauen-Pastellen (1947) von Otto Nagel, in dem Gemälde *Die kranke Maschine* (1949) von Magnus Zeller und in den Holzschnitten von Sella Hasse oder in den Arbeiten von Martha Schrag, beides Künstlerinnen, die dem Werk der Kollwitz verpflichtet sind, sondern auch in den Porträts *Arbeiterstudent* und *Neubauer* (beide 1949) von Otto Nagel und insbesondere in den zahlreichen Darstellungen von Produktionsprozessen und Industriearbeitern, zum Beispiel durch Horst Strempel, Oskar Nerlinger und Hermann Bruse (*Der neue Eigentümer*, 1951). Sie zeichnen und malen die »Inbesitznahme der Fabriken«. Bereits um 1950 erfolgen die Besin-

Oskar Nerlinger *Inbesitznahme der Fabriken* 1947.
Feder. 48,5 x 31 cm.
Berlin: Kunstsammlung Akademie der Künste

Bernhard Kretzschmar *Dresden, An der Friedrichstraße* 1950/68. Öl. 50 x 80 cm. Chemnitz: Städtische Kunstsammlung

nung und das Hinwenden zur Darstellung der Produktionssphäre und des arbeitenden Menschen: Hier hat jene künstlerische Praxis und Theorie ihren Ausgangsort, die später als »Bitterfelder Weg«, ideologisch verallgemeinert, ein programmatisches Prinzip des »sozialistischen Realismus« wurde.

Ein anderes Ergebnis der Entwicklung besteht darin, daß um 1949/50 endgültig jene Meister der alten Realistengeneration in den Vordergrund getreten sind, die in den folgenden Dezennien nicht nur den Kunstprozeß durch ihr Werk entscheidend mitbestimmten, sondern die auf die verschiedenste Weise beginnen, als Anreger für jüngere Kräfte wirksam zu werden. Dazu gehören in Berlin Otto Nagel, Heinrich Ehmsen, Max Lingner und Oskar Nerlinger, in Dresden Hans und Lea Grundig, Wilhelm Lachnit, Curt Querner, Wilhelm Rudolph, Eugen Hoffmann, Bernhard Kretzschmar und Josef Hegenbarth, in Leipzig Max Schwimmer, in Halle Karl Völker, in Magdeburg Hermann Bruse und Bruno Beye, in den nördlichen Bezirken Otto Niemeyer-Holstein, Kate Diehn-Bitt und Hedwig Holtz-Sommer, im Thüringischen Conrad Felixmüller, Heinrich Burkhardt, Alfred Ahner, Tina Bauer-Pezellen, Albert Schaefer-Ast, Alexander von Szpinger und viele andere.

Im Übrigen fiel bereits gegen das Jahr 1949 eine Entscheidung für die gegenständlich-figurative Kunst. Die II. Deutsche Kunstausstellung 1949 in Dresden wartete zwar mit zahlreichen unverbindlichen und künstlerisch belanglosen Werken auf, orientierte aber doch in ihren herausragenden Leistungen (Kurt Bunge, Carl Crodel, Hans Grundig, Lea Grundig, Josef Hegenbarth, Bernhard Kretzschmar, Karl Kröner, Horst de Marées, Otto Nagel, Curt Querner, Hans Theo Richter, Theodor Rosenhauer, Wilhelm Rudolph, Max Schwimmer) auf eine ausdrucksvolle, oft symbolisch überhöhte, schöpferische gegenständlich-figurative Kunst (wenngleich diese von konstruktivistischen und surrealistischen Tendenzen akkompagniert war). Dieser Prozeß vollzog sich nicht in einer künstlerischen Enklave. In Italien beispielsweise war eine ganz ähnliche Entwicklung zu beobachten, die alsbald auch die Literatur und den Film ergriff: Realismo. Die Entscheidung zum Gegenständlich-Figurativen, aus welchen Gründen sie auch beim einzelnen Künstler gefallen sein mag, war letztendlich eine der Voraussetzungen für den Realismus, um den alsbald, in den fünfziger Jahren, hart und erbittert, gerecht und ungerecht, mit Erfolg und Mißerfolg gestritten wurde. Die besten Werke dieser ersten, folgenreichen Realismuswelle der zweiten Hälfte der vierziger Jahre erweisen sich im historischen Rückblick als ein Gegenentwurf zum Surrealismus und insbesondere zur »neuen Abstraktion«, die 1946/47 in New York und Paris triumphierte und die mit Begriffen wie Abstraction lyrique, abstrakter Expressionismus, Action painting, Art informel oder Tachismus näher bestimmt wurde und im Werk von Pollock und Wols ihren Höhepunkt erreichte.

Die fünfziger Jahre: Kunst am Scheideweg

Sozialistischer Realismus – ein Imperativ?

Die fünfziger Jahre werden zumeist als eine schwierige und komplizierte Zeit für die Entwicklung der Künste in der DDR bezeichnet. Das waren sie auch. Es begann bereits mit der Reaktion auf die Ausstellung des bildkünstlerischen Lebenswerkes von Ernst Barlach, welche von der Akademie der Künste im Dezember 1951 eröffnet wurde. In den beiden tonangebenden Zeitungen, *Tägliche Rundschau* und *Neues Deutschland*, wurde Barlachs Werk in rüdem Ton angegriffen. Wilhelm Girnus – er hatte in Breslau Malerei und Kunstgeschichte studiert und ein Examen als Kunsterzieher abgelegt – beschrieb Barlachs Bauern als »dumpfe, tölpelhafte Urwaldbären, die einen ziemlich stark ausgeprägten Zug ins Tierische haben«, und meinte, diese Geschöpfe seien »eine graue, passive, verzweifelte, in tierischer Dumpfheit dahinvegetierende Masse« (*Neues Deutschland* vom 4.1.1952). Abgesehen von der erschreckenden Dummheit solcher Formulierungen, ließ der Stil aufhorchen – er verhieß nichts Gutes. Bertolt Brecht reagierte mit *Notizen zur Barlach-Ausstellung*, die in der Zeitschrift *Sinn und Form* und in der *Berliner Zeitung* veröffentlicht wurden: »Ich halte Barlach für einen der größten Bildhauer, die wir Deutschen gehabt haben.«[17] Girnus leistete kunstzerstörende Arbeit. Gestützt auf das Pamphlet *Wege und Irrwege der modernen Kunst* (*Tägliche Rundschau,* Januar 1951) von N. Orlow – hinter dem Pseudonym verbarg sich Wladimir S. Semjonow, ein cleverer Hardliner der Stalin-Shdanowschen Schule – und dem Beschluß des Zentralkomitees der SED, »Gegen Formalismus in Kunst und Literatur, für eine fortschrittliche deutsche Kultur« vom März 1951, fand er nicht nur Arno Mohrs Bilder abstoßend, sondern verurteilte auch das Bauhaus als Ausdruck des Amerikanismus (*Neues Deutschland* vom 14.3.1951). Kunst wurde nahezu ausschließlich als visuelles Transportmittel politischer Ideologie verstanden. Seitens der realistischen Künstler wurde mit der verbissenen Zähigkeit landgründender Pioniere Anlauf genommen, das »qualitativ Neue« in der Wirklichkeit des sich wandelnden gesellschaftlichen Lebens zu entdecken und ihm in allumfassender Gestalt Ausdruck zu geben. Hunderte von bildenden Künstlern gingen auf die Suche nach dem »neuen Stoff«, zahlreiche Expeditionen in das Neuland scheiterten, kleine, ehrgeizige Talente wurden wegen des aufgesetzten vordergründigen Optimismus ihrer Werke hochgespült, ernsthafte Potenzen dagegen ignoriert oder in ihrer Bedeutung nicht erkannt. So wurden Crodel, Strempel und Mohr von Orlow (Semjonow) »Zerstörung der Malerei in der DDR« vorgeworfen. Horst Strempels Wandbild in der Schalterhalle des Berliner Bahnhofs Friedrichstraße war schon im Februar 1950 überstrichen worden. Hermann Müller und Wilhelm Girnus sahen bei Hans Grundig eine »Verniedlichung der Farbe« zu »süßlichem Bonbonmosaik«, »grobe Pinselführung« und »grobschlächtiges Durcheinanderspachteln« und gaben den Rat, »die Methode des Spachtelns und des breitflächigen Anstreichens tunlichst auf ein Minimum zu beschränken und auf eine saubere Ordnung ihre Palette zu achten« (*Neues Deutschland* vom 20.3.1953). Hinsichtlich der Entwürfe zum Buchenwald-Denkmal von Fritz Cremer verstieg sich Girnus zu der Behauptung, der Künstler sei in den »ideenlosen Sumpf des schamhaft mit hysterisch-expressionistischen Zügen verdeckten Naturalismus geraten« (*Neues Deutschland vom* 2.7.1952). Diese kunstfeindlichen Handlungen, Verunglimpfungen und Demütigungen von Künstlern rissen tiefe Wunden. Gefördert wurde eine vom Personenkult begünstigte posenhafte, plakative und illustrative Malerei. Die Folge war ein Verarmen der Bildphantasie zumal bei jungen, artifiziell noch ungefestigten Künstlern. Bescheidene Talente mit simplem Verstand und wenig Geschmack sowie anbiedernde Opportunisten des gleichen geistigen Zuschnitts erlebten eine Hoch-Zeit. Anschauungsmaterial bot die III. Deutsche Kunstausstellung 1953 in Dresden, deren Banalitäten als »Durchbruch zum sozialistischen Realismus« gefeiert wurden. Hinsichtlich der Graphik war es die erschreckende Zusammenstellung von Gerhard Pommeranz-Liedtke in dem Band *Unser Leben – schwarz auf weiß*, Berlin 1957. Die entmutigenden Angriffe auf die Kunst innerhalb der Formalismuskampagne wurden während des gesamten Jahrzehnts geführt. Ob diese Repressionen auch in der intellektuellen Opposition der Jahre 1953 bis 1956 (»Der besondere deutsche Weg zum Sozialismus«), dessen Haupt Wolfgang Harich gewesen ist, eine Antwort fanden, ist noch nicht geklärt worden. Sicher ist, daß ein solch umtriebiger Künstler wie Herbert Sandberg verschiedentlich an den Zusammenkünften der Harich-Sympathisanten im sogenannten Donnertags-Klub im Haus des Kulturbundes in der Berliner Jägerstraße teilgenommen hat.

Was die Entwicklung von Malerei und Graphik betrifft, so bleibt festzustellen, daß sich allen kulturpolitischen Widrigkeiten zum Trotz Maler wie Otto Niemeyer-Holstein und seine Usedomer Freunde ebenso nicht beirren ließen wie zahlreiche Maler in Dresden. Insbesondere die Dresdner Malkultur blühte in den fünfziger Jahren so auf, daß sie noch Jahrzehnte als Agens in die Kunstlandschaft der DDR ausstrahlte. Das Beste aus dem Werke von Paul Wilhelm, Bernhard Kretzschmar, Karl Kröner, Wilhelm Lachnit, Albert Wigand, Hans Jüchser und Theodor Rosenhauer liefert dafür immer wieder sinnfällige Beispiele.

Die Darstellung des Neuen ist nicht leicht (Brecht)

Im Jahre 1954 wurde der Dichter Johannes R. Becher Minister für Kultur. In seiner *Verteidigung der Poesie*, die 1952 erschienen war, hatte er geschrieben, die »neue Kunst« begänne nie mit neuartigen Formen, sondern immer mit dem »neuen Menschen«. In solcher Apotheose kam die alte Sehnsucht des einstigen Expressionisten zum Vorschein, der wie seine Generationsgefährten nach dem »neuen Menschen« suchte und damit zugleich eine andere, eine glückhafte Menschheit glaubte herbeiführen zu können. Zahlreiche Künstler des frühen 20. Jahrhunders ersehnten eine Menschengemeinschaft, in welcher der Künstler nicht nur gleichberechtigtes, sondern weisendes Mitglied sein sollte. Man litt unter dem Unverständnis, das die Massen oftmals der zeitgenössischen Kunst entgegenbrachten. »Uns trägt kein Volk«, klagte Paul Klee.

Das Programm, das am Ende des Jahrzehnts, am 24.4.1959 im Klubhaus des Elektrochemischen Kombinats Bitterfeld formuliert wurde und alsbald den Namen »Bitterfelder Weg« erhielt, hatte durchaus einen richtigen Kern. Es wollte mit seiner Forderung »Greif zur Feder Kumpel, die sozialistische deutsche Nationalkultur braucht Dich« das Talentereservoir der Volksmassen erschließen und beabsichtigte, Volk und Kunst einander näher zu bringen. Das Vorhaben war mit den Namen Walter Ulbricht und Alfred Kurella verbunden. Später formulierte Ulbricht: »Bitterfelder Weg ist und bleibt das Programm der Vereinigung von Kunst und Leben, von Künstler und Volk und der werdenden sozialistischen Gesellschaft.« Ein lobenswertes Programm, aber eine Fiktion, zumal die Organisatoren des in Gang gesetzten kulturpolitischen Prozesses oft genug kulturell ungebildete, aber mit Parteiphrasen gefütterte Funktionäre waren. Der Maler Bert Heller, der von 1953 bis 1958 an der Kunsthochschule Berlin-Weißensee lehrte und 1956/57 als deren Rektor fungierte, suchte seinen Studenten die scheinbar unlösbaren komplizierten Projekte Tradition und Neuerertum, Realismus und Formalismus, Kunst und Volk sensibel nahe zu bringen. Seine Methode war durchaus beispielhaft, wenngleich naiv. Für diese kulturpolitische Aussprache nutzte er gern die Briefform, wobei jeder Student ein Exemplar in die Hand bekam. Im Disput um Formalismus und Realismus orientierte Heller auf den Realismus, gegen das Epigonentum und auf handwerkliche Solidität. In einem »Offenen Brief an die Kunststudierenden« vom 21.9.1956 schrieb er:

«Die Brücke Kunst-Volk ist zerstört.

Gleich, wie der einzelne dazu stehen mag: die

Menschheit ist dadurch ärmer geworden. Realistische Kunst(nicht etwa pseudorealistische, naturalistische) ist am ehesten fähig, die Brücke wieder zu bilden. Um dafür rechte Formen zu finden, ist das Studium der Kunst der letzten 50 Jahre selbstverständlich. Diese Orientierung wurde in vergangenen Jahren durch administrative Einengungen versäumt. Wir haben uns dagegen gewehrt, mit Erfolg, müssen aber heute ausfressen, was Unverständige verursachten ...
Sie sind jung, da ist es schwer zu unterscheiden zwischen bereits mehrfach zu Tode experimentierten Aufgüssen echter Kunstwerke und diesen selbst. Wer hungrig ist und dürstet, wird krank, wenn er hastig und maßlos ißt und trinkt.
Man korrigiert keine Fehler durch neue Fehler ... Von van Gogh bis Picasso liegen Tausende armer Epigonen. Lesen Sie, was der Spanier von Nachahmern hält.
Unsere Zeit hat keine gemeinsame Ebene wie in früheren Jahrhunderten. Lernen Sie erst Ihr Handwerk, wie Barlach, Kollwitz, Beckmann, Klee, Braque, Guttuso, Rivera und alle, alle es taten. Dann haben Sie das Fundament und können hoffen, daß eines Tages ein Kunstwerk werden kann.
Schütten Sie nicht das Kind mit dem Bade aus. Sicher kennen sie Hofers Briefe.
Es ist leicht, gefundene Formen der anderen nachzuahmen, und es gehört kein Mut dazu – es sei denn der traurige, sich selbst aufzugeben.
Ein Erwachsener hat nicht mehr die klare Einfalt und Naivität des Kindes. Er muß durch die vielfache Umwelt hindurch, um dann bewußt wieder einfach werden zu können und damit schöpferisch. Das bleibt niemand erspart.
Die Gefahr liegt nahe, daß Sie guten Willens und in aller Unschuld dies alles nicht wissen oder überhört haben. Deshalb schreibe ich Ihnen.«
Einer der Studenten jener Jahre, die zur Zeit des Rektorats von Bert Heller an der Hochschule studierten, Ronald Paris, erinnert sich der »Hellerbriefe« und schreibt, »daß uns diese stets ernst betrafen, und wir waren für diesen Ton empfänglich, weil absolut unüblich! So menschlich nahe war neben Kilger und Vogenauer uns kein Lehrer bzw. Professor in den recht züchtigen Jahren.«[18]
Im künstlerischen Alltag wurde auf die Produktion orientiert. Das Herzstück des »neuen Gegenstandes«, Bechers »neuer Mensch«, war der Arbeiter, welcher in Porträts, Demonstrationen, Diskussionen, Arbeitsprozessen, Industrielandschaften usw. dargestellt wurde. Die Aktivisten und Neuerer der Produktion waren in jenen Jahren zu wichtigen Figuren des politischen und gesellschaftlichen Lebens geworden. Die Künstler gingen in die Betriebe, um die Initiatoren kennen zu lernen und sie im Bilde festzuhalten. An der »Basis« sollte sich das Bündnis zwischen Arbeiterklasse und Künstlerschaft bewähren. Die vielfältigen Beziehungen zwischen den Partnern führten seitens der Künstler durchaus zu stofflichen und thematischen Findungen, sie trugen auch dazu bei, die Werktätigen näher an die Kunst heranzuführen.
Verschiedentlich wurde der Gang zu den »Quellen des Fortschritts« genossenschaftlich organisiert, etwa in Halle, wo sich 1953 die »Hallesche Malerbrigade« formierte (Mitglieder unter anderen Karl Erich Müller, Willi Sitte, Karl Völker). Meist aber geschah die Begegnung individuell.

Hans Grundig *Porträt Franz Franik* 1953. Feder. 44,3 x 35 cm. Dresden: Kupferstich-Kabinett

Arno Mohr *Stahlwerker* 1954. Radierung. 35 x 49 cm. Berlin: Kunstsammlung Akademie der Künste

Das Ringen um den neuen Gegenstand erfaßte die gesamten Künste. Stephan Hermlin schrieb das *Mansfelder Oratorium*, das von Ernst Hermann Meyer vertont wurde, Eduard Claudius verfaßte den Aktivisten-Roman *Menschen an unserer Seite*, und Hans Marchwitza lieferte mit seinem Roman *Roheisen* Zündstoff für ausgiebige Diskussionen. In der bildenden Kunst entstanden viele Arbeiterporträts, unter anderen von Hans und Lea Grundig, von Oskar Nerlinger, der im Eisenhüttenkombinat Ost zeichnete, von Alice Lex-Nerlinger, die im Großdrehmaschinenwerk »7. Oktober« in Berlin arbeitete, von Fritz Tröger, der in die Hoyerswerdaer Braunkohlengruben ging, von Rudolf Bergander, Horst de Marées, Heinrich Burkhardt, Otto Nagel, Hermann Bruse und von Conrad Felixmüller, der nach Ansicht von Dieter Gleisberg mit dem Gemälde *Maschinist im Kohlenwerk* (1951) das »tiefgründigste Arbeiterbild« seines Œuvres gab.[19] Zahlreiche Künstler suchten nach einer verständlichen und dennoch kunstvollen Sprache. Herausragend sind Arbeiten der beiden

Curt Querner *Bauer Rehn* Um 1950. Öl. 46,9 x 36,2 cm. Frankfurt/Oder: Galerie Junge Kunst

Grundigs und von Arno Mohr. Der gemeinsame Nenner dieser für die Leistungen der Graphik aus den fünfziger Jahren typischen Blätter besteht im Fehlen des damals beliebten Pathos. In Arno Mohrs Radierung *Stahlwerker* (1954), die aus Studien im Stahlwerk Hennigsdorf hervorging, wurde das Menzel-Erbe produktiv – der Künstler erreichte ein Maximum an Einfachheit und Überzeugungskraft. Ebensolche Schlichtheit drückt das gezeichnete Franz-Franik-Porträt (1958) von Hans Grundig aus. Es ist ein fast intimes Blatt. Stilistisch verweist es auf die ASSO-Tradition des Malers. Auch Lea Grundig knüpfte mit den großformatigen Porträt-Zeichnungen und den Porträt-Lithographien der Folge *Kohle und Stahl für den Frieden* (1951) an den Stil ihrer Proletarierporträts von 1930 bis 1932 an.

Eine Sonderleistung der Porträtkunst, die in diesen Zusammenhang gehört, weil sie auf die Vorgeschichte des »neuen Gegenstandes« verweist, ist die Rehn-Serie von Curt Querner. Es handelt sich um Porträts (meist Aquarelle) eines Kleinbauern. Querner hatte Rehn schon 1930 porträtiert, zwischen 1949 und 1952 entsteht nun eine ganze Serie nach dem alten Mann. Die mit der Besessenheit eines Wahrheitsfanatikers gemalten Porträts bieten psychologisch Phasen eines vergehenden Lebens, sozialgeschichtlich schildern sie mit plebejischer Eindringlichkeit das schwere Leben eines Kleinbauern. Querner erreichte mit der Rehn-Serie den Höhepunkt seiner Porträt-Aquarelle.

Ein anderes wesentliches Thema der Malerei und Graphik der fünfziger Jahre, in dem sich der »neue Gegenstand« reflektierte, war die Demonstration. Das für die proletarisch-revolutionäre Kunst der zwanziger und dreißiger Jahre wichtige Demonstrationsbild (Griebel, Hans und Lea Grun-

Rudolf Bergander *Hausfriedenskomitee* 1952. Öl. 130 x 170 cm. Dresden: Galerie Neue Meister

Lea Grundig *Koksmeister Schädlich* 1951.
Lithographie. 59,5 x 44 cm.
Berlin: Kunstsammlung Akademie der Künste

dig, Querner, Berger-Bergner, auch Grosz und Kollwitz) erhält eine geschichtsperspektivisch andere Funktion. Die harte proletarische Optik der frühen Bilder verschwindet zugunsten einer heiteren Emotionalität. Charakteristisch waren dafür Gemälde von Hans Grundig (*Jugenddemonstration,* 1951) und Gottfried Richter (*Wir sammeln uns,* 1954). Für Richter ist die städtische Straße ein vorherrschendes Motiv des ganzen Werkes. Es gibt, die Kokoschka-Tradition fortsetzend, aus der »Vogelperspektive« einen Einblick in Straßenschluchten, aus denen die Demonstranten herbeiströmen. Der Zusammenklang von Farbe und Form macht diese temperamentvolle Malerei zu einem künstlerisch glaubhaften Zeugnis des Elans jener frühen Jahre.
Ein weiteres wichtiges Thema war die Diskussion. Damals wurden Diskussionen zum alltäglichen Ereignis. Debatten am Arbeitsplatz, in den Brigaden, in Versammlungen, in den Wohnungen – sie waren zeittypisch, es ging um Produktion und Produktivität, es ging um Grundfragen der Politik. Aus dieser Situation heraus malte 1952 der Dresdner Maler Rudolf Bergander das Bild *Hausfriedenskomitee*. Das großflächig aufgebaute Gemälde wurde als wesentliches Werk des sozialistischen Realismus begriffen. Viele Gruppenbilder anderer Künstler entstanden in der Nachfolge dieses Gemäldes. Eine vergleichbar thematisch inspirierende Wirkung wie von Berganders Bild ging auch von dem Gemälde *Blick auf Eisenhüttenstadt* (1955–1957) von Bernhard Kretzschmar aus. Es gehört sujet-spezifisch zur Gruppe der Industrielandschaften, die in jenem Dezennium bedeutsam wurde. In verschiedenen Bezirken der DDR entstanden neue Industriezentren, die das Bild der Landschaft veränderten. Maler und Graphiker, wie Waldo Köhler, Willi Neubert, Otto Paetz oder Fritz Tröger, später Wilhelm Schmied und viele andere, haben in derselben Richtung gearbeitet. Kretzschmars Panoramablick gibt eine im Aufbau begriffene Stadt und ein ebenfalls neugeschaffenes Industriewerk wieder. Das Bild eröffnet die Reihe jener Gemälde, in denen die Poesie der Arbeitslandschaft Gestalt wird. Für den Dresdner Maler, der schon vor 1933 durch seine Malerei und durch ein anspruchsvolles Radierwerk bekannt war, ist die Monumentalisierung des Schlichten charakteristisch – er trug damit die Auffassung seines Lehrers Carl Bantzer weiter.

Porträt: Bert Heller

Die Kunst des Porträts war in der DDR immer wichtig. Der gefragteste Meister der Porträtkunst der fünfziger Jahre war Bert Heller, der in Berlin-Spindlersfeld sein Atelier hatte. In seinem Werk erscheinen ab 1955 in geschlossener Reihe Bildnisse. Kein anderer Künstler in der DDR hatte bis dahin in solcher Häufigkeit Porträts geschaffen. Im internationalen Kontext bewies Heller die Funktion dieser Bildgattung in einer Zeit, da sie weithin als veraltet und überholt galt. Der ästhetisierenden Moderne war das Bildnis suspekt. Arnold Gehlen schrieb dazu 1968: »Damit bleibt es bei dem überaus bemerkenswerten Resultat, daß der Mensch, wie er ist, und die Gesellschaft, wie sie ist, von der Kunst ausgeschlossen bleiben, eine höchst paradoxe Sonderbarkeit in einer

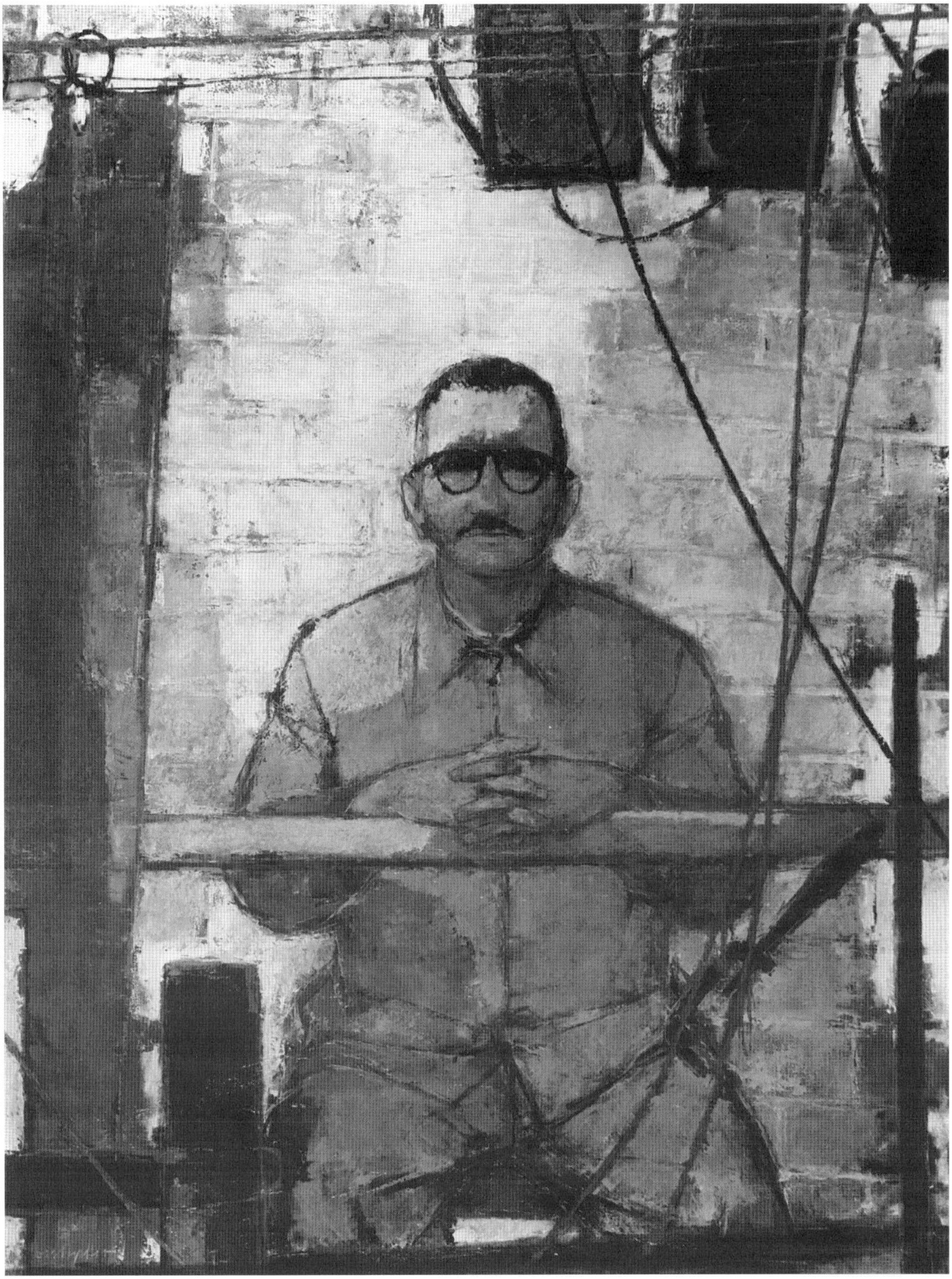

Bert Heller *Brecht* 1954/55. Mischtechnik. 144 x 110 cm. Berlin: Nationalgalerie

hochpolitischen, von humanen Appellen widerhallenden, sich rapide multiplizierenden Menschheit, und gerade ihr dreht die Kunst den Rücken zu ... Über den Menschen dieser Zeit kann man sich beim Soziologen, beim Politiker, Arzt, Psychologen unterrichten, nicht beim Künstler.«[20] Bereits acht Jahre vor Gehlen hatte Ernst Buschor von der »zukunftslosen Endphase« gespro-

Bert Heller *Hanns Eisler dirigiert* 1958. Öl. 69 x 100 cm. Halle: Staatliche Galerie Moritzburg

chen, in welche die Geschichte des europäischen Porträts eingetreten sei.[21] Im Blickpunkt solcher kritischen Argumente gewann Hellers Porträtwerk besondere Bedeutung. Es ist schwer, einen diesem Künstler vergleichbaren Porträtisten aus der zweiten Hälfte der fünfziger Jahre bis zu den ersten sechziger Jahren zu finden. Zwar haben in der DDR Maler wie Theodor Rosenhauer, Wilhelm Rudolph und Otto Niemeyer-Holstein bemerkenswerte Bildnisse geschaffen, aber ihre Porträtkunst steht nicht im Zentrum des Werkes, wie das bei Bert Heller der Fall gewesen ist. Was die Bedeutung der Hellerschen Porträtkunst und ihren Stellenwert in der europäischen gegenständlich-figurativen Malerei jener Jahre betrifft, so läßt sich dies am besten charakterisieren, indem man auf den Italiener Renato Guttuso, auf den Russen Pawel Korin und auf den Engländer Graham Sutherland aufmerksam macht. Der Unterschied zwischen diesen Malern ist jedoch außerordentlich, die Differenz zu dem Engländer obendrein weltanschaulich begründet. Indes, diese Künstler geben das Bild des Menschen in ihrer Kunst »ähnlich« wieder. Guttuso, dem Heller im Realismus am nächsten steht, gestaltet farbig aktiver und zeichnerisch dynamischer, dafür psychologisch zurückhaltender als Heller. Korin ist im Sinne der Ähnlichkeit genauer und härter, der Brite kälter, sezierender. Während sich Heller identifiziert, Anteil nimmt an der porträtierten Persönlichkeit und auf den Ausdruck einer Einheit zwischen Modell und Gesellschaft bedacht ist, bleibt Sutherland sachlich-neutral, unpersönlich: das Porträt als Stilleben. Heller indessen zeigt die Bedeutung seiner Modelle für die Gesellschaft und deutet psychologisch differenziert, um die kollektive Repräsentanz der von ihm Porträtierten sichtbar zu machen. Die Reihe der Porträts wird mit Helene Weigel (1951) eröffnet. Als nächstes bedeutendes Bildnis folgte das Brecht-Porträt (1954/55). Es gehört zu den gültigen Bildnissen des reifen Dichters und Theatermannes, dessen Werk Hellers Weltanschauung (und die vieler anderer Künstler der DDR) tiefgreifend beeinflußt und geprägt hat. Klassische Strenge, tektonische Ausgewogenheit, lineare Spannungen und farbige Gegensätze (in das durch Caputmortuum-Zonen aufgeladene Grau bricht der kaltwarme Gegensatz zwischen Blau- und Englischrot-Tönen) erweisen sich in diesem Gemälde als bildnerische Konstitutivkräfte, die das Phänomen Brecht auszudrücken vermögen. Heller lädt das »Ähnliche« durch Linear- und Farbkomposition so auf, daß das Äußere, die Erscheinung, Wesentliches sichtbar macht und dem zufälligen Eindruck entrissen wird: Die hellwache Geistigkeit Brechts, sein rational-kritischer Intellekt, die auf praktische Brauchbarkeit gerichtete Theaterarbeit und der unbequeme Wille dieses Mannes werden visualisiert. So liegt im »Ähnlichen« mehr beschlossen als die Wiedergabe eines optischen Eindrucks, liegt Deutung des Menschen und Stellungnahme zu ihm zugleich. Der Maler hat dieses Prinzip in seiner gesamten Porträtkunst verwirklicht.

Zu den wichtigen Porträtleistungen Hellers gehören auch die Bildnisse *Otto Nagel* (1959) und *Hanns Eisler dirigiert* (1958). Diese Gemälde stehen in der Nähe des Typus-Porträts, in dem Gruppencharakteristika ausgesprochen werden. Spätere Bildnisse des Malers (*Arnold Zweig,* 1965; *Ilja Ehrenburg,* 1966; *Aram Chatschaturjan,* 1967) bleiben skizzenhaft, offener. Stilistisch setzt das Werk die klassische Tradition des Individualbildnisses fort, wie sie vordem auch von Max Slevogt, Max Liebermann oder Leo von König weitergetragen wurde. Für die Porträtkunst in der DDR hat Hellers Werk Maßstäbe gesetzt. Seine weniger von der Peinture, sondern von der Formkomposition und der Zeichnung lebende Menscheninterpretation fand erst wieder bei Bernhard Heisig und in der Kunst der siebziger Jahre eine Entsprechung. Es entstanden zwar stets malerisch interessantere Porträts (etwa von Rosenhauer, Kretzschmar oder Niemeyer-Holstein), jedoch keine Bildnisse, die eine tiefergreifende Charakteristik angeboten hätten. Das trifft freilich nur auf die Malerei zu, in der Bildhauerei und in der Graphik indessen gab es immer Werke, die gleichberechtigt neben den Hellerschen Leistungen stehen oder gar künstlerisch bedeutsamer sind (Fritz Cremer und Gustav Seitz, später Werner Stötzer und Wieland Förster; Hans Theo Richter, später Gerhard Kettner, Max Uhlig).

Geschichte und Gegenwart

In der Kunst der fünfziger Jahre nimmt das historische und aktuell-politische Thema bei zahlreichen Künstlern in der DDR einen breiten Raum ein. Die Themen reichen von der Auseinandersetzung mit dem Faschismus (Fritz Cremer, René Graetz, Herbert Sandberg) über die Stellungnahme zu politischen Ereignissen (Fritz Cremer, Hans Grundig, Heinrich Ehmsen, Bert Heller) und über Solidaritätsbekundungen zu internationalen Prozessen (Karl Erich Müller) bis zum Aufgreifen historischer Stoffe (Lea Grundig, Günter Albert Schulz, Walter Münze).

Zu den herausragenden Werken, die auf Zeitereignisse reagieren, zählt Fritz Cremers Zyklus *Ungarn-Visionen* (1956, 7 Lithographien). Der Bildhauer antwortete damit auf politische Ereignisse, soweit er sie überhaupt einschätzen konnte, und verwirklicht die dramatische Aussage durch allegorische Überhöhung. Im Hintergrund steht die Kenntnis des Werkes von Goya. Cremers, lithographisches Werk hatte erst 1955 mit den beiden Fassungen zu Brechts Gedicht *O Falladah, die du hangest* eingesetzt. Es wuchs neben den plastischen Arbeiten am Buchenwald-Denkmal und wurde bald zu einer anregenden Kraft für jüngere Künstler. Zur gleichen Zeit entstanden aber nicht nur die eindringlichen, auf kompakten Schwarzweißkontrasten aufgebauten lithographischen Studien zu diesem Denkmal. Cremer schuf auch den stilistisch Barlach verpflichteten Zyklus *Walpurgisnacht* (1956, 36 Lithographien).

In der Nachbarschaft der Cremerschen Bekenntnis-Graphik steht das lithographische Werk von René Graetz (*Goethe-Eiche,* 1956), der als Bildhauer ebenfalls am Buchenwald-Komplex (Stelen) mitarbeitete. Das antifaschistische Mahnmal auf dem Ettersberg über Weimar ist auch für andere Künstler zum Ausgangspunkt graphischer Werke geworden, zum Beispiel für Herbert Sandberg und Waldemar Grzimek.

Herbert Sandberg begann die Arbeiten an dem Zyklus *Der Weg* (70 Aquatinten, beendet 1965) im Jahre 1958: Das Buchenwald-Komitee hatte den Graphiker aufgefordert, seine Erlebnisse als Häftling dieses fürchterlichen Lagers niederzulegen. Der Zyklus verknüpft die Autobiographie

Fritz Cremer *O, Deutschland, bleiche Mutter* 1961. Lithographie. 43 x 48 cm.
Berlin: Sammlung Akademie der Künste

des Künstlers mit der Geschichte des deutschen Proletariats. Arnold Zweig hat ihn eine »biblia pauperum unserer letzten Jahrzehnte« genannt. Es muß natürlich auf Masereel verwiesen werden, dessen Tradition Sandberg bewußt aufgenommen hat.

Ein weiteres Problemfeld, das die Kunst besonders der ersten Hälfte der fünfziger Jahre herausforderte, trat durch die Umgestaltung der Landwirtschaft hervor. Mit Erwin Strittmatters Dichtungen *Katzgraben* (1954) und *Tinko* (1955) entstanden die ersten literarisch nennenswerten Versuche, die Veränderungen auf dem Lande künstlerisch Gestalt werden zu lassen. Andere Künstler bezogen sich auf Ereignisse und Personen des deutschen Bauernkrieges, um die revolutionäre Tradition der bäuerlichen Klasse ins Bewußtsein zu heben. So schrieb Friedrich Wolf 1953 das Drama *Thomas Müntzer*, Magnus Zeller (1951) und Max Lingner (1955) malten großformatige Bauernkriegsbilder, und Lea Grundig schuf ihren Bauernkriegs-Zyklus (1955/56, Radierungen), der von Käthe Kollwitz' bekanntem Zyklus angeregt worden war.

Zu den internationalen Ereignissen, die Reaktionen in der bildenden Kunst bewirkten, gehörten auch der Kampf des algerischen Volkes um seine Freiheit und Souveränität und die Solidarität mit den Arbeitern in aller Welt. Der Hallesche Maler Karl Erich Müller trat damals in den Vordergrund. Erschüttert von einem schweren Bergwerksunglück in Belgien, malte er *In memento Marcinelle* (1956/57). In dieser Zeit entstand auch seine Algerien gewidmete Gemälde-Suite, die von einem graphischen Zyklus begleitet wurde: Ausdruck von Trauer und Solidarität durch eine nervöse, unruhige Sprache.

Ein anderer aktueller Prozeß bewegte die Künstler noch tiefer: 1954/55 machte sich, sprunghaft ansteigend, die zunehmende Aktivität einer weltumspannenden Friedensbewegung bemerkbar, verursacht durch zwei alarmierende Ereignisse: durch die Einführung der Wehrpflicht in der Bundesrepublik Deutschland und den im Pazifik durchgeführten Wasserstoffbombenversuch der USA, der 23 japanischen Fischern lebenslanges Unheil brachte. Bereits 1954 reagierten die ersten Künstler. Hans Grundig malte das Bild *Ächtet die Atombombe* und Heinrich Ehmsen das große Gemälde *Störungsrechnung* und die sinnbildlichen Hyänen- und Geier-Bilder. Grundigs farbstarkes Gemälde nutzt durch einen Fensterausblick den Kontrast und die Korrespondenz zwischen der schönen, aber bedrohten Geborgenheit des Innenraumes und der explodierenden, brennenden Welt draußen. Er stellt der Vision des Grauens die Schönheit gegenüber. In das Gemälde ist ein Text von Bertolt Brecht integriert: »Das große Karthago führte drei Kriege. Es war noch mächtig nach dem ersten, noch bewohnbar nach dem zweiten. Es war nicht mehr auffindbar nach dem dritten.« Das alte Motiv des Fensterblicks, das die Maler von den Niederländern des 15. Jahrhunderts bis zu Oskar Schlemmer immer wieder gereizt hat, wurde nach Grundig von mehreren Malern in der DDR (besonders häufig von Wolfgang Mattheuer) aufgenommen, um den Sinnzusammenhang zwischen dem Menschen und seiner gewachsenen Kultur und der Natur sichtbar zu machen.

Die Gemälde von Heinrich Ehmsen, sämtlich 1954 entstanden, nutzen Möglichkeiten der Allegorie. Die brillante Malkultur dieses Künstlers war bereits vor 1933 beachtet worden. In den Geier- und Hyänen-Bildern des Jahres 1954 verzichtet Ehmsen auf die floconneuse factur, durch die seine besten Bilder ausgezeichnet werden, zugunsten einer malerisch direkteren, farbig sehr intensiven Schrift. In diesen Malwerken voll leidenschaftlicher Dramatik und spannungsreicher Dynamik tobt die Farbe entfesselt auf der Fläche, sprengen

Heinrich Ehmsen *Narrenfreiheit* 1954. Öl. 38,6 x 46,6 cm. Altenburg: Lindenau-Museum

Linien konventionelle Formen. Ehmsen erreicht mit diesen Gemälden, in denen er das gebundene Spiel seiner Farbsymbolik in glühender Reinheit dem Malgrund anvertraute, den eindrucksvollen Abschluß seines Alterswerkes.

1956 beziehungsweise 1957 wurde die Atomgefahr noch in einigen graphischen Zyklen beklagt. Sie stammen zum Beispiel von Lea Grundig (*Kampf dem Atomtod,* Radierungen), Herbert Sandberg (*Atom, Atom,* Aquatinten) und Frank Glaser (*Die japanischen Fischer,* Holzschnitte). Auch Bert Hellers Gemälde *Scheideweg* (1956–1958) gehört in diese Kette künstlerischer Reaktionen. Das Bild nimmt in der Malerei der fünfziger Jahre in der DDR einen zentralen Platz ein. Es ist keineswegs *die* malerische Bravourleistung jener Jahre, wohl aber eines der intelligentesten Bilder aus der damaligen Zeit. In seinen dominierenden Bildzeichen benutzt das Werk eine vorgeformte Metaphorik (Motiv-Zitate aus dem Fundus der Kunstgeschichte: Dürers Apokalypse, die *Schwarze Anna* aus dem Bauernkriegs-Zyklus der Käthe Kollwitz, Picassos Taube), die zu einer Simultanadaption zusammengeschlossen wurde: Der Maler nahm nicht nur Stellung im Kampf gegen den Krieg, er ließ insonderheit die Verantwortung des Künstlers in dieser Auseinandersetzung sichtbar werden. Nach der Kunst der siebziger Jahre, nach Guttusos *Hommage à Picasso* (1973), gewann Hellers Bild historisch einen anderen, größeren Stellenwert. Für die Kunst in der DDR wurde es entwicklungsgeschichtlich wichtig. Viele spätere Werke anderer Maler, so die großen Simultanbilder des Hallensers Willi Sitte, tragen eine Anregung weiter, die von diesem Gemälde ausgegangen ist.

John Heartfield *Der Krieg wirft seine Schatten voraus. Zwei alte Herren, reif fürs Panoptikum* 1961. Fotomontage. Berlin: Kunstsammlung Akademie der Künste

Wiederentdeckung: John Heartfield

John Heartfield, der 1950 aus London zurückgekehrt war, stieß mit seiner Kunst zunächst auf Unverständnis. Auch sein Werk wurde mit dem Formalismus-Verdikt belegt. Bertolt Brecht und Wolfgang Langhoff förderten die Arbeit des Künstlers, der 1956 auf Vorschlag Brechts und mit Unterstützung von Stephan Hermlin und Bodo Uhse zum Mitglied der Akademie der Künste gewählt wurde. Die erste große Heartfield-Ausstellung 1957 bahnte einen Wandel in der Beurteilung dieses großartigen Werkes an. Der Katalog der Ausstellung wurde mit dem berühmten Brecht-Statement aus dem Jahre 1951 eingeleitet: »John Heartfield ist einer der bedeutendsten europäischen Künstler. Er arbeitet auf einem von ihm selbst geschaffenen Feld, der Fotomontage. Vermittels dieses neuen Kunstmittels übt er Gesellschaftskritik. Unentwegt auf der Seite der Arbeiterklasse, entlarvte er die zum Kriege treibenden Kräfte der Weimarer Republik und, ins Exil getrieben, bekämpfte er Hitler. Die Blätter dieses großen Satirikers, zum größten Teil erschienen in Arbeiterzeitschriften, werden von vielen, darunter dem Verfasser dieser Zeilen, für klassisch gehalten.«[22] Aber erst in den sechziger Jahren wurde vollends begriffen, daß mit Heartfield unter den Künstlern in der DDR der größte visuelle Agitator der deutschen Arbeiterbewegung lebte. Wieland Herzfeldes Biographie *John Heart-*

field – Leben und Werk, die 1962 in erster Auflage im Verlag der Kunst Dresden erschien, hat zu dieser Neubewertung wesentlich beigetragen. Die Fotomontage war die künstlerische Basis aller Neuerungen, die Heartfield für Presse, Bühne und Buch gebracht hat. Roland März bestimmte den Zeitpunkt der Heartfield'schen revolutionären Erfindung: »... 1924 gelang es Heartfield erstmals in seinen *Vätern und Söhnen*, durch die raumillusionistische Bildsynthese die widerspruchsvolle, chaotische Bildstruktur der Dada-Collage in einer völlig neuen Kunstform, in seinem ganzheitlichen Bildmedium Fotomontage, aufzuheben.«[23] Spätestens seit Mitte der zwanziger Jahre ist Heartfields Arbeit »revolutionäre Gebrauchsgraphik« und »Kunst als Waffe« – ihre Bedeutung besteht unter anderem darin, daß ihre Rezeption auch heute nicht ausschließlich unter historischen Gesichtspunkten vollzogen wird: sie wird als bleibende Kunstleistung begriffen. Eine Besonderheit dieser Leistung besteht darin, daß sie (wie etwa auch bei Daumier) ohne das aktive Engagement im Klassenkampf so nicht hätte vollbracht werden können.

Die Fotomontage fand in der Kunst der DDR zunächst keine direkte Fortsetzung. In den Umkreis der Avantgarde der Fotomontage und der Lichtkunst gehörten einst Edmund Kesting (Simultanporträts) und Otto Müller-Eibenstock (Foto und Collage). Durch die Formalismus-Debatte wurden sie zur Aufgabe ihrer experimentellen Kunst getrieben. Klaus Wittkugel benutzte die Fotomontage für Plakatkunst und Ausstellungsgestaltung, Lothar Reher für Buchumschläge. Schließlich knüpfte der farbige Fotomontage-Zyklus *America Way of life* des Spaniers José Renau, der seit 1958 in Ostberlin lebte, wieder an die politische Heartfield-Tradition an. Seine Arbeit konnte erst 1967 unter dem Titel *Fata Morgana USA* im Buch (Eulenspiegel Verlag Berlin) veröffentlicht werden.

In der Druckgraphik wurden fotografische Manipulationen verstärkt ab den siebziger Jahren in Siebdruck und Offset ausgewertet. Mit verschiedenen technischen Realisationen traten Robert Rehfeldt und Manfred Butzmann (beide Berlin) sowie Klaus Dennhardt (Dresden) hervor. Bemerkenswert sind die Künstlerporträts von Dennhardt, desgleichen Arbeiten von Ingo Kirchner (Foto-Collagen) und Falko Behrendt, besonders aber von Wolfgang Petrovsky, der seine Drucke (Collage und Décollage) in historischer und politischer Kritik betrieben hat. Einen sehr eigenen Stil erarbeitete Joachim Jansong in den achtziger Jahren. Mit seinen Radierungen und Farbradierungen entwickelte er einen Bilddruck, in dem die Möglichkeiten des fotografischen Mediums und der Montage sensibel mit der Technik der Radierung verbunden sind (*Dona nobis pacem,* 1983, *Roma eterna,* 1986).

Die säkulare Bedeutung des Werkes von John Heartfield wurde in den sechziger Jahren erkannt. Für ihn ist unbestreitbar, dass er aus der alten Generation der in Ostdeutschland wirkenden Künstler hinsichtlich der stilistischen, ikonographischen und technischen Innovation die wichtigste Persönlichkeit gewesen ist. Heartfields Einfluss auf die zeitgenössische Kunst wurde von verschiedenen Autoren so hoch eingeschätzt wie der von Dix, Magritte, Dali und Bacon. Er ist im Werk vieler Künstler nachweisbar. Für mehrere Westberliner »kritische Realisten«, etwa für Wolfgang Petrick und Peter Sorge, war Heartfield neben Dix und Grosz wichtigster Inspirator. Die dialektischen Verfremdungsmöglichkeiten der Heartfield'schen Fotomontage haben den Happening-Künstler und Aktionisten des »Neuen Realismus«, Wolf Vostell, ebenso wesentlich angeregt wie der italienische Maler Paolo Baratella in seinem Zyklus *Es ist ein Lachen, das euch begraben wird* (1972/73) das Montageprinzip Heartfields ausgewertet hat. Die wichtigste und wertvollste Aufnahme der Heartfield'schen Technik in Europa erfolgte jedoch durch Klaus Staeck, der »das montierte Fotoplakat von Heartfield eigenständig weiterentwickelte«. Heartfield und die Folgen – das ist ein wichtiges (immer noch zu wenig beachtetes) Kapitel des Dialogs der realistischen Kunst mit der übrigen Weltkunst, eines Dialogs, in dem die sozialistische Kunst (wie in der Literatur durch Brecht, im Film durch Eisenstein) der internationalen Kunst neue, eigenständige Werte zugeführt hat.

Hans Theo Richter *Mädchen und Spiegelbild nach rechts* 1968. Lithographie. 22 x 25,4 cm.
Dresden: Hildegard und Hans Theo Richter-Stiftung

Renaissance der Druckgraphik: Hans Theo Richter

In der Mitte und gegen Ende der fünfziger Jahre bekam die Kunst in der DDR bedeutende Impulse. Das Werk von Otto Dix rückte durch die 1957 von Otto Nagel eröffnete Retrospektive (Berlin: Akademie der Künste) erneut in das Bewußtsein der schöpferischen Kräfte. Die Beziehung zu Dix war ja ohnehin nie abgebrochen worden. Der Maler druckte seit 1948 jährlich mehrere Wochen in der Ehrhardt-Werkstatt an der Dresdner Kunsthochschule auf der Brühlschen Terrasse. Sein Beispiel und der Einsatz von Arno Mohr, Herbert Tucholski und Hans Theo Richter führten in der Mitte der fünfziger Jahre zu einer Belebung der Druckgraphik, die bis dahin im Schatten der Malerei gestanden hatte. Die freie Graphik, die den Bilddruck favorisierte, wurde in Berlin von Arno Mohr und Herbert Tucholski angeführt, für die Buchgraphik trat Werner Klemke hinzu. In Dresden wurde die Druckgraphik von Wilhelm Rudolph (Holzschnitt), Ernst Hassebrauk (Radierung), Hans Körnig (Aquatinta), Wilhelm Lachnit (Monotypie und Radierung) und Hans Theo Richter (Lithographie) bestens gepflegt. Während die Kunst Mohrs und Tucholskis zunächst nur lokale Bedeutung erlangte und ihre folgenreiche Wirkung für die Druckgraphik in der DDR erst in den sechziger Jahren bemerkbar wurde, erreichte das lithographische Œuvre von Hans Theo Richter rasch über die Grenzen der DDR hinaus Anerkennung. Natürlich ging der exorbitäre Rang, den sich Josef Hegenbarth in der Kunst der Zeichnung und der Buchillustration nach Max Slevogt und Alfred Kubin erarbeitet hatte, dem Richter'schen Ruf voraus. Beide Künstler wurden zudem Mitglieder sowohl der Ostberliner Deutschen Akademie der Künste als auch der Bayerischen Akademie der Schönen Künste. Durch die Schule von Hans Theo Richter sind viele junge Künstler gegangen.

Richter, der sich früh mit Munch, Beckmann und Kokoschka auseinandergesetzt hatte, war trotz Beschränkung auf Schwarzweiß so stark ein malerischer Graphiker, daß Werner Schmidt feststellte, seine Arbeiten böten »Zeichnung und Graphik als Malerei auf Papier.«[24] Das künstlerische Werk Richters, die Druckgraphik, hatte bereits 1916/22 eingesetzt. Es konzentrierte sich im Laufe der Jahre bei einem variablen Verhältnis zwischen Graphik und Zeichnung ganz auf die Lithographie: In den dreißiger Jahren traten Zeichnung und Aquarell stärker in den Vordergrund, die fünfziger Jahre brachten nach einem Auftakt im Aquarell fast ausschließlich Steindrucke, um 1960 wurde die Zeichnung wieder wichtig, aber sie verdrängte nicht die Lithographie, die sich im Spätwerk zu einer letzten, schönen Blüte entfaltete. Richter beschied sich auf einen begrenzten Themenkreis (die menschliche Gestalt: als kämmende, sitzende, lesende, musizierende, in den Spiegel blickende; Mutter-und-Kind-Darstellungen, Bildnisse usw.). Das bedeutet bei ihm Läuterung des Intimen, Privaten zum Allgemeinbedeutsamen. Die still-verhaltene Bildsprache, die in ihren Figurationen feinste Empfindsamkeit ausdrückt, erzählt vom Behütetsein in einer unverletzbaren, heilen Welt. Sie ist Ausdruck tiefer humanistischer Verantwortung. Schmidt bestimmt den allgemeinen Standort des Dresdner Graphikers so: »Die kunsthistorische Bedeutung Hans Theo Richters

Hans Theo Richter *Gespräch mit Mutter und Kind* 1964. Lithographie. 21,3 x 28,2 cm.
Dresden: Hildegard und Hans Theo Richter-Stiftung

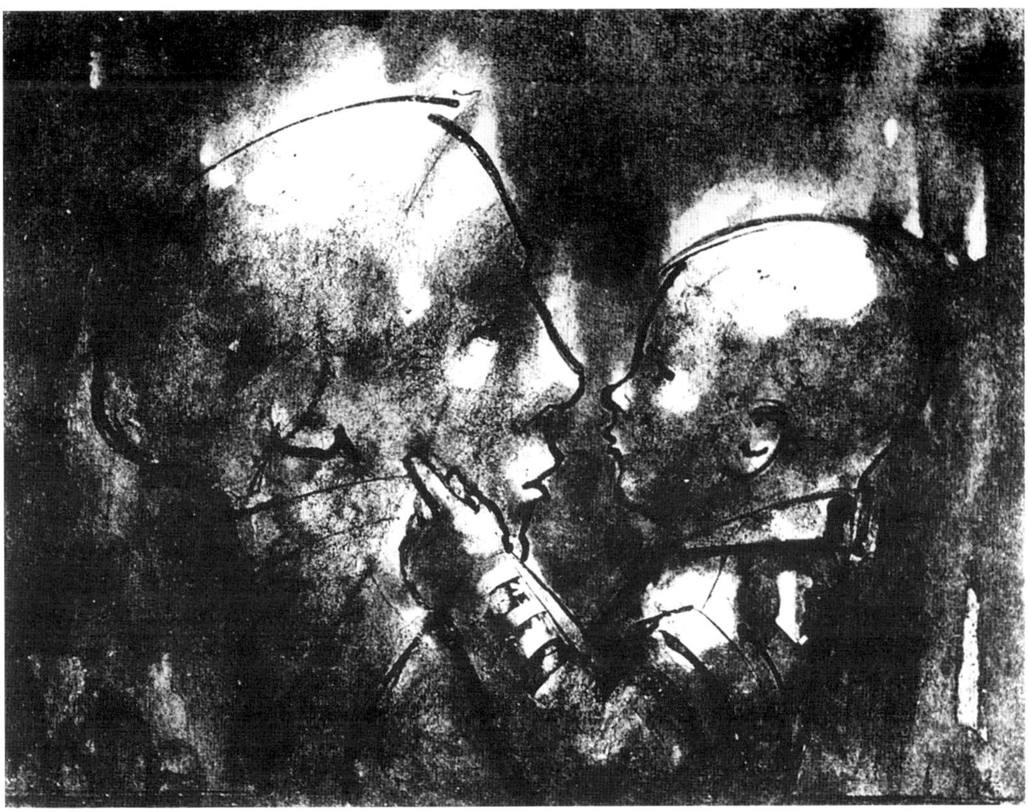

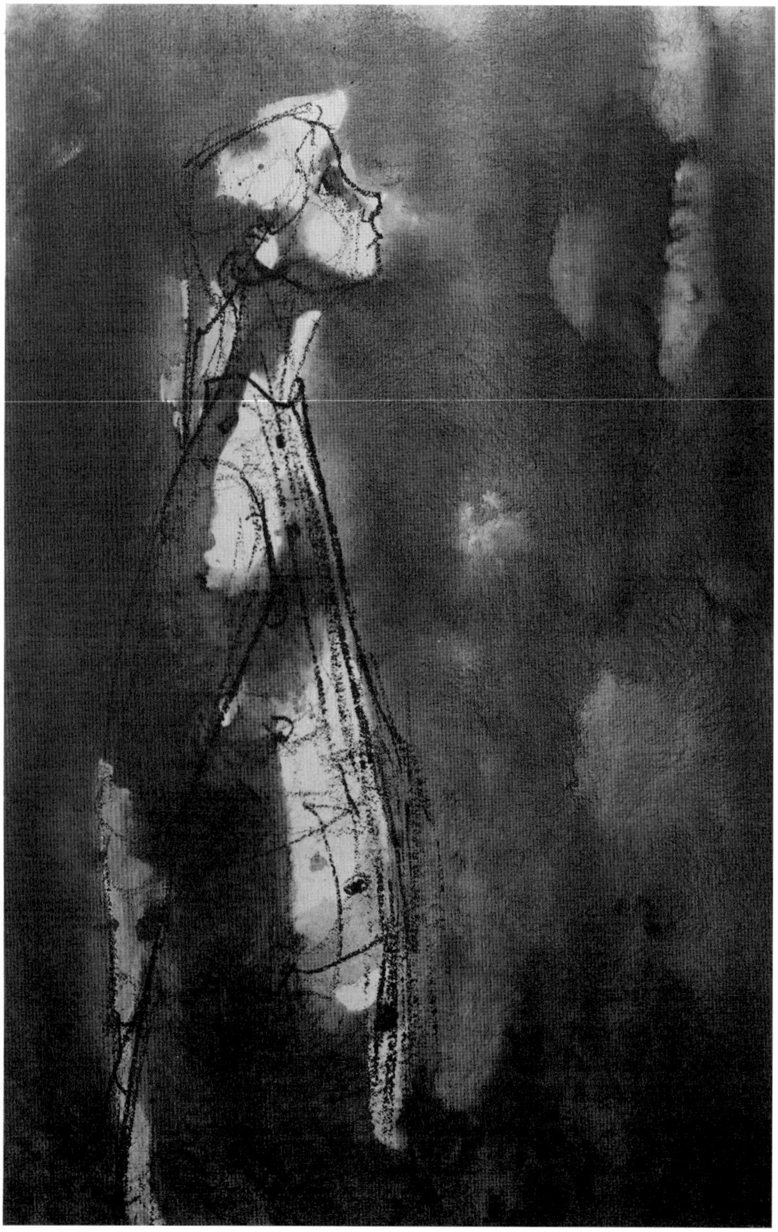

Hans Theo Richter *Aufblickendes Mädchen* 1961. Pinsel und Feder in Tusche, Kreide. 41,5 x 25 cm. Dresden: Hildegard und Hans Theo Richter-Stiftung

liegt darin, daß er das klassische Menschenbild in Schöpfungen hohen Ranges bewahrte und bereicherte. (...) Das Menschenbild der Klassik, im zwanzigsten Jahrhundert oft genug bezweifelt und entleert, suchte Richter mit der Scheu eines Wissenden in seinen Blättern zu verwirklichen. Er stellte es der bitteren Erfahrung von Faschismus und Krieg entgegen. Dabei übersah er nicht die Gefahr der Aushöhlung des klassischen Ideals und nahm die Widersprüche der Wirklichkeit wahr.«[25]

Die graphische Sprache Richters bewegt sich zwischen einem gleitenden Helldunkel mit Nuancen huschenden Lichts und dämmernden Übergängen von Weiß auf Schwarz einerseits und einer präzisen, großzügig hingeschriebenen Lineatur andererseits. Im Werk treten diese Gegensätze zuweilen auch auseinander: Drucken, die mehr aus geschlossenen Flächen leben, stehen Blätter gegenüber, die sich auf reine Liniensprache beschränken. Das Jahr 1964 bringt dafür mit einer Bildnisgruppe (unter anderen *Kopf eines alten Mannes*) und mit den Darstellungen von Lesenden *(Auf dem Boden lesendes Mädchen)* besonders treffende Beispiele. Hans Theo Richter dringt mit seiner Kunst bis ans Äußerste vor: In der Arbeit auf dem Stein tastet er in den Tonwerten die Grenze des gerade noch Druckbaren ab, und im Gedanklichen lotet er einfachste menschliche Verhaltensweisen so weit aus, daß sie zu Grundmustern menschlichen Glücks und Daseins werden. Das Ziel seiner Arbeit wurde durch Richter selbst einmal formuliert: »Ich möchte das Elementare sichtbar machen in großer Form und Vereinfachung.«[26]

Italienischer Realismus als Inspirator

Zu den Stimuli im Kunstprozeß in der DDR gehörte die Begegnung mit der mexikanischen Malerei und Graphik, die 1955 durch eine umfassende Ausstellung in Berlin ermöglicht wurde. Das Erscheinen der Diego-Rivera-Biographie von Hans F. Secker (1957) vertiefte den Eindruck. Nachhaltiger aber war der stilistische und ikonographische Einfluß, den die Kunst des italienischen Realismo in den fünfziger Jahren in der DDR gewann. Es war insbesondere das Werk von Renato Guttuso und Gabriele Mucchi, über die 1957 informative Biographien herauskamen. Guttuso wurde 1955 zum korrespondierenden Mitglied der Akademie der Künste gewählt, Mucchi erhielt in Berlin im gleichen Jahr eine große Ausstellung. Mucchi war zum ersten Mal 1929 nach Berlin gekommen, er blieb bis 1931. Damals hatte er in der Juryfreien Kunstschau 1929 am Lehrter Bahnhof, die auch die Ausstellung »Zehn Jahre Novembergruppe« beherbergte, die Abteilung des Novecento italiano eingerichtet, aus der Mucchi hervorgegangen war (der Einfluß von Carrà ist unschwer zu erkennen) und der er bald als kritischer Widerpart gegenüberstehen sollte. Mucchi erhielt 1956 durch die Initiative Ehmsens und Hellers eine Berufung an die Kunsthochschule Berlin-Weißensee und war anschließend an der Universität Greifswald. Er lebte alternierend in Mailand und Berlin. In Berlin formte sich sein Freundeskreis aus den Bildhauern Fritz Cremer, René Graetz und Waldemar Grzimek und aus den Malern und Graphikern Heinrich Ehmsen, Arno Mohr, Herbert Sandberg und Elizabeth Shaw. In Mucchis Werk zeigt sich schon seit Anfang der vierziger Jahre, wie südländischer Geist durch die Begegnung mit dem Werk der deutschen Expressionisten jenen übersteigerten Gestus empfing, der zu einem Kennzeichen seiner Kunst wurde, wie Latinität und Expressionismus zu einer eigenwilligen Synthese gebracht wurden. Es ist gleichermaßen Bestandteil der italienischen Kunst wie auch der Kunst in Ostdeutschland. Zu seinen letzten Arbeiten gehört das Wandbild *Menschen im Sturm* in der Kapelle Vitt auf der Insel Rügen (1986–1990), bei dessen Ausführung Rolf Schubert und Joachim John geholfen haben, und die Wandmalerei *Versöhnte Einheit* 1999 in der Dorfkirche Alt-Staaken (Berlin). Mucchis Malerei regte viele Kunststudenten an. In Berlin wirkte sie auf einige Maler stilbildend, zum Beispiel auf Joachim John, Rolf Schubert, Hans Vent, Ronald Paris.

Der inspirative Einfluß des italienischen Realismo kam nicht von ungefähr. Die Kunst in der DDR gewann in ihm einen Gesprächspartner von internationalem Rang: Die Realismo-Bewegung war die einzige große demokratische Kunstbewegung mit ausgeprägt sozialistischer Tendenz. Sie brachte (auch in Literatur und Film) die Darstellung des Alltags werktätiger Menschen, zeigte eine Vorliebe für die kleinen Dinge des Lebens, sprach die Hoffnungen und Sehnsüchte des Volkes aus, war durchdrungen von der Suche nach Wahrheit. Diese Kunst hatte sich bereichert durch den Kubismus und besonders durch das Werk Pablo Picassos. In ihr fanden viele Maler in Ostdeutschland eine Kunst, die Aufgaben bewältigte, welche den ihren ähnlich waren. Es war eine kämpferische Kunst, vom Temperament südländischer, undogmatischer Kommunisten vorgetragen, und sie wurde in einer eigenwilligen, ganz dem 20. Jahr-

Mucchi
1974

hundert verbundenen Formensprache verwirklicht. Der Einfluß des italienischen Realismus (auch Neorealismus genannt) läßt sich in den fünfziger Jahren in der Malweise zahlreicher Künstler besonders in Halle und Berlin nachweisen. Otto Schutzmeisters Gemälde *Die Holzfäller* (1957) oder *Brigade des Baggers 431* (1958) zeigen ihn deutlich. Auch in der Ikonographie sind die Anregungen zu beobachten: Mehrere Landnahme-Bilder (Bodenreform), etwa von Arno Mohr oder Heinz Dubois, wurden durch Renato Guttusos *Inbesitznahme des unbebauten Landes* (1948) beeinflußt. Renato Guttusos Serie der Diskussions-Bilder wirkte noch in den sechziger Jahren inspirativ auf zahlreiche Maler (etwa auf Willi Neubert). Die Zeit, in der das »kulturelle Erbe bei Menzel strammstand« (Lea Grundig), war vorüber.

Auftritt einer neuen Generation

Der Prozeß, der die realistische Kunst in der DDR allmählich aus ihrer stilistischen Separation herausführte, war auch durch ein Besinnen auf die Tradition der proletarisch-revolutionären Kunst des 20. Jahrhunderts in Gang gekommen. Dazu trugen verschiedene Ausstellungen wesentlich bei: die John-Heartfield-Retrospektive 1957 (Berlin, Akademie der Künste), die Ausstellung »Revolutionäre Kunst in Aktion« (1958, Berlin, Pavillon der Kunst) und die Werkübersicht von Hans und Lea Grundig (1958, Dresden).

In dieser Situation trat eine neue Künstlergeneration an. Bernhard Heisig, Willi Sitte und Walter Womacka als die Ältesten gehören nach ihren Geburtsdaten eigentlich nicht zu ihr, entwicklungsgeschichtlich begannen sie ihren Weg jedoch mit dieser Generation. Der Dresdner Gerhard Bondzin, der Zwickauer Karl-Heinz Jakob und der Mecklenburger Werner Schinko nahmen ebenso wie die Berliner Günther Brendel, Harald Hakenbeck und Walter Womacka und der Rostocker Armin Münch in der Öffentlichkeitsgunst einen raschen, zum Teil steilen Aufstieg. Andere Talente hatten es schwerer. Dazu gehörten aus Berlin Konrad Knebel, Harald Metzkes und Dieter Goltzsche, aus Dresden Helmut Gebhardt, Gerhard Kettner, Claus Weidensdorfer und Werner Wittig, aus Halle Willi Sitte und Otto Möhwald, aus Wittenberg Karlheinz Wenzel, aus Leipzig Bernhard Heisig, Werner Tübke, Wolfgang Mattheuer, Gerhard Kurt Müller, Kurt Dornis, Günter Thiele und Günter Horlbeck.

Günther Brendel stellte mit dem Gemälde *Braunkohlentagebau* (1958) eines seiner bemerkenswerten Bilder vor, und Walter Womackas dekorative Begabung errang mit Werken wie *Rast bei der Ernte* (1958) und *Feldbaubrigade* (1959) schnell Anerkennung. Harald Hakenbeck wertete in der Mitte der fünfziger Jahre die Kunst der deutschen Renaissance und des italienischen Quattrocento für sich aus. Mit Bildern wie *Fischerjunge* (1954), *Alte Frau* (1955) und dem romantisierten *Lesender Arbeiter* (1956) fand er zu einem altmeisterlichen, ja naiven Realismus, der ihn alsbald in das öffentliche Gespräch brachte. Gerhard Kettner trat 1956 mit dem Lithographie-Zyklus *Geschichte der deutschen Arbeiterbewegung* hervor, in dem Kindheitseindrücke aus dem Bornaer und Meuselwitzer Braunkohlenrevier einen Niederschlag finden – der sensible graphische Stil des Dresdners kündigte sich in diesen Blättern merkbar an.

Kraftzentren einer neuen, hoffnungsvollen Generation zeichneten sich in der zweiten Hälfte der fünfziger Jahre ab. Damals wurde im Westen Deutschlands die »Negation des Gegenstandes« in der Malerei postuliert und aus der Kunstgeschichte des Jahrhunderts gefolgert, daß »der Herrschaftsbereich des abendländischen Realismus untergegangen« sei. Wortführer war der omnipotente Kunsthistoriker Werner Haftmann, der solches in seinem Opus magnum, *Malerei im 20. Jahrhundert* (1954), erkannt hatte und dessen Handschrift die wichtige 1. documenta 1955 in Kassel prägte. Indessen versank Deutschland in jenen Jahren durchaus nicht in den Spielarten der abstrakten Kunst, obgleich dies so aussah. Es traten in der künstlerischen Praxis Gegenstimmen auf, nicht unisono, sondern als Heterophonie.

Linke Seite:
Gabriele Mucchi *Die Junge und die Alte* 1974. Öl. 120 x 75 cm. Berlin: Berlinische Galerie

Günter Brendel *Braunkohlentagebau* 1958. Mischtechnik. 150 x 180 cm. Cottbus: Städtische Galerie

Berlin: Die Farbe Schwarz

So wurde in Berlin ein ungewöhnlicher Realismus beobachtet, der mit dem Namen des von der pommerschen Ostseeküste gekommenen Malers Ernst Schroeder verbunden ist. Er hatte an der Charlottenburger Hochschule der Künste studiert und war ein Schüler von Max Pechstein gewesen. Zu seinem kleinen Freundeskreis gehörte Robert Rehfeldt, mit dem er zeitweise in Ateliergemeinschaft arbeitete. 1956 wurde er in Ostberlin in der 1950 gegründeten Deutschen Akademie der Künste Meisterschüler bei Otto Nagel, alsbald bei Heinrich Ehmsen. Der junge Maler hatte sich, bevor er an die Akademie kam, in Paris umgesehen. Die Malerei seines Altersgefährten Bernard Buffet wurde ihm zum prägenden Erlebnis. In den Ateliers der Akademie am Pariser Platz entstand damals durch nachbarlichen Kontakt und intensiven Gedankenaustausch ein überaus anregendes künstlerisches Klima. Dort arbeiteten zwischen 1954 und 1957 der Bildhauer Werner Stötzer und die Maler Manfred Böttcher, Harald Metzkes, Horst Zickelbein und Siegfried Korth, 1958/59 kamen die Bildhauer Wilfried Fitzenreiter, Siegfried Krepp und Wieland Förster hinzu, desgleichen der Graphiker Dieter Goltzsche. Ab 1956 stand eine Lithographiewerkstatt zur Verfügung, 1967 folgte die Radierwerkstatt. Die jungen Maler entwickelten eine strenge Bildtektonik, wie sie in Berlin bei Werner Heldt und Karl Hofer zu sehen gewesen ist und in Dresden bei Wilhelm Lachnit, aus dessen Schule Böttcher und Metzkes gekommen waren. Vermutlich brachte Schroeder das formstrenge Schwarz zu seinen Freunden. Alsbald konnte es bei Künstlern außerhalb der Aka-

Manfred Böttcher *Dampfer am Kai (Viva II)* 1959. Öl. 75 x 95 cm. Berlin: Nationalgalerie

demie ebenfalls festgestellt werden. Der Bildlakonismus eines »Schwarzen Stils« fand Eingang in die Kunst von Achim Freyer, Jürgen Böttcher, Dietrich Kaufmann, Horst Sagert, Ronald Paris und Hans Vent. Auch andernorts waren ähnliche Stilsegmente zu erkennen. So bei Tübke in Leipzig, bei Bachmann und Kitzel in Halle, bei Altenbourg in Thüringen, selbst bei Horst Janssen in Hamburg. In Berlin war dieser Stil Ausdruck von Tristesse. Er war konturenbetont, sachlich karg und »unfarbig«, was Ehmsen zu rabiat formulierten Einsprüchen gegenüber seinen Meisterschülern veranlaßte. Die Gegenstände, die diese Künstler malten, waren offiziell durchaus nicht gewünscht: magere Stilleben (der Fisch als Topos des Unbewußten?), ärmliche Interieurs, nüchterne Vorstadtstraßen, vereinsamte, in sich zurückgezogene Figuren auch dann, wenn sie als Gruppe gegeben wurden (Metzkes *Tischgesellschaft*, 1957). Die Kunst dieser »Schwarzen Periode« brachte Malerei, in der sich auch literarische und filmische Einflüsse bemerkbar machten, als intellektuelles Formabenteuer. Diese Kunst war kein »Rückzug ins Private«, was ihr vorgeworfen wurde, sondern die frühe Spur eines sich ausprägenden Stilwillens, der die Maler an einen Scheideweg brachte: Er führte zum Protest gegen alles Oberflächliche und Banale und war eine Alternative zur Realismus-Doktrin Stalinscher Prägung. Die Berliner Künstler entschieden sich für eine strenggeformte, gegenständliche Kunst. Ihr Realismus war wesentlich durch die intelligiblen Bild-Intentionen Schroeders inspiriert und angespornt worden. Dieser Maler war ohne Zweifel eine der malerisch stärksten Kräfte in der Ostberliner jungen Kunst der fünfziger Jahre. Seine

Ernst Schroeder *Strand und Netze* Undatiert. Öl. 72 x 101,5 cm.
Greifswald: Stiftung Pommersches Landesmuseum

Harald Metzkes *Abtransport der sechsarmigen Göttin* 1956. Öl. 120 x 160 cm.
Berlin: Nationalgalerie

Tragik bestand darin, daß er sich aus seiner Alkoholkrankheit nicht befreien konnte. 1955 holte ihn seine Mutter, die in Hamburg lebte, in ihr Haus zurück. Seine künstlerische Arbeit versiegte. An sein Werk wurde 1986 in Neubrandenburg und 1990 in Altenburg, Berlin und Rostock erinnert. 1996 erschienen Biographie und Werkverzeichnis, eine der besten Darstellungen der Ostberliner Kunstgeschichte der fünfziger und ersten sechziger Jahre, verfaßt von Jörg Makarinus.

Das strenge Programm eines konturenbetonten Stils ist in Berlin immer wieder fortentwickelt worden, zum Beispiel in den warmfarbenen Gemälden von Kurt Robbel.

Aus dem Schroeder-Kreis trat alsbald Harald Metzkes vor die Öffentlichkeit. Zu erwähnen ist das mit mythologischer Parabel operierende Gemälde *Abtransport der sechsarmigen Göttin* (1956) und das lyrisch verhaltene Bild *Polytechnischer Unterricht* (1960), das auf Studien im VEB Bergmann-Borsig zurückgeht. Dem Gemälde von 1959 wurde von der Zeitschrift *Junge Kunst* bescheinigt, »alles geschichtlich Neue übergangen« zu haben.

Robert Rehfeldt *Bildnis Ernst Schroeder* Um 1957. Öl. 98,5 x 69 cm. Greifswald: Stiftung Pommersches Landesmuseum

Siegfried Korth *Oma Hapke* 1962/63. Öl. 150 x 98 cm. Verschollen

Dresden: »Geheime Akademie«

In Dresden sammelten sich außerhalb der Hochschule auf der Brühlschen Terrasse in aller Stille junge Künstler. Promotor war Jürgen Böttcher, der sich später als Maler Strawalde nennen wird. Er hatte von 1951 bis 1953 an der Hochschule bei Wilhelm Lachnit studiert und hielt 1953/55 einen Mal- und Zeichenkurs an der Volkshochschule Dresden. Seine dort praktizierten Unterrichtsprinzipien hatten mit der »grausigen Lehrmethode der Akademie« nichts zu tun, deren üble Doktrin Fritz Löffler so beschrieben hat: »Die Studierenden durften sich vom Impressionismus an mit dem künstlerischen Schaffen der Folgezeit nicht mehr befassen. Die entsprechenden Bücher waren in der Bibliothek sekretiert. Expressionismus und abstrakte Kunst waren verteufelt.«[27] Ein begabter Student an der Dresdner Kunsthochschule war von 1951 bis 1956 Gerhard Richter gewesen. 1961 verließ er die Elbestadt und ging nach

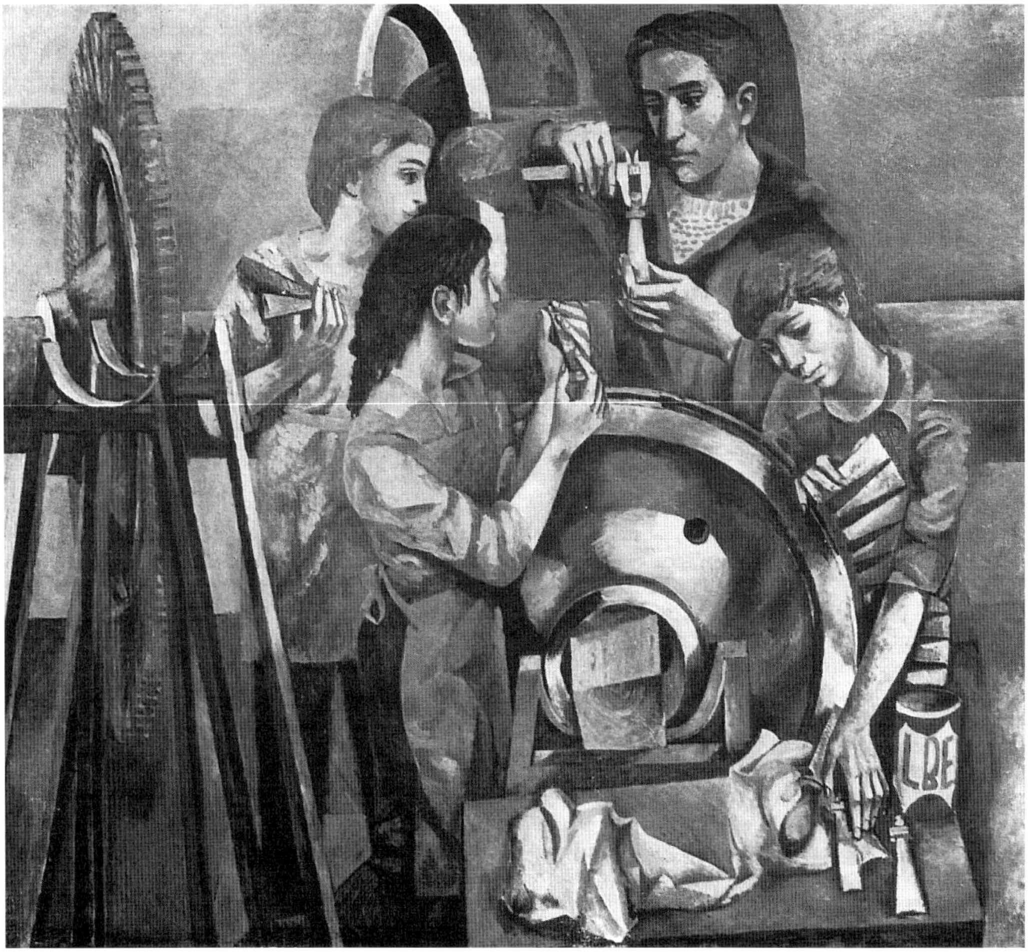

Harald Metzkes *Polytechnischer Unterricht* 1960. Öl. 125 x 140 cm. Frankfurt/Oder: Galerie Junge Kunst

Düsseldorf. In einer Rückschau aus dem Jahre 1999 schrieb er an Werner Schmidt über die Gründe seines Weggangs. »Raus aus dieser etablierten Verlogenheit und erstickenden Bevormundung.«[28] Auch Georg Baselitz, der damals noch Georg Kern hieß, verließ in dieser Zeit die DDR. Er hatte an der Hochschule für bildende und angewandte Kunst Berlin bei Walter Womacka und Walter Behrens-Hangeler ein Studium aufgenommen. 1957 war er bei Hann Trier in Westberlin. Böttcher aber blieb in Dresden.

Böttchers Lehrmethode war eine Alternative zur Hochschule. Unter den Schülern waren begabte 14- bis 16-Jährige, Schüler und Lehrlinge oft, die nicht wußten, was Kunst ist und was sie sein könnte. Darunter befanden sich Jünglinge, deren Namen später in der Kunst hoch geachtet werden sollten: Ralf Winkler, der sich ab 1968 A. R. Penck nannte, Peter Herrmann, Peter Makolies, Winfried Dierske und Peter Graf, der mit seinem Freund Georg Kern alias Baselitz 1956 kurzzeitig ein Studium an der Kunsthochschule Berlin-Weißensee bei Toni Mau aufnahm. Jürgen Böttcher begann 1955 ein Studium an der Filmhochschule Potsdam-Babelsberg. Er wurde Dokumentarfilmregisseur. Die Malerei gab er jedoch nicht auf. Im Dresdner Freundeskreis war Ralf Winkler/Penck als multikünstlerisch hochbegabte Person die bestimmende Kraft. Unter Böttchers Anleitung wurde im Sinne eines pastosen Impres-

A.R.Penck (Ralf Winkler) *Frauenbildnis »halb Renaissance – halb Kinderzeichnung«* 1966. Tusche. 70,2 x 52 cm.

Peter Graf *Atelierbesuch bei Peter Herrmann* Undatiert. Bleistift. 20,9 x 27 cm. Dresden: Kupferstich-Kabinett

sionismus Dresdner Provenienz Malerei allein aus der Farbe heraus betrieben. Rembrandt und Picasso waren in Tradition und Modernität die Vorbilder des Autodidaktenzirkels, der später als »geheime Akademie« bezeichnet wurde. Penck tritt zu Beginn der sechziger Jahre mit eigenen

Strawalde (Jürgen Böttcher) *Küste* 1984. Öl. 116,5 x 156 cm. Frankfurt/Oder: Galerie Junge Kunst

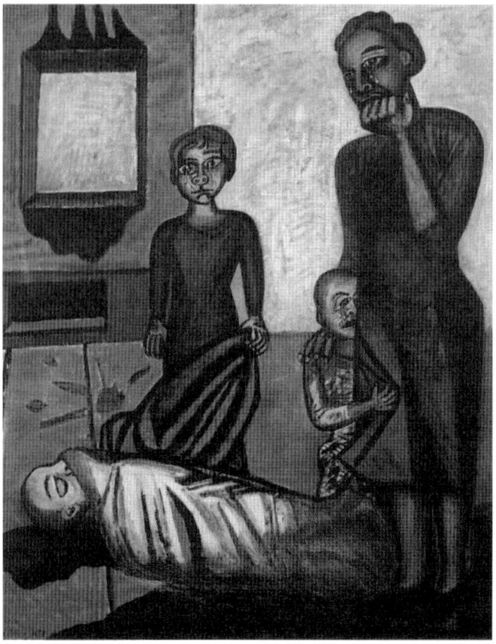

Strawalde (Jürgen Böttcher) *Beweinung* 1958. Öl. 141 x 116 cm. Berlin: Nationalgalerie

Bildern hervor, die sich nicht in die angepaßte Konformität fügen. Die »geheime Akademie« hat ihre Spuren in der Kunst der DDR hinterlassen. Man formte an einer Bildsprache aus subtiler Intimität und gesteigerter vitaler Expressivität.

Intermezzo: Wilhelm Lachnit

Aufmerksame Beobachter der Kunstentwicklung in der DDR werden feststellen, daß zwei Künstler einen geradezu charismatischen Einfluß auf anspruchsvolle Malerei gewonnen hatten. Das waren Otto Niemeyer-Holstein und Wilhelm Lachnit. Während der norddeutsche Niemeyer ein Methodiker der vergeistigten Farbe, ein Meister der stilisierten Töne gewesen ist, war der Sachse Lachnit ein Poet des Bilddenkens, dessen Kunst wegweisende Bedeutung erlangte. Sein inspirativer Einfluß reichte sowohl in die »geheime Akademie« des Jürgen Böttcher in Dresden als auch in die »Berliner Schule«, deren stärkste Potenzen, Harald Metzkes und Manfred Böttcher, bei ihm studiert hatten. Manfred Böttcher schrieb 1999 in einem Statement, das Werk Lachnits sei geprägt worden durch »lyrische Empfindsamkeit, dichterische Phantasie und konstruktives Bilddenken, elementare bildnerische Empfindung«. Es sei »frei von Anekdotischem und Genrehaftem« und bediene sich »der Allegorie, der Metaphorik, des Sinnbildes«.[29] Lachnit hatte sein Handwerkszeug von Richard Dreher bekommen, der seit 1919 Akademieprofessor in Dresden war. Die Dresdner Maler seiner Generation waren damals alle, wenn nicht unter den Bann Kokoschkas, so unter den von Dix geraten, der bis 1922 Meisterschüler bei Max Feldbauer und Otto Gussmann war und 1927 als Professor an die Kunstakademie berufen wurde. Der veristische Stil des Otto Dix beeinflußte nachhaltig das Frühwerk Dresdner Maler, so das von Rudolf Bergander, Hans Grundig, Otto Griebel, Kurt Querner und Wilhelm Rudolph. Auch die frühen Arbeiten von Lachnit sind diesem Verismus verpflichtet. Die Radierungen aus der zweiten Hälfte der zwanziger Jahre zeigen das ebenso wie die Gemälde dieser Zeit. Ein Juwel unter jenen Malwerken ist das Porträt der Fotografin Maria Tokeva (*Mädchen mit Pelz,* 1925). Wilhelm Lachnits Malkunst berührte sich später in den dreißiger Jahren mit einem idealisch gefärbten Neoromantizismus, einer kurzen Phase der deutschen Malerei, in der sich stilistisch wie geistig ein wenig Ratlosigkeit ausdrückt. Für Lachnit war das ein Durchgangsstadium. Erst sein Spätstil, der mit dem viel reproduzierten *Tod von Dresden* (1945) anhebt, brachte jene Gemälde und

Wilhelm Lachnit *Lesende mit Früchtekorb* 1959. Aquatinta. 18,7 x 24,6 cm.

Wilhelm Lachnit *Harlekin und Harfe* 1961. Aquatinta. 18,5 x 24,7 cm.

Graphiken, die gemeinsam mit den frühen Arbeiten den Ruf des Künstlers begründen. Die Plastizität der frühen Werke gab er lange nicht auf, doch wichtiger wurden nun französische Anregungen, die von Picasso und Matisse kommen. Er schmilzt sie um in ein unverwechselbar eigenes Form- und Farbgefüge. Seine poetischen Szenarien sind von unpathetischer Einfachheit, die durch die vergeistigte Farbe noch gesteigert wird. Man könnte seine Arbeiten dekorativ nennen, wäre nicht jene Arabeske, die sein Werk zum geistig-sensitiven Erlebnis steigert, wäre nicht jene Farb- und-Linien-Melodik, die zum Erleben menschlicher Schönheit als Schönheit der Kunst führt. Seine Kunst, die so viele anmutig gebeugte Frauenfiguren kennt, deren Kopf oft im Profil gegeben ist, bleibt immer ein Bekenntnis zur Schönheit. Der gedämpfte Jubel seiner kostbaren Farben wird aufgenommen in die singende Linie einer Kontur, mit der er seine Gestalten gern umreißt. Sie erhalten dadurch etwas Vegetabilisches. Auch diese Kunst wurde aufs Ärgste diffamiert. So schrieb Joachim Uhlitzsch, der später Direktor der Gemäldegalerie Neue Meister der Staatlichen Kunstsammlungen Dresden wurde, am 15. März 1951 in der *Täglichen Rundschau*, bei Lachnit werde jeder Gegenstand »formal verarmt ... und die Bildkomposition zu einer leeren Zufälligkeit«.

In Lachnits Spätwerk gewinnen Aquatinta und Monotypie erfrischende Kraft. Hier zeigt sich nicht nur der feine Ästhet, der Lachnit war, sondern auch jene groteske Phantasie, die seine Freunde schätzten. Ein Morgenstern'scher Fabulierer, ein Virtuose der Clownerie, der sich des Instrumentariums aller Form- und Farbeffekte wohl zu bedienen wußte. Die Szenerien dieser Blätter sind oft kauzig-hintersinnig, zweideutig oft. Formen sind ver-rückt, so daß ein surrealer Effekt entsteht, der durch das traumhafte Blühen oder geheimnisvoll dunkle Glimmen seiner Farben gesteigert wird. Gerade in der Monotypie konnte er die Farben von ihrer materiellen Substanz befreien. Er hat die Monotypie, die Degas in die moderne Kunst einbrachte, derart sublimiert, daß es schwerfällt, Künstler aus seiner Zeit zu nennen, die Ähnliches vollbracht haben. Lachnit vereinte bravouröseste Artistik mit einem Esprit sächsischer Prägung: mit einem Schlupfloch, das in hintersinnig-kauzige Skurrilität führt und von dort irisierende Glanzlichter auf das Dasein des Menschen wirft. Lachnit ging es im Spätwerk um jene hintergründige Schönheit, die immer ein imponderabiles Geheimnis bewahrt. Diesem Künstler – ein Gründungsmitglied der »Assoziation Revolutionärer Bildender Künstler Deutschlands« (ASSO) und 1925 in die KPD eingetreten – wurden 1953 die eingereichten Bilder für die Dritte Deutsche Kunstausstellung ausjuriert. Der Dresdner Kunsthistoriker Fritz Löffler schrieb später, dass diese Ausstellung »Wilhelm Lachnit Professur und bald das Leben kostete«. Als er am 14. November 1962 nach einem dritten Herzinfarkt starb, »war er völlig mittellos«, wie Gabriele Werner mitteilt: »Die wenigsten seiner Freunde wußten, daß er seine Miete nicht mehr bezahlen konnte.«[30] Wilhelm Lachnit war ein Opfer der fälschlich sozialistisch genannten Kulturpolitik der DDR geworden.

Leipzig: Neue Metaphorik

Die Kunst in Leipzig war nach 1945 zunächst mit Namen wie Ernst Hassebrauk, Max Schwimmer und Elisabeth Voigt verbunden, allesamt Hochschullehrer. Max Schwimmer vertrat zu dem offenen Stil seiner Zeichnungen in der Malerei eine spätimpressionistische Position, die auch bei anderen Künstlern beobachtet werden konnte. Expressive Tendenzen fanden sich bei Elisabeth Voigt, die einst Schülerin von Käthe Kollwitz und

Max Schwimmer *Zu Peter Huchel, Der polnische Schnitter*
1958. Lithographie. 41 x 29 cm.
Berlin: Kunstsammlung Akademie der Künste

Karl Hofer gewesen war, bei Hans Eberhart Strüning und Franz Oskar Behringer. Hassebrauk und Schwimmer verließen Leipzig 1949 beziehungsweise 1951 gen Dresden. Schwimmer, der geistvollste Erotiker unter den Zeichnern, hatte 1951 einen Kulturbundvortrag im Gohliser Schlösschen über die Formalismus-Realismus-Problematik gehalten, was ihm harte Angriffe einbrachte. Mit ihm gingen 1951 auch Bernhard Heisig und Günter Horlbeck von der Hochschule weg. Die diffamierenden Auseinandersetzungen verbanden sich mit dem Namen von Kurt Masloff, der an der Hochschule ein kunstdogmatisches Regime führte. Die besten künstlerischen Kräfte in Leipzig, es gab ihrer nicht viele, arbeiteten zurückgezogen. Man konnte den Eindruck haben, als pausiere in Leipzig die Malerei. Erst in der Mitte der sechziger Jahre erregte sie wieder öffentlich Interesse. Es entstand ein metaphernreicher Realismus, dessen Protagonisten Werner Tübke, Bernhard Heisig und am Ende des Jahrzehnts Wolfgang Mattheuer wurden. Werner Tübke befreite sich in der Mitte der fünfziger Jahre vom historisierenden Realismus des 19. Jahrhunderts und fand zu bezwingender Formexpressivität. Bekannt wurde er durch die zehn Wandtafeln, die er für das Hotel Astoria in Leipzig malte: ein breit angelegtes Bild-Epos von der Mitte des 20. Jahrhunderts. Das stilistische Programm, das der Maler seither für sich ausgearbeitet hat, wird hier erstmals in der Breite sichtbar: Auswertung der altdeutschen Meister (etwa Grünewald, Baldung Grien, Ratgeb, Multzscher, Meister Francke) ebenso wie der Kunst des Piero della Francesca, des Pieter Bruegel und des Velázquez – aber auch von Darstellungsweisen, die sich für Deutung und Erhellung surrealer Bezüge und Hintergründe eignen. Die gedrängte figurale Komposition, das Verwenden historischer oder aktueller Bildzitate, der intellektuelle Aufbau und sinnliche Zusammenklang der Tafeln, die unter dem Titel *Die fünf Erdteile* zusammengefaßt wurden, verweisen schon auf das spätere Werk. Selten hat in der Kunst in der DDR ein Talent bereits zu Beginn mit solcher Kraft und Klarheit – und in solch einer Dimension – auf sich aufmerksam gemacht. Der Leipziger Maler Bernhard Heisig begann viel bescheidener, aber ebenfalls sogleich das öffentliche Interesse beschäftigend: Heisig griff bereits 1956 das Pariser-Kommune-Sujet auf – er hat es über Jahrzehnte hinweg mit berserkerhafter Kraft zu malerisch immer faszinierenderen und gedanklich tieferen Werken getrieben, die in ihrer Gesamtheit zu einem der imposantesten und anregendsten Beiträge zur Historienmalerei gewachsen sind. Neben diesen Arbeiten entstand 1958/59 die Lithographie-Folge *Köpfe*, die in ihrer dynamischen zeichnerischen Struktur und in ihrer nervösen Psychologie Heisigs Anspruch als Porträtist anmeldeten.

Halle: Stil-Erkundungen

Halles künstlerische Atmosphäre war in den fünfziger Jahren sehr anregend. Die Künstler suchten den Kontakt mit der Moderne. Hermann Bachmann und Willi Sitte gingen voran. Daneben wirkten unter anderen Kurt Bunge, Carl Crodel, Albert Ebert, Erwin Hahs, Fritz Freitag, Herbert Kitzel,

Werner Tübke *Hiroshima I* 1958. Öl. 38,5 x 45,5 cm. Wien: Museum moderne Kunst, Leihgabe Sammlung Ludwig

Ulrich Knispel, Karl Erich Müller, Otto Müller, Werner Rataiczyk, Karl Rödel, Meinolf Splett, Herbert Stockmann, Karl Völker. Die Malerei in Halle war damals innerhalb der DDR die lebendigste und offenste und den aufkommenden Kunstdogmen (russische Kunst à la Repin als Vorbild) gegenüber besonders widerspenstig. Als Folge heftiger diffamierender Diskussionen und kunsteinengender Praktiken verließen mehrere Künstler Halle. Bachmann und Knispel gingen nach Westberlin, Bunge nach Kassel, Crodel nach München, Kitzel nach Karlsruhe, Rödel nach Mannheim. Nach Halle kam hingegen 1951 Conrad Felixmüller. Er hatte einen Ruf an die Universität angenommen.

Willi Sitte war damals in einer experimentellen Phase, in der er Angebote der Malerei des 20. Jahrhunderts fast schulmäßig für sich ausprobierte. Entscheidend bleibt, daß seine aufreibenden, widerspruchsvollen und in der Presse heftig debattierten Form-Erkundungen nicht mit unverbindlichen, sondern mit gesellschaftlich bedeutsamen Themen stattfanden. Gerade dies sicherte den Werken von Anfang an die regste Anteilnahme der Kritik. Das begann mit Gemälden wie *Bergung* (1954), *Völkerschlacht* (1956), *Kampf der Thälmannbrigade in Spanien* (1958), *Massaker* (1959) und der viel zitierten Arbeit *Lidice* (1959/60), einem Diptychon mit Predella, das der Bevölkerung des wiedererstandenen Dorfes Lidice übergeben wurde.

Lidice war am 10. Juni 1942 durch SS- und Gestapokommandos zerstört worden. 199 männliche und 8 weibliche Einwohner waren erschossen

Carl Crodel *Märchenerzähler* 1949. Farblithographie. 30 x 38 cm.

und 203 Frauen und 93 Kinder in ein KZ gebracht worden, aus dem es für die meisten keine Wiederkehr gab. Dieser Terrorakt war eine »Vergeltung« für die Erschießung des faschistischen »Reichsprotektors« Heydrich durch Mitglieder der tschechoslowakischen Widerstandsbewegung gewesen. Sittes Gemälde sind mit Leidenschaft und bekennerischem Engagement gemalt, sie entstanden unter dem Einfluß von Guttusos Kunst und Picassos *Guernica*. Am Ende der fünfziger Jahre kehrte Sitte noch im konstruktiv verspannten, verhaltenen Lyrismus Fernand Légers ein und fand zu einem idealisierten Menschenbild (*Arbeitspause*, 1959). Die große Zeit Sittes beginnt mit den sechziger Jahren, in denen er schnell zu einer unverwechselbar eigenen und alsbald auch beachteten Bildsprache kommt. An dem entwicklungsgeschichtlich qualitativ bedeutsamen Sprung der realistischen Kunst in der DDR, der in den sechziger Jahren abhebt, hat dieser Maler entscheidend Anteil.

Die sechziger Jahre: Auf andere Art so große Hoffnung (Johannes R. Becher)

Katastrophenjahre und Hoch-Zeit der Kunst

Für die Kunst der sechziger Jahre bieten sich zwei Sichtweisen. Zunächst läßt sich dieses Jahrzehnt als eine kulturpolitische Katastrophenzeit darstellen. Stichworte hierzu sind: Mauerbau 1961; Dogmatisierung von Parteilichkeit und banaler Volkstümlichkeit; Gerichtsprozeß 1961 gegen Gerhard Altenbourg wegen Verstoßes gegen des Zollgesetz (Ausfuhr eigener Bilder); Verurteilung und Inhaftierung 1963 von Roger Loewig (Berlin) und Siegfried Pohl (Leipzig) wegen »staatsfeindlicher Hetze« in Bildern auf privat gezeigten Ausstellungen; 11. Plenum des ZK der SED 1965, das einen »Kahlschlag« für Kunst und Literatur herbeizuführen suchte und zahlreiche Repressionen gegen Kunst und Künstler brachte; Sprengung der spätgotischen Leipziger Universitätskirche 1968; letztendlich Liquidierung des »Prager Frühlings« (Alexander Dubček: »Sozialismus mit menschlichem Antlitz«) 1968 durch die Sowjetunion. Der größte Teil der Kunstkritik hemmte die schöpferischen Kräfte. Unsicherheit und Hilflosigkeit in der Beurteilung künstlerischer Prozesse und Werke waren allgemein und Theoretiker wie Walter Besenbruch klammerten sich ängstlich an Maßgaben des sozialistischen Realismus (»das Typische«). Noch immer wurden törichte Attacken gegen den Expressionismus geritten. Maler allerbescheidensten Ranges erlebten ihre große Stunde, während andere, die künstlerisch Neues suchten, vom Formalismus-Verdikt betroffen, beträchtliche Schwierigkeiten hatten, ja in ihrer künstlerischen Existenz beschädigt wurden.

Andererseits sind in diesem Dezennium Werke der Kunst, ja der modernen Kultur, durch Künstler und Kultur-Intellektuelle erfolgreich verteidigt worden. Aus dieser Perspektive waren die sechziger Jahre eine erfolgreiche Zeit. Eigenständigkeit und Unverwechselbarkeit der künstlerischen Sprachformen waren ebenso zu beobachten wie das Entdecken neuer inhaltlicher Elemente und das Erproben unkonventioneller Gestaltungsweisen. Am Ende des Jahrzehnts waren Künstler wie Rezipienten anspruchsvoller geworden. Das Ergebnis war eine stilistisch vielgestaltige und reiche Kunst. Stichworte hierzu sind:

- Akzeptanz der ästhetischen Prinzipien der »Berliner Schule« um Harald Metzkes und Manfred Böttcher
- Auftritt des Leipziger Realismus und Ausarbeitung eines neuen Wertesystems für die Kunst des Historienbildes durch Bernhard Heisig, Willi Sitte und Werner Tübke und damit komplexes Eindringen in das »Innere« geschichtlicher und sozialer Prozesse
- zugleich Überwindung der deskriptiven Malerei durch Methoden der Simultaneität und Erfinden einer neuen ästhetischen Emblematik durch Wolfgang Mattheuer
- Entwicklung neuer Zeichensysteme durch A. R. Penck und Carlfriedrich Claus
- Renaissance der druckgraphischen Stecherkunst in Leipzig
- zögerliche, doch zunehmende Hinnahme einer Kunst jenseits des staatlich oktroyierten Wertesystems (Gerhard Altenbourg, Hermann Glöckner, Robert Rehfeldt).

Es war eine widerspruchsvolle Zeit der Kämpfe mit Niederlagen und Erfolgen kreativer Kunst.

Aufbruch der künstlerischen Jugend

Die Gegensätze zwischen Kunst und Staatsmacht prallten gleich zu Beginn des Jahrzehnts aufeinander. Austragungsorte waren Ausstellungen junger Künstler in der Galerie »Konkret« und in der Deutschen Akademie der Künste. An beiden Ausstellungen hatte der Bildhauer Fritz Cremer wesentlichen Anteil. Er wollte junge Maler ins Gespräch bringen. Gleiches unternahm Stephan

Hermlin mit Dichtungen von nicht oder kaum bekannten Lyrikern (Wolf Biermann, Volker Braun, Sarah und Rainer Kirsch). Durch diese Veranstaltungen wurde die Akademie der Künste für einige Zeit zum Forum der jungen Künstlerschaft.

Die Galerie »Konkret« war mit Hilfe von Fritz und Christa Cremer am 22.10.1960 in einem ehemaligen Laden in der Berliner Wilhelm-Pieck-Straße 227 durch den Maler Ronald Paris eröffnet worden. Neben Cremer gehörten Herbert Sandberg, René Graetz und Gabriele Mucchi zu den Förderern des Projektes. Als Promotor fungierte der Maler Rudi Ebeling, unterstützt von Heidrun Hegewald. Ebeling hatte bis 1958 an der Kunsthochschule Weißensee bei Strempel, Heller und Mucchi studiert. Er suchte seine Existenz und die der Galerie durch den Verkauf selbst entworfener Lampen zu sichern. Dadurch erhielt die Galerie eine »handwerkliche« Basis und die Genehmigung als Verkaufsgalerie durch die Berliner Handwerkskammer. Schon wenige Monate später, Mitte Juli 1961, wurde diese erste Ostberliner »Selbsthilfegalerie« von der Abteilung Handel und Versorgung des Stadtbezirkes Berlin-Mitte geschlossen, formal wegen Nichteinhaltung der Öffnungszeiten und wegen angeblicher Mietrückstände. In Wahrheit war die kleine Galerie »Konkret« als Keimzelle eines Protestes gegen die Kulturpolitik der SED empfunden worden. Die Groteske bestand darin, daß sich die Aussteller allesamt der gegenständlichen Kunst und eigentlich dem Realismus verpflichtet fühlten: Die Maler und Graphiker Dieter Goltzsche, Dankwart Kühn, Harald Metzkes, Helmut Symmangk, Ronald Paris, Rudi Ebeling, Harald Hakenbeck, Horst Zickelbein, Manfred Böttcher, Hans Vent und Hanfried Schulz und die Bildhauer Wilfried Fitzenreiter, Werner Stötzer und Friedrich B. Henkel gehörten zu den Künstlern, die »innerhalb der Gesellschaft und für die Gesellschaft« (Gudrun Schmidt) wirken wollten. Diese Künstler setzten gerade ihre ersten Schritte auf dem Wege zur Selbstfindung. Die Fehde war nicht nur eine Angelegenheit fachlich inkompetenter Presseleute. Wie zu allen Zeiten, wenn es um neue Kunst ging, ereiferten sich auch Vertreter des künstlerischen Mittelmaßes, in diesem Falle der Bildhauer Kies und der Maler Glaser.

Wenig später, am 15.9.1961, wurde die Ausstellung »Junge Künstler – Malerei« der Akademie der Künste eröffnet. Es war der erste größere Auftritt junger Künstler an prominentem Ort: 72 Maler, Durchschnittsalter 33 Jahre. Unter den Teilnehmern befanden sich die Künstler der Berliner Konkret-Ausstellung, dazu Konrad Knebel, Helmut Diehl, Joachim John, Günther Brendel, Dieter Tucholke, aus Halle Willi Sitte und aus Dresden Peter Makolies, Ralf Winkler (A. R. Penck), Winfried Dierske, Peter Herrmann und Peter Graf. Die Ausstellung wurde von der SED und der Kritik niedergewalzt. Fritz Cremer stritt für diese junge Kunst und geriet deshalb ebenfalls ins Schußfeld diffamierender Kritik. Die vorzeitige Schließung der Ausstellung konnte nur durch massive Interventionen seitens Fritz Cremer, Hanns Eisler und Anna Seghers verhindert werden.

Die versammelte Inkompetenz der Kritik tobte sich in Zeitschriften *(Junge Kunst, Sonntag)* und Zeitungen *(Neues Deutschland, Berliner Zeitung)* aus. Viele der jungen Künstler, schrieb Eberhard Bartke, der später Generaldirektor der Staatlichen Museen zu Berlin wurde, seien vom Leben in einem Maße isoliert, »daß selbst ihre Begabung verkümmert«.[31] Manfred Böttcher und Harald Metzkes nannte er Dilettanten. Auch wurde vom »ästhetischen Revisionismus« und von »vertoteten Landschaften« (Horst Jähner) geschrieben und von »Stötzers Beleidigung eines chinesischen Milizmädchens«. Kettner soll an seiner Frau gar zeichnerische »Verleumdung« (Günter Feist) verübt haben. Bei Oskar Manigk und Joachim John wurden »Kinderkretins« (Ursula Vogel) beobachtet. Gerhard Pommeranz-Liedtke, der selbst einmal als Maler aufgetreten war, brachte es im *Neuen Deutschland* (19.10.1961) auf den Punkt: »Wändelang produzieren sich Abseitigkeit, Unfähigkeit, Dilettantismus und Primitivismus.« Da brauchte Walter Ulbricht auf dem 14. Plenum des ZK der SED nur noch zusammenzufassen: »Die Auseinandersetzung lehrt: mit formalen, dekadenten oder sogenannten modernistischen Gestaltungsmitteln, die aus der spätbürgerlichen Kunst entnommen wurden, kann man keine Werke schaffen, die das sozialistische Denken und Fühlen der Werktätigen bereichern« (*Neues Deutschland,* 28.11.1961).

A.R. Penck *Weltbild Nr. 1* 1961. Öl. 122 x 160 cm. Zürich: Kunsthaus

Das Unverständnis gegenüber Kunst und Künstlern wirkt sich besonders hemmend dann aus, wenn sich die Künstler in dem Prozeß der eigenen Selbstverständigung befinden. Das traf auf die meisten Künstler der Akademieausstellung zu. Als Beispiel seien Gerhard Kettner genannt, der in jener Zeit seinen freifließenden zeichnerischen Stil fand, sodann Willi Sitte, der mit *Stalingrad, nicht vergessen* (1961) eine historisch-kritische Manier erprobte, und Ralf Winkler (A. R. Penck), der 1961 sein erstes zeichenhaftes *Weltbild* entwarf.

Ungeachtet dieser Vorgänge in Berlin oder gerade ihretwegen wurde für die V. Deutsche Kunstausstellung 1962 in Dresden programmatisch die Abgrenzung gegen jede Gestaltungsform des »Modernismus« gefordert.[32] Eines der populärsten Gemälde dieser Ausstellung schien wie eine praktische Bestätigung dieser einengenden Forderung: Walter Womackas *Am Strand*. Der Kunstwissenschaftler und Parteifunktionär Klaus Weidner bezog sich neben anderen Gemälden gerade auf dieses Bild, wenn er Womackas Kunst einen »Markstein in der Entwicklung der bildenden Kunst zu einem sozialistischen Menschenbild«[33] nannte. In der Einschätzung dieses Werkes durch das Präsidium des Künstlerverbandes heißt es: »Das Bild entspricht in seiner künstlerischen Aussage der lebensbejahenden, optimistischen Grundhaltung des Künstlers, seiner Freude am Schönen in unserem Leben, seinem ständigen Drang, dieses Schöne den Werktätigen immer wieder durch seine Kunst zu entdecken, ästhetisch erlebbar zu machen und mit den ethischen Vorstellungen des sozialistischen Menschen eng zu verknüpfen. Ohne Furcht, von einigen der Schönfärberei bezichtigt zu werden, erhebt Walter Womacka ganz bewußt mit seinem Bild die Schönheit unseres Lebens, die Schönheit unserer heranwachsenden Jugend und ihres inneren Reichtums zum Schönen in der Kunst und kommt dadurch zur ästhetischen Verallgemeinerung der

Walter Womacka *Am Strand* 1962. Öl. 95 x 110 cm. Dresden: Galerie Neue Meister

Wahrheit unseres Lebens.«[34] *Am Strand* brachte indessen auch etwas Unvorhergesehenes: Das Gemälde war wie auch das Bild »Peter im Tierpark« (1965) von Harald Hakenbeck einer der ersten Versuche, dem individuellen Glück wieder einen Platz in der Kunst der DDR zu geben. Es ist bemerkenswert, daß spätere, gedanklich reiche Gemälde zu diesem Sujet (Jakob, Mattheuer, Sitte) als Gegenentwürfe zu Womackas *Am Strand* empfunden worden sind. Die bewußte oder unbewußte Polemik dieser Maler wandte sich vor allem gegen das Oberflächlich-Illustrative des Womacka-Bildes.

In gewisser Weise ist dieses Werk ein Ausdruck dafür, daß der »Bitterfelder Weg« zu einem ungerechtfertigten Fördern und Loben äußerlich-illustrativer (der Maler Heinrich Witz hatte damals seine große Zeit), ja unkünstlerischer Werke führte und daß im Zeichen der illustrativen Modellbilder manch gute Entwicklung attackiert wurde: 1965 warf eine Jutta Schmidt dem Maler Bernhard Heisig angesichts der 10. Fassung der *Pariser Kommune* die »Preisgabe realistischer Positionen« vor,[35] und Alfred Kurella bezeichnete Willi Sittes *Leuna 1921* und Werner Tübkes *Lebenserinnerungen des Dr. jur. Schulz* als Bilder, »mit denen diese Künstler den Weg des Realismus zu verlassen beginnen«[36] – es handelte sich aber gerade um Gemälde, mit denen diese Maler den Typus des Historienbildes erneuerten und den Realismusbegriff in praxi erweiterten (die Kunsttheorie folgte, später, nur zögernd). Zugleich waren es Werke, in denen diese Künstler zu sich selbst gefunden hatten. Die Arbeit dieser und anderer Künstler bewirkte einen Prozeß, der dem Realismus neue Ausdrucksweisen brachte. Im Laufe der Jahre wurden veräußerlichend-illustrative Tendenzen immer mehr zurückgedrängt. Die Berliner Ausstellung »Unser Zeitgenosse« (1964) bildete in diesem Abgrenzungsprozeß gegen eine oberflächliche Malerei und Graphik eine erste Station. Sie war offener, vielseitiger als frühere Ausstellungen, sie zeigte den raschen Fluß der Entwicklung und stellte die unterschiedlichsten malerischen Auffassungen vor. An die Seite der alten Meister trat endgültig die Generation der zwischen 1925 und 1935 Geborenen, die immer stärker den Lauf der Dinge bestimmte.

Marsyas-Syndrom oder Wartenberg und Bitterfeld: Ronald Paris, Horst Zickelbein

Im Jahre 1965 zeichnete Horst Zickelbein die Lithographie *Marsyas, frei nach Tizian*. Etwas mehr als ein Jahrzehnt später arbeitete Ronald Paris an seinen Marsyas-Studien. Ausgangspunkt beider Künstler war Tizians Gemälde *Schindung des Marsyas*, ein Spätwerk, das sich in tschechischem Museumsbesitz befindet. Zwischen beiden Daten gibt es eine Notiz von Franz Fühmann in *Zweiundzwanzig Tage* oder *Die Hälfte des Lebens*[37]: »Man müßte den Marsyas-Mythos durchdenken.« 1977 wird die Marsyas-Erzählung Fühmanns veröffentlicht. Paris bezieht sich darauf in seinem Text zur Ausstellung der Studien 1981. Die Auseinandersetzung mit dem Marsyas-Mythos erscheint heute wie ein Symptom, nicht nur für Paris und Zickelbein, sondern für viele Maler und Graphiker in jenen Jahren. Fühmann kam in einem Gespräch mit der Schriftstellerin Margarete Hannsmann darauf zu sprechen: »... da war ganz direkt Betroffenheit, die Erfahrung von Künstlerproblematik, auch wieder dies Selbstfindungsproblem ...

Horst Zickelbein *Marsyas, frei nach Tizian* 1965.
Lithographie. 43 x 36,5 cm
(1. Druck der Kabinettpresse Berlin:
»Huldigung an die Musik«)

Marsyas ist die Problematik des Sich-Entblößens«.[38] Später resümierte Marianne Scharenberg über Fühmanns Arbeit mit dem Mythos: »Die Erzählung Marsyas konfrontiert uns schonungslos mit dem Problem der Selbstfindung als einem Problem auf Leben und Tod.«[39] Selbstfindung, das war das Problem der Paris, Zickelbein und ihrer Generation. Zugleich war die Antike-Rezeption, wie sie sich später etwa am Ikarus/Prometheus- oder Kassandra-Mythos und in der Behandlung biblischer Stoffe zeigte, ein Ausbruch aus dem staatlich oktroyierten Kunstdogma.[40] Zugleich war damit Gelegenheit gegeben, nicht nur ungewöhnliche künstlerische Sprachformen zu realisieren, sondern in »verdeckter Sprache« Kritik an den Verhältnissen in der DDR zu üben.

Paris und Zickelbein kamen in der landwirtschaftlichen Produktionsgenossenschaft Wartenberg bei Berlin, in der sie 1960 Studien betrieben, auf dem Wege zur Selbstfindung voran. Der künstlerische Ertrag war bemerkenswert. Von Ronald Paris sind bekannt geworden das Triptychon *Dorffestspiele Wartenberg* und das Gemälde *Heimkehr vom Feld* (beide 1961) sowie Zeichnungen und Lithographien. Horst Zickelbein malte den *Jungen mit Huhn* (1960) sowie das Bild *Landwirtschaftslehrling* (1961) und schuf die Lithographiefolgen *Feldbaubrigade Wartenberg* (1960) und *Dorftheater Wartenberg* (1964). Der Aufenthalt in der LPG mit der ungewöhnlichen Abschlußausstellung im Gewächshaus der Gärtnerei war für beide Maler die »Drehscheibe« zur gesellschaftlichen Realität. Was beide früher nur vorsichtig angedeutet hatten (Paris *Berliner Stilleben*, 1958; Zickelbein *Der tote Fischer*, 1957, *Bildnis eines alten Bauern*, 1960), sprach sich jetzt hemmungslos aus: Gesehenes wurde ohne Rücksicht auf noble Bildkultur wiedergegeben. Zugleich wurde deutlich, daß in dieser vitalen Kunst ein fauvistischer Keim steckt, der in der Folgezeit sehr unterschiedlich zur Reife kam.

Mit dem Triptychon *Dorffestspiele Wartenberg* griff Paris mitten in das Leben. Der Mittelteil zeigt eine Gruppe aus dem Festumzug, die linke Tafel bringt einen Auftritt des Theaterzirkels, die rechte gibt den Blick in die Bilderausstellung im Gewächshaus. Stilistisch ist das Werk der Malerei von Arno Mohr und Kurt Robbel und insbesondere dem italienischen Realismus verpflichtet. Ist der Stil dieses Gemäldes noch ebenso expressiv wie sachlich, so tritt alsbald die Expressivität zugunsten eines sachlich formbetonten Stils zurück. Paris erreichte mit dem Gemälde *Regenbogen über dem Marx-Engels-Platz* und dem *Stilleben mit Sonnenblumen und Quitten* (beide 1962) einen Höhepunkt seiner frühen Malerei. Das spannungsvolle Arrangement betont die Plastizität der Formen, doch das lineare Gerüst ist nicht mehr so streng wie in früheren Bildern. Expressive Lineatur taucht nur noch in den zehn Lithographien zu Helmut Baierls Theaterstück *Frau Flinz* auf, dem wichtigsten druckgraphischen Beitrag, den Paris in diesem Jahrzehnt geleistet hat.

Horst Zickelbein stand zu Ronald Paris in einem freundschaftlich-spannungsreichen Verhältnis. Seine Vorbilder waren keine Meister der schönen Harmonie, sondern jene, in deren Kunst sich die Unruhe der Zeit prägte: Goya, Rouault, Soutine, Ehmsen. Zickelbeins erste Entwicklungsphase, die 1956 anhebt und durch einige bemerkenswerte Gemälde markiert wird, findet in den Figurenbildern von 1960 ihren Höhepunkt. In den Malwerken vereint sich statuarische Bild-Architektur mit sparsamer, zurückgenommener Farbigkeit und mit dem Versuch, psychologische Einblicke zu gewähren. Die Farben sind erdig, wie sie bei Marcel Gromaire in den zwanziger Jahren und früher im grauen Grünbraun der Kubisten auftraten. Der flache Bildraum, der die konventionelle Perspektive nicht erlaubt, drängt die Figuren nach vorn, breitet sie facettenhaft aus, formt eine Raumordnung, deren Abkunft vom Kubismus ebenso deutlich ist wie ihre Distanz zu ihm. Die Qualität dieser Malerei zeigt sich besonders überzeugend in den Gemälden *Der tote Fischer* (1957), *Junge mit Huhn* (1960) und *Landwirtschaftslehrling Rudi* (1961).

Die Malerei dieser ersten Phase findet ihren ergänzenden Kontrast in den Tuscharbeiten, die 1958 einsetzen und bis 1964 fortgeführt worden sind. Die geistig von Goya beeinflußten Blätter, unmeditativ und direkt, führen die Auseinandersetzung mit dem Kubismus weiter. Die zweite, 1964 einsetzende Phase ist durch ein Grunderleben Zickelbeins und durch das Befragen neuer malerischer Möglichkeiten verursacht. Das Grunderlebnis bot der Darß mit seinem »Urwald«, den Bäumen und Hölzern, die in ihren bizarren, urwelthaften Formen phantastisch konkret und symbolisch zugleich sind. In diesem Grunderlebnis des Waldes ist deutsche Tradition lebendig, von den Meistern der Donauschule bis zu Caspar David Friedrich. Die Darß-Begegnungen Zickelbeins ließen sich allerdings mit der alten malerischen Sprache nicht mehr artikulieren. Förderlich waren Farberlebnisse, die dem Maler schon 1960 und 1962 in der rumänischen Landschaft widerfuhren, und vor allem die Auseinandersetzung mit der dripping-Methode von Jackson Pollock, die Zickelbein jedoch nicht zum

Ronald Paris *Dorffestspiele Wartenberg.* Triptychon 1961. Öl. Seitenteile 100 x 58 cm, Mittelteil 100 x 110 cm. Neubrandenburg: Kunstsammlung

Horst Zickelbein *Der tote Fischer* 1957. Öl. 105 x 100 cm.

Tachismus brachte. Er entzog Pollocks Verfahren weitgehend dem Zufall und prüfte es an den Gesetzen eines von der Natur inspirierten bildnerischen Denkens. 1967 sagte er, rückblickend auf die Auseinandersetzung mit der Kunst Pollocks: »Eine schöne Begegnung, aber ich habe sie als Pendelschlag zurück zur Natur benutzt.«[41] Die Unruhe in den Arbeiten Zickelbeins hat sich gesteigert, die Valeurs sind reicher geworden. Farbe wird jetzt zum Urelement, zum Zeichen als Spur, Hieb oder Fleck. Raum ist nur da, sofern er in der Farbe ist. Das weite Übungsfeld solcher Sicht wurden Gouachen. Ähnliches gilt auch für die Lithographiefolge *Dorftheater Wartenberg* (1964), die den Entwicklungsstand Zickelbeins genau fixiert und die zu den wichtigen graphischen Zyklen der sechziger Jahre gehört, sowie für die Lithographien der Ovid-Mappe (8. Druck der Kabinett-Presse Berlin 1967), denen der Pergamon-Altar Inspirationsquelle war. Zum sinnfälligen

Dokument der expressiven Stilistik Zickelbeins wurde das Antikriegsblatt *Wir sind schmutzig vom Krieg und Orpheus wimmelt von Insekten* (Lithographie 1965).
Gegen Ende des Jahrzehnts finden sich in Zickelbeins Malerei Merkmale, die sich von anderen künstlerischen Bemühungen seiner Generation unverwechselbar abheben: Primat der Farbe vor der Linie, Absorption der Linie durch die Farbe, Herbheit der Töne (bis zur stumpfen Farbe), Gestaltung in einer flachen Raumschicht, Bevorzugung dynamischer Formelemente. Damit reibt Zickelbein sich am ästhetischen Kanon der »Berliner Schule« und wird einer ihrer potentesten Widersacher.

Die Kunstwerke des Wartenberg-Komplexes der ersten sechziger Jahre verfielen der heftigsten Kritik. Diese richtete sich hauptsächlich gegen Ronald Paris und wurde in den Zeitschriften *Junge Kunst, Forum* und *Sonntag* verübt. Einer der bösesten Widersacher war Eckart Krumbholz, der später als Schriftsteller reusierte. In die Kampagne wurden unter der demagogischen Überschrift »Erkennt ihr euch wieder?« zahlreiche Werktätige, die im Umgang mit Kunst ahnungslos waren, als »Kritiker« eingesetzt – eine damals übliche Methode. Die »Vereinigung von Kunst und Leben, Künstler und Volk«, wie sie von der Kulturpolitik gefordert wurde, war zur Farce geworden. Bertolt Brechts Forderung, den kleinen Kreis der Kenner zu einem großen Kreis der Kenner zu machen, wurde durch amusische Kunstfunktionäre, die Bild-Analphabeten waren, ad absurdum geführt, ein alter Traum vieler Künstler damit zunichte gemacht. Zickelbeins Gemälde *Junge mit Huhn*, das 1959 gemalt wurde, wanderte in Wartenberg hinter einen Schreibtisch, später in die Heizungskeller der LPG. Es befindet sich heute im Staatlichen Museum Schwerin. In der Rückschau schrieb Horst Zickelbein 1996: »Was wesentlich war ist gegen jedes Programm oder Kulturpolitik entstanden und nicht aufgrund dessen – das hatte etwas mit Haltung zu tun.«[42]

Horst Zickelbein Aus dem Zyklus *Dorftheater Wartenberg* 1964. Lithographie. 53 x 40 cm.

Kreative Prozesse in Berlin und Leipzig

Um die Malerei der sechziger Jahre würdigen zu können, muß man in die Mitte des Jahrzehnts blicken. Die Jahre 1964 und 1965 erweisen sich als Wendemarke der Malerei nach 1945. In diesen beiden Jahren fanden Ausstellungen statt, die malerischen Reichtum und stilistische Vielseitigkeit sichtbar werden ließen und einen Prozeß offenbarten, der das Erscheinungsbild der Malerei allmählich veränderte. Geradezu sensationell war das Debüt der zahlenmäßig starken »zweiten Generation« der Berliner Malerei und Graphik 1964/65 in fünf Ausstellungen. Der Auftritt war so entschieden, daß der Eindruck einer Gruppen- oder Schulbildung entstand. Zunächst stellte das Staatliche Museum Schwerin »Junge Berliner Maler« vor: Ronald Paris, Konrad Knebel, Horst Zickelbein und Harald Hakenbeck. 1965 fügte Schwerin eine zweite Ausstellung an: Manfred Böttcher, Harald Metzkes, Rolf Schubert, Hans Vent. Im gleichen Jahre präsentierte das Kulturhistorische Museum Magdeburg »Junge Berliner

Künstler« (unter Einbeziehung auch der Bildhauer). Die Namen sind hier: Manfred Böttcher, Wilfried Fitzenreiter, Wieland Förster, Dieter Goltzsche, Joachim John, Konrad Knebel, Siegfried Krepp, Ronald Paris, Gerhard Rommel, Rolf Schubert, Christa Sammler, Werner Stötzer, Hans Vent und Horst Zickelbein. Auch die DDR-Abteilung auf der Biennale der Ostseeländer in Rostock 1965 konzentrierte sich ausschließlich auf die Künstler aus Berlin: Manfred Böttcher, Wieland Förster, Dieter Goltzsche, Joachim John, Konrad Knebel, Ronald Paris, Rolf Schubert, Werner Stötzer, Hans Vent, Horst Zickelbein. Zum Beschluß wurde im Oktober 1965 eine Übersicht in einer der aktivsten Galerien jener Jahre, in der Galerie des Kulturbundklubs in Pankow gegeben. Zu den Ausstellern gehörten Böhme, Brosch, Freyer, Goltzsche, Grabowski, Hoppe, Kurtz, Leber, Lindemann, Metzkes, Paris, Rehfeldt, Sagert, Rolf Schubert, Servais, Spörl, Vent, Zielke und Zippan. Damit trat in den Jahren 1964/65 zum ersten Mal in der Kunstgeschichte der DDR die junge Generation einer Stadt massiv in den Vordergrund.

In Leipzig bereitete sich Ähnliches vor: Auf der 7. Bezirkskunstausstellung 1965 zogen Bernhard Heisig (dritte Fassung der *Pariser Kommune*), Wolfgang Mattheuer *(Kain)*, Werner Tübke (zweite und dritte Fassung der *Lebenserinnerungen des Dr. jur. Schulze*) und Heinz Zander *(Ekkehard Schall als Coriolan)* die Aufmerksamkeit auf sich. Sie wurden wie die Berliner von der Kritik sogleich mißverstanden.

Die Ausstellungen der Berliner und Leipziger Maler zeigten aber an, daß in der Kunst der DDR ein progressiver Prozeß in Gang gekommen war. Indessen entstanden zwischen den Künstlern beider Städte kaum engere Kontakte. Die Leipziger verfolgten ein anderes ästhetisches Programm als die Berliner, denen die Dresdner Altmeister nahe waren. Der Auftritt der Berliner Maler vollzog sich relativ geräuschlos, sehr im Unterschied zu dem sieben Jahre später (1972) folgenden Andrang der Leipziger und dem Debüt einer Karl-Marx-Städter Gruppe 1976 (Ausstellung im Studio der Nationalgalerie: »Neuerdings Karl-Marx-Stadt«). Gemeinsam war dem Aufbruch der Künstler aus Berlin und Leipzig die

Dieter Goltzsche Plakat 1965. Lithographie. 70 x 40 cm.

Suche nach einer neuen Bildqualität. In Leipzig wurde auf der Grundlage eines leidenschaftlichen politischen Engagements die Simultanmethode aufgegriffen und weiterentwickelt (Tübke), Metaphern und Allegorien wurden erfunden (Mattheuer) und eine dingbezogene Darstellungsweise bevorzugt. In Berlin beobachteten einige Kritiker bei zahlreichen Malern eine an Cézanne geschulte bemerkenswerte Farbkultur, die sich vornehmlich in der Darstellung von Landschaften, Stilleben, Akten, Porträts und Interieurs bewährte. Diese Künstler stellten einem illustrativen Naturalismus die Forderung nach dem Bild als einer eigengesetzlichen Schöpfung entgegen. Die wichtigste Kraft dieser Gruppe war Harald Metzkes. Verständnislose Kritiker glaubten jedoch bei ihm eine »vom Realismus wegführende Tendenz« auszumachen, andere Maler wurden mit dem Vorwurf bedacht, sie »malten am Sozialismus vorbei«. Ähnliches wurde Leipziger Künstlern (und Willi Sitte) angelastet.

Die Berliner Schule

Um 1962 war bei verschiedenen Berliner Malern, allen voran bei Harald Metzkes, ein ausgeprägter Stilwille zu beobachten. Seine Besonderheit bestand in der Auseinandersetzung mit der Kunst Paul Cézannes und der ständigen, von Einsichten Cézannes geleiteten eigenwilligen Befragung der Formkammer Natur. Es gab mithin in den frühen sechziger Jahren in Berlin einen Kreis von Künstlern, dessen Zusammenhang durch gemeinsame stilistische Aspekte bestimmt war. Für diesen Kreis ist der Begriff »Berliner Schule« gefunden worden. Bei gravierenden Gemeinsamkeiten in der künstlerischen Programmatik mehrerer Künstler in einer bestimmten Zeit und an einem bestimmten Ort wendet die Kunstwissenschaft den Begriff der »Schule« an. Als historischer Vergleich bietet sich die Schule von Barbizon mit Millet, Théodore Rousseau, Daubigny, Corot, Diaz, Dupré, Huet und Troyen. Diese Pariser Frondeure begründeten die realistische Paysage intime, die in der zweiten Hälfte des 19. Jahrhunderts die europäische Landschaftsmalerei wesentlich beeinflußte. Sie malten Bilder mit schlichten Motiven, die ohne Legende auskommen. Ihre Kunst führte zum Realismus Courbets, und sie bereiteten den Impressionismus vor.
Auch die Berliner Schule entwickelte mit der Negation vom illustrativen beziehungsweise dekorativen Stil ein solches Alternativprogramm zur offiziellen Kunst ihrer Zeit. Diese Maler waren aus ihrer »schwarzen Periode« der fünfziger Jahre herausgetreten, sie waren skeptisch gegenüber der Phrase und den schnellen Bekenntnissen. Sie opponierten gegen die bieder-dümmlichen Optimismushuber in der Malerei. Harald Metzkes hat den Ursprung der Berliner Schule beschrieben: Er lag »in den fünfziger Jahren, beim zweimal wöchentlichen Aktzeichnen in Pankow. In der Malerei unseres Jahrhunderts löst sich ja die Figur im Bild mehr und mehr auf, droht ins Abstrakte überzugehen. Unser Ziel war ..., ihr wieder Halt und Plastizität zu geben. Sie sollte im Bild wieder richtig stehen, ihr Kopf wieder fest sitzen. Cézanne war dabei unsere große ›Akademie‹ und die Natur und das Auge unser Prinzip. Cézanne hatte noch aus dem Ganzen geschaffen, wie keiner nach ihm. Mit der Moderne, dem Kubismus ... konnten wir wenig anfangen. Also sind wir vom späten Cézanne rückwärts zum frühen vorgestoßen und haben Grundlagen gesammelt, die jeder für sich anders auswertete. Der schöpferische Geist ist typisch für die Berliner Malerei. Das ist unser gemeinsamer Ausgangspunkt gewesen. Es war eine wirkliche Verbundenheit.«[43] Im Jahre 1983 erklärte Metzkes, die Berliner Schule sei geschlossen. In der Tat, die Berliner Schule ist ein historisches Phänomen der sechziger Jahre. Auf diese Historizität wurde allerdings schon 1965 aufmerksam gemacht in der Wochenschrift *Die Weltbühne*, die sich für die Berliner Schule vehement engagierte. Ihr Kunstkritiker erkannte das damals erreichte künstlerische Niveau der lokalen Schule als »eine weitere Durchgangs- und Entwicklungsphase«. Das ästhetische Programm der Berliner Schule hat Harald Metzkes 1975 in einem Interview mit Klaus Werner ziemlich genau beschrieben:
»1. Der ethische Wert der Malerei liegt in der dauernden Rekonstruktion des Bildes der Welt in all ihren Gegenständen. Die Verabsolutierung von Hinfälligkeit, Zerfall, Ekel deutet auf Schwäche des Autors. Die Malerei kann keinen Gegenstand absolut darstellen, zum Beispiel den Menschen. Sie hat aber die Überzeugungskraft dazu. Die Vereinbarung mit dem Betrachter wird immer neu getroffen. Alte Vereinbarungen, wie zum Beispiel der Mensch sei, bleiben nur zum Teil erhalten.
2. Mein Programm hat nur zwei Punkte: Natur und Auge.
3. Malkultur als Verfeinerung bedeutet dabei deutlicheres Herausarbeiten der Formen, ihrer logische Verknüpfung und schlackenfreies Verschmelzen von Farbflecken und Linien. Das alles muss unter dem Diktat des Erlebnisses geschehen, der Begeisterung für den Glanz, der alle Gegenstände überhaucht, mit dem Mut, das Erreichte aufzugeben und zu zerstören, damit etwas entsteht parallel zur Schönheit der Natur. Auch wenn man in tiefster Trauer malt, leuchten und glänzen die Gegenstände.«
Und Metzkes faßt zusammen: »Cézanne ist die große Akademie, in die viele gegangen sind. Jeder Maler kam anders als alle anderen heraus. Das zeigt, was er umspannt ... Cezanne war der

Schlüssel zur Klassik. Durch ihn kam ich leichter aus dem Ende der Nach-Cézanne-Zeit heraus.« Damit wird deutlich, wie falsch es ist, das künstlerische Programm der Berliner Schule auf einen Neo-Cézannismus zu begrenzen. Das Traditionsverständnis dieser Maler war komplex. Es umschließt auch deutsche Kunst (Menzel, Liebermann). Harald Metzkes erklärte dazu: »Etwas ist für die Berliner Kunsttradition charakteristisch, das auch für das Preußische gilt: ein gewisser Rationalismus, der von Goethe bezeichnete Wirklichkeitssinn, gepaart mit der Liebe für das Französische. Menzel ist in Frankreich gefeiert worden. Liebermanns wundervolle Sammlung der Manets, Monets, Impressionisten machte Schule. Die Grautöne Otto Nagels kommen von Manet. Menzel hat seine im französischen Duktus gemalten Bilder zu Lebzeiten mehr versteckt als ausgestellt. Bilder von Liebermann und Nagel wurden der französischen Frische wegen von der Presse gescholten. Auch das gehört zu Berlin. Doch von dem Wirklichkeitssinn ist bis heute nichts verloren gegangen in der Kunst; deshalb auch unsere lebendige Auseinandersetzung mit Cézanne.«[44] Es ist wichtig, diese »Berliner Traditionslinie« in der Erberezeption des Malerkreises um Harald Metzkes nicht zu übersehen. Sie wird auch noch durch einen Text erhärtet, der eine Hommage an Menzel ist, über dessen *Balkonzimmer* (1845) Metzkes schrieb: »Für mich gibt es kein berlinerischeres Bild.« Derselbe Text – eine Rede zur Eröffnung der Adolph-Menzel-Ausstellung der Nationalgalerie 1980 – läßt deutlich erkennen, wie weit dieses Erbebewußtsein zurück-

Rolf Lindemann *Atelierdurchblick* 1973. Öl. 70 x 60 cm.

reicht und wie umfassend es sich ausspricht: »1948 wurde das Balkonzimmer in der Zeitschrift *Bildende Kunst* abgebildet. Dort fand ich zusammen, was für mich bis heute zusammengehört. Auf dem Umschlag Courbets *Selbstbildnis mit Tonpfeife*, im Text Delacroix' *Freiheit auf den Barrikaden* und Menzels *Balkonzimmer* ... Der Zauber des *Balkonzimmers* beruht auf schärfstem Hinsehen. Man fragt sich, wie die scheinbare Gelassenheit dieses Bildes bei dieser Zuspitzung des mitteilenden Ausdrucks möglich ist. Das Erlesene der Gegenstände ist eine Sache, aber für einen Maler ist es schon eine bange Frage, wieso sich Tageszeit, Jahreszeit, Breitengrad und Längengrad und der Koordinaten-Schnittpunkt zu realisieren scheinen.«[45] Dieser Adolph von Menzel, der »ganz aus dem Auge lebte«, ist für Metzkes genauso wichtig geworden wie Cézanne und später Courbet. Im Übrigen waren Ausstellungen des Jahres 1965, wie »Von Delacroix bis Picasso – Ein Jahrhundert französischer Malerei« (Nationalgalerie) und »Max Liebermann« (Akademie der Künste) nicht ohne Wirkung geblieben.

Zum Kreis der Berliner Schule gehörten neben Harald Metzkes, der als ihr Haupt und Theoretiker erscheint, unter anderen – kurzzeitig oder für längere Dauer – die Maler Manfred Böttcher, Rolf Schubert, Hans Vent, Lothar Böhme, Rolf Lindemann, Wolfgang Leber, Rolf Händler, Max Görner, Roland Spörl, Klaus Roenspieß und Brigitte Handschick.

Die Maler der Berliner Schule gehen von Sinneseindrücken (nicht von gedanklichen Konstruktionen) aus, genauer von dem, was das Auge den Menschen sehen läßt und ihm zu erkennen gibt. Zum Ergebnis gehören das in sich geschlossene Bild, die Sublimierung der Farbkultur, die Tonschritte der Farbe, das fugenlose Ineinanderü-

Rolf Händler *Atelierinterieur* 1979. Öl. 120 x 150 cm. Dresden: Galerie Neue Meister

Brigitte Handschick *Am Teltowkanal Altglienicke* 1978. Öl. 70 x 81 cm. Berlin: Nationalgalerie

bergehen der Bildebenen ... damit wurden diese Maler keine Neuerer, sondern Traditionalisten im guten Sinne des Wortes, und Harald Metzkes erscheint so als der nach Max Liebermann und Otto Nagel wichtigste Bewahrer und Erweiterer einer Berliner Maltradition. Die kunsthistorische Bedeutung der Berliner Schule besteht unter anderem darin, daß sie gemeinsam mit einer Nichtberliner alten Generation (mit Lachnit, Wigand, Rosenhauer, Kretzschmar, Niemeyer-Holstein) das Fortwirken einer hohen malerischen Kultur der Kunst in der DDR sicherte und in sie neue ästhetische Wertvorstellungen einbrachte.

Harald Metzkes

Im Jahre 1960 malte Harald Metzkes das *Stilleben mit Kanne und Becher*, das wie ein erratischer Block im Œuvre des Künstlers steht. Es grenzt nicht nur das frühe Werk vom folgenden ab, sondern nimmt auch die Entwicklung der späten sechziger Jahre vorweg. Das Bild markiert den »Übergang von der zeichnerisch bestimmten zur malerischen, tonigen Malerei« (Roland März), in der Metzkes »die warme, erdhafte Tonigkeit von Umbra, Ocker, Terra di Siena und Oliv wie auch silbriges Grau bevorzugen sollte«.[46] Um 1962 begann die intensive Beschäftigung mit Cézanne, die 1964 in Aquarellen zu geradezu beängstigender Nähe an das Vorbild heranführte. Zwei Jahre später, im *Sitzenden Akt*, radikalisierte Metzkes seine malerische Vorstellung. Das Gemälde, das mit seinem »Anti-Ideal« zu den »ästhetischen Entdeckungen des Unauffälligen«[47] gehörte, wurde zum Problemfall der VI. Deutschen Kunstausstellung 1967 in Dresden, und für eine verständnislose Kritik gab es noch einmal Anlaß, sich gegen neue Tendenzen in der Malerei zu stellen. Dabei wurden selbst Rezensionen möglich, die das Bild falsch beschreiben. Heisigs *Frauenporträt*, Zickelbeins *Käthe-Kollwitz-Platz* und Paris' Wolfgang-Heise-Porträt wurden zusammen mit dem Aktbild von Metzkes einer »anachronistischen Sicht«[48] bezichtigt, ihnen wurde private Weltsicht und ein Angriff auf das progressive Menschenbild vorgeworfen. In Zeitungen wurden Leserzuschriften zu dem »häßlichen Aktbild« veröffentlicht. Das Gemälde erfüllte durch feh-

Harald Metzkes *Sitzender Akt* 1966. Öl. 135 x 125 cm. Berlin: Nationalgalerie

lende Beschönigung nicht die gewünschten Seherwartungen. Metzkes hat diese Kunstbetrachtung bei anderer Gelegenheit bloßgestellt: »Wenn man aber den Interessen derjenigen, die die Kunst machen, nicht nachgehen will, sondern nur das sieht, was einem selbst wichtig erscheint, was man schon gesichert mit sich herumträgt, wird die Welt klein.«[49] 1977, in jenem Jahre, in dem Harald Metzkes den Nationalpreis der DDR erhielt, wurde das umstrittene Aktbild von der Nationalgalerie angekauft ...

In Metzkes' Malerei vollzog sich indessen eine Veränderung. Bereits in dem turbulent rhythmisierten Gemälde *Braut im Atelier* (1965) trat eine Irritation hervor, die erkennen ließ, daß Metzkes das Vorbild Cézanne nicht dogmatisiert. Mit dem Gemälde *Ein Feierabend in Wilthen* (1965) und dem Porträt der Malerin Marianne Britze (1967) sowie verschiedenen Zeichnungen öffnet sich der Weg über Cézanne hinaus. Er führte zu monumentalen Gleichnisbildern (*Pferd, Badender,* beide 1968) und zu einer Gruppe von Stilleben. Ein Hang zur Groteske, ja zur Karikatur machte sich in Überzeichnungen bemerkbar: Die seltsam komische Skurrilität Jean Pauls hatte einen Maler gefunden.

Harald Metzkes erweist sich als ein Meister in der Darstellung des Drinnen und Draußen, die als eine harmonische Einheit gegeben wird, unbelastet von philosophischen Problemen. Hier sind vor allem die »Fensterbilder« gemeint, die den Innenraum und die Menschen in ihm zeigen und durch die Fensteröffnung, ein »Bild im Bild«, die Umwelt hereinholen. Bei Metzkes ist das zuallererst eine Prenzlauer-Berg-Straße (die Knaack-Straße) mit altem Wasserturm und Kirche, in die er aus seinem Atelier hineinsah. Das »Innen und Außen«, als malerische Einheit gegeben, weist ein ungestörtes Verhältnis zur sozialen Umwelt auf. Dieser Malerei geht es um die Würde des Alltagslebens. Cézanne ist »überwunden«. Später schreibt der Kunsthistoriker Roland März über die tradierte Maler-Existenz Metzkes': »Dieser Dialog mit der Kunstgeschichte hatte seinen Ausgangspunkt in der Moderne bei Beckmann und Picasso und er führte über Cézanne schrittweise bis zu Le Nain, Chardin und Rembrandt zurück und fand in den letzten Jahren wieder seine Mitte in der Malerei des 19. Jahrhunderts bei Goya und Daumier, Manet und Courbet, Menzel und Liebermann. Diese Begegnungen mit der Kunst umschließen sowohl die direkte ikonographische Adaption als auch die Verwertung formaler Aspekte. Seit Mitte der sechziger Jahre hat sich dieser auf Bewahrung bedachte Dialog des Malers Metzkes mit dem Natur- und Bildhaften zu immer kürzeren Intervallen der Verwandlung innerhalb der selbst gezogenen Grenzen frei entfaltet.«[50]

Die Malerei von Harald Metzkes, wie sie sich am Ende des Jahrhunderts darbietet, ist eine Kunst, die jede oberflächliche koloristische Sensation meidet: strenge Farbmodulation (die den Eindruck des Plastischen und greifbarer Sinnlichkeit vermittelt), erdhafte Töne, sachlich-konstruktive Ordnung des Bildbaues (die das Auge des Betrachters unmerklich führt) und klassisch ausgewogene, warme und nuancenreiche, aber sehr verhaltene Farbformen (die das Gegenständliche dieser Bildwelt tragen) erweisen sich als jene formalen Kräfte, die den Gehalt sichtbar werden lassen. Dieser ist, sofern es sich um Landschaft, Interieur und Stilleben handelt, der Erschließung der Schönheit (oft im Einfachen, Verborgenen, Alltäglichen) verpflichtet. Im November 1977 richtete die Nationalgalerie eine umfassende Metzkes-Retrospektive ein. Die Ausstellung wurde zu einem Triumph dieses Realisten und zugleich jener kräftigen, aber sensiblen Malerei, die mit dem Begriff »Berliner Schule« belegt worden ist.

Harald Metzkes *Alte Frau* 1966.
Pinsel und Feder in Tusche, Graphit. 50 x 49,7 cm.
Dresden: Kupferstich-Kabinett

Manfred Böttcher, Hans Vent und andere Maler der Berliner Schule

Aus der Berliner Schule sei hier nur noch auf zwei Maler näher eingegangen. Sie sind für verschiedene Tendenzen, die sich aus der Schule entwickelt haben, charakteristisch. Manfred Böttcher hat am konsequentesten und am längsten den Stil der Schule kultiviert. Er war lange Zeit ihr orthodoxer Meister. Hans Vent hingegen entwickelte sich bald zu einem expressiven Realisten, dessen Stil mit keinem anderen der Berliner Maler seiner Generation mehr vergleichbar ist.

Manfred Böttcher wurde die nach Metzkes wichtigste Persönlichkeit der Berliner Schule. Beide hatten ihr Studium in Dresden absolviert. Als Böttcher nach Berlin kam (1955) und Meisterschuler bei Heinrich Ehmsen wurde, galt er bereits als malerisches Urtalent. Sein Ausweis war das Gemälde *Mädchen auf weißem Stuhl* (1954), das an den frühen Manet erinnert. Die Auseinandersetzung mit der Kunst von Cézanne zeigte sich bei Böttcher um 1962. Für eine Weile überließ er sich vollständig einer cézannesken Malweise, auch im Aquarell. Die Arbeiten waren nachempfunden, nach-studiert. Böttchers sublimer Stil, der das Seherlebnis allein aus der Farbe heraus gestaltet, ist das Ergebnis eines langen Reifeprozesses. Die Bilder ergreifen durch stille Poesie und eine malerisch fein ausgewogene Sprache. Waren für Böttcher zuerst strenge Statuarik und Intellektualität bezeichnend, so fortan das Atmosphärische in den Licht- und Raumverhältnissen, die nervöse, kurzzügige Pinselschrift, die das strenge Bildgefüge aufbricht, die Räume zum Fliehen bringt und den Eindruck einer durch die Farbe gesteigerten Dynamik hervorruft, einer Dynamik der Farbformen und Valeurs. Der Begriff der kultivierten (und »kulinarischen«) Malerei,

Hans Vent *Doppelbildnis* 1971. Öl. 55 x 65 cm. Weimar: Kunstsammlung

Manfred Böttcher *Rind* 1990. Aquarell. 23 x 31 cm.

wie er von verschiedenen Altmeistern der Dresdner Kunst sowie von Niemeyer-Holstein veranschaulicht worden ist, fand mit Böttcher eine weitere Dimension. Später ergab sich mit dem elan vital der Farbe und der gelösten Strenge der Bildarchitektur eine stilistische Veränderung, die zu einer größeren Dichte und Festigkeit des malerischen Vortrags führte. Zugleich wurde sichtbar, wie sich Böttcher aus dem von Cézanne motivierten Form-Farb-Kanon immer mehr löste. Das war eine langwierige, komplizierte Entwicklung, die in Form, Figur und Farbe eine malerische Kultur hervorbrachte, deren subtile Sensibilität Ausdruck von prozessualer Bedächtigkeit ist. Die stilistische Erneuerung, die dabei vollzogen wurde, zeigt sich im Ausdrucksreichtum der zumeist dunkeltonigen, aus ihrer Faktur leuchtenden Farben und in der ebenso sicheren wie spielerischen Lockerheit der Formen. Am besten läßt sich dieser malerische Vorgang am Vergleich der Gemälde aus den Jahren 1986 bis 1990 dingfest machen, deren Motiv eine Straßenkreuzung ist: Der Blick aus Böttchers Atelier vom oberen Stockwerk eines Hochhauses auf eine verkehrsreiche Kreuzung in Berlin-Friedrichshain (*Kreuzung nach dem Regen,* 1991). Es ist ein Hauptwerk aus dem späten Œuvre und verdeutlicht die expressive Steigerung dieser Kunst. Heftige Farb-Strich-Formulierungen und impulsive, beinahe informelle Formgestik erzeugen einen eindrucksvollen lyrischen Bildcharakter.

Hans Vent durchlief die cézanneske Phase am schnellsten und hob sich am frühesten von dem Berliner Gruppenstil ab. Bereits 1961 zeigte sich seine Malerei locker, sie gibt den Gegenstand und

Klaus Roenspieß *Stadtlandschaft 82* 1982. Öl. 90 x 100 cm. Berlin: Nationalgalerie

die Atmosphäre des Gegenstandes, sein Licht. Vent hat diese malerische Spezifik nie aufgegeben. Etwa ab 1963 untersuchte der Maler, wie Licht und Atmosphäre an den Körpern arbeiten: Stabilität, Instabilität und Transparenz der Form waren das Ergebnis. Über die Gouache- und Temperatechnik (ab 1965) kommt Vent zu einer fleckhaften Behandlung der Farbe und zur Dynamisierung des Raumes.

Die Lust, poetischen Neigungen nachzugehen, war eine Ursache dafür, daß sich Hans Vent 1964 die Radiertechnik erarbeitete. Die leicht sichtbare Verwandtschaft zwischen Malerei und Graphik im Werk von Hans Vent fließt aus dem Schaffensgrund dieses Künstlers: dem Hingegebensein an die Schönheiten des Lebens. Vents lichtgesättigte Malerei bietet eine eigenständige Interpretation luminaristischer und atmosphärischer Harmonie und Dissonanz, die – auch in ihrer leuchtenden Farbigkeit – eine eigene Sicht auf die Natur bereithält. Im Laufe der Jahre wurde die formale Dynamisierung der menschlichen Figur durch Farbe konsequent fortgeführt. Francis Bacon steht in der Nähe, und in der Entwicklung der Gestalten aus einem kaum zu definierenden Lichtraum heraus sind Antonio Calderara und Gerhard Richter vorangegangen.

Aus dem Kreis der Berliner Schule kamen neben Böttcher und Vent noch andere eigenwillige Persönlichkeiten. Geblieben ist bei allen eine a-literarische Haltung in der Malerei, die ein Nacher-

Christa Böhme *Stilleben mit weißem Tuch* 1989. Öl. 90 x 120 cm.
Frankfurt/Oder: Galerie Junge Kunst

Wolfgang Leber *Wartehalle* 1978.
Aquarell. 33,9 x 46,2 cm.
Frankfurt/Oder: Galerie Junge Kunst

zählen des Sujets eigentlich unmöglich macht. Etwa Klaus Roenspieß, der mit schwerer, dunkler Farbigkeit nach Konrad Knebel eine expressive Variante in die malerische Interpretation der Berliner Stadtlandschaft gebracht hat. Christa und Lothar Böhme sind ebenso zu nennen wie Wolfgang Leber.

Lebers Gemälde befassen sich mit dem Problem der Raumdurchdringung und -auffächerung und der Bewegung von Figuren im Raum. Die abstrahierende Formbehandlung ist von eindrucksvoller Strenge. Fast programmatisch führen seine Interieurs eine desillusionistische Rauminterpretation vor (»offener Raum«). Es scheint, als sei die Kunst Oskar Schlemmers ausgewertet worden.

Christa Böhmes Kunst ist eine lichte, transparente, leicht und zuweilen im Farbauftrag dünn ausgeführte Malerei. Eine Neigung zur Arabeske ist erkennbar. Auffällig ist die Transposition der Töne, die kraftvolle Farbakzente bringt und eine lichtvolle Intensität des Raumes vorspielt, der in der Tradition von Cézanne negiert ist – eigentlich eine heitere Kunst, wären da nicht auch die streng gebauten Akte und die Selbstbildnisse voller Ernst und Nachdenklichkeit. Die Lebendigkeit der gemalten Fläche wird durch eine feine Abstimmung im harmonischen Aufbau der Farben erreicht. In Ostberlin war Christa Böhme neben Brigitte Handschick und Nuria Quevedo die begabteste Malerin.

Rechte Seite:
Lothar Böhme *Sitzender Akt* 1988. Öl. 135 x 73 cm.
Reutlingen: Sammlung Seiz

Lothar Böhme *Kopf* 1994 Feder. 42 x 29,3 cm.

Der Weg Lothar Böhmes führte zu einer sehr verhaltenen, formkargen Malerei, welche das Braun, das bei Manfred Böttcher zu einem neuen ästhetischen Erlebnis wurde, ins Erdige kehrt. Motive – wie Stilleben, Landschaft, vor allem aber weibliche Akte – und Farben erinnern mit ihrer expressiven Schwere und Ausdrucksstrenge entfernt an das Erbe, das von Paula Modersohn-Becker hinterlassen wurde. Formales Reduzieren erzwingt die Suggestion des Archaischen. Böhmes Figuren bleiben zeichenhaft im Dunkel. Aus der Aktdarstellung wird eine Kunst, die aufregend ist: Es geht nicht um wohlproportionierte Formen des Körpers, sondern um proportionale Formen der Malkunst, um feine Rhythmen der Farbe, um schwer beschreibbare Stimmigkeit eines Gemäldes. Das führt diese Kunst weit vom Gefällig-Abbildlichen hinweg. Böhmes Figuren und Köpfe wurden monumental, sie sind elementare, kraftvoll gemalte Zeichen menschlicher Existenz. Der Expressionismus dieser streng komponierten Bilder ist nur mühsam gezügelt. Böhme hat sich in den achtziger Jahren nach Metzkes, Böttcher und Vent zu einer tragenden Kraft der Ostberliner figurativen Malerei entwickelt.

Druckgraphik im Umkreis der Berliner Schule – Dieter Goltzsche

An der umfangreichen künstlerischen Produktion der Druckgraphik der Generation nach Mohr, Tucholski, Sandberg und Cremer haben Doris Kahane (Holzschnitt), Ingo Kirchner (Holzschnitt), Wolfgang Leber (Radierung), Harry Lüttger (Siebdruck), Ronald Paris (Lithographie), Robert Rehfeldt (Radierung), Helena Scigala (Holzschnitt), Hanfried Schulz (Holzschnitt, Lithographie) und Horst Zickelbein (Lithographie) Anteil. Einige Künstler haben das Bild der Ostberliner Graphik der sechziger Jahre besonders geprägt. Die Maler-Graphik fand in Harald Metzkes (seit den fünfziger Jahren) und Hans Vent (seit 1964) wichtige Repräsentanten. Ihr poesievolles Werk lebt viel stärker aus dem malerischen Ton als von der Linie. Klaus Magnus und Joachim John entwikkelten etwa seit 1965 eigene Beiträge. Die Bildhauer Friedrich B. Henkel und Wieland Förster (beide seit 1966) erschlossen in der Graphik Themen, die sich gemeinhin einer plastischen Bewältigung entziehen. Sie liefern keine spezifische Bildhauergraphik, sondern künstlerischen Bilddruck, der sich als eigenständiger Beitrag zur Berliner Graphik der sechziger Jahre erweist.
Allen voran aber geht Dieter Goltzsche, und zwar

Dieter Goltzsche *Stiefmütterchen* 1974. Original-Offset. 26,5 x 33,5 cm. (20. Druck der Kabinettpresse Berlin)

Dieter Goltzsche *Am See* 1966.
Radierung und Aussprengverfahren. 20,2 x 27,6 cm.

nicht nur wegen des imposanten Umfangs seines Werkes, sondern weil die Phantasiekraft seiner Gestaltungen auf zahlreiche Künstler inspirierend wirkte. Durch die Aufnahme berlinischer und märkischer Motive erwies sich Goltzsche obendrein als der »Berlinischste« der Graphiker.
Dieter Goltzsche ist ganz Zeichner, obwohl er seit 1964 immer öfter auch zum Pinsel gegriffen hat, um im Aquarell seiner Freude an der Farbe Ausdruck zu geben. So sind seine druckgraphischen Blätter Graphiken im Sinne rein zeichnerischen Tuns. Die frühesten graphischen Drucke gehören noch in die fünfziger Jahre. Sie erinnern an Vorbilder und Wegweiser, unter denen sich auch der wichtigste Lehrer Goltzsches, Max Schwimmer, befindet und über dessen Stilmorphologie er nie hinausgekommen ist. Eine frühe Radierung heißt *Rita mit dem Saskiablick* (1957), eine Huldigung an Rembrandt. Es gab Begegnungen mit der Kunst Max Beckmanns und anderer Realisten aus der ersten Hälfte des 20. Jahrhunderts, die ihre Spuren im Werk hinterlassen haben. In der Lithographie hat Goltzsche um 1959 Selbstständigkeit erlangt, und zwar mit den vier Blättern *Berliner Möwen*. 1964 führte Goltzsche das Original-Offset in die Ostberliner Druckgraphik ein, bei dem die Zeichnung auf eine Folie gebracht ist, von der maschinell (indirekt, weil über Gummizylinder) gedruckt wird. Im Offset gerät seine Zeichnung in die Nähe einer informellen Ausdrucksschrift, wie die Folge *Märkische Blätter* (6. Druck der Kabinettpresse Berlin 1966) belegt. Nach Goltzsche haben zahlreiche Graphiker das Offset-Verfahren für den künstlerischen Bilddruck genutzt.
Eine bevorzugte Domäne im Schaffen Dieter Goltzsches ist die Radierung und besonders die Arbeit mit der Kalten Nadel. Für diesen Teil seines Werkes ist die extreme Lebendigkeit der geritzten Linie charakteristisch. Gerade in der Technik der Kalten Nadel bot Goltzsche in den sechziger Jahren die stärkste Leistung seiner Generation.
Ein Merkmal für die Kunst der Graphik bei Goltzsche ist die Frische der Improvisation, die aus der ungebändigten Lust am Zeichnen und aus der Ursprünglichkeit einer Handschrift entsteht, deren Linien wie absichtslos, ja zufällig das Papier bedecken beziehungsweise in die Platte geraten. Thematisch ist diese Graphik der Landschaft und dem städtischen Milieu gewidmet, und neben den Porträts gibt es viele Genreblätter. Goltzsche gibt dabei dem Raum bevorzugt jene Gestalt, die durch Cézanne gefunden wurde – hier liegt die Affinität zur Berliner Schule – und welche die Kubisten näher zu bestimmen trachteten. Die flache, aber durchaus weite Raumschicht in den graphischen Blättern hebt indes die Volumina nicht auf. Es gibt von Goltzsche Radierungen, in denen im feinen Reiz des Grates, im Netzwerk des Striches, der gelegentlich schattierend über die Fläche gleitet, zugleich Form, Licht und Ton gebannt sind. Oft fällt die durchsichtige Zartheit der Modellierung einer leicht im Licht gelösten Form auf, doch gibt es Blätter, da ist auf jede Licht-und-Schatten-Wirkung verzichtet, da spricht die Linie von dem, was sie umreißt, und von sich selbst.
Dieter Goltzsches Stellung in der Berliner Kunst wurde 1977 von Klaus Werner bestimmt: »Mit einiger Sicherheit kann man Goltzsche in die von Willy Kurth begrifflich zusammengefaßte Berliner Zeichner-Schule einreihen. Liebermann darf man zitieren und nicht minder seine Generationsgefährten. Von diesen prägt Goltzsche das Berlinische am stärksten: nüchterne Situationskomik, die Erzählung, das rasche Erfassen des Sujets, die Auffächerung der Halbtöne, aber auch Sparsamkeit der Mittel.«[51]

»Kunst ist Sand im Getriebe« – Robert Rehfeldt und die Experimentalkunst in Berlin

Die Künstler der Berliner experimentellen Gruppe, bestärkt durch die Arbeit von René Graetz und Toni Mau, entwickelten die formal extremste Alternative zum Realismus der Berliner Schule. Der Begriff der Gruppe wird hier lediglich als ein Hilfsbegriff benutzt, der eine gewisse Gemeinsamkeit hinsichtlich der experimentellen Techniken und Berührungspunkte im Ästhetischen anzeigen soll. Einen auch nur zeitweilig festeren Zusammenhang gab es trotz freundschaftlicher Kontakte nicht. Die wichtigsten Künstler waren Robert Rehfeldt, Ingo Kirchner, Dieter Tucholke und Hanfried Schulz. Auch diese Künstler stießen zunächst auf Verständnisschwierigkeiten, zumal bei der Kunstkritik und bei opportunistischen Malern: Eine Ausstellung von Robert Rehfeldt, bei deren Vernissage des Künstlers Collage acoustique aufgeführt werden sollte, wurde am 6. Oktober 1966 in der Verkaufsgenossenschaft Bildender Künstler am Strausberger Platz in Berlin aufgrund einer Intervention des Malers und Verbandfunktionärs Frank Glaser gar nicht erst eröffnet.

Robert Rehfeldt *Hommage à Joachim Walther* 1976. Klischeehanddruck. 53,5 x 40 cm.

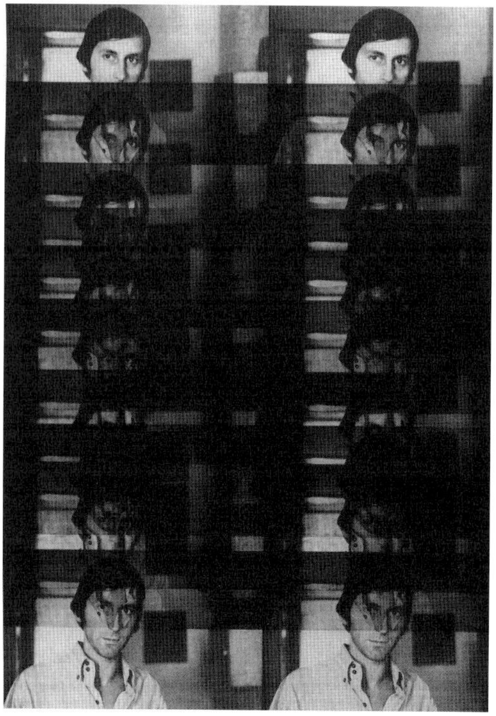

Robert Rehfeldt war unter den Experimentellen der vielseitigste Künstler. Von ihm gibt es nach und neben den realistischen *Berliner Spreelandschaften* (Radierungen 1965) und dem Bekenntnisblatt *Berliner Fenster – Hommage an Werner Heldt* (Radierung 1965) Prägedrucke, Assemblagen, lichtkinetische Objekte (ab 1966), strukturale Studien, plastische Objekte, Naturabdrucke, Collagen und visuelle Texte. Gemeinsam mit Hanfried Schulz realisierte er architekturbezogene Projekte. Er brillierte als perfekter Techniker und intelligenter Künstler. Obgleich Malerei und Collage ausführliche Interpretation verdient hätten, zudem auch die Installationen und Performances, soll hier nur auf zwei Komplexe verwiesen werden, die, für sich allein genommen, schon die Bedeutung Rehfeldts erkennen lassen: auf Reliefradierung und Mail-Art.

Der Künstler kam 1966 zur Tiefradierung, zu Relief- und Prägedruck. Rolf Nesch wurde als Vorläufer empfunden, Anregungen kamen von Stanley Hayter und seinem »Atelier 17« in Paris und von Johnny Fiedlaender. Hayters Buch *New ways of Gravure* war gerade (1966)in London erschienen. Die Tiefradierung gab dem graphischen Bild plastische Wirkung und brachte die dritte Dimension in den künstlerischen Bilddruck ein. Rehfeldt verhielt sich dabei nicht ganz so radikal wie Lucio Fontana, der, ebenfalls in den sechziger Jahren, im Prägedruck das Papier durchbrach, um den Raum auch mit der Druckgraphik spürbar werden zu lassen. Aber Rehfeldt steht ganz in der Nähe und arbeitet zeitgleich mit anderen Künstlern in Europa daran, Grenzlinien zwischen Druckgraphik und anderen bildkünstlerischen Medien zu überschreiten. Man muß diese Zusammenhänge kennen, um die Leistung des Berliner Experimentators auch historisch richtig einschätzen zu können. Er war nicht nur Aufnehmender, sondern Mitträger an vorderer Stelle. Nur die wenigsten erkannten diese Teilhabe Rehfeldts an der Avantgarde.

Ähnlich pionierhaft ist der Beitrag, den der Künstler zur Mail-Art geleistet hat. Er nötigte die

Post zum Transport subversiver Gedanken. Seine Kunstpostwürfe brachten Unruhe, provozierten Nachdenklichkeit. In den Mail-Art-Arbeiten, materialisiert als Postkarte, Handzettel oder Faltplakat, treffen sich Hektographie, Lithographie und Kleinoffset mit Stempeldruck und Klischeedruck, und Graphik verknüpft sich mit visueller Poesie. Rehfeldts Briefkunst, die für weltweite individuelle Kommunikation eingesetzt wurde, vereint also Zeichnung, Schreibzeichnung und Stempeldruck und erscheint als ein expressiv erregtes Textbild, dessen Herkunft in der Kunst des Dada und des Surrealismus zu suchen ist. Auf den Postkarten, dic aus der Pankower Mendelstraße kamen, stehen signalhaft Sprüche wie diese: »Werfen Sie diese Karte in die Kunstgeschichte«, »Künstler lebt ihr im eignen Land, bleibt am besten unbekannt«, »Kunst ist wenn sie trotzdem entsteht«. Rehfeldt hat für seine mit aller Welt kontaktierende Kunst den Begriff »Cont-Art« benutzt.

Ingo Kirchner *Analytisches Portrait I* 1971.
Graphit, Farbkreide, Wasserfarben

Herkömmliche Sehgewohnheiten und Darstellungskonventionen wurden in den sechziger Jahren auch von Ingo Kirchner und Dieter Tucholke modifiziert. Ingo Kirchner trat ab 1958 mit Monotypien hervor. Es folgten Papierschnitte, Lackbilder (ab 1961), Collagen, Lithographien und Radierungen. Am Anfang stand noch künstlerische Unentschiedenheit. Er kokettierte sowohl mit der dekorativen Linieneleganz eines Hans Erni als auch mit den Experimenten der Tachisten. Kirchner fand Ende des Dezenniums endgültig zu sich selbst. Es erfolgte, wie Hans-Ulrich Lehmann richtig beobachtet hat, »ein Umschlag in eine informative Sprache ..., die von Zeichen, Ziffern, Farben und Materialien aus der Alltagswelt, den Massenmedien und der Werbung ihre bildhaften Formulierungen erhält«.[52] Dieser Umschlag zeigt sich ab 1967 in Materialbildern und großformatigen Drucken, in denen farbiger Holz- und Linolschnitt kombiniert sind. Mit der Graphik erwarb sich Kirchner rasch Anerkennung auf internationalen Biennalen. Seine Kombinationsdrucke sind ein nennenswerter Beitrag zur Neubewertung der Hochdrucktechnik in jenen Jahren.

Im Unterschied zu Rehfeldt und Kirchner erlangte der Klemke-Schüler Dieter Tucholke bei seinem Eintritt in die Kunst sogleich Erfolg, und zwar mit der Lithographiefolge *Volksmarine-Division* (1961, sechs Blatt), in der er die konstruktivistischen Elemente im druckgraphischen Frühwerk von Wladimir Faworski wie einen Collage-Effekt genutzt hatte, um die Raum-Zeit-Einheit der Bilder aufzuheben. Tucholke kam 1965 ebenfalls zum Materialdruck und 1967 zur Assemblage. Die Monotypie *Der verspottete Christus* von 1965 war in der Ausstellung »Berliner Künstler gegen den Atomkrieg« (1965) eine bildnerische Provokation: Tucholke hatte surrealistische und informelle Kunst überprüft und gezeigt, wie sie mit politischem Spürsinn auch für eine realistische Kunstsprache ausgenutzt werden können. In späteren Jahren schuf der Künstler geistreiche Kombinationsdrucke, in denen komplizierte gedankliche Prozesse in diffizilen technischen Operationen visualisiert wurden: *Hommage à Jules Verne* (1973 bis 1975), *Spuren und Wände* (1976/77) und *Hommage à Ionesco – Die Nashörner* (1976/77).

Curt Querner *Meine Eltern* 1948. Öl. 135 x 150 cm. Dresden: Galerie Neue Meister

Entdeckung: Curt Querner

Es soll nun eines sehr wichtigen Phänomens der sechziger Jahre gedacht werden, nämlich der (historisch überfälligen) »Entdeckung« des Malers Curt Querner. Seine »Entdeckung« erscheint gleichsam wie eine Quintessenz der Bemühungen um ein neues Traditions- und um ein differenzierteres und tieferes Realismusverständnis. Curt Querner war nach Hans Grundig und John Heartfield (die Bedeutung Otto Nagels war ohnehin unbestritten) die dritte große Entdeckung proletarisch-revolutionärer Kunstklassik. Die erste umfassende Würdigung des Quernerschen Werkes fand Anfang 1964 bezeichnenderweise nicht in Dresden, sondern im Kulturhistorischen Museum zu Magdeburg statt – die Ausstellung wurde im Anschluß auch in anderen Städten der DDR gezeigt. Im Herbst desselben Jahres folgte eine Aquarell-Ausstellung des Meisters im Kunstkabinett (am Institut für Lehrerweiterbildung) Berlin, das zwischen 1962 und 1968 eine umfangreiche Ausstellungstätigkeit entfaltete und (wie das Studio des Leonhardi-Museums Dresden) zahlreiche junge Künstler erstmals vorstellte. Der Magdeburger Katalogtext von Diether Schmidt, der neben Hellmuth Heinz verdienstvoller Streiter für Querner war, beginnt mit den Sätzen: »Alles Große sickert langsam ein. Die Kunst Curt Querners mußte dreißig Jahre warten, ehe sie als Sonderleistung der Dresdener Malerschule erkannt wurde.« Dem Werk Curt Querners, das auf Künstler anregend wirkte (zum Beispiel auf Hans-Peter Hund, auch auf den Schriftsteller Wulf Kirsten), wurden später mehrere Ausstellungen eingerichtet; 1968 erschien die Biographie von Hellmuth Heinz.

Curt Querners Anfänge reichen bis in die Mitte der zwanziger Jahre zurück. Er hatte bei Richard Müller studiert und war für kurze Zeit Dix-Schüler gewesen. Querner gehört zu den Dresdner sozialkritischen Veristen, also zur proletarisch-revolutionären Malerei wie Hans Grundig, Wilhelm Lachnit oder Otto Griebel. Da in seinem Werk das Aquarell einen wichtigen Platz einnimmt, wurde er der Aquarell-Meister dieser Veristen. Die entscheidende Kraft war Querners Kunst indessen aus der engen Bindung zum Gebirge und seinen Bewohnern zugewachsen. Querner, grüblerisch und einzelgängerisch, genau beobachtend und bedächtig, wurde zu einem späten Nachfahren des Bauern-Bruegel. Er malte das bäuerliche Proletariat, die Landarmut. Seine Gestalten haben schwere, kräftig ausgearbeitete Hände und zerfurchte, vom Leben gezeichnete Gesichter. Auch die Kinderporträts erscheinen wie ein Vorentwurf zu solcher Lebensbahn. Das Notwendigste mußte hart erarbeitet werden, denn die Existenz im Gebirge war vor 1945 schwer. Querner stellt das in seinen Bildern glaubhaft dar.

Die Kunst des am Rande des Erzgebirges lebenden Malers, der als Fabrikschlosser begonnen hatte und nach dem Studium jahrelang von Arbeitslosenfürsorge oder vom Handel mit Kälberstricken und anderen Seilerwaren lebte, hat nichts geerbt von der koloristischen Kultiviertheit

Curt Querner *Sitzender weiblicher Akt* 1965. Aquarell. 62,5 x 48 cm. Frankfurt/Oder: Galerie Junge Kunst

eines Kuehl, Sterl oder Kokoschka, die wie Dix einen großen Einfluß auf die Dresdner Künstler ausübten. Querners Kunst ist im Vergleich zur malerischen Brillanz dieser Meister und etlicher ihrer begabten Epigonen eher nüchtern, doch sorgsam und sauber im Handwerk.

Curt Querner malte als Landschafter »der erde kraftvolles märzgesicht« (Wulf Kirsten), sodann Bauersleute und weibliche Akte, diese ohne alle formale Schönheit: mit großen Brüsten, muskulösen Armen und breiten Oberschenkeln – schwere Leiber, die von der Arbeit geformt sind (vergleichbar Rembrandts Aktauffassung in den Radierungen und Zeichnungen). Der Grundton der Wasserfarbenmalerei ist erdig, Stufungen des Brauns und Blaus (die ebenso Bruegel und Courbet wie Braque im Hintergrund haben) bestimmen den Fluß in der kargen Koloristik, dem sich eine mit Pinsel kräftig gesetzte Lineatur entgegenstellt: Diese strenge Ausgewogenheit zwischen Linie und Farbfleck ist ein Charakteristikum der Quernerschen Aquarellkunst. In einem Gespräch hat er selbst bekannt: »Aquarellieren wurde für mich immer mehr zur Freude höchster Anspannung und Disziplin. Die Aquarelle müssen durchgestanden sein, wie ein Rausch – in eineinhalb, zwei Stunden. Faszinierend, das, was ich empfinde, in so kurzer Zeit niederschreiben zu können. Das Aquarell kommt in der bildenden Kunst der Dichtung am nächsten. Sehen Sie die silbrig schimmernde Fläche eines Tauwetterhanges oder den schwarzvioletten Kirschbaum in der Winterlandschaft – schön, das kahle Geäst, wunderschön! Erleben und voll innerer Erregung niederschreiben. Ich sehe, ich male.«[53]

Im Zwischenreich von Realität, Phantasie und Konstruktion: Altenbourg, Loewig, Glöckner

In den sechziger Jahren kamen Künstler zu Ausstellungen und ins Gespräch, die man gemeinhin einen Geheimtipp nannte. Diese Maler und Graphiker hielten sich öffentlich zurück, verweigerten sich der Kulturpolitik oder – wurden ferngehalten. Es handelt sich dabei insbesondere um Gerhard Altenbourg, Hermann Glöckner und Roger Loewig. Verschiedene Kunstmuseen der DDR indes sammelten sie insgeheim und unterliefen damit die offizielle Kulturpolitik.

Galerien jenseits der offiziellen Kulturpolitik

Diese drei Künstler wurden in den sechziger Jahren im Kunstkabinett des Instituts für Lehrerweiterbildung Berlin ausgestellt. Das 1962 gegründete Kabinett zeigte mit Vorzug junge Künstler, die andernorts noch kein Forum hatten, und ebenso Maler und Graphiker älterer Generationen, oft solche, die viele Jahre im Abseits gestanden hatten. Das Kabinett veranstaltete zudem Schriftstellerlesungen, so mit Erich Arendt, Wolf Biermann, Johannes Bobrowski, Franz Fühmann, Stephan Hermlin, Stefan Heym, Günter Kunert und vielen anderen, sowie Komponistenabende, zum Beispiel mit Rudolph Wagner-Regeny, Tilo Medek, Georg Katzer und Siegfried Matthus. Da das Kabinett jenseits staatlicher Direktiven arbeitete, hatte es fortdauernd Schwierigkeiten und wurde 1968 auf ministerielle Weisung geschlossen. Sein Leiter mußte wegen »Verstoßes gegen die sozialistische Kulturpolitik« seine Dozentur an dem Institut aufgeben. Das geschah zu einer Zeit, da die Sowjetunion durch militärische Intervention den »Prager Frühling« mit Panzern niederwalzte. In der DDR führte das zu zahlreichen Repressionen auf dem Gebiete der Kultur, etwa zum Verbot von Ausstellungen in Dresden (Willy Wolff, Horst Zickelbein) und Berlin (Schließung der Wieland-Förster-Ausstellung im Kupferstichkabinett).

Achim Freyer *Künstler sehen Künstler* 1969
Farbiger Offsetdruck für den Einband der Mappe.
51 x 40 cm. (12. Druck der Kabinettpresse Berlin)

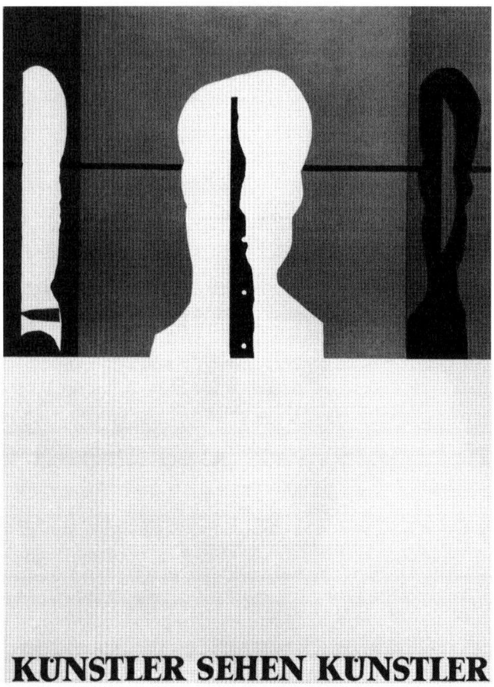

Aus dem Kunstkabinett entwickelte sich 1965 die Kabinettpresse Berlin, die bis 1974 als privates »Ein-Mann-Unternehmen« fortgeführt wurde. Sie veröffentlichte insgesamt zwanzig druckgraphische Mappenwerke. Bis zur Liquidierung des Kabinetts 1968 gab es auf privater oder halboffizieller Grundlage (die Galerie Henning in Halle war bereits 1962 geschlossen worden) nur noch die altrenommierte Kunstausstellung Kühl in der Zittauer Straße in Dresden, die Galerie der verlagseigenen Deutschen Bücherstube (Verlag der Nation) in der Berliner Friedrichstraße, die eikon Grafik-Presse von Rudolf Mayer ab 1964 (im Verlag der Kunst Dresden) mit Kabinettausstellungen, das Bilderzimmer der Erfurter Ateliergemeinschaft (1963–1974) in einer Mansarde des Einrichtungshauses Weinreiter in Erfurt und die Einblatt-Edition der von Lothar Rentsch 1961 gegründeten Plauener Graphikgemeinschaft sowie etliche Graphikkreise des Kulturbundes (Magdeburg seit 1965).

Zahlreiche kleine aktive, unangepaßte Galerien entstanden erst in den siebziger Jahren: 1972 Galerie am Sachsenplatz Leipzig, Leitung Hans-Peter Schulz, 1973 Galerie Arkade Berlin, Leitung Klaus Werner, 1973 Galerie oben in Karl-Marx-Stadt, 1974 die EP-Galerie des Jürgen Schweinebraden in Berlin-Prenzlauer Berg, 1977 die Galerie Clara Mosch in Karl-Marx-Stadt. Sie waren sämtlich Treffpunkte der Avantgarde. Die Berliner Unternehmung des Kunstkabinetts und der Kabinettpresse ordnete der Kunsthistoriker und langjährige Museumsdirektor Dieter Gleisberg in den historischen Prozeß: »Es entstanden genossenschaftliche Verlagsformen, die dem Künstler seiner Individualität gemäße Aufträge sicherten, dem Sammler den preisgünstigen Erwerb autori-

Wilhelm Rudolph *Dresden 1945* 1945. Aquarell, Feder, Tusche. 33,2 x 28,8 cm. Frankfurt/Oder: Galerie Junge Kunst

Ernst Schroeder *Berliner Menagerie* Undatiert. Öl. 68 x 80,5 cm. Berlin: Nationalgalerie

Linke Seite:
Heinrich Ehmsen *Störungsrechnung* 1954. Öl. 215 x 138 cm. Kiel: Heinrich-Ehmsen-Stiftung, Kunsthalle

Wilhelm Lachnit *Akt mit Malven* 1957. Öl. 100 x 80 cm. Bautzen: Stadtmuseum

Willy Wolff *Warnung* 1967 Öl. 90 x 130 cm. Frankfurt/Oder: Galerie Junge Kunst

Ernst Hassebrauk *Stilleben mit neopolitanischer Kanne* Um 1960. Aquarell, Gouache, Pastell. 42,1 x 58,8 cm. Frankfurt/Oder: Galerie Junge Kunst

Albert Ebert *Heizers Geburtstagsständchen II* 1956. Öl. 37,5 x 46 cm. Berlin: Nationalgalerie

Albert Wigand *Straßenfassade in Dresden* 1957. Öl. 40 x 60 cm. Rostock: Kunsthalle

Theodor Rosenhauer *Lößnitzhaus* 1959. Öl. 70 x 105 cm. Berlin: Nationalgalerie

Hans Jüchser *Stilleben mit grüner Vase* 1968. Öl. 96 x 78,5 cm. Dresden: Galerie Neue Meister

Winfried Dierske *Ruine Frauenkirche Dresden* Öl. 60er Jahre. 14,5 x 28,5 cm.

Otto Niemeyer-Holstein *Tabu - Ecke mit Blumen* 1981. Aquarell, Kohle. 19 x 21 cm.
Lüttenort/Usedom: Atelier Niemeyer-Holstein

Rechte Seite:
Max Uhlig *Große sitzende Halbfigur* 1986. Öl. 200 x 114 cm. Berlin: Grundkreditbank

Hans Grundig *Opfer des Faschismus* 1947. Öl. 110 x 200 cm. Dresden: Galerie Neue Meister

Hans Brosch *Variationen zu Kohlhaas I.* 1977. Gouache und Tusche. 61 x 86 cm. Frankfurt/Oder: Kleist Museum

Curt Querner *Altes Gehöft in Karsdorf* 1969. Aquarell. 33,2 x 48,8 cm. Halle: Galerie Moritzburg

Gerhard Altenbourg *Ablösung der Generation* 1955. Aquarell, Tempera, Stabilo. 69 x 51 cm.
Altenburg: Lindenau-Museum

Linke Seite:
Werner Tübke *Lebenserinnerungen des Dr. jur. Schulze III.* 1965. Tempera. 188 x 121 cm. Berlin: Nationalgalerie

Hermann Glöckner Aus der Mappe *10 Handdrucke* 1963/74. Schablonendruck, Linoleum, Tempera. 34,8 x 49,8 cm.
Frankfurt: Galerie Junge Kunst

sierter Originale. Prototyp und spiritus rector dieser Bewegung war unter Lothar Langs Regie seit 1962 das Institut für Lehrerweiterbildung in Berlin-Weißensee und die ebenfalls von Lang ins Leben gerufene Kabinettpresse Berlin. Die ›Kabinettpresse vollbrachte die bedeutendste verlegerische Leistung für die Graphik der Deutschen Demokratischen Republik‹, anerkannte Werner Schmidt angesichts der zwanzig zwischen 1965 und 1974 herausgebrachten und vertriebenen Mappen, die nicht nur zahlreichen Kunstfreunden ein tieferes Verständnis für die Eigenart und Vielfalt persönlicher und druckgraphischer Ausdrucksweisen vermittelten, sondern auch oft durch Rahmenthemen zu kollektiven Bekenntnissen geworden sind. So läßt sich der *Vietnam-Protest* (1966) durchaus der berühmten *Hunger-Mappe* (1924) an die Seite stellen oder die *Tangenten zur Literatur* (1966) den 1920 herausgegebenen *Shakespeare-Visionen* der Marées-Gesellschaft.«[54] Von späteren Mappen sind hervorzuheben die mit dem Ende der sechziger Jahre erscheinenden Editionen von Hans-Peter Schulz (Leipzig), die *Leipziger Grafikmappen* von Renate Hartleb (sechs Mappen 1973–1987), die Mappen der Edition Jürgen Schweinebraden aus den siebziger Jahren und schließlich die Grafik-Editionen des Reclam-Verlages Leipzig (1975–1990: 31 Mappen, herausgegeben von Lothar Lang und Hans Marquardt).

Gerhard Altenbourg

Die Altenbourg-Ausstellung im Kunstkabinett Berlin 1967 vereinte vierzig Mischtechniken und Handzeichnungen, darunter Hauptwerke wie *Die Ablösung der Generationen* (1955) und *Gestalten im Schnee/in memoriam Stalingrad* (1964). Altenbourg hatte vor dieser Ausstellung in der DDR verschiedentlich seine Werke öffentlich zeigen können: 1957 im Lindenau-Museum Altenburg, 1965 im Antiquariat Katharina Becker in Weimar, 1964 und 1966 in der Ateliergemeinschaft Erfurt und 1966 in der Galerie Wort und Werk Leipzig. Letztere Ausstellung mußte auf Intervention des Ministeriums für Kultur vorzeitig geschlossen werden. Der Kreis der Freunde, Liebhaber und Sammler der Kunst Altenbourgs wuchs allerorten. Bei der Eröffnung der Berliner Ausstellung 1967 traf sich die Ostberliner Künstlerelite. Fast zehn Jahre später, 1976, fand eine große Holzschnitt-Ausstellung Altenbourgs im Schloß Hinterglauchau statt. Der Besucherandrang war riesig. Aber bald schlug die Staatsmacht zu. Die Ausstellung wurde verboten. Das mußte infolge von Protesten bald wieder rückgängig gemacht werden, doch der Katalog war liquidiert worden und der Museumsdirektor seines Amtes enthoben.

Gerhard Altenbourg *auftauchend aus dem Bodenlosen*
1967. Lithographie. 50,5 x 23,2 cm.

In Altenbourgs Werk, das 1949 (in Weimar) mit beachtlicher Eigenständigkeit hervortritt, gibt es eine bemerkenswerte Kontinuität. Von Anfang an vorhanden sind Sensibilität und Verdichtung, die über die Jahre weiter gesteigert werden. Zu Beginn wirken die Arbeiten eher plastisch, später werden sie strukturell immer verwobener und ästhetisch sublimer. Altenbourgs Mischtechniken aus chinesischen Tuschen, Bleistift, Aquarellfarben und Kreiden bilden ein Netzwerk feinster Gliederung. Die ersten Bildnisköpfe (*Aber der*

Gerhard Altenbourg Aus der Mappe *»Über dem Strom ein Gezweig – Blätter zu Bobrowski«* 1960. (Seeufer. Farblithographie). 11. Druck der Kabinettpresse Berlin

Pour-le-mérite, Lithographie, 1949) erinnern an den frühen Dix. Schiele und Ensor scheinen ebenfalls durch. Altenbourgs Ausgangspunkt ist also durchaus nicht nur Paul Klee, wie oft angenommen wird, obgleich eine geistige Nachbarschaft (alsbald auch zu Wols) nicht von der Hand gewiesen werden kann.

Thematisch befaßt sich das Werk mit Landschafts-Meditationen und mit skurriler Personage in grotesken Szenen. Selbst sozialkritische Arbeiten kommen vor; aber der ironische Aspekt ist inhaltlich nicht zu übersehen. Zuweilen an den Eros gebunden, tritt die Ironie zwiefach hervor: in der oft spinnwebhaft differenzierten zeichnerischen Struktur und im Bildtitel, dessen Worte zum Gezeichneten hinzutreten und untrennbar mit der Darstellung verknüpft werden – ihre Assoziationsgehalte ins Verbale hineinnehmend oder umgekehrt vom Sprachbild eine Tür ins Zeichenbild öffnend. In der zeichnerischen Struktur findet sich die Lust am Spiel mit Linien und Farben, mit Punkten und Tönen, mit Medien, die sich ineinander verstecken und überdecken, die in sich, in ihrem Geflecht, ihren Lagerungen, Bedeutungen tragen, welche nicht auf den ersten und zweiten Blick erschließbar sind. Aber Spiel ist bei Altenbourg nicht Entpflichtung von Verantwortung, vielmehr ist in des Künstlers raffinierter Linienkultur, die sich um 1950 an Beardsley gelabt hatte, jener Ethos spürbar, der im Feinstgliedrigen, Sublimiertesten Schönheit gibt. Besondere Beachtung verdienen die Landschaftsblätter: poetische Umwandlungen der Natur, Erdlebenbilder, in denen Leben und Wachsen, tektonische Würfe, Inneres und Äußeres sichtbar werden.

Während das lithographische Werk bereits Ende der vierziger Jahre einsetzte, entwickelte sich das Holzschnitt-Œuvre erst seit 1959. Die Kaltnadelradierungen kamen in den achtziger Jahren hinzu und brachten, zumal im kleinen Format, den Zeichner Altenbourg auch in dieser Technik überzeugend zur Geltung. Zwischen den druckgraphischen Blättern und den malerischen und zeichnerischen Originalen gibt es keine Diskrepanz: Der Stilwille des Künstlers bringt eine erstaunliche Einheit zuwege. Auch in der Graphik vollzieht sich der Weg von der expressiven, nervös-erregten Direktheit des Anfangs zu lyrischer Verwobenheit. Der gedankliche, formerfinderische und drucktechnische Reichtum der Blätter gehört zu den erstaunlichsten Leistungen der zeitgenössischen Kunst. In den feinteilig verwobenen Landschaften aus kostbarer Farbigkeit geht es um ein Erlebnis, das aus der Stille kommt, die zwischen den Triebkräften der Natur und dem sehenden Auge des Künstlers liegt. Altenbourgs Land ist hügelig, thüringisch in einem genauen Sinn. Seit der Weimarer Studienzeit ist die Verwurzelung in dieser Landschaft Kennzeichen. Es gibt florale und geomorphologische Bildorganisationen, welche die Landschaften im wahren Sinne des Wortes durchsichtig werden lassen. Sie sind in ihrer »bestimmtesten Phantasie« durchgeistigt und poetisiert. Mitunter dringt diese Sicht auch ins Figurative: Gesicht als psychologische Landschaft. Eine Spezifik dieser Graphik (besonders der Holzschnitte) liegt in den verschwebenden, dämmernden Grautönen. Zu den Hauptwerken der Druckgraphik gehören die Mappe zur Lyrik von Johannes Bobrowski, *Über dem Strom ein Gezweig* (1969; 11. Druck der Kabinettpresse Berlin: 9 Holzschnitt- oder Linolschnittkombinationen und 6 Lithographien), die Holzschnittfolge *Rinnen* (1975; 22 Holzschnitte und 26 Texte des Künstlers) und das Malerbuch *Wund-Denkmale* (1986).

Gerhard Altenbourg *Seeufer* 1969. Farblithographie. 43 x 34 cm. (11. Druck der Kabinettpresse Berlin, Bobrowski-Mappe)

Altenbourgs unangepaßte, souveräne Lebenshaltung und sein umfangreiches, völlig autonomes Werk haben zahlreiche Künstler in der DDR in ihrem Werk bestärkt und kreativ beeinflußt. Das Œuvre dieses Künstlers, eines feinsinnigen Humanisten und Bild-Dichters, ist bisher nur in Ansätzen wissenschaftlich erforscht und dargestellt. Auch seine vielfältigen Beziehungen zur Literatur und seine Aktivitäten als Sammler (u. a. von Hermann Glöckner und Albert Wigand) sind wenig bekannt.

Mit dem 60. Geburtstag des Künstlers 1989 war endlich die Zeit für große Ausstellungen gekommen, die das über Jahrzehnte zur Meisterschaft

Gerhard Altenbourg *Verschmähte Wonne, spröde Eile* 1974. Holzschnitt in drei Farben. (1 Holzstock und 1 Eisenplatte). 24,5 x 45,5 cm. (20. Druck der Kabinettpresse Berlin)

gewachsene Werk ausbreiteten. Es wurden elf Ausstellungen zusammengestellt. Am Anfang stand das Museum der bildenden Künste Leipzig, es folgten die großen Retrospektiven in Dresden und in Berlin (von den Kupferstichkabinetten Dresden beziehungsweise Berlin besorgt), alsdann trug die Kunsthalle Bremen eine Ausstellung zusammen, die anschließend nach Tübingen und Hannover ging und auch von der Westberliner Akademie der Künste übernommen wurde, deren Mitglied Altenbourg gewesen ist.

Roger Loewig

Im Anschluß an Altenbourg stellte 1967 das Kunstkabinett am Institut für Lehrerweiterbildung Berlin Zeichnungen und Lithographien von Roger Loewig aus. Loewig war ausgebildeter Lehrer, als Künstler Autodidakt. Infolge einer Ausstellung in privaten Räumen wurde er 1963 wegen »staatsgefährdender Hetze« verhaftet, Bilder und Manuskripte wurden beschlagnahmt. Ein Jahr später erfolgte sein Freikauf aus dem Gefängnis. 1972 übersiedelte er nach Westberlin.

Loewig war in der DDR weithin unbekannt, obwohl er sich mit eigenen Arbeiten an Ausstellungen beteiligen konnte. Ein spektakulärer Ankauf von 14 Federzeichnungen zu Songs aus der *Dreigroschenoper* durch Helene Weigel für das Brecht-Archiv erregte Aufsehen, desgleichen 1966 die Ausstellung des Künstlers in der Galerie der »Gesellschaft der Freunde der Bildenden Kunst« in Warschau. Einige graphische Sammlungen in der DDR erwarben Arbeiten seiner Hand.

Die Ausstellung im Kunstkabinett Berlin war neben den kleinen Expositionen in der Ateliergemeinschaft Erfurt die einzige wesentliche Ausstellung, die Loewig in der DDR überhaupt eingerichtet worden war. Diese Berliner Auswahl zeigte Zeichnungen von tragischen menschlichen Schicksalen. Darunter befand sich das Triptychon *Eine zerstörte Welt – gewidmet den Opfern der Vernichtungslager und Ghettos, den Toten von Auschwitz, Belsen, Buchenwald ...* (1965). Während der Ausstellung las an einem Abend im Juni 1967 Volker Braun aus seiner Lyrik. Die desillusionierende Zeichenkunst Loewigs, durch den Rapidographen hauchdünn und dicht in den Strukturen, wurde als ein phantastischer Verismus empfunden, der in seiner enthüllenden Direktheit ebenso an Otto Dix wie an Richard Oelze denken ließ, desgleichen an die Kunstwelten Alfred Kubins und Ernst Barlachs. Ein zentrales Anliegen dieser Kunst war das Scheitern des Menschen, ein »Geworfensein ins Nichts«. Bildsprachlich fand ein Umformen von erschütternden Wirklichkeitserlebnissen zu organoiden Gebilden statt, die in naturalistischer Akribie gezeichnet waren. *Ein kleiner Hügel Vergänglichkeit* (1967) erwies sich so als danteskes Inferno, und die Landschaften wurden mit ihren fingrigen, wehenden Zeichen zu Signalen des Bedrohtseins. 1979 schrieb Loewig in den Katalog seiner Ausstellung in der Ostdeutschen Galerie Regensburg, seine Kunst sei »Gestalt gewordene Furcht und Sorge um uns.« Sie ist eine herbe Variante surrealistischer Intransigenz. Dem Faltblatt der Ausstellung wurde Paul Celans *Todesfuge* beigedruckt.

Hermann Glöckner *Blau, Rot, Gelb* 1957.
Tempera und Collage. 144 x 62 cm.

Hermann Glöckner

Als der Dresdner Maler Hermann Glöckner 1968 im Kunstkabinett Berlin ausgestellt wurde, war er in dieser Stadt nur wenig bekannt, obwohl er im Lande von einer beträchtlichen Verehrergemeinde hoch geschätzt wurde. Seine erste und bis dahin einzige Ausstellung in Berlin war ihm 1927 in der Kunsthandlung Victor Hartberg eingerichtet worden, die umfassendste Retrospektive fand 1992 in der Neuen Nationalgalerie Berlin statt.

Glöckners Werk hat sich seit etwa 1913 mit entschiedener Konsequenz und ohne jegliche erkennbare Irritationen entfaltet, obschon diese durch die gesellschaftlichen Verhältnisse in den dreißiger und seit den fünfziger Jahren hätten verursacht werden können. Eine Übersicht seines Œuvres bestätigt, daß er eine mittragende Kraft internationaler Kunstprozesse gewesen ist. Als Malewitsch 1913 sein schwarzes Viereck auf weißem Grund ausstellte und Mondrian bis 1917 auf der Suche nach der reinen Form zur vollständigen Abstraktion gelangte, zeichnete Glöckner ebenfalls schon geometrische Kompositionen (*Zitrone und rotes Heft*, 1913; *Geometrische Komposition um Orange*, 1919). Glöckners *Tafelwerk*, das sich in nahezu 200 Konstruktionen von 1919 bis 1985 entwickelte, erwies sich neben Arbeiten Mondrians und El Lissitzkys als ein Gipfel des Konstruktivismus, der bei ihm zugleich, indem er bildnerische Elemente nur aus sich selbst definierte, in die »Konkrete Kunst« der dreißiger Jahre hineinragt. Während jedoch Max Bill und Richard Paul Lohse als wichtige Repräsentanten der »Konkreten Kunst« erkannt wurden, blieb Glöckner infolge der Ungunst der Verhältnisse, in denen er lebte, weithin unbekannt.

Es wird auch deutlich, daß der Dresdner zahlreiche Impulse und Prozesse in der Kunst des 20. Jahrhunderts vorweggenommen hat: Mit einer Gruppe von Aquarellen, die 1916 einsetzt, greift er zu Otto Meyer-Amden und zu Oskar Schlemmer, in den »Tafeln« antizipiert er die monochrome Malerei (Yves Klein), das serielle Prinzip (Josef Albers), die Farbfeldmalerei (Frank Stella) und jene geometrischen Formen, die den optischen Eindruck räumlicher Schwingungen erregen (Bridget Riley).

Herbert Kunze *Kalligraphie 116* 1977. Tusche, Pinsel. 29,5 x 21 cm. Cottbus: Kunstsammlung

Zur Malerei gesellen sich plastische Arbeiten, Collagen und Handdrucke, bei denen oft Schablonen verwendet werden. Besonders aufschlußreich sind jene Bilder, in denen die Freilegung geometrischer Strukturen aus dem optischen Eindruck sichtbar wird. Das geschieht zumeist in Arbeiten der zwanziger Jahre mit Darstellungen von Elbdampfern, Dächern, Giebeln und Schornsteinen. In den Dreißigern erfolgt dann jener radikale Schritt, der den Künstler – ohne daß dies damals und lange Zeit später bemerkt worden wäre – in die erste Reihe der europäischen Avantgarde stellt. Gemeint sind die Flächenhalbierung und Diagonalteilung, die räumliche Faltung, die in die Farbe geritzten harten, kantigen linearen Strukturen und die Behandlung des Tafelkörpers mit Vorder- und Rückseite.

Zwei Entwicklungsstränge lassen sich erkennen: ein informeller, bei dem der Zufall in den Bildbau vorsätzlich einbezogen ist, und, alles beherrschend, ein konstruktiv geordneter, dessen Besonderheit im Reichtum der malerischen Werte besteht, der die chromatische Farbqualität immer wieder durchbricht und ihr die abstrakte Kühle nimmt.

Glöckners Kunst wirkt neben Op-Art (etwa Albers, R. P. Lohse, Vasarely) und Post-Painterly-Abstraction (zum Beispiel Frank Stella) erfreulich frisch. Eine Ursache dafür ist vermutlich in der Spannung zu suchen, die sich aus der Polarität des Werkes ergibt. Werner Schmidt schrieb dazu: »Die Verbindung von Konstruktion und Amorphie, von Gesetz und Freiheit, Geist und Natur ist ein Charakteristikum der Kunst Hermann Glöckners. War in den 1930er Jahren die strenge Geometrie bestimmend, so traten 1947 die lockeren Schwünge hervor, und Glöckner selbst empfand die Bewegung als etwas Befreiendes. Die informellen Züge erreichten ihren Höhepunkt in den Temperablättern von 1958, wirkten auch weiterhin noch stark, aber gegen 1960 kündigte sich in der Plastik bereits das frische Vordrängen der klaren Konstruktion an, die nach einem Ausgleich in den 1960er Jahren seit 1969 wieder dominiert.«[55] Die hohe internationale Wertschätzung, die dem Werk des sächsischen Konstruktivisten entgegengebracht wurde, ist von Raoul-Jean Moulin formuliert worden. Nach einem Atelierbesuch in Dresden publizierte er am 21. Januar 1976 in der *l'Humanité* einen umfangreichen Beitrag unter der Überschrift: »Hermann Glöckner – patriarche de l'art moderne.«

Glöckners Werk überragt eine kleine Gruppe verwandter Geister, wozu aus Dresden Hans Christoph, Helmut Schmidt-Kirstein, Hans Kinder und Herbert Kunze gehörten. Allesamt selbst anregende Künstler, doch mehr expressiv-informell denn konstruktiv arbeitend. Hinzu kommt der in Einsamkeit wirkende Ex-Bauhäusler Kurt Schmidt-Gera und der jüngere, zur Surrealität neigende Experimentator Jürgen Seidel. Auch Helmut Gebhardt steht in der Nähe, der, Lachnit und Glöckner beerbend, Linolschnitte in serieller Variation erarbeitete. Weiter zu nennen sind die wenig bekannt gewordenen Wilhelm Müller, Manfred Luther und Karl-Heinz Adler. Zuweilen läuft diese Abstraktion ins Dekorative. In späteren Jahren, zumal in den Achtzigern, treten neue Namen ins abstrakte Feld, in Dresden etwa Andreas Küchler und in Chemnitz Klaus Hähner-Springmühl. Viel Unentschiedenes ist da. Berliner

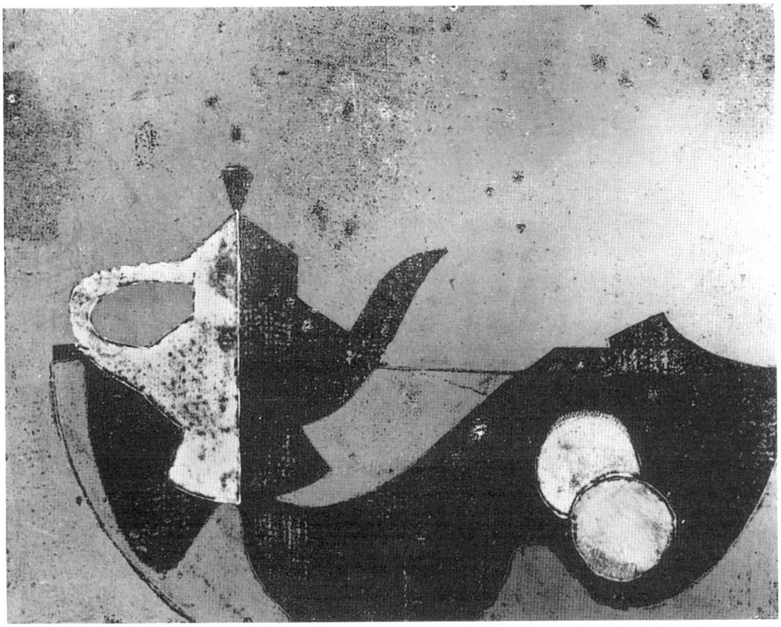

Helmut Gebhardt *Stilleben mit Teekanne* 1970. Farblinolschnitt. 32,5 x 41 cm.
Dresden: Kupferstich-Kabinett

Karla Woisnitza *Voice* 1982. Acryl, Gouache, Fettkreide. 43,7 x 69,3 cm.
Dresden: Kupferstich-Kabinett

Künstler werden nun als »Neue Abstraktion« ausgemacht, so Karla Woisnitza, Karla Sachse, Michael Reich, Volker Heinze, Harald Toppl, Joachim Böttcher und Wolfgang Krause. Unterschiedlich im formalen Ansatz und Stilbezug sind ihnen Zickelbein, Strawalde und die Berliner Experimentalkünstler vorausgegangen. Als zeichnerisch befähigste und eigenwilligste Potenz er-

Horst Bartnig *Unterbrechungen. Spirale b 1-10* 1994. Acryl. 50 x 50 cm. (Blatt 5 in gelb)

weist sich Hanns Schimansky und als strenger konstruktiv-konkreter Künstler Horst Bartnig, der auch computergesteuerte Graphik entwickelt hat. Schimansky wird Ende der achtziger Jahre als der nach Kettner wichtigste Zeichner erkannt.

Penck und die Phalanx der Unangepaßten in Dresden

Ralf Winkler nennt sich seit 1968 nach dem 1945 verstorbenen Geologen Albrecht Penck nur noch A. R. Penck (mit einigen Zwischenphasen als Y oder als Mike Hammer). Unter diesem Namen taucht sein Werk 1968 in der Galerie Hake in Köln auf. Damit beginnt der Aufstieg des Malers Penck, der zu einer der atemberaubendsten Weltkarrieren eines deutschen bildenden Künstlers in der zweiten Hälfte des zwanzigsten Jahrhunderts wurde.

Im Grunde ist Penck Autodidakt, ein Mann, der sich trotz der freundschaftlichen, weltoffenen Universalunterweisungen durch Jürgen Böttcher und der Aktstudien bei Gerhard Kettner seine Kunstwelt selbst erarbeitet hat. Er malte sich durch die Kunstgeschichte hindurch. Nachdem er Rembrandt »überwunden« hatte, wurde ihm Picasso wichtig. 1961 konnte er an der heftig diskutierten Ausstellung »Junge Künstler« der Deutschen Akademie der Künste in Berlin teilnehmen. Damals geriet er in eine Krise: »1962 war absolut Null bei mir, ein toter Punkt.« Er beschäftigte sich

A. R. Penck *Freundesgruppe* (Von links: J. Böttcher, Biermann, Penck, Baselitz) 1964/65. Öl. 170 x 275 cm. Köln: Museum Ludwig

Gemeinschaftsbild H. Gallasch, W. Opitz, A. R. Penck, Terk (Steffen Kuhnert)
Analyse Baselitz 1974. Acryl. 133 x 139 cm. Dresden: Galerie Neue Meister

mit Kybernetik und Informationstheorie und schlug sich als Briefträger, Heizer, Nachtwächter, Margarinestopfer durchs Leben, Wolf Biermann wird zur Leitfigur. In den sechziger Jahren studierte er auch die Philosophen Kant, Hegel und Marx. Ein Weggefährte, der Maler Wolfgang Opitz, erinnerte sich: »Als mein Kontakt zu ihm enger wurde, so ab 1964, trug er Lenin bei sich.«[56] 1966 ist Penck mit der Bürgschaft des Bildhauers Theo Balden und des Zeichners Gerhard Kettner als Kandidat in den Verband Bildender Künstler der DDR aufgenommen worden, Jahre später wurde die Vollmitgliedschaft verweigert. Zuvor aber, 1965, gelang es den Künstlern um Penck (Dierske, Graf, Herrmann, Makolies), in einem handstreichartig durchgeführten Coup eine Auswahl ihrer Arbeiten im Puschkin-Haus, dem zentralen Klubhaus der Deutsch-Sowjetischen Gesellschaft in Dresden, kurzzeitig auszustellen. Pencks Aktivitäten reichen von Malerei, Druckgraphik und Plastik, zu Film (Super-8-Filme) und Musik: 1976 gab er ein öffentliches Konzert im Jazz-Klub des Dresdner Parkhotels, seit 1977 beteiligt er sich an Drucken der Obergrabenpresse. Im Westen Deutschlands wird Penck mit aus signalhafter Strichmännchen-Struktur organisierten »Systembildern« (Standart) bekannt. Sein radikales Zeichensystem – piktogrammatische »Figuren« aus Punkt, Strich, Pfeil, Kreuz, Winkel, Kreis – scheint infantil, ist für eine gläubige Gefolgschaft geistige Simplizität hoher Art und neu im gewandelten Geiste von Surrealität und Expression. Dieses »Standart«-Konzept, eine Phänomenologie der Zeichen, war nach des Künstlers eigenem Wort als »positiver Beitrag zum Sozialismus« gedacht. Später ist es als Zeiterfahrung definiert worden, gar als »Gleichnis für den Kalten Krieg« (Ingeborg Ruthe, 1999).
In Dresden organisierte Penck mit Laien Gemeinschaftsarbeiten als »Team-psycho-techno strategische Malerei« (TPT). 1971 entstand daraus die Künstlergruppe »Lücke«, die im schäbigen Hin-

terhof eines Dresdner Mietshauses in der Hechtstraße Ausstellungen unter dem Rubrum »Integration junger Zeitgenossen« durchführte. Die Einladungen wurden nur an ausgewählte Personen vergeben. Später nennt Werner Schmidt, nun Generaldirektor der Staatlichen Kunstsammlungen zu Dresden, die Werke der TPT- und »Lücke«-Künstler »Dokumente freier Kunst«, »Zeugnisse der Selbstbefreiung«.

Fortwährende Unterstützung (1975 erste Einzelausstellung) genoß der vielseitige Künstler innerhalb der DDR in der illegalen EP-Galerie des Jürgen Schweinebraden, die sich in Berlin-Prenzlauer Berg befand. In Westdeutschland brachte ihn der Kölner Galerist Michael Werner ins Kunstgeschäft.

Der ästhetische Standort Pencks war mit der sozialistischen Kulturpolitik unvereinbar. »Kunstkenner« des Ministeriums der Kultur nannten seine Konzeption reaktionär und ihn selbst einen »mittelmäßig veranlagten Maler«. 1980 wurde Penck, der mit seinen Welt- und Systembildern »moderne Historienbilder« zu schaffen glaubte, gegen seinen Willen zur Ausreise aus der DDR veranlaßt. Als nomadisierender Weltbürger, der er werden wird, arbeitet und lebt er in Köln, Düsseldorf, London, Dublin, auf Island ...

Kunst der Zeichnung: Gerhard Kettner

Kettner war der eigenmächtigste realistische Dresdner Zeichner nach Hans Theo Richter. Er trat schon in den fünfziger Jahren hervor. Der Anfang ist nicht nur von Richter beeinflußt, Anregungen kommen auch aus der Kunst von Adolph Menzel, Karl Hofer und Käthe Kollwitz. Um 1960 gewann Kettner jene Freiheit der Linie, die in Gebundenheit an die menschliche Figur zu einem Charakteristikum seiner Kunst wurde. Gegenstand ist die menschliche Gestalt: Porträt und dynamische Gruppenkomposition. Ab 1960 entfaltete er diese stille Kunst zu immer größerer Reinheit und Klarheit und zu vertieftem, im wahren Sinne des Wortes beseeltem Ausdruck. Irritationen treten selten hervor. Im Rückblick erweisen sie sich wie im Falle der Beschäftigung mit Henry Moore als ein Bestätigen im Fortschreiten zu einer zeichnerischen Auffassung hin, die Linearität und Plastizität auf dem Blatt Papier souverän zu einander bringt. Kettner ging in Zeichnung und Graphik dem Problem nach, wie sich der Raum zwischen den Körpern zu den Figuren verhält. Auf den Arbeiten erscheinen Mulden und Höhen, aus dem Weiß des Papiers gezwungen, das der Zeichner beläßt, um es mit dichten Strichlagen zu umhüllen: Die Blätter wirken wie Reliefs, über die ein sanftes Licht huscht. Mit dieser Stilistik erreicht Kettner im Porträt feine Charakterdeutungen.

Mitte der sechziger Jahre wird diese Ästhetik zugunsten eines energischen Zeichenstils zurückgedrängt, der im ganzen »kunstloser« erscheint, weil die Schönlinigkeit einem zupackenderen Duktus gewichen ist. Dieser Stilwandel in Kettners Entwicklung wird durch das Porträt des Bildhauers Hans Steger (Kreide-Lithographie, 1966) verdeutlicht. Die Plastizität der zeichnerischen

Gerhard Kettner *Porträt Werner Stötzer* 1962. Graphit. 29 x 24,5 cm.

Gerhard Kettner *Frau Matthes* 1976. Graphit. 47,2 x 42,9 cm.

Sprache ist weitergetrieben. Zugleich hat sie an psychologischer und sozialer Konkretheit gewonnen.

Das plastische Element als ein Erfassen des Körperlichen und Räumlichen durch die Linie bestimmt die Besonderheit der zeichnerischen Gebilde. Kettner hat sie nicht durch Lavieren oder Wischen und Höhen, also durch den Einsatz quasi-malerischer Mittel (obwohl es das bei ihm auch gibt) erarbeitet, sondern durch die schwellenden, Körper schaffenden Linien, die in ihrer intensiven Modulation eben den Eindruck des Plastischen vermitteln. Hinzu kommt die Verdichtung des linearen Gefüges durch Strichfelder und Überlagerungen. Zu beobachten ist ferner das lineare Umspielen eines sicher auf dem Blatt fixierten optischen Phänomens.

Die Ausdrucksskala bleibt ausnehmend breit. Sie reicht von linearen Statements (*Großmutter Fröhlich,* 1961) zu zeichnerisch wie psychologisch sicheren Porträts, wie die Suite der Werner-Stötzer-Porträts von 1962, in denen sich Kettner als sprachkräftiger, subtiler Porträtist von höchster Genauigkeit beweist. Die exzeptionellen Deutungen bringen Erscheinung und Wesenhaftes des Porträtierten zum Ausdruck, auch psychische Unwägbarkeiten schwingen in der Strenge der Physiognomie mit. Die Porträts von Hans Theo Richter (1969) und Paul Michaelis (1975) sind dafür Beispiele. Zeichnerische Interpretationen hohen Ranges werden in den Porträts der Mutter (1973) und der Frau Matthes (1976) sichtbar. Von besonderer Bedeutung sind die Selbstporträts. Sie sind Dokumente der psychischen Befindlichkeit des

Gerhard Kettner *Selbstbildnis* 1984.
Graphit. 26 x 35,5 cm.

Christine Perthen *Hommage à Eisenstein* 1987.
Ätzradierung/Aquatinta. 43,3 x 28,2 cm.

Künstlers. Von dem kraftvoll lithographierten Blatt aus dem Jahre 1964, in dem die Plastizität triumphiert, bis zu der Federzeichnung von 1988, deren Ausdruck von skeptischer Nachdenklichkeit beherrscht ist, entwickelt sich eine in ihrer Ehrlichkeit verblüffende kritische Sicht auf das eigene Ich.

Gerhard Kettner, dem als Lehrer an der Hochschule auf der Brühlschen Terrasse ein großes pädagogisches Geschick bescheinigt wurde, gehörte zu den seltenen Exempla des Nur-Zeichners und sein Feld war nahezu ausschließlich die Landschaft des Gesichtes und des Körpers. Mit den Porträts war er eine singuläre Erscheinung in der zeitgenössischen realistischen Kunst der DDR. In der zeichnerischen Ausdruckskraft stand er am nächsten dem um ein Jahr jüngeren Horst Janssen.

Kettner hatte einen großen Einfluß auf die künstlerische Jugend. Aus seiner Schule gingen so befähigte Zeichner wie Elke Hopfe, Ellen Fuhr, Christine Perthen und Hanns Schimansky hervor. Der Senior der Dresdner Kunsthistoriker, Fritz Löffler, schrieb 1987: Als Kettner »für zehn Jahre das Rektorat der Hochschule übernahm, führte er diese aus den Zwängen des sozialistischen Realismus und des Bitterfelder Weges zu einer neuen Freiheit«.[57]

Sozialistischer Realismus – Probleme, Personen, Werke

Maximen, Wege und Seitenwege

In der zweiten Auflage des *Kulturpolitischen Wörterbuches*, das der Dietz Verlag Berlin 1978 herausgab, heißt es, der sozialistische Realismus sei eine »künstlerische Methode«, ein »sich dynamisch entwickelndes System von Prinzipien und Zielsetzungen der künstlerischen Aneignung der Wirklichkeit vom Standpunkte der revolutionären Arbeiterklasse und der sozialistischen Gesellschaft«.[58] Ziel war die Darstellung der »sozialistischen Menschengemeinschaft« darin eingeschlossen das »sozialistische Menschenbild« als »Ausdruck der neuen Stellung des Menschen in der entwickelten sozialistischen Gesellschaft«.

Als wichtigste Kriterien wurden Volkstümlichkeit und Parteilichkeit ebenso benannt wie die Historizität der Menschen, ihre »geschichtliche und historische Vergangenheit, ihre Gegenwart und ihre Zukunft, das Heroische und Intime, die ganze Spannweite ihrer Geistes- und Gefühlswelt«.[59] Gefordert wurde eine »dritte Wirklichkeit«: die Zukunft. Diese antizipatorische Funktion galt besonders für historische Stoffe als unverzichtbar. Fritz Cremers Pinselzeichnung zu Bertolt Brechts *Fragen eines lesenden Arbeiters*, die auf der Ausstellung »Intergrafik 1965« in Berlin gezeigt wurde, entsprach in hohem Maße solchen Forderungen. Sie gehörte zu den schönen Ausnahmen. In zahlreichen Arbeiten äußerte sich dagegen Spekulation und Unwahrheit, im besten Falle redliche Utopie und Selbsttäuschung, die auch im Wissenschaftsbereich ihren Eingang fanden, so in der oft ausgerufenen »Überlegenheit des sozialistischen Realismus«, die bei Ullrich Kuhirt (1925–1983) zu Fiktionen über »Die Kunst nach dem Sieg des Sozialismus« (so eine Kapitelüberschrift seines Buches *Kunst der DDR 1960–1980*, Leipzig 1983) führten.

Als Hemmnisse der Entwicklung der Künste erwies sich unter anderem ein dogmatisch verengtes Traditionsverständnis, das auch 1962 den Expressionismus noch als »Bremse« bei der »kritischen Aneignung der progressiven Traditionen in der Kunst« verurteilte. Hinsichtlich der kritischen Beschäftigung mit Erscheinungsformen der Moderne geschah es immer wieder, daß Künstler von der staatlichen Kunstpolitik instrumentalisiert wurden. So etwa, wenn Werner Tübke 1963 erklärte, »Hochbilder der sozialistischen Lebensführung (lassen sich) nicht mit den der Dekadenz angehörigen Stilmitteln realisieren«. Diese Äußerung lag auf der Linie der offiziellen Erklärung des Künstlerverbandes vom Februar 1962: »Vom Modernismus gibt es nichts zu lernen.« Oder wenn der große Holzschneider Wilhelm Rudolph, ein Misanthrop hohen Grades, im Gästebuch der Hans-Theo-Richter-Ausstellung 1962 im Wasserpalais des Schlosses Pillnitz einträgt, Richters Kunst bewege sich auf einer »snobistischen Geschmackslinie« und die Figuren haben »an Gliedern und Köpfen unverständliche Amputationen, die Köpfe ermangeln meist der oberen Schädelpartie, den Sitz des humanen Denkens, die Köpfe gleichen weichen Eiern«. Ein lokaler Kunstskandal. Museumsleute, Kunsthistoriker und Künstler haben gegen diesen Ausbruch protestiert. Ein solches ärgerliches Vorkommnis, in der Kunstgeschichte nicht eben selten, war den Dogmatikern der verschiedenen Kunstadministrationen Wasser auf ihre Mühlen. Durch die Dekadenz-Jagd und die dadurch vergiftete Atmosphäre war es auch möglich, daß der Kunstkritiker Artur Dänhardt 1969 in der *Sächsischen Zeitung* dem *Dresdner Bilderbuch* von Ernst Hassebrauk mangelnde Parteilichkeit vorwerfen konnte. (Womit er auf seine infame Weise sogar Recht hatte: denn Hassebrauk hatte nicht das belanglose, öde »neue Dresden« gezeichnet und gemalt, er schwelgte im Dresden des Barock.)

Neben solchen Negativa gab es in allen Jahren Positives. Widersprüche wiesen auf das Chaotische der praktischen Kulturpolitik. Sie waren eine der Ursachen dafür, daß auf Seitenpfaden und in Nischen immer wieder Andersdenkende listig Möglichkeiten fanden, ihre Kunstvorstellungen zu entwickeln und mitzuteilen. Andererseits geschah es, daß innerhalb der kulturpolitischen Verhältnisse stets Kräfte am Werke waren, die den Kunst-Analphabetismus der Dogmatiker konterkarierten im Sinne eines weltoffenen, undogmatischen Sozialismus-Verständnisses. Diese Bemühungen gingen mit den sozialistischen Verhältnissen konform, da sie diese nicht beseitigen, sondern in ihrer kulturellen Struktur verändern wollten. Aktivitäten des Kulturbundes und der Pirckheimer-Gesellschaft, der Freien Deutschen Jugend (FDJ), des Künstlerverbandes und des Staatlichen Kunsthandels gehörten dazu. Bemerkenswert waren selbst Versuche im *Neuen Deutschland*, dem Hauptblatt der SED, das von 1963 bis 1965 eine Beilage unter dem gespreizten Titel »Die gebildete Nation« eingerichtet hatte. In den 51 Nummern dieser Beilage wurden auf der Titelseite jeweils ganzseitig fast durchweg graphische Arbeiten von bildenden Künstlern der DDR reproduzierten, so von Fritz Cremer und Herbert Tucholski. Der Kulturbund und die Pirckheimer-Gesellschaft, die Vereinigung der Bibliophilen und Graphiksammler in der DDR, luden am

Fritz Cremer *Fragen eines lesenden Arbeiters (nach Brecht)* 1965.
(Beilage: »Die gebildete Nation« des »Neuen Deutschland« vom 8.5.1965 offenbar noch Zeichnung, Lithographie laut Werkverzeichnis erst 1967)

4. April 1964 in den Berliner Club der Kulturschaffenden zu einer Großveranstaltung »Du und die Graphik« ein. Der Einladungskarte waren Originalholzschnitte von Ingo Kirchner und Hanfried Schulz beigeheftet. Der Publikumsandrang war riesig. In der Folge kam es zur Gründung von »Freundeskreisen bildender Kunst« und »Kleinen Galerien« des Kulturbundes, ab 1972 gab es Graphikbörsen und -märkte, zumal in Leipzig, Berlin und Dresden. 1971 hatte die Freie Deutsche Jugend (FDJ) in ihrer Tageszeitung *Junge Welt* begonnen, wöchentlich großformatig Graphik abzubilden, deren Originaldrucke für wenig Geld bezogen werden konnten. Später kamen Graphikkalender und Graphikmappen hinzu.
Ab 1974 trat der Staatliche Kunsthandel hervor, dessen aktivste Galerien (Leipzig: Galerie am Sachsenplatz; Berlin: Galerie Arkade) eine bedeutende kulturpolitische und kunstwissenschaftliche Arbeit leisteten. Ab 1976 veranstaltete auf Vorschlag des Graphikers Karl-Georg Hirsch der Künstlerverband zusammen mit dem Staatlichen Kunsthandel die Ausstellung »100 ausgewählte Grafiken«, die in mehreren Städten gezeigt wurde. Die Kataloge dieser Ausstellungen (insgesamt 14 Bände von 1977 bis 1990) sind ein unvergleichliches Kompendium der Druckgraphik in der DDR.
Die Summe dieser Bemühungen trug dazu bei, daß eine aktive Partnerschaft zwischen den Künstlern und dem Publikum erreicht werden konnte und dadurch der Kreis der Liebhaber und Kenner erweitert wurde. Volkstümlichkeit war im Sinne Bertolt Brechts zu einem »Volkstümlichwerden« didaktisch präzisiert worden. Manch dogmatischer Kunstfunktionär geriet dabei erfreulicherweise ins Abseits.

Das Arbeiterporträt

Im Zentrum der staatlich geförderten bildkünstlerischen Entwicklung in den sechziger Jahren stand die Darstellung des Bildes der »neuen« Klasse, also der »regierenden Arbeiterklasse«. Das galt in Malerei und Graphik vom Porträt bis zum Historienbild, welches in jenen Jahren geradezu neu entdeckt worden ist.
Viele Gemälde, die in den sechziger Jahren entstanden, waren allerdings nur deskriptive Porträts – im besten Falle feinsinnig beschreibende und psychologisch deutende Bildnisse konkreter Personen, etwa Karl-Heinz Jakobs *Bergarbeiter* (1961), Dietrich Burgers *Baggerführer Ringel* (1961) oder Bert Hellers *Kupferdrucker Drescher* (1964). Das Porträt der Weberin und Volkskammerabgeordneten Else Hentschke (1962) von Eva Schulze-Knabe – die beiden Frauen hatten sich 1933 als politische Gefangene im KZ Hohnstein kennengelernt – ergreift dabei durch seine Schlichtheit. Die deskriptiven Porträts blieben zumeist innerhalb der Porträtkonvention. Das gilt selbst für die verschiedenen Versionen des Doppelporträts von Willi Sitte, *Meine Eltern von der LPG,* dessen Fassung von 1962 ikonographisch an die Tradi-

Rechte Seite:
Willi Sitte *Chemiearbeiter am Schaltpult* 1968. Öl. 148 x 101 cm. Halle: Staatliche Galerie Moritzburg

Karl Erich Müller *Monteur* 1964. Öl. 45,5 x 35 cm.
Halle: Staatliche Galerie Moritzburg

tionslinie Dix-Querner anknüpft (die Fassung von 1966/67 ist dagegen »offener«, impressiver). Das Beste, was diese deskriptiven Porträts erreichten, war der Ausdruck eines gestiegenen Selbstbewußtseins: der Arbeiter als »Sieger der Geschichte« – geradezu prototypisch dargestellt in dem *Monteur* (1964) von Karl Erich Müller und im *Rufer II* (1964) von Willi Sitte.

Gegen Ende der sechziger Jahre gelang es Willi Sitte und Bernhard Heisig, das deskriptive Porträt in einer anderen Bildnisqualität dialektisch aufzuheben. Insbesondere Willi Sitte entdeckte mit dem Gemälde *Chemiearbeiter am Schaltpult* (1968) einen neuen Weg der Porträtkunst. Das Bild geht auf eine Beobachtung im Steuerraum der Benzinspaltanlage des Industriekombinats Leuna II zurück. Sitte äußerte sich selbst zu dem Bild so: »Der Mann am Regiepult – in seinem Gesicht glaubte ich abwechselnd Gelassenheit und höchste Konzentration beobachten zu können ... Der Raum, in dem scheinbar nichts passiert, außer, daß abwechselnd farbige Lichtpunkte auf Schalttafelwänden aufleuchten und ab und zu Knöpfe durch den Mann betätigt werden, ist eine hochwichtige Zelle, vielleicht sogar das Gehirn eines sozialistisch gelenkten Chemiegiganten oder eines seiner Teile, von wo aus komplizierte Prozesse und gewaltige Produktionsanlagen automatisch gesteuert werden ... Wo bleibt der Augenschmaus des Künstlers? Adolph Menzel wäre enttäuscht. Er müßte angesichts dieser veränderten Situation die Pinsel strecken, wollte er nicht die langweiligsten Bilder malen. Die Sinneseindrücke sind vielschichtiger geworden. Nicht nur das Gesehene ist bildkünstlerisch darstellbar. Umfassende Erfahrungen und optimales Wissen sind notwendig, um die geschilderte Situation in eine neue optische Qualität, in eine neue Realität, sozusagen in eine künstlerische Wirklichkeit gebündelt, zu transponieren. Das ist leicht gesagt. Unsere von Grund auf veränderte Umwelt verlangt auch in der Kunst neue Ausdrucks- und Darstellungsmittel, neue Methoden, bisher unbekannt, um ihr in voller Verantwortung gerecht zu werden ... Der konventionelle Sehschlitz ist für den Sozialismus zu eng geworden ...«[60] Willi Sitte zeigt mit diesem Porträt den Arbeiter als »Chef« kompliziertester elektronischer Steuerungsanlagen, führt den fortschreitend höheren Anteil geistiger Arbeit im Produktionsprozeß vor. Er erreichte das mit Hilfe einer intelligenten Figurfindung, mit der Transparenz verschiedener Bildebenen und mit einer vibrierend wirkenden Dynamik der gesamten Bildorganisation. In Sittes Porträt ist der Mensch als handelndes, bestimmendes Subjekt aufgefaßt und dargestellt. Es wurde damit eine Maxime sozialistisch-realistischer Porträtkunst verwirklicht. Bernhard Heisig hat diese mit seinem *Brigadier II* (1969/70) auf völlig andere Weise ins Bild gebracht, malerisch vitaler, sinnlich direkter. Er erklärt selbst: »Ich wollte einfach jemand malen, der selbstbewußt ist, auch einen harten Schlag verträgt, etwas durchhaut, mit Gewalt meinetwegen, was manchmal auch nötig ist, und der nicht den widerlichen Begriff des Arbeitnehmers, wie er im Westen gebraucht wird, auf sich bezieht, sondern der einfach eben einer ist, dem das, in dem er lebt, auch gehört.«[61]

Brigadebild

An einem anderen Hauptstrang der Entwicklung der Malerei tauchten inhaltlich ähnliche Probleme auf. Brigaden waren Arbeitskollektive in den genossenschaftlichen und sozialistischen Betrieben. Das Zusammenwirken ihrer Mitglieder beschränkte sich nicht nur auf die Produktion. 1959 rief die Brigade »Nikolai Mamai« (Walter Dötsch hat sie 1961 gemalt) aus dem Elektrochemischen Kombinat Bitterfeld zu einem Wettbewerb unter der Losung »Auf sozialistische Weise arbeiten, lernen und leben« – damals entstanden die ersten Kultur- und Bildungspläne der Brigaden. Hauptaufgabe war die Darstellung der Dialektik von Persönlichkeit und Gemeinschaft. Verschiedene Künstler versuchten, diese inneren Beziehungen in der Sonderform einer Diskussionshandlung zu erfassen (etwa Fritz Dähn, Jutta Damme, Günther Brendel, Fritz Eisel, Erhard Großmann, Willi Neubert, Wilhelm Schmied und andere). Dabei wiederholten sich oft (und nicht nur in den Diskussions-Bildern) die Motive bis in die Einzelheiten, die Deskription (bei additiver Figurenkomposition) beherrschte auch dieses Sujet.
Erst Willi Neubert entwickelte von 1959 bis 1969 eine Serie von Diskussions-Bildern, in denen das Deskriptive überwunden wurde. Dabei sind formale Anregungen von Renato Guttuso aufgegriffen worden.
Der künstlerische Ertrag der Bilder war gering. Im besten Falle wurden aufrichtig erdachte Utopien vom »neuen Menschen« entworfen – mit der gesellschaftlichen Wirklichkeit hatte das nichts zu tun.

Willi Neubert *Neuererdiskussion* 1969. Mischtechnik. 190 x 230 cm. Berlin: Nationalgalerie

Komplexbilder

Neben diesen Bemühungen, das »Neue in der DDR« im Porträt und im Gruppenbild zu fassen, entstanden immer wieder Werke, mit denen versucht wurde, vielschichtig und umfassend die »neue sozialistische Realität in der DDR«, also die gewandelten gesellschaftlichen Verhältnisse in ihrer Ganzheit (oder doch in wesentlichen Aspekten) darzustellen. Für sie wurde der Notname »Komplexbild« gefunden. Dazu gehören Bilder, die relativ schmale zwischenmenschliche Beziehungen formulieren (Paul Michaelis: *Glückliches Leben,* 1962). Aber schon zu Beginn der sechziger Jahre findet man auch Gemälde, in denen die Vielschichtigkeit neuer gesellschaftlicher Bezüge anschaulich zu machen versucht wird. Ein Beispiel dafür ist das Triptychon des damals jungen Berliner Malers Ronald Paris, *Dorffestspiele Wartenberg* (1961). Es gehört in die Frühzeit jenes Bildertyps. Komplexbilder waren häufig auch zeitgenössische Ereignisbilder, die zum politisch-kämpferischen Genre gehören und zum Beispiel die Protest-, Demonstrations- und Bekenntnisbilder implizieren, also Werke gegen die Unterdrückung und für den Freiheitskampf (Algerien, Vietnam, Chile usw.).

Für die künstlerische Qualität am Ende der sechziger Jahre sind, zwar nicht Bild für Bild, aber doch für die Komplex-, Historien- und Ereignismalerei insgesamt außer stilistischer Vielfalt und reiferer Malkultur folgende Merkmale im gleichberechtigten Neben- und Miteinander auch mit vielen anderen methodischen Verfahren (bis hin zu kultivierten sensualischen Interpretationen) charakteristisch:

- Aufblühen der Bildphantasie und bildnerische Intelligenz, die sich bevorzugt in simultanen Kompositionen äußern, welche nach dem Prinzip der Montage verschiedene Szenen, Zeiten und Räume integrieren und ein inhomogenes Bildgefüge zur Folge haben
- Erfinden von Symbolen, Allegorien, Gleichnissen und Chiffren im Rahmen eines realistischen Koordinatensystems, also Kreation von Zeichen, die entschlüsselt werden können: nicht private Mythologie, sondern ikonische Zeichen gesellschaftlicher Relevanz
- Polyvalenz der Bildaussage und (um einen von Peter H. Feist 1974 für die bildende Kunst adaptierten literaturwissenschaftlichen Begriff zu verwenden) »Offener Schluß«, vorzüglich durch das Nebeneinander mehrerer Bedeutungsebenen in einem Bilde, was bei den Betrachtern zu verschiedenen Auslegungen, selbst zu Mißverständnissen führen kann, zumal sich ihnen, ihrer jeweiligen Erfahrung und ihrem Wissen entsprechend, die Arbeiten auch mit Bedeutungen assoziieren, die logisch nicht immer eindeutig festzuhalten sind;
- Aufnahme und bildnerisches Umsetzen von Seh- und Bildgewohnheiten, die aus der unmittelbaren Lebenspraxis der Zeitgenossen stammen und zu einem beträchtlichen Teil aus der optischen Reizüberflutung durch die Massenmedien (Fernsehen, Film, Illustrierte) herrühren: zum Beispiel optische Reize der Verknappung und Dichte oder der Gleichzeitigkeit verschiedener Ereignisse.

An diesem Prozeß, der zu der Ausbildung einer anspruchsvollen realistischen Malerei führte, hatten zahlreiche Künstler Anteil. In ihm ist auch die Kunst der proletarischen Revolutionäre um die Grundigs, um Heartfield und Griebel, um Völker und Nerlinger, um Nagel und Querner tradiert. Deren historisches Verdienst besteht unter anderem darin, daß sie in ihren besten Werken über die Kritik an der bestehenden Gesellschaftsordnung hinausgingen und eine neue, progressive Dimension künstlerisch sichtbar zu machen suchten. Die politisch engagiertesten Maler der zweiten Künstler-Generation der DDR stehen auf den Schultern dieser Meister – auch obschon sie Anregungen, welche die internationale Kunst des 20. Jahrhunderts zu ihnen getragen hat, für sich kritisch ausgewertet haben. Zu den Künstlern, die den Prozeß der Malerei in den sechziger Jahren beschleunigt und zu ihrer Erneuerung beigetragen haben, gehören vor allem Bernhard Heisig, Wolfgang Mattheuer, Werner Tübke und Willi Sitte. Gerade Willi Sitte hat das Komplexbild in einem solchen Maße bereichert (*Leuna 1969,* 1967/68), daß er als sein »eigentlicher Schöpfer« bezeichnet werden kann.

Willi Sitte *Strandszene mit Sonnenfinsternis* 1974. Öl. 120 x 200 cm.
Oberhausen: Ludwig-Institut

Willi Sitte

Der große Auftritt und die Entwicklung der Kunst Willi Sittes sind ein Ereignis der sechziger Jahre. Sitte, Jahrgang 1921, ist frühzeitig (durch den Übertritt zu den Partisanen Italiens und den Aufenthalt in Mailand, Vicenza und Venedig, 1944 bis 1946) mit der italienischen Kunst bekannt geworden, besonders auch mit dem Realismo. 1947 übersiedelte der Künstler nach Halle, wo er auf eine anregend-produktive Künstlergemeinschaft traf. Nach den Experimenten der fünfziger Jahre mündete seine Kunst um 1960 in einen formkompakten, statuarischen Stil *(Arbeitertriptychon)*, der in den Gemälden bis etwa 1963 zunehmend dynamisch aktiviert wird. Zwei Themenkomplexe bilden die Dominante in der künstlerischen Entwicklung: Gemälde, die gegen den Imperialismus entworfen werden, und Bilder, in denen es um die Herausbildung eines »sozialistischen Menschenbildes« geht. *Memento Stalingrad* (Diptychon mit Predella, 1961) und *Die Überlebenden* (Tafelbild mit Predella, 1963) sind die herausragenden Werke der ersten Jahre.

Die Dynamisierung von Komposition und Farbe wird vor allem in einer fortan das gesamte Œuvre begleitenden übersteigert kraftvollen Aktmalerei vorangetrieben. Indessen ist Sitte dieses Genre nicht etwa nur Versuchsfeld und Prüfstand für die autonome Kraft bildnerischer Mittel, sondern vielmehr eine legitime Möglichkeit, lebensstrotzende Sinnlichkeit auszudrücken (auch in den *Schwimmern, Wasserspringern, Lachenden*).
Mit dem *Rufer II* ist 1964 »nach einem nahezu faustischen Ringen«, um diese Überschwenglichkeit eines Literaten (Erik Neutsch) zu gebrauchen, ein Wendepunkt in der Kunst Sittes erreicht, von dem aus sich die Malerei sowohl zu gedanklicher Konkretheit und Tiefe als auch zu faszinierender Sprachform entwickelt. Mitte der sechziger Jahre sind fast alle Kriterien des Sitteschen Farbvortrags und Malgestus beisammen: Ein fetziger, heftiger Pinselduktus, der mit dem mitunter tachistischen Farbauftrag – welcher Verwischungen, Streuungen und spritzende Spuren nicht scheut – den elan vital dieser Kunst bestimmt. Er tobt sich in Strandbildern, in Akten, Ringkämpfern und Liebespaaren in mitunter fu-

Willi Sitte *Die Überlebenden* 1963. Mischtechnik. 200 x 350 cm. Predella 121 x 350 cm.
Dresden: Galerie Neue Meister

rioser Wildheit aus – nicht nur eine Hommage à Corinth, sondern eine Huldigung an einen kraftvollen Menschentyp, dessen Körper mit souveräner Meisterschaft im Bilde zum Träger dynamischer Bewegtheit wird und eine unbändige Lust am Leben ausdrückt.

Mit Gemälden wie *Leuna 1921* (1965/66), *Warschauer Paar 1943* (1967), *Höllensturz in Vietnam* (1966/67) und *Leuna 1969* (1967/68) leistet Sitte (neben Heisig) den wichtigsten Beitrag zur Rückgewinnung und Erneuerung des Historienbildes.

Sitte hat bei der Realisierung der großformatigen thematischen Werke einen Stil gefunden, der frei mit dem Erbe der Weltkunst operiert – von mantegnaesken Verkürzungseffekten über christliche Motive bis zu futuristischer Dynamik und informeller Malspur.

Den thematischen Werken lassen sich die typologischen und methodischen Besonderheiten ablesen, mit denen der Stil Sittes näher bestimmt werden kann. Zu diesen Besonderheiten gehört das Finden von Leitfiguren und Motivgruppen, in denen bildtypologisch prozessuale Zusammenhänge erfaßt sind und die (eine Art Bild im Bilde) als komprimierte Metaphern fungieren. Gleichzeitig sind die komplexe Integration und dialektische Bezugsordnung disparater Wirklichkeits- und Geschichtsfelder im Sinne einer Szenen-Montage charakteristisch: Dadurch werden historische oder aktuelle Prozesse in ihrem Einst, Jetzt und Morgen durchschaubar. Sitte wendet damit die Methode der »simultanéité« an, die Guttuso (ebenfalls in den sechziger Jahren) für sich entdeckt hatte. Diese Gleichzeitigkeit verschiedener Orts-, Zeit- und Sinnbezüge, der ein Aufbrechen einer bloß perspektivischen Bildordnung entspricht (Körperlichkeit und Räumlichkeit durchdringen sich), dynamisiert das Bild und bringt die Zeit als neue Dimension ein. Zur Spezifik des Sitteschen Stils gehört auch die Dynamisierung des Bildraumes durch Phasenverschiebungen, durch Überlagerungen, vibrierende

Farbquanten und Kraftlinien, durch den Wechsel von konkaven und konvexen Flächengliederungen, Farbdrippings und so weiter. Dies trägt konstitutiv zur Gleichzeitigkeit mehrerer fließend ineinandergreifender Bewegungs- und Bedeutungsebenen bei.

Zwar hat Sitte zur Ausarbeitung dieser Stilbesonderheiten die Kunst des 20. Jahrhunderts in besonderem Maße befragt, das Ergebnis ist aber ein seit 1964 immer virtuoser gehandhabtes Umfunktionieren für eine realistische Malerei, welche die Ereignisse aus Geschichte und Gegenwart komplex gestaltet und durchsichtig macht.

Sitte war ohne Zweifel in der DDR der politisch mächtigste und einflußreichste Maler: Von 1974 bis 1988 Präsident des Verbandes Bildender Künstler, ab 1976 Abgeordneter der Volkskammer und ab 1986 Mitglied des Zentralkommitees der SED. Sein Werk polarisiert: politisches Pathos und antiimperialistisches Klassenkämpfertum in den Programmbildern des sozialistischen Realismus einerseits und Besessensein vom nackten Körper, gemalte Leibeslust als psychologisch bedingte Obsession andererseits. Hier ist Sittes Januskopf, sein Selbstwiderspruch, der Faszination und Konflikt gleichsam provozierte.

Über Jahrzehnte hat er, beschimpft und hoch gelobt, den Arbeiter in seinen Bildern gefeiert. Nach dem Zusammenbruch der DDR »kam die große Enttäuschung. Mir wurde bewußt, daß es eine Illusion war, noch von der Arbeiterklasse im Marx'schen Sinne zu reden«, gesteht er 2001 in einem Interview. »Als Klasse sind die Arbeiter nur noch ein imaginärer Begriff. Da habe ich den Glauben verloren ...«[62] Die Gemälde von Willi Sitte gehören zu den bekanntesten Kunstwerken aus Ostdeutschland. Sie sind umstritten wie eh und je.

Historienbild: Bernhard Heisig, Werner Tübke

Sitte ist primär der Maler des politischen Ereignisbildes, obwohl er einen beachtlichen Beitrag zur Erneuerung der Historienmalerei geleistet hat. Als der eigentliche und erste Meister des dialektischen Historienbildes muß Bernhard Heisig angesehen werden. In den sechziger Jahren hat er einen Stil ausgearbeitet, dessen Besonderheit mit dem Begriff des fauvistischen Sensualismus näher bestimmt ist. Der Malgestus verweist auf die Beschäftigung mit Lovis Corinth und Oskar Kokoschka. Seine Malerei fällt durch den unzimperlichen Elan ihres Vortrages auf, durch Nervosität, ja Hektik: Ausdruck eines leidenschaftlichen, kaum gebändigten Temperaments.

Ideelle Programmierung und spontane Malaktion bewirken einen rhythmischen Bewegungsfluß, der die Szenerie zu einem Bekenntnisbild im zweifachen Sinne werden läßt: sowohl Mitteilung über ein Weltbild als auch über die psychische Verfassung des Künstlers in der Zeit des Malprozesses. Die Herausforderung von action painting ist angenommen worden. Heisig geraten die vielfigurigen, gedrängt dichten Bilder zu äußerster Turbulenz: Linien, Farben und Figuren werden in den Strudel einer expressiven Formphantasie gerissen, die sich vorwiegend in der Offenheit der Pinselschrift und in der autonomen Kraft der Farbe artikuliert.

Heisigs tiefes Persönlichkeitserlebnis war der Zweite Weltkrieg. Als Siebzehnjähriger wird er 1942 Soldat. Die Heimatstadt Breslau sieht er nach der Heimkehr aus der sowjetischen Kriegsgefangenschaft als Trümmerfeld. Die großen thematischen Gemälde Heisigs, auch die Kommune-Bilder, sind ohne dieses Erlebnis nicht vorstellbar. Der Maler hat selbst einmal darauf verwiesen, daß die Arbeit am Kommune-Stoff unter anderem auch seine Art sei, auf den Krieg zu reagieren.[63]

Das Werkverzeichnis der Gemälde weist für die sechziger Jahre neun Gemälde zum Thema Pariser Kommune aus. Szenen wilden Gemetzels (*Die Barrikade*, 1960; *Pariser Kommune*, 1965/66; *Pariser Kommune*, 1967) stehen Bildern des Wartens (*Pariser Märztage* I und II, 1960), also Bildern von der Stunde vor dem Kampfe, gegenüber. Kunstgeschichtlich stellen sich Beziehungen her zu Goya, Klinger (*Märztage*, Aquatinten) und Kokoschka. Inhaltlich sucht Heisig nach Sinnbildern für die Ereignisse. Anfang der siebziger Jahre gelingt ihm dann eine überzeugende Synthese. Aber noch in den neunziger Jahren kommt er auf das Thema, das ihn traumatisch beherrscht, zurück: *Die unendliche Geschichte* (1993). Nun ist er frei von auferlegten Zwängen wie von erzwungenen

Opportunitäten. Seine Kunst ist allein Ausdruck seines Ichs, um den er jahrzehntelang, allen Widrigkeiten trotzend, gerungen hat. Nicht nur als ein Sieg über den historischen Kommune-Stoff erweist sich dann sein Diptychon von 1997/98. Es ist vielmehr ein großartiger Gipfel der aus expressiver Figur und Farbe lebenden Malerei.
Schon das Gemälde *Festung Breslau – Die Stadt und ihre Mörder* (1969) bietet kein beschreibendes Abbild, sondern bündelt mit einer irrealen Konfiguration das Geschehnis zu einem Sinnbild, welches über Fall und Zerstörung dieser Stadt hinausweist. Heisigs Bilder belegen die Spezifik dialektischer Historienmalerei der Endsechziger und siebziger Jahre. Diese ist weder Kunst der gemalten Anekdote noch Geschichtsillustration, sondern Interpretation und Deutung vor allem mittels Sinnbilder und komprimierter Metaphern.
In die sechziger Jahre gehört auch Heisigs graphischer Zyklus *Der faschistische Alptraum* (1965 bis 1968), das druckgraphische Hauptwerk des Künstlers. Die 32 Kreidelithographien wurden von Horst Arloth in der Flachdruckerei der Hochschule für Grafik und Buchkunst Leipzig ge-

Bernhard Heisig *Festung Breslau - Die Stadt und ihre Mörder* 1969. Öl. 180 x 171 cm. Altenburg: Lindenau-Museum

druckt. Der Leipziger Kunsthistoriker Karl Max Kober schrieb über den Gehalt dieser Blätter: »... es sind Meditationen über menschliche und unmenschliche Verhaltensweisen, die zum Nachdenken darüber zwingen, was mit dem Menschen geschehen kann, wenn er in unmenschliche Verhältnisse gerät, die er selbst entweder aktiv oder durch Duldung herbeigeführt hat.«[64]

Die gedankenreiche Aussage der Blätter lebt aus den graphischen Strukturen: Die Zeichnung, das dämmernde Licht der Kreiden, die körnige Struktur des Steines, der samtene Glanz der Abzüge – alles verbindet sich in diesem Zyklus zu einer Schönheit, der das Schaurige, Chaotische, Gespenstische implizite ist, und gerade dadurch wird den Drucken eine sonderbare Faszination verliehen.

Der faschistische Alptraum ist durch Ausstellungen, zwei Mappeneditionen und eine Publikation in Reclams-Universal-Bibliothek weithin bekannt geworden. Er ist ohne Zweifel der wichtigste Beitrag zur deutschen realistischen Graphik in der zweiten Hälfte des zwanzigsten Jahrhunderts.

Heisigs Kunst leitete auf der Leipziger Kunstausstellung 1965 gemeinsam mit Werken von Wolfgang Mattheuer, Werner Tübke und Heinz Zander ein folgenreiches Kapitel in der Geschichte der bildenden Kunst in der DDR ein. Die lokale Simplizität wurde verlassen und mit heterogenen morphologischen Strukturen an weltoffenen Bildsprachen gearbeitet. Man besann sich auf das Spontane im Kalkül, ja, wie bei Heisig und Zander auf das Rauschhafte eines expressiven Duktus. Die Folgen waren mehrdeutige Figuren und Szenen. Diese Anamorphose wurde forthin ein Kennzeichen eines Großteils der Leipziger Kunst, so wie Heisigs expressiver Malstil Schule machte. Desgleichen wurde sein ins Innere der Geschichte tastender und »von unten« reflektierender antiglorifizierender Historismus aufgenommen, zu dem Bernhard Heisig 1978 in einem Gespräch mit dem Autor ausdrücklich erklärte: »Meine Bilder sind keine Historienbilder, es sind Bilder, die sich mit Hilfe der Historie zur Zeit äußern.« Das war auch nach dem »Ende der großen Belehrung« noch gültig. Heisigs sozialer Impetus reicht durch das ganze Œuvre der komplexen geschichtskritischen und zivilisationskritischen Gemälde und

Bernhard Heisig *Der faschistische Alptraum* Lithographie. Mappe 1/Blatt 32: Straße mit Wartenden. 1965/66. 43,9 x 31,1 cm.

Graphiken. Er findet sich in den 24 Lithographien zu Ludwig Renns Roman *Krieg* (1978/79) ebenso wie in der *Seeräuberjenny* (1978/80), dem *Ende des Abendprogramms* (1982) bis zur breit angelegten Preußen-Suite, die in den siebziger Jahren anhebt und weit in die neunziger Jahre hinein ausgearbeitet wurde.

Die mentale Position des Malers erklärte der Historiker Joachim Fest 1995 zutreffend: »Denn Heisig war und blieb ein Apokalyptiker, der die Verheisungen nicht teilte, die den Kern der sozialistischen Botschaft ausmachten, und statt dessen in aller geschichtlichen Bewegung nur die Geschichte zu immer neuen Abgründen wahrnahm.«[65]

Im stilmorphologischen Gegensatz zu Heisig und Sitte arbeitet Werner Tübke. Die methodischen Grundlagen seiner Malerei sind Zeichnung und Form. Beides ist altmeisterlich bis manieristisch tradiert. Werner Tübke hatte in den sechziger Jahren mit den Variationen zum Thema *Lebenserinnerungen des Dr. jur. Schulze* einen Gipfelpunkt

Werner Tübke *Weihnacht 1524 (Kleine Fassung)* 1976. Mischtechnik. 90 x 70,5 cm.
Aachen: Ludwig Forum für Internationale Kunst

seiner Malerei erreicht. Das Traditionsverständnis dieses Künstlers entwickelte sich in einer Polemik zur Erberezeption fast der gesamten übrigen Malerei in der DDR. Das 20. Jahrhundert bot diesem Maler höchstens mit den Verfremdungen und Brechungen und der Alogik des Surrealismus einen Anknüpfungspunkt. Weitaus nachdrücklicher hat er die Wahlverwandtschaft zu den Meistern der Renaissance, des Manierismus und des Barock gesucht mit dem Ziele, deren formsprachliche Welt wieder in die zeitgenössische Kunst einzubringen. Die Virtuosität, mit der Tübke das ganze kunstgeschichtliche Repertoire von Mantegna bis zu Rubens (ja bis Böcklin und Klinger) beherrscht, gilt als erstaunliches Faktum aktueller Kunst. Tübke überzeugt am stärksten da, wo er der alttradierten Sprache (und zum Teil mit ihr) eigene Bildfindungen (Topois) einfügt, wo er sich einer verfremdenden Methode bedient, wo er Wirklichkeit und Irrealität einander verbindet, wo er Absonderliches konstruiert, Paradoxa entwirft, wo er Metaphern und Szenen komponiert und ver-rückt, um mit einer fast surrealen Übermacht Altes, Verruchtes, Verabscheuungswürdiges zu entlarven. Das ist ihm am besten in den *Lebenserinnerungen des Dr. jur. Schulze III* (1965) gelungen, einer Imagination nazistischen Unheils und Verbrechens. Hier wird eine Besonderheit Tübkes deutlich: Das treffende (kunsthistorische) Zitat, die unerwartete Aktualisierung. Gleichzeitig verweist das Bild darauf, daß ikonische Zeichen wichtig werden (als eine der vielen Möglichkeiten des realistischen Ausdrucks). Diese ikonischen Zeichen erhalten in der bildnerischen Konfiguration historisch und bedeutungsgemäß allerdings einen neuen Stellenwert: Die Marionette beziehungsweise Gliederpuppe (eine Adaption der »manichini«, wie sie de Chirico aus dem Geiste der pittura metafisica erfunden hat) bei Tübke als Zeichen von Fremdbestimmung und Entpersönlichung ist dafür ebenso ein Beispiel wie die Delacroix'sche Freiheitsfigur bei Mattheuer *(Hinter den sieben Bergen)* oder das trojanische Pferd bei Sitte *(Jeder Mensch hat das Recht auf Leben und Freiheit)*. Das Werk Tübkes legt aber auch Zeugnis von dem Willen ab, das hedonisti-

Werner Tübke *Schlacht bei Frankenhausen* 1982. Öl. 200 x 300 cm. Peking: Chinesisches Kunstmuseum, Leihgabe Ludwig Forum für Internationale Kunst

sche Element der Kunst durch stärkeres Herausarbeiten des Kunstvollen, durch Pflege einer kultivierten Malsprache, durch die Eleganz bildnerischer Lösungen zu betonen: *Das Bildnis eines sizilianischen Großgrundbesitzers* (1972) ist dafür (wie auch Heisigs Vaclav-Neumann-Porträt, 1973) ein aufschlußreicher Beleg.

Werner Tübke selbst hat sich in einem Interview mit dem Berliner Rundfunk (Juni 1996) wie folgt zu seiner Arbeit am *Dr. jur. Schulze III* geäußert: »Die dargestellte Objektwelt ist dem Koordinatensystem des Bewußtseins des Richters zugeordnet, und zwar additiv in der Methode, in einem Nebeneinander und Aufschlüsseln von Verhaltensmöglichkeiten. Eine Verschlüsselung, ein Schwer-Machen der Rezeption war nicht geplant. Gedanklicher Ausgangspunkt sind im Prinzip neofaschistische Tendenzen in der Bundesrepublik, hinzu kamen Anregungen vom Auschwitz-Prozeß usw. Eine völlige Neutralisierung, ein ›Es‹ im Ausdruck schien mir notwendig zu sein, um mit harter Latinität kein Mitleid mit dem Dr. jur. Schulze aufkommen zu lassen. Es ist alles ziemlich gleichwertig behandelt: Opfer, Terror, Verbrecher. Bildkünstlerisch halte ich das sozusagen für eine conditio sine qua non. Es geht nicht anders auf der Fläche, es ist gerechtfertigt. Aber, was nicht im Einzelnen, im Detail ist, das ist auch nicht im Ganzen. Wenn man aber im Detail sehr konzentriert immer wieder am großen Gedanken festhält, dann muß in der Summe, nicht im Produkt, zum Schluß auch das Ganze enthalten sein. Mein Prinzip ist, von links unten bis rechts oben mit einer Formel durchzumalen. Die Farbe ist nicht sehr harmonisch, und es ist eine Malerei ›wider besseres Wissen‹. An Stelle eines harmonischen Komplexes kommt statt dessen ein schrilles Trompetengelb, um den Betrachter nicht zur Ruhe kommen zu lassen, um ihn ästhetisch nicht einzulullen, um hart zu bleiben in der Farbigkeit. Das Ganze ist schrill, ›wider den Strich gemalt‹. Ich glaubte, daß das notwendig ist; bei diesem Thema schien es mir richtig zu sein.

Ich glaube, daß die Mittel der bildenden Kunst umfangreicher eingesetzt werden können, als es hier und da geschieht: im Dienste einer sozialistischen Lebenshaltung, das humanum fördernd, aber auch die Therapie der Abschreckung implizierend, aus Verantwortung dem Leben gegenüber. Letzteres gilt für dieses Bild, und wahrscheinlich ist ständige experimentelle Arbeit als Prinzip möglich, um aktiv in gesellschaftliche Prozesse eingreifen zu können.«[66]

Mit der dritten (Berliner) Fassung der *Lebenserinnerungen des Dr. jur. Schulze* setzte Werner Tübke einen Höhepunkt seiner Historienmalerei. Dieses Glanzstück allegorischer Malerei bedeutete (teilweise im Zusammenwirken mit Werken anderer Künstler) entwicklungsgeschichtlich für die bildende Kunst in der DDR:

- die Erweiterung des Traditionsverständnisses und das Ausdehnen der Erberezeption auch auf frühere Hoch-Zeiten der europäischen Malerei
- die Ermunterung zum Experiment, zum Ungewöhnlichen, zu einem Bildorganismus, der, statt auf Seh-Erfahrungen der Rezipienten zielend, mehr an das Mit-Denken appelliert
- mithin die Sicherung des Durchbruchs zu einer »intelligenz-intensiven« Kunst (Peter H. Feist, 1966)
- und es leitete gemeinsam mit anderen Werken der bildenden Kunst einen Prozeß ein, in dessen Ergebnis anspruchsvolle Forderungen und höhere Maßstäbe erhoben beziehungsweise gefunden wurden.

In den endsiebziger und achtziger Jahren arbeitete Tübke an der Vorbereitung und Ausführung der Frankenhausener Monumentalparabel *Frühbürgerliche Revolution in Deutschland*. In nahezu 20 Gemälden, 150 Zeichnungen und vielen Lithographien wurde das Werk vorbereitet, das nach zwölfjähriger Arbeit 1987 als »größtes Ölgemälde der abendländischen Kunstgeschichte« der Öffentlichkeit übergeben wurde. Es befindet sich im Rundbau auf dem Hügel bei Frankenhausen (Thüringen), gemalt in der megaloman-pathologischen Dimension von 123 Metern in der Länge und 14,5 Metern in der Höhe. Ein Gemälde ohne Anfang und Ende und ein Bild vom Leben des frühen 16. Jahrhunderts, ein apokalyptisches Welttheater. In konkreten Handlungsabläufen sind Personen von historischer Bedeutung impliziert, etwa Luther und Müntzer, Zwingli und Hus. Es ist ein Rundumbild, das fasziniert und Abertausende auf den Berg pilgern lässt. Golo Mann zeigte sich im Gästebuch »voll Bewunderung und Staunen«. Bei den Kunsthistorikern ist es umstritten. Neben ungeschmälerter Anerkennung viel Schmäh: »Historienschwulst«, »Rundum-Operette«.

Das malerische Werk ergänzt Tübke durch ein fein gearbeitetes zeichnerisches Werk, das in der Lithographie Vollendung findet. 1981 wurde ein graphischer Einblick in seine Bauernkriegsbilder gegeben: *Vom schönern Tod,* sechs Lithographien in der Grafik-Edition des Reclam-Verlages, versehen mit einem Text von Martin Walser. Hinzu kommt ein umfangreiches Aquarell-Œuvre von subtiler malerischer Delikatesse.

Die siebziger Jahre: Unsere Perspektive ist Hoffnung (Einar Schleef)

Prinzip »Weite und Vielfalt«

Die siebziger Jahre schienen ein gutes Dezennium für Malerei und Graphik zu werden. Die Zeiten standen günstig, da das oberste Parteigremium der DDR »Weite und Vielfalt« in den Künsten erlaubte, ja geradezu forderte, daß es inhaltliche und stilistische Tabus nicht geben dürfe. Auch wurde endlich zu einem dialektischen und weltoffenen Erbeverhältnis gefunden, die »moderne Kunst« des 20. Jahrhunderts einbeschlossen. Willi Sitte erklärte 1974 auf dem VII. Kongreß des Verbandes der Bildenden Künstler (VBK) der DDR: »Wir dürfen nicht übersehen, daß unter kapitalistischen Bedingungen Künstler mit ihrer Arbeit leben und lebten, die besorgt und leidenschaftlich zu existentiellen Fragen der Menschheit Stellung nahmen, die aus humanistischer Grundhaltung heraus ein großes künstlerisches Werk geschaffen haben, in dem sowohl Entdeckungen der Wirklichkeit als auch neue gestalterische Möglichkeiten enthalten sein können, die für unser Schaffen wertvoll und interessant sind ... Auch wenn es Perioden im Schaffen solcher hervorragender Künstler gab wie Kokoschka, Beckmann, Hofer, Chagall, Henry Moore und Marino Marini – um nur einige zu nennen –, die für uns von geringerem Interesse waren oder sind, so zählen ihre Meisterleistungen zu dem Kulturgut, das der Sozialismus pflegt.«[67]

Die siebziger Jahre erlebten den Auftritt der dritten Künstlergeneration der DDR. Die jungen Leute hatten bereits Ende der sechziger Jahre in den Kulissen gestanden. Gleichzeitig mit ihnen traten verschiedene, der mittleren Generation zugehörige Künstler hervor, die bis dahin kaum beachtet worden waren. Schon allein die zahlenmäßige Stärke der dritten Generation ist imponierend. Die jungen Künstler hatten in der Regel während der zweiten Hälfte des vorangegangenen Jahrzehnts die Kunsthochschulen absolviert. Sie drängten aus verschiedenen Städten nach vorn. 1973 machten Künstler aus Karl-Marx-Stadt (Michael Morgner, Thomas Ranft, Dagmar Ranft-Schinke, Axel Wunsch), Gera (Horst Sakulowski), Schwerin (Winfried Wolk), Berlin (Peter Hoppe, Linde Bischof, Hans-Otto Schmidt, Edmund Bechtle), Dresden (Klaus Dennhardt, Siegfried Klotz, Peter Muschter, Gerda Lepke), Halle (Günter Rechn) und Frankfurt/Oder (Manfred Neumann) auf sich aufmerksam. Karl-Marx-Stadt entwickelte sich (nicht zuletzt durch die Regsamkeit der »Galerie oben« und der Galerie im Neruda-Klub) schnell zu einer attraktiven Kunststadt, die mit den traditionellen Kunstzentren konkurrierte – seiner aktuellen Kunst wurden 1976 von der Galerie Junge Kunst in Frankfurt/Oder und von dem Studio der Nationalgalerie Berlin Ausstellungen eingerichtet: »Neuerdings Karl-Marx-Stadt«.

Die seit 1974 veranstalteten Biennalen junger Künstler (1974 Frankfurt/Oder, 1976 Berlin) brachten wiederum neue Namen ans Licht der Öffentlichkeit.

Den zahlenmäßig stärksten Zustrom erhielt die Kunst jedoch aus Leipzig, wo seit Jahren eine streitbare, aber offene Atmosphäre herrschte, die den jungen Talenten eine freie Entfaltung erlaubte. Für die VII. Kunstausstellung der DDR (Dresden 1972) war der Massenauftritt der Leipziger Künstler (insgesamt 48), zumal der jungen Generation, geradezu charakteristisch.

In den siebziger Jahren zeichneten sich in Malerei und Graphik zwei stilistische Tendenzen ab: grob verallgemeinert eine expressionistische und eine veristische. Spielarten des »Neuen Expressionismus« waren vielerorts anzutreffen, die Ve-

Rechte Seite:
Siegfried Klotz *Selbstbildnis im Atelierspiegel* 1974. Öl. 149 x 90 cm. Dresden: Galerie Neue Meister

risten hingegen versammelten sich in Leipzig. Beide trafen sich, wie Eberhard Roters beobachtet hat, in ihrem »sächsischen Idiom«.

Unterwegs zu einer alternativen Kunst – A. R. Penck, »Lücke« und Obergrabenpresse Dresden

Bei den »Neuen Expressionisten« waren wiederum zwei Entwicklungsstränge erkennbar: eine expressiv-realistische Linie und eine expressiv-abstrakte. Erstere fand in Hartwig Ebersbach, Sighard Gille und Volker Stelzmann (alle Leipzig) ihre Prototypen, ebenso in Ronald Paris und Nuria Quevedo (beide Berlin) sowie in Peter Herrmann, Peter Muschter, Horst Leifer, Andreas Dress und Claus Weidensdorfer (alle Dresden). Der abstrakte Flügel dieser »Expressionisten« war weniger stark, und es bestätigte sich Eberhard Roters Vermutung, die Will Grohmann schon in den zwanziger Jahren hatte, daß der »mitteldeutsche Hang zur bildlichen Abstraktion unausgeprägt« ist. Es sei aber immerhin auf Hans Brosch (Berlin), Klaus Dennhardt (Dresden) und Peter Sylvester (Leipzig) hingewiesen. Die stärkste Gruppe der abstrakten Expressionisten bildeten jedoch die Malaktionisten, die sich um Penck als »TPT« oder bei »Lücke« in Dresden trafen. Die jungen Leute hatten zwar nach eigenem Bekenntnis »keine Vorstellung von Kunst«, verspürten aber das Bedürfnis nach unreglementierter Gemeinschaftsarbeit. Man veranstaltete Ausstellungen, die von

A. R. Penck *Esspresso* 1980. Kaltnadel-Radierung. 34 x 27,5 cm. (Aus der 3. Mappe der Obergrabenpresse Dresden: Ralf Winkler, Kneipen und Kneipentexte)

1971 bis 1976 unter dem Rubrum »Lücke frequentor« im Seitengebäude der Hechtstraße 25 in Dresden-Neustadt stattfanden. Schon die erste Ausstellung (1971) war Produkt einer alternativen Kunstszene: »Erste Integration junger Zeitgenossen«. Diese Hechtstraßen-Veranstaltungen waren konspirativ, subversiv, illegal – »Lücke« war Untergrund. Zum engsten Kreis der »Lücke« gehörten nach A. R. Penck, als der kreativsten Figur, Harald Gallasch, Wolfgang Opitz und Steffen Kunert, alles Autodidakten, die mit dem Multitalent Penck der Utopie anhingen, eine überall und jedermann verständliche Zeichensprache entwickeln zu können. Auch Gedanken, das System des Sozialismus zu verbessern, strukturell zu verändern, bewegten die naiven Gemüter. Ihre Arbeiten waren ein Surrogat von Kunst aus den verschiedensten »modernen« Bildangeboten, in dem Surrealistisches ebenso präsent war wie Picasso. Als sich 1976 die Ideen dieser Aktionisten erschöpft hatten, löste sich die Gruppe auf.

Subversive oder halbsubversive Projekte wurden auch andernorts verwirklicht, so in der EP-Galerie von Jürgen Schweinebraden in der Dunckerstraße im Berliner Bezirk Prenzlauer Berg, im Leonhardi-Museum Dresden oder in der Bildermansarde der Erfurter Ateliergemeinschaft. Auch wurden immer wieder Versuche unternommen, neuen künstlerischen Impulsen Kommunikationsräume zu schaffen. Das geschah in der Galerie Arkade in Berlin, bei der »Clara-Mosch«-Gruppe in Karl-Marx-Stadt, im Leonhardi-Museum in Dresden oder in Einzelaktionen, wie in den privaten Expositionen der Ursula Baring in Dresden oder der Ausstellung junger Dresdner Künstler (Giebe, Leiberg, Panndorf, Smy, Fleischer und anderen) 1976 in einem Bauernhaus in dem zwischen Moritzburg und Radebeul gelegenen Wahnsdorf.

Im Umkreis der Aktivitäten von Penck und »Lükke« entstand 1978 die »Obergrabenpresse« in der Dresdner Neustadt. Sie war die Initiative einiger Graphiker (Eberhard Göschel, Peter Herrmann, Ralf Winkler-Penck) und Poeten (Bernhard Theilmann) sowie des Druckers Jochen Lorenz. Ihr Ziel war die Herstellung künstlerischer Drucke auf »höchstem Niveau« und zugleich der Transport von Texten nonkonformer Schriftsteller. Bei der Presse trafen sich Künstler, die sich der An-

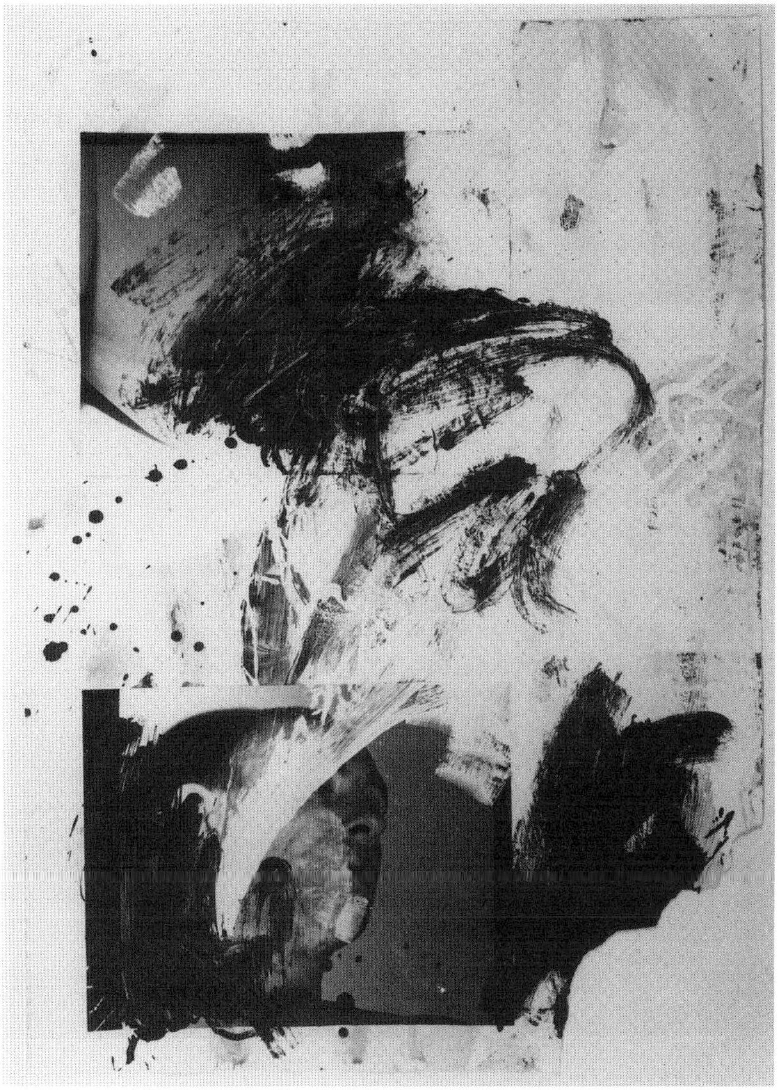

Klaus Hähner-Springmühl *Schweinskopf* 1987. Pinsel und Foto. 73 x 51,7 cm.
Dresden: Kupferstich-Kabinett

passung an eine ästhetische Staatsdoktrin verweigerten. In der Reihe »graphiklyrik« erschienen zum Beispiel Mappen mit Eberhard Göschel (Graphik) und Bernhard Theilmann (Lyrik), Peter Herrmann (Graphik) und Michael Wüstefeld (Lyrik), Claus Weidensdorfer (Graphik) und Lutz Rathenow (Text). 1980 wurde eine Mappe von Ralf Winkler-Penck vorgelegt mit Radierungen und Kneipentexten des Künstlers. Unter den Poeten der in kleiner Auflage gedruckten Mappen finden sich unter anderen Sascha Anderson, Adolf Endler, Bert Papenfuß, Elke Erb, unter den Graphikern Michael Morgner und Strawalde. In den achtziger Jahren wurden Sammelmappen unter dem Titel *Treibsand* herausgegeben. Hier beteiligten sich Künstler wie Clemens Gröszer, Angela Hampel, Klaus Hähner-Springmühl, Wolfgang Henne, Wolfgang Adalbert Scheffler et tutti frutti.[68]

Peter Herrmann *Meine Freunde* (von links: Jürgen Böttcher, Peter Graf, Eberhard Göschel, Peter Herrmann) Öl. 1976. 110 x 129 cm. Cottbus: Kunstsammlung

Expressiver Realismus bis zu Gille und Ebersbach – »Neuer deutscher Expressionismus«

Die expressive realistische Tendenz der Malerei in der DDR vereinte jene Kunst, die landläufig mit dem Terminus »DDR-Realismus« leichthin und sehr vereinfacht belegt wird. Dieser Realismus ist das Ergebnis einer nahezu drei Jahrzehnte währenden Auseinandersetzung mit der tradierten Kunst und mit den dialektischen Spannungsfeldern in den gesellschaftlichen Verhältnissen. Insofern wurde sein Erscheinungsbild durch die Leistungen solcher Künstler wie Heinrich Ehmsen, Hans Grundig, John Heartfield, Otto Nagel und Oskar Nerlinger vorgezeichnet. Dies bestimmte auch das deutlich ausgeprägte Traditionsbewußtsein des »DDR-Realismus«, das sich dem Erbe der kritisch-realistischen Tendenzen in der Weltkunst auf besondere Weise verpflichtet wußte. Die handschriftlichen Unterschiede im Werk der expressiven Realisten sind beträchtlich, mitunter schroff gegensätzlich. Das trifft selbst für Sitte und Heisig zu, die in den siebziger Jahren einen geradezu unaufhaltsamen Aufstieg in der staatlichen Anerkennung und in der Öffentlichkeitswirkung genommen hatten. Die Teilhaber dieser Tendenz, allesamt Maler der Expression, erarbeiteten gnostische Positionen zur Realität, was zur Folge hatte, daß die kognitiven Elemente ihrer Bildstrukturen sinnfällig hervortraten. Die Gedanklichkeit der Bilder steigerte ihre Attraktivität für ein intelligentes Publikum und bewirkte den Massenzulauf zu verschiedenen großen Ausstellungen. Gemälde wurden im Sinne eines dialogischen Gespräches zu »Streitbildern«, einem Faszinosum der bildenden Kunst vornehmlich der siebziger und frühen achtziger Jahre. Verursacht wurde dieser Streit weniger durch die Malweise oder durch banale Direktheiten, sondern durch die Verschlüsselungen in der Bildstruktur, die Wahrheit erlaubten und damit auch Realismus.

Aus der expressionistisch-realistischen Künstlerschar sei in der Malerei verwiesen auf Ronald Paris, Peter Herrmann, Hartwig Ebersbach, Sig-

Rechte Seite:
Ronald Paris *Ernst Busch* 1971/72. Öl. 100 x 75 cm. Rostock: Kunsthalle

Sighard Gille *Familienbild* 1970. Mischtechnik. 165 x 122 cm. Dresden: Galerie Neue Meister

hard Gille, in der Graphik auf Claus Weidensdorfer, Andreas Dress und Rolf Kuhrt. Bei einigen von ihnen, besonders bei Paris und Ebersbach, wird dieser expressive Realismus schon in den sechziger Jahren bemerkenswert.

Peter Herrmann, der als Autodidakt von Jürgen Böttcher gefördert wurde und zum Kreis der Winkler-Penck-Freunde gehörte, hat in die Dresdner kultivierte Malerei eine naive Nuance gebracht, die gleichermaßen von Rosenhauer wie Querner inspiriert worden ist. Der frische, unbekümmerte Blick auf altbekannte Motive von Straße, Kneipe und Zirkus weist auf französische Impulse. Die Figurenbilder (*Meine Freunde,* 1976) sind ebenso einfache wie ausdrucksstarke und bedachtsame Menschenbilder. Jürgen Böttcher schrieb: »Peter Herrmanns Bilder sind freundlich, reich, prächtig, üppig, schwärmerisch, berichtend, auch ornamental, erdhaft, landschaftlich schön, rund und eckig, lustig und traurig, intensiv farbig (also feine Graus, tiefe Schwarz'), wahrhaftig, (nie experimentell), technisch unbekümmerter, expressiv und verhalten, großformig, träumerisch, gut.«[69] Sonntägliche Beschaulichkeit unterscheidet die-

Sighard Gille *Flucht aus dem Paradies* 1986/87. Öl. 147 x 115 cm. Privatbesitz

se Malerei vom Werk der anderen hier aufgeführten Künstler.
Ein anderes Naturell ist Ronald Paris. Seine formbetonten Expressionen wurden vor allem in der Zeichnung zunehmend dramatischer. Der kompakte, formpräzise Stil hatte im Porträt (*Doppelporträt Ruth und Helga*, 1960) bereits Bestätigung gefunden. Der Pinselduktus wurde weicher und nervöser (*Porträt Professor Wolfgang Heise*, 1967), fand sodann im Porträt *Ernst Busch II* (1972) zu dramatischer Härte. Das Bildnis dieses großen Schauspieler-Sängers ist ungewöhnlich. Die in ausgreifender Gestik gegebene Figur ist in ein so privates Interieur gesetzt, daß Widerspruch nicht ausbleiben konnte. Paris hatte nicht das erwünschte sozialistische Idealbild gemalt, in das Busch mit seinem widerborstigen Intellekt ohnehin nicht gepaßt hätte. Aber dieses Porträt machte gerade durch die in Gestik wie Milieu gegebene »Verfremdung« auf das Außergewöhnliche dieses Mannes aufmerksam. Die Spießer aller Couleur schimpften über eine »unzumutbare Entstellung«. Die harte Expressivität dieser Malerei erweist sich im Nachhinein als ein Bindeglied zu der

Hartwig Ebersbach *Widmung an Chile* 1974. Öl. 200 x 500 cm. Oberhausen: Ludwig-Institut

veristischen Tendenz, die sich alsbald in Leipzig bemerkbar machen sollte.

Unter den Expressiven sind hier zunächst noch Gille und Ebersbach zu nennen. Beide realisierten – und nur da mit Paris in einen Zusammenhang zu bringen – eine ungewöhnliche Bildoptik. Sighard Gille malte 1975/77 das Diptychon *Brigadefeier – Gerüstbauer*, das infolge der trinklustigen Geselligkeit, die es in gröhlender Heiterkeit darstellt, als Werk »schlüpfriger Moralität« diffamiert wurde. Dieser ungewöhnliche, weil ungeschönte Blick auf die Realität wurde für die siebziger Jahre innerhalb eines Teils der expressiven Realisten durchaus charakteristisch, wenngleich dabei Malerei oftmals nur Hypertrophie bloßer Realitätsillustration geblieben ist. Aber der Griff in die ungeschönte Turbulenz des Lebens, wie er Gille malerisch oft gelungen ist, brachte in die Kunst neue Gelöstheit, auch Ironie und Skepsis. Es war die »Ankunft im Alltag«, von der Brigitte Reimann in ihrem Roman geschrieben hat.[70] Hier seien noch Gilles Autofahrer-Bilder (1972) genannt, desgleichen jene Porträts (*Familie Peuker*, 1978), die nach der derb-frechen Ölmalerei *Fête in Leipzig* (1979) noch ausgreifender und mit einem physiognomisch überzeichneten, ja satirischen Touch versehen treffende Eigenheiten der Porträtierten bloßlegten (*Die Marquardts*, 1984/85, *Die Hirschs*, 1989).

Hartwig Ebersbach, ein Heisig-Schüler, unterscheidet sich gewichtig von dieser Malerei. Gille ist genau beobachtender Maler urbaner Szenerien, Ebersbach hingegen Bild-Erfinder. Er kam aus der Nähe des sächsischen Vogtlandes. Erste Unterweisungen hatte er an der Mal- und Zeichenschule Zwickau bei Karl Michel bekommen, der noch im ausgehenden Spätexpressionismus ein Künstler von einigem Belang gewesen ist. Ebersbach wurde als Spontanmaler ein exzessiver Farbwüterich. Eberhard Roters Aperçu, »Die Sachsen kochen mit dem Pinsel«,[71] könnte für ihn geschrieben worden sein. Der Künstler wurde bereits Ende der sechziger Jahre bemerkt, in den Siebzigern erregte er große Aufmerksamkeit mit dem fünfteiligen Bild *Kaspar – Abwicklung eines Porträts* (1973) und der zwölfteiligen *Widmung an Chile* (1974). Letzteres Werk sprengte das Tafelbild zugunsten einer raumokkupierenden (Sarg-) Bildfolge, die nach einem Foto toter Pariser Kommunarden gemalt worden ist. Es war die erste Bild-Installation, die in der DDR überhaupt wahrgenommen wurde. Die Kaspar-Findung entwikkelte sich im Laufe der Jahre zu einem psychosozialen Komplex einer schwierigen Individualität. Kaspar ist eine Kunstfigur und zugleich doch alter ego des Malers. In wild wütender Farbigkeit und Formgebung sind die Gemälde Aufschreie aus Qual und Lust. Die *Abwicklung eines*

Hartwig Ebersbach *Kaspar - fliegend* 1986. Öl. 138 x 85 cm. Berlin: Galerie Brusberg

Porträts vollzieht sich in Zeitschüben bis zu *Kaspars Opferung* im Jahre 1992, dazwischen finden 1987 *Kaspars Lustgarten* (zehn Tafeln) und das altargleich aufgebaute *Große Kasparunser* statt. Ebersbachs unbändiger orgiastischer Malstrom ist Ausdruck »privater Mythologie« (Peter Guth) und zugleich Ahnung von »Endzeitbewußtsein« (Dieter Hoffmann), aus dem noch ein *Großes Gottverdammich* (1995) herausgeschleudert wird (auf dreizehn Bildtafeln vom Fußboden bis in nahezu vier Meter Höhe). Die große Retrospektive 1996 in Leipzig, die das umfangreiche Werk – Gemälde, Installationen und Plastik – überschaubar machte, war in sechs thematische Komplexe zusammengefaßt: *Der Blick zum Mond, zum Mond als Spiegel; Lümmel Realist, Gesellschaftsspieler Anarchist; Räume, Inszenierungen, Bühne; Homo sanguinicus; Religiöse Mythen; Selbst Träume.* Zur Gruppe der Inszenierungen gehörten auch die aufsehenerregenden Fragment-Fahnen zu Friedrich Schenkers *missa nigra* (1979), die er selbst als »Spurensicherung des Kammerspiels in der Form einer Collage« bezeichnet hat. Die Komposition richtete sich gegen den Bau von Neutronenwaffen, und Ebersbach wurde in das Bühnenspektakel aktiv einbezogen (Kostüm, Maske, Bühnenbild usw.).

Die Kunst von Hartwig Ebersbach erweist sich als der wichtigste Beitrag aus Leipzig zur Kunst eines »neuen deutschen Expressionismus«. In der künstlerischen Nachbarschaft steht ein anderer »Wilder«, der nur um drei Jahre ältere Walter Stöhrer, Schüler von HAP Grieshaber. Ebersbach ist dem Werk Stöhrers 1979 in Basel begegnet.

Die »Leipziger Schule«

Die Leipziger Malerei ist ein Phänomen der endsechziger und siebziger Jahre. Vordem hatte Leipzig kein erwähnenswertes malerisches Klima. Die Stadt war eine Metropole des Buches, der Musikpflege und des Handels. Die Malerei wurde nicht bodenständig, obgleich immer wieder honorable bildende Künstler am Werke waren: zuletzt Elisabeth Voigt, eine im Christlichen verwurzelte,

Arnd Schultheiß *Bildnis Dr. Friedrich Cramer* 1973. Silberstiftzeichnung. 43 x 39,5 cm. Gera: Kunstgalerie

Kurt Dornis *Alte Fabrik* Um 1986. Mischtechnik. 57 x 50 cm. Leipzig: Sammlung Sparkasse

dem expressiv-malerischen Gestus sich zuneigende Künstlerin, und Max Schwimmer, dessen bohemienhafte Leichtigkeit in Leipzig nie heimisch wurde (er lehrte später in Dresden), auch (interimistisch) Ernst Hassebrauk, ein barock-expressiver Geist, der ein Lehrer von Tübke gewesen ist, sodann Karl Krug, ein tüchtiger Radierer und Maler, ein Landschafter, der bei aller fast wie ziseliert wirkenden Genauigkeit seiner Kunst über die Gegenstände seiner Darstellung den Zauber des Lichts und der Atmosphäre auszubreiten wußte – ein heimlicher Lehrmeister (sein stiller Gegenpol war der »Expressionist« Heinz Eberhard Strüning).

Aber diese Künstler, zumal einige nur vorübergehend in Leipzig, vermochten der Stadt nicht das Odeur eines Kunstzentrums zu geben. Es war erst das Werk der folgenden Generation, also das Heisigs, Mattheuers, Tübkes und Müllers (der die Leipziger Holzstecher-Schule neu begründete). Sie hatten an der Hochschule für Grafik und Buch-

Harry Blume *Gruppenporträt Leipziger Künstler* 1960/61. Öl. 90 x 125,5 cm. (von links: Heisig, Tübke, Mayer-Foreyt, Witz, Blume) Leipzig: Museum der bildenden Künste

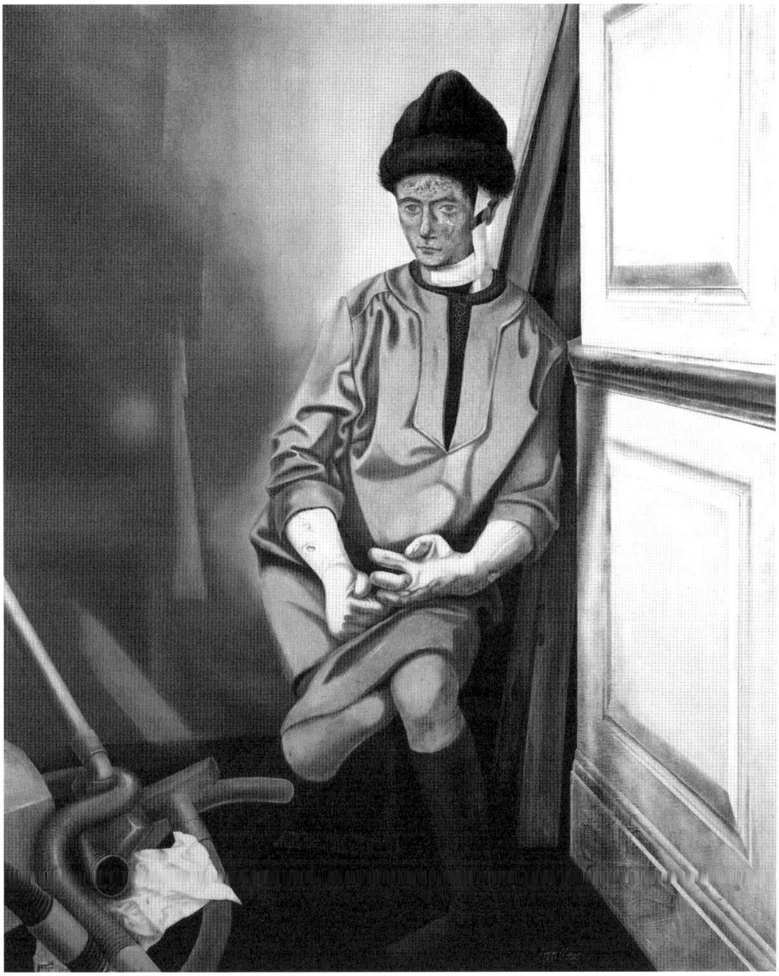

Günter Richter *Große bekleidete Puppe mit Staubsauger* 1982. Öl. 140 x 115 cm.
Leipzig: Museum der bildenden Künste

kunst studiert und dort in den sechziger Jahren selbst als Lehrer zu wirken begonnen. Sie sind die »Väter« der seit 1972 so oft zitierten, bejubelten und beschimpften »Leipziger Schule«. Deren Entwicklung wurde im Ansatz zuerst 1961 auf der Leipziger Bezirksausstellung sichtbar, obgleich damals ein von Applaus umjubelter naturalistischer Illusionismus – wenn nicht an Menzel und Klinger, so doch an Anselm Feuerbach mißverständlich anknüpfend – in den Großformaten des Malers Heinrich Witz *(Arbeitertheater der Wismut auf dem Lande, Besuch bei Martin Andersen Nexö)* wahre Orgien feierte. Daneben traten nun Heisig, Tübke und Mattheuer hervor. Müller faszinierte mit Holzstichen, welche die Tradition von Karl Rössing und Wladimir Faworski aufnahmen, Dietrich Burger zeigte seinen *Baggerführer Ringel*, Arnd Schultheiß, Günter Richter und Günter Thiele legten Proben ihres Könnens vor, und eine präzis-sachliche Bleistift-Zeichnung von Kurt Dornis, die Häuser des proletarischen Leipzig (nicht etwa der repräsentativen Handelsstadt) darstellt, wirkt heute in der Rückschau fast wie eine Inkunabel des Leipziger »Neoverismus«. Bei einigen der Älteren war ein Gruppenbewußtsein unübersehbar, das Harry Blume in dem Gruppenporträt Leipziger Maler (1960/61) zum Ausdruck brachte. Einige Jahre später, 1965, warteten die Maler der mittleren Generation bereits mit Werken auf, die den Prozeß der Kunstgeschichte der DDR wesentlich mitbestimmten: In der VII. Bezirksausstellung war Heisig wieder mit einem Bild von der Pariser Kommune vertreten, Tübke erreichte mit der 3. Fassung der *Lebenserinnerungen der Dr. jur. Schulze* einen Gipfel seiner Malerei, Mattheuer überraschte mit dem bedrohlichen *Kain*, einem Bild von gewalttätiger Zeichenhaftigkeit und suggestiver Monochromie, mit dem balladesken Gemälde *Ein Baum wird gestutzt* und mit einem Bild aus der Serie seiner »Fenster«-Bilder. Zu diesen das politische Engagement suchenden Künstlern trat eine Gruppe strenger und sachlicher Puristen hinzu: Kurt Dornis, Günter Thiele, Günter Richter. Von den jüngeren sind zu nennen Rolf Kuhrt, Hans-Peter Hund, der in Wurzen arbeitet, und Heinz Zander, der mit dem Gemälde *Ekkehard Schall als Coriolan*, einem expressiven malerischen Kraftakt, sofort Aufsehen erregte. Einige Wesensmerkmale der »Leipziger Malerei«, die später weiteren Ausbau finden sollten, waren jetzt schon zu sehen: leidenschaftliches politisches Engagement, Anwendung der Simultanmethode (Tübke), Erfindung von Metaphern und Allegorien (Mattheuer), dingbezogene Darstellungsweise.

Vier Jahre danach, auf der Bezirksausstellung 1969, erfolgte das Massendebüt der dritten Generation. Einige Talente fielen besonders auf: Arno Rink, Ulrich Hachulla, Hartwig Ebersbach, Volker Stelzmann, Eberhard Löbel, sodann Hans-Peter Hund und die Graphiker Karl-Georg Hirsch, Rolf Münzner und Peter Schnürpel. Den Werken ist

Günter Thiele *Brücke in Plagwitz* 1969. Mischtechnik. 99,5 x 119 cm. Leipzig: Museum der bildenden Künste

Heinz Zander *Ekkehard Schall als Coriolan* 1965. Öl. 154 x 125 cm. Berlin: Nationalgalerie

abzulesen, daß die Kunst ihrer Lehrer produktiver Ausgangspunkt war (Tübke etwa für Zander, Stelzmann, Hachulla; Heisig für Ebersbach, Brüne und andere). Diese mittlere Generation (zu der bald neue Kräfte stießen) geriet in einen fruchtbaren Disput mit der Gruppe ihrer Lehrer, die zur Generation der in der zweiten Hälfte der zwanziger Jahre Geborenen gehört, und mit einigen Künstlern, die um 1930 geboren sind und die in Leipzig mit am frühesten in großer Konsequenz einen dingbezogenen, formpräzisen und die Farbe glatt auftragenden sachlich-nüchternen Stil eingeführt hatten (Dornis, Thiele, Richter). Die Historienmalerei beanspruchte einen beträchtlichen Platz; Heisigs Kommune-Thema wirkte inspirativ auf andere Künstler, so auf Gerhard Kurt Müller *(Rue Ramponaud 28.V.1871)*, der zu einem streng statuarischen Stil von suggestiver Eindruckskraft gefunden hatte. Das Kommune-Thema beschäftigte später auch Arno Rink. Zu den um 1940 Geborenen traten noch begabte Autodidakten hinzu: Roland Frenzel und Peter Sylvester.

Die Leipziger Maler erwarben sich spätestens mit ihrer Bezirksausstellung 1972 und mit der VII. Kunstausstellung der DDR, die im gleichen Jahr stattfand, eine weithin beachtete Position in der Kunst der DDR. Der Auftritt der Leipziger blieb allerdings nicht unumstritten. Streitpunkt wurde vor allem die Erberezeption, die stärker auf ältere kunstgeschichtliche Epochen gerichtet war (bei Tübke wird das 20. Jahrhundert alsbald ausgeklammert) beziehungsweise auf jene Kunst dieses Jahrhunderts, die selbst im Gegensatz zu den kühnen Formexperimenten und -erfindungen ihrer Zeit herangewachsen ist (zum Beispiel Dix, die Kunst des Verismus der »Neuen Sachlichkeit« usw.). Gegenstand der Kritik wurde unter anderem einmal die bei den jüngeren Künstlern oftmals zutagetretende Diskrepanz zwischen Wollen und Können, zum anderen vor allem die Gefahr eines oberflächlichen Perfektionismus, die in der Tat einige dieser Künstler bedrohte. Der Kunsthistoriker Günter Meißner erwies sich in dem Streit um »die Leipziger« als ein kenntnisreicher Fürsprecher und Interpret der Maler seiner Stadt.[72]

Unabhängig von der Wertung im einzelnen besteht das Verdienst, das sich »die Leipziger« in der Kunstgeschichte der DDR erworben haben, darin, daß sie durch ihren imposanten Massenauftritt dazu beitrugen, den Stilkonformismus zu überwinden: Die Malerei in der DDR, soweit sie auf Ausstellungen sichtbar wurde, bewegte sich bisher trotz gewichtiger Unterschiede – von allerdings gravierenden Ausnahmen abgesehen – zwischen Nach-Cézannismus und Postimpressionismus.

Der Begriff »Leipziger Schule« hat sich für die Malerei in Leipzig durchgesetzt, obwohl ihn viele Künstler der Stadt nicht gern hören, weil er ihnen die Nivellierung immerhin beträchtlicher Unterschiede bedeutet. Dennoch wird die Kunstgeschichte ihn annehmen müssen wie andere Schul- oder Stilbegriffe auch. Leipziger Kunsthistoriker haben die Eigentümlichkeit dieser »Schule« definiert. Es ist wesentlich, daß sie dies zuvörderst nicht mit Hilfe formaler Kriterien getan haben. Nach Günter Meißner äußert sich die »Leipziger Schule« im allgemeinen Bemühen, die Wirklichkeit vielfältig und ausdrucksstark zu gestalten, wobei sich einige Tendenzen als aktuell, vielleicht auch originell abheben: »Es sind dies der Drang zur gedanken- und phantasiereichen, tiefgründigen Deutung von den Themen der Geschichte bis zu intimen Bereichen unserer Umwelt sowie die Neigung zu einer gegenstandsbetonten, aber ausdrucksstarken Auffassung zwischen den Polen zeichnerisch-klarer Detailgebung und maleri-

Ulrich Hachulla *Stilleben mit Ausblick* 1971. Mischtechnik. 60 x 35 cm. Berlin: Nationalgalerie

Eberhard Löbel *Stilleben mit Selbstbildnis* 1971. Öl. 59,5 x 50,5 cm.
Frankfurt/Oder: Galerie Junge Kunst

scher Bewegtheit.«[73] Henry Schumann schließt sich dieser Auffassung im Prinzip an, wenn er erklärt, daß das Verhältnis zur gesellschaftlichen Wirklichkeit die Leipziger Kunst prägt: »Charakteristisch ist ihre glaubhaft sich manifestierende Parteilichkeit, das rasche Reagieren auf aktuell-politische Vorgänge, zumal wenn es um die Sache des proletarischen Internationalismus und die Verteidigung der Menschlichkeit geht.«[74]
Wer das Erscheinungsbild der Leipziger Malerei insgesamt ins Auge faßt, erkennt – grob verallgemeinert – zwei Haupttendenzen: einerseits eine expressiv-leidenschaftliche, andererseits eine formstrenge, dingpräzise, nüchtern-sachliche (zuweilen leicht unterkühlte) Wirklichkeitsauffassung. Der gemeinsame Nenner findet sich in den von Meißner und Schumann herausgearbeiteten ideologischen Charakteristika.
Außerhalb dieser beiden Ströme wirkt eine Equipe anderer Potenzen. In ihr nehmen Peter Sylvester, Werner Hennig und Rolf Münzner infolge ihrer Neigung zur Meditation, zum strukturellen Aufbau und zur Phantastik ebenso einen besonderen Platz ein wie Irmgard Horlbeck-Kappler, die mit Erfolg (und beachtlicher Auswirkung auf die Buchkunst) skripturale Graphik pflegte, bevor sie sich ausschließlich der abstrakten Kunst widmete. Im Übrigen gibt es zwischen den beiden Haupttendenzen genügend Übergänge, Mischformen, Sonderleistungen usw., die das Bild der

Peter Sylvester *Landschaftsveränderungen I.* 1973. Farbige Aquatinta mit Fotomontage. 49,5 x 64,5 cm.

Leipziger Kunst erst vervollständigen. Unsere Unterscheidung und Trennung muß also mit der Behutsamkeit aufgenommen werden, die Arbeitshypothesen nun einmal verlangen.

Das Haupt der expressiven Tendenz, deren Werke durch leidenschaftliche Farbbehandlung auffallen, ist Bernhard Heisig. Ihm folgt Hartwig Ebersbach, der einen essentiellen Beitrag zum »neuen Expressionismus« erarbeitet hat. Heisigs Kunst wurde bereits an anderen Stellen dieses Buches gewürdigt.

Hier soll festgehalten werden, daß sich Bernhard Heisig in den endsechziger und siebziger Jahren auch als Porträtist in einem solchen Maße bewährt, daß er als einer der wichtigsten Fortführer der Porträt-Tradition der deutschen Kunst gelten kann. Zahlreiche Selbstbildnisse, das Mutter-Porträt von 1970/71, das Gemälde *Lenin und der ungläubige Timofej* von 1970 (später auch als Lithographie variiert) und das Porträt des Dirigenten Vaclav Neumann (1973) belegen das hinreichend. Heisigs Lenin-Bild besticht durch die Idee, Lenin einen ungläubigen Thomas beizugeben, einen alten Zweifler und Zauderer, eine Gestalt, die irgendwo aus den Weiten Rußlands kommt und ein wenig auch aus dem Märchen. Lenin, der dem Alten dicht auf den Leib gerückt ist, hat nichts von Macht oder Staatsgröße an sich, er ist der Kluge, der über das bessere Argument verfügt, den Beweis und den Witz der Logik. Das Dirigenten-Porträt hingegen überzeugt vornehmlich durch malerische Verdichtung, durch die Konzentration der Mittel, die eine Vergeistigung der Malerei zur Folge hat.

Zu dieser expressiven Linie der Leipziger Malerei gehören unter anderen neben Hartwig Ebersbach auch Gudrun Brüne, Sighard Gille und Frank Ruddigkeit (welcher ohne Zweifel auch von Sitte inspiriert worden ist); schließlich stehen Heinz Mäde, Rolf Kuhrt, Karl-Heinz Schmidt, Gert Pötschig und andere den Auffassungen dieser Maler näher als denen der »sachlichen Gruppe«. Peter Schnürpel als Graphiker zählt zu den Expressiven. An der Peripherie befinden sich die stärker zur intuitiven Abstraktion neigenden Maler Roland Frenzel, Gil Schlesinger und Lutz Dammbeck, sodann Dietrich Burger, Hans Mayer-Foreyt und Günter Horlbeck. Als jüngster kam Günter Firit hinzu, dessen Bilder durch expressive Formverspannungen auffallen.

Die *zweite Tendenz*, die gemeinhin als die *sachliche* bezeichnet wird, ist jene, für die der Begriff »Leipziger Schule« eigentlich gefunden worden ist. Sie ist überaus heterogen. Die bekanntesten Maler unterscheiden sich beträchtlich: Mattheuer, der eigenwilligste und selbständigste Bild-Erfinder der ganzen Gruppe, bevorzugt knappe und dialektische Metaphern und Allegorien. Tübke, der die Simultanmethode in die Malerei der DDR mit eingeführt hat und mit verfremdender und artistisch hochkultivierter Malweise bedeutende Werke vorlegte, geriet in einen rigorosen Historizismus, der fortan Gegenstand heftiger Kritik wurde, Zander, der für sich die Kunst der Donauschule entdeckt hat, ist infolge seiner Formübersteigerungen der »Expressionist« der Gruppe. An die Seite dieser »Hauptmeister« tritt die Troika der neoveristischen Stadtlandschafter Kurt Dornis, Günter Thiele und (der hintersinnige, mit surrealer Verfremdung operierende Romantiker) Günter Richter. Diese Künstler zeigen das alte proletarische Häusergeschachtel jenseits des Justemilieus. Mit ihren Fassaden-, Straßen- und Häuserbildern knüpfen sie nicht nur an eine Tendenz der Neuen Sachlichkeit an, sondern nehmen an einer Entwicklung der zeitgenössischen Kunst teil, die einen spezifischen Beitrag zur Ikonographie des Stadtgesichtes nach Baluschek, Heldt, Nagel und anderen leistet. Der Dresdner Albert Wigand war mit seinen sensiblen Sedan-Bildern vorausgegangen, es folgten der Berliner Konrad Knebel, später Klaus Magnus und Hans-Otto Schmidt – außerhalb Ostdeutschlands ist diese Ikonographie im Siebdruck durch Gerd Winner und in der Radierung durch Peter Ackermann bereichert worden. Fassaden haben ihre Faszina-

Gerhard Kurt Müller *Mann mit spitzem Hut* 1989. Öl. 139,5 x 130 cm.

Irmgard Horlbeck-Kappler *Gelbe Landschaft mit blauem Mond* 1986. Öl. 80 x 100 cm. Dresden: Galerie Neue Meister

tion: ihr Werden und Vergehen, das Sterben der Häuser als Metapher der Vergänglichkeit, also Vanitas. Zu Dornis, Thiele und Richter gesellen sich jüngere Künstler, die als die Epiker der sachlichen Tendenz bezeichnet werden könnten: Für sie war das literarische Element, die Bild-Erzählung, zeitweise charakteristisch. Hierzu gehören Arno Rink, Volker Stelzmann, Ulrich Hachulla, Petra Flemming, Wolfgang Peuker, Eberhard Löbel, Erich Franke und Erich Kissing.

Volker Stelzmann war zu seiner Zeit unter ihnen der Bekannteste. Er verließ 1986 die DDR. Von ihm gibt es Gemälde (zum Beispiel *Dreiteilung: Zu A. Dürer ›Der Traum des Doktors‹*, 1972/73) mit mehreren Bild-Segmenten beziehungsweise -Zonen, die eine vielschichtige und assoziationsreiche Berichterstattung mit malerisch-zeichnerischen Mitteln erlauben. Sein nüchterner, genauer Malvortrag wird dem ekstatisch-protokollarischen Stil durchaus gerecht. Formale Anregungen sind vom Verismus des Otto Dix gekommen, alsbald von der Donauschule und vom Manierismus, aber auch Elemente der Pop-Art wurden aus kritischer Sicht verwertet. Charakteristisch für Stelzmann (in gewisser Hinsicht auch für Hachulla) sind eine drängende Fülle im Figurativen (die Flächen werden oft bis zum Bersten mit ineinander verknäuelter Personage gefüllt) und die betont vorgetragene Bilddramatik. Über seine Ansichten hat sich der Maler selbst so geäußert: »Die zuweilen verschmähte Hemmung im Bild, ich meine die Hinderung der zu bequemen Annahme durch den Betrachter, die scheinbare Unterkühlung, Objektivierung, Distanziertheit will nachhaltigeres Erlebnis, nachhaltigere Unruhe erzeugen. Das Abwenden von proportional deter-

Peter Schnürpel *Prometheus-Studie* o.J. Feder, Tusche. 35,5 x 51 cm. Leipzig: Museum der bildenden Künste

minierter meßbarer ›Schön heit‹ will nicht die Lust am Häßlichen, es will Schönheit in anderer Schicht erlebbar machen, produktive Annahme widersprüchlicher Komplexität fördern. Darstellung auch scheinbar banaler Gegenstände will Erlebnis-, Erkenntnisfähigkeit schärfen, will immer wieder bequeme Identifikation verweigern, will den Genuß des Konsumenten steigern, will schwierige Übereinstimmung.«[75]

Volker Stelzmann verfügt über ein bemerkenswertes druckgraphisches Œuvre, das sich vorwiegend in der Technik der Radierung vorstellt. Der kraftvolle, zuweilen fast gewalttätige Stil beherrscht auch dieses Werk. Der expressive Verismus dieser graphischen Arbeiten erinnert gelegentlich an den Wiener Plastiker und Graphiker Alfred Hrdlicka.

Am Rande der Leipziger »sachlichen Gruppe« stehen etliche Zeichner, so Arnd Schultheiß und Ursula Mattheuer-Neustädt, die mit sensiblen Porträts zu Literatur und Dichtern von sich reden machte.

Die allgemeinsten formalen und syntaktischen Kennzeichen der Leipziger »sachlichen Richtung« sind folgende:

- Vorherrschaft der Gedanklichkeit in der Bildkonzeption (die sich bevorzugt als episch-literarisches Element darstellt)
- auf der Grundlage zeichnerischer Exaktheit: »präzis dingbezogene Darstellungsweise« (Günter Meißner), plastisch-räumliche Bildorganisation, Vorliebe für das akkurate Detail
- Glätte des Farbauftrags und klares, sattes Kolorit (zuweilen in Korrespondenz mit expressiver Körperhaltung: Zander, Stelzmann).

Dietrich Burger *Kleiner Zirkus* 1976. Kaltnadel-Radierung. 15,5 x 15,5 cm.

Ein Teil der »Neusachlichen« operiert mit

- Verschlüsselung des Bildgehaltes durch Allegorien, Symbole usw. (Mattheuer, Zander und andere)
- Anwendung der Simultanmethode (Tübke, Stelzmann, Rink und andere) und
- einem Lakonismus, der sich in gegenständlich verknappten, expressiv gesteigerten Sinnbildern äußert (etwa Mattheuer: *Requiem für Victor Jara*, 1973; Rink: *Spanien 38*, 1974; G. K. Müller: *Das Jahr Fünfundvierzig*, 1973/74).

Die Ausbildung solcher stilistischer Besonderheiten wurde in Leipzig wesentlich durch den Einfluß jener zeichnerischen Tradition begünstigt, der durch die Hochschule für Grafik und Buchkunst an das Literarische und an das Buch gebunden ist.

Viele der Besonderheiten der »Leipziger Schule« sind allerdings durchaus nicht neu. Der sachlich-glatte (zuweilen veristische) Stil war in der ostdeutschen Malerei eigentlich immer präsent: in Dresden bei Querner, Tröger und Nehmer – in Berlin stand der Anfang verschiedener Maler der mittleren Generation (zum Beispiel Helmut Diehl, Ronald Paris, Hans Vent, Ernst Schroeder) ganz im Sinne einer sachlichen Formbetontheit. Auch

Bernhard Heisig *Vaclav Neumann* 1973. Öl. 90 x 67,5 cm.
Leipzig: Museum der bildenden Künste

in Ausstellungen war dieser Stil oft gegenwärtig (Dix; bedeutsam die Radziwill-Entdeckung der Nationalgalerie zu Berlin im Jahre 1957). Das Simultanbild ist auch keine Leipziger Erfindung (in der DDR: Bert Heller 1958, später, 1965, fast gleichzeitig Sitte und Tübke), ebenso nicht die allegorische Malerei (in der DDR: Hans Grundig, Heinrich Ehmsen, Wilhelm Lachnit). Neu hingegen sind die Kumulation dieser Elemente, ihre konsequente Weiterführung und die programmatische Auswertung historischer Stilformen von jenseits des 20. Jahrhunderts und deren Einbindung in eine gesellschaftlich engagierte Kunst – überwältigend aber war das massenhafte Angebot solcher Kunstwerke: Es löste Verkrustungen, brachte Zustimmung, stieß auf Widerspruch.

Im Kontakt mit den beiden Hauptströmungen der Leipziger Malerei entstanden etliche Sonderleistungen, von denen hier wenigstens zwei erwähnt werden sollen. Geradezu im Widerspruch zur Leipziger Kunstlandschaft steht Hans-Peter Hund, der vor allem im Aquarell und im Holzschnitt erfolgreich ist. Seine Aquarelle sind strenge und dichte Wasserfarbenmalereien, die einer bestimmten Tendenz der Dresdner Malerei, etwa

Günter Horlbeck *Segel* 1979. Collage: Japanpapier, Öl, Faserstift. 80 x 60 cm. Leipzig: Sammlung Sparkasse

Günter Firit *Im Atelier (Maria)* 1974. Öl. 85 x 66 cm. Leipzig: Sammlung Sparkasse

Wolfgang Peuker *Meine Tür* 1973/74. Öl. 49 x 34 cm. Halle: Staatliche Galerie Moritzburg

Frank Ruddigkeit *Studie Kopf Walter Jens* 1987. Rötel. 50 x 32,5 cm.

Ursula Mattheuer-Neustädt *Heinrich von Kleist* 1976. Bleistift. 85 x 70 cm.

Hans-Peter Hund *Dorfstraße mit Männerkopf* 1974. Holzschnitt. 15 x 30 cm.

Gil Schlesinger *Landschaft* 1970. Öl. 55 x 75,5 cm. Leipzig: Sammlung Sparkasse

Gudrun Brüne *Selbst mit Vorbildern* 1982. Öl. 100 x 130 cm. Dresden: Galerie Neue Meister

Erich Kissing *Leipziger am Meer* 1975–79. Mischtechnik. 122 x 172 cm. Leipzig: Museum der bildenden Künste

Rosenhauer und Querner, sehr nahe stehen. Ein besonderer Fall ist auch Peter Sylvester, der mit Bernhard Heisig (Lithographie), Wolfgang Mattheuer (Holzschnitt, Siebdruck), Rolf Münzner (Schablithographie), Peter Schnürpel (Algrafie), Rainer Herold (Siebdruck), Wolfgang E. Biedermann (Farbradierung), Karl-Georg Hirsch (Holzstich), Peter Laube und Volker Stelzmann (Radierung) zu den nenneswerten Graphikern der Stadt gehört.

Volker Stelzmann *Bunkerkarneval* 1976. Mischtechnik. 125 x 112 cm.
Berlin: Nationalgalerie

Veränderungen im Bildgehalt

Für die siebziger Jahre ist unter anderem charakteristisch, daß sich das Historienbild öfter als ehedem als »Epochenbild« präsentierte. Ungeachtet dessen entstanden jedoch immer wieder Historienbilder, die sich auf ein bestimmtes Ereignis beschränkten, das aus aktuell-zeitgenössischer Sicht interpretiert wurde, etwa Arno Mohrs *Triptychon für Auschwitz* (1970), Wolfgang Frankensteins Dreitafelbild *Novemberrevolution* (1969), das ikonographisch an Ehmsens Exekutions-Triptychon *Erschießung des Matrosen Egelhofer* (1933) anknüpft, Heinz Zanders expressives Grünewald-Porträt (1971) oder sein Fünftafelbild *Der deutsche Bauernkrieg* (1974). In diesen Zusammenhang gehört auch Horst Sakulowskis Bild *Deutschland 1525*, das sich in sinnbildhafter Form mit dem geschichtlichen Ereignis des Bauernkrieges auseinandersetzt. Für das »Epochenbild«, das historische Prozesse samt den ihnen inhärenten Zusammenhängen, Gesetzmäßigkeiten und Perspektiven gestaltet, wurden Gemälde von Bernhard Heisig (*Pariser Kommune*, 1972) und Willi Sitte (*Mensch, Ritter, Tod und Teufel*, 1971) bedeutsam.

Sittes Zweitafelwerk nimmt Bezug auf Dürers Kupferstich *Ritter, Tod und Teufel*, den es auch zitiert: als ein Flugblatt, das in die Menge geworfen wurde. Das Werk führt auf der linken (größeren) Tafel in der Art einer gemalten Collage in sehr vehementen Szenen gesellschaftliche Auseinandersetzungen (und Zustände) in westeuropäischen Ländern vor: Studentenrevolte, maoistische Sektierer, Sex, Niederknüpplung von Demonstrationen ... ein Bild der Gewalt und Verführung. Die rechte Tafel bringt das Gegenstück, das in der Welt auch existiert: die von Zuversicht und Glück geprägten menschlichen Beziehungen. Das collagistische Malprinzip bestimmt auch zahlreiche spätere Werke.

Bernhard Heisigs vierteiliges Gemälde *Pariser Kommune* von 1972 zeigt in furioser Pinselschrift die ganze Härte und Leidenschaftlichkeit des Kampfes, bringt in der letzten Tafel einen neuen bildnerischen Wert in die Ikonographie der Exekutionsdarstellung und entlarvt in der schmalen Tafel zuvor die Reaktion mit Mitteln der Groteske: Das Bild ist ein Hauptwerk der Historienmalerei in der DDR. Bernhard Heisig hat die leidenschaftliche Gestik seiner Malerei später weitergetrieben. Beispiele dafür sind das mit Allegorien operierende Gemälde *Ikarus* von 1975 und das Bild *Die Beharrlichkeit des Vergessens*, das 1977 entstanden ist.

Ebenso wurde das Bild des Arbeiters in den siebziger Jahren vorangebracht. In den Vordergrund trat eine nüchternere wie auch persönlichere Sicht. Der Arbeiter wird nicht mehr ausschließlich im Prozeß der Produktion gezeigt, sein ganzes Leben (bis hin zur Freizeit) steht im Blickpunkt. Nicht nur Stahlwerker sind bildwürdig, sondern auch die Arbeiter von der Müllabfuhr (Axel Wunsch: *Aschmänner*, 1974). Die idealisierte Auffassung (zum Beispiel, wenn auch gänzlich unpathetisch, noch bei Frank Ruddigkeit: *Meister Heyne*, 1971) verschwindet immer mehr und macht oft einer heiteren oder freundlich-ironischen In-

Nuria Quevedo *30 Jahre Exil* 1971. Öl. 120 x 160 cm. Chemnitz: Kunstsammlung

Heidrun Hegewald *Kind und Eltern* 1976. Öl. 110 x 190 cm. Berlin: Nationalgalerie

terpretation Platz: Sighard Gilles *Brigade ›Heinrich Rau‹* (1972), besonders aber Peter Schnürpels Algrafie-Zyklus *Autobahnbau* (1973) – das Gewichtige, Eherne früherer Darstellungen ist hier zugunsten von Natürlichkeit und Selbstverständlichkeit gewichen.

Eine herausragende, damals viel diskutierte Arbeiterdarstellung ist Wolfgang Mattheuers Gemälde *Die Ausgezeichnete* (1974). Es verwirklicht die nüchtern-schonungslose Sicht in asketischer bildnerischer Klarheit, mit strenger Tektonik und in glattem Pinselstrich bei leuchtend-sattem Farbauftrag. Mattheuers lakonisches Gemälde führt einen moralisch-kritischen Aspekt in die Arbeiterdarstellung ein. Es verweist darüber hinaus auf weitere Veränderungen im Bildgehalt, wie sie für die siebziger Jahre kennzeichnend waren. Auf einige soll hier mehr summarisch eingegangen werden:

- Intelligenter und vielschichtiger angelegte Sujets bestimmten das Bild der Ausstellungen. Besonders auffällig machte sich das zum Beispiel im bildkünstlerischen Echo auf die Konterrevolution in Chile bemerkbar, etwa in Arbeiten von Mattheuer, Heisig, Sitte, Karl Erich Müller, Hachulla, Stelzmann, Ebersbach.
- Fragen nach Grundsituationen des Lebens wurden mehr denn je gestellt. Als ein Beispiel dafür kann Nuria Quevedos Gemälde *30 Jahre Exil* (1971) gelten, dessen dunkle Monochromie das Erlebnis der Generation der Eltern der exilspanischen Künstlerin ausspricht. Die Malerin, die in der DDR ihre künstlerische Ausbildung erhalten hatte, äußerte dazu: »Das Exil ist eine harte Sache, ganz gleich wo, in welchem Land. Es ist eine Entwurzelung. Es ist ein persönliches, unwiederbringliches Opfer. Denn diejenigen, die damals weggingen, sind jetzt über 60, also die wichtigsten Jahre im Leben sind vorüber. Bleibt nur noch das Alter; und das ist nun das persönlich Harte daran.«[76] Dieses Bild belegt – wie Mattheuers *Ausgezeichnete* und viele andere Werke – den zunehmenden Gesprächscharakter in der realistischen bildenden Kunst der siebziger Jahre. Peter H. Feist führte dafür den Begriff »dialogisches Bild« ein. Der Künstler verstand sich nun als Partner im Dialog der Selbstverständigung der Gesellschaft.
- Im Zusammenhang damit stellten Maler und Graphiker (wie die Literaten) immer tiefgreifendere kritische Fragen, welche Widersprü-

che aufdeckten mit dem Ziele, die Gesellschaft zu vervollkommnen. Das geschah selbst in solchen Genres wie dem Interieur, dem Stilleben, der Landschaft oder dem Architekturbild (vgl. die Neustadt-Bilder von Uwe Pfeifer). Hauptsächlich wurde die Kritik dort angesetzt, wo sich Rudimente eines anachronistischen Bewußtseins am deutlichsten zeigten: im Alltag der Menschen, im ethischen Verhalten (Hegewald, Mattheuer, Hannes H. Wagner, Sighard Gille usw.).

- Auch die Erotik kam nunmehr in den bildnerischen Darstellungen zu ihrem Recht. Sie wurde unverdeckt (Sitte) und frei von jeglicher Laszivität als Ausdruck von Sinnes- und Lebensfreude ins Bild gebracht.

Diese Veränderungen im Gehalt der Bilder haben Malerei und Graphik in der DDR attraktiver gemacht. Die Kunst war der gesellschaftlichen Wirklichkeit dichter auf den Fersen als je zuvor. Das war auch ein Grund für die Zustimmung, die von den Rezipierenden gekommen ist. Noch nie hatten Malerei und Graphik ein so großes Publikum wie in diesen siebziger Jahren.

Neue Werte der Bildstruktur

Das Vertiefen, Differenzieren und Erweitern der Bildgehalte ging einher mit tiefgreifenden Änderungen und Bereicherungen der Bildstrukturen. Die Charakteristika, die hier von der Kunst der endsechziger Jahre gegeben wurden, lassen sich ebenso der Malerei des neuen Jahrzehnts ablesen. Dennoch traten, vermutlich auch bestärkt durch die zeitgenössische Dichtung von Bertolt Brecht bis Christa Wolf und Volker Braun, neue Werte hinzu, bzw. schon früher sichtbare gelangten jetzt zu voller Ausbildung. Gemeint ist im einzelnen folgendes:

- In zahlreichen Werken der Malerei und Graphik nahm das kognitive Element zu. Das

Klaus Dennhardt *Porträt Hermann Glöckner* 1974. Siebdruck. 55 x 55 cm.

Horst Sakulowski *Porträt nach Dienst* 1975/76. Öl. 69 x 93 cm. Jena: Stadtmuseum

bedeutete, daß die Bildstrukturen mehr logischen Prinzipien unterworfen wurden (zumal von den Anhängern der »Leipziger Schule«) denn sinnlich-konkreter Reflexion (und feinsinniger Meditation) verpflichtet sind (obgleich diese immer einen unübersehbar wichtigen Platz in der bildenden Kunst eingenommen haben). Ausstellungen belegten jedenfalls, daß vielen Malern gedanklich Abgeleitetes wichtiger zu sein schien als sinnlich Wahrgenommenes. Die »sekundäre Anschaulichkeit«[77] (zu finden etwa in den Werken von Mattheuer, Stelzmann, Hachulla, Rink, Ranft und anderen Künstlern) ist gleichberechtigt neben die »primäre Anschaulichkeit« getreten (realisiert vergleichsweise in Werken von Bernhard Kretzschmar, Wilhelm Rudolph, Theodor Rosenhauer, Curt Querner, Hans Jüchser, Harald Metzkes, Manfred Böttcher, Siegfried Klotz und anderen).

- Im Zusammenhang mit der Zunahme des kognitiven Elements gewannen die dialektische Metaphorik (etwa bei Mattheuer) und die dialektische Figur (etwa bei Sitte) an Bedeutung – beide ließen insbesondere innere Widersprüche erkennbar werden.
- Auch ikonische Zeichen wurden wichtig. Ihr Bedeutungsgehalt war zumeist bildungsgeschichtlich bekannt, so daß ihre Rezeption abgesichert galt: Aber die Zeichen erhielten in der bildnerischen Konfiguration historisch und bedeutungsgemäß einen neuen Stellenwert (etwa die Delacroix'sche Freiheitsfigur bei Mattheuer: *Hinter den sieben Bergen,* 1973; die Marionette/Gliederpuppe als Zeichen von Fremdbestimmung und Entpersönlichung des Menschen bei Tübke: *Lebenserinnerungen des Dr. jur. Schulze III,* 1965, *Bildnis eines sizilianischen Großgrundbesitzers,* 1972; das trojanische Pferd bei Sitte: *Jeder Mensch hat das Recht auf Leben und Freiheit,* 1973/74. Als historisch nicht tradierte Zeichen wurden den künstlerischen Arbeiten »Signale« aus der modernen Technik und Wissenschaft eingefügt – sie funktionieren zuweilen wie Piktogramme (Hochspannungsleitungen, Computer, Televisor, Atommodelle usw.). Selbstverständlich standen die ikonischen Zeichen einer nicht-realistischen Kunst (etwa bei A. R. Penck) in einem vollständig anderen kunsttheoretischen und soziologischen Zusammenhang.
- Methoden des Zitierens (von Motiven aus dem kunstgeschichtlichen Erbe – den Anfang

machte 1958 Bert Heller mit dem Gemälde *Scheideweg* – bzw. von fotografischen Dokumenten) gewannen verstärkt das Interesse vieler Künstler. Das reichte, was die Integration oder Adaption von fotografischen Materialien bzw. Dokumenten betrifft, von Heinz Zanders Gemälden (zum Beispiel *Nach einem Foto aus Saigon*, 1969) über Volker Stelzmanns Werke (*Demonstration*, 1974, oder *Stilleben Chile ›September 73‹*, 1974) bis zu Klaus Dennhardts geistvollen Porträtinterpretationen, die in der Offset-Lithographie bzw. im Siebdruck vorgetragen wurden, und zu Peter Sylvesters technisch bravourös manipulierten Adaptionen in Aquatinta.

- In die künstlerische Gestaltungsweise fanden assoziative Operationen Eingang. Informelle Methoden wurden dabei genauso ausgewertet wie (inhaltlich umfunktionierte) surreale Prinzipien (etwa bei Horst Sakulowski) oder phantastische Figurationen. Das bedeutete für einen Teil der Kunst in der DDR verstärkt Finden und Konstruieren von Allegorien, Parabeln, Hyperbeln und Grotesken.
- Vertiefung des hedonistischen Elements der Kunst durch stärkeres Herausarbeiten des Kunstvollen, durch Pflege einer kultivierten Malsprache, durch die Eleganz bildnerischer Lösungen, durch den drucktechnischen Reichtum der Graphik usw. (als Beispiele: Tübkes *Bildnis eines sizilianischen Großgrundbesitzers*, 1972, Heisigs Neumann-Porträt, 1973, Metzkes Familienporträt, 1973, Druckgraphik von Biedermann und anderes). Das Ergebnis war beim Rezipierenden eine größere ästhetische Freude und gesteigerter sinnlicher Genuß an Werken der bildenden Kunst.

Wolfgang E. Biedermann
Hommage à Caspar David Friedrich 1976.
Farbradierung. 49,5 x 34 cm.

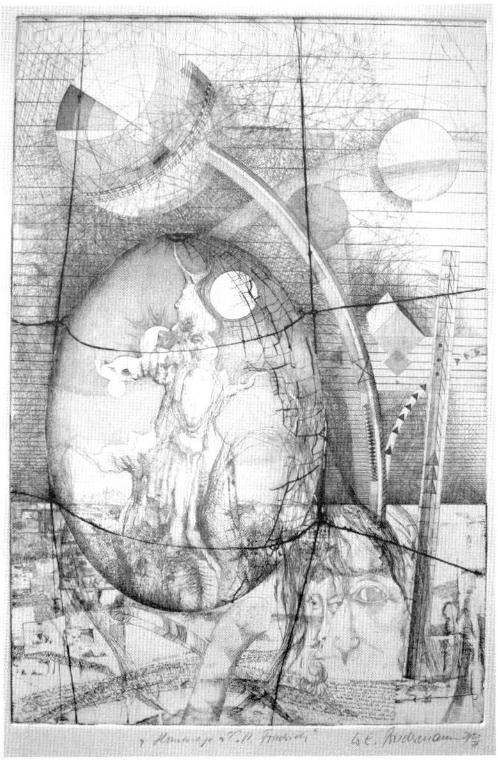

Die ästhetische Theorie reagierte auf diese mentalen und strukturellen Veränderungen entsprechend. Der falsche Standpunkt, realistische Kunst brauche »eine künstlerische Form, die das Leben in den Formen des Lebens widerspiegelt«, mußte endlich aufgegeben werden. Der sowjetische Ästhetiker Dmitri Fjodorowitsch Markow schlußfolgerte: »Der sozialistische Realismus wird als ein neuer Typus des künstlerischen Bewußtseins, als neuer Typus des Realismus betrachtet, in dem die Kardinalfrage der Methode – das Verhältnis der Kunst zur Wirklichkeit – als weiträumiger, praktisch unbegrenzter Prozeß bildhafter Erkenntnis des Lebens fungiert. Kraft dessen läßt er sich auf keine reglementierten Formen künstlerischer Verallgemeinerung reduzieren.«[78]

Ein Künstler erwies sich als Schlüsselfigur für diese Entwicklung, wie sie hier in einigen ihrer Charakteristika dargelegt worden ist: Wolfgang Mattheuer.

Wolfgang Mattheuer

Mattheuer, Jahrgang 1927, ist als Maler Autodidakt. Der gebürtige Vogtländer arbeitete zunächst als Gebrauchsgraphiker. Die Entscheidung für die Malerei fiel gegen 1958. Wolfgang Mattheuer fand zu seinem markant ausgeprägten Stil über eine zwar sachbetonte, aber doch mehr impressive Malerei. Verdichtung und Verknappung lassen sich erst ab 1960 beobachten. Von da an vollzog sich die Entwicklung so schnell, daß bereits in der Mitte der sechziger Jahre die hauptsächlichen Arbeitsgebiete einsehbar wurden:

- Eine Landschaftsmalerei, in der sich das Naturverhältnis des mobilen Großstädters ausdrückt: Landschaft, von der Straße gesehen, vom Auto aus (*Osterspaziergang II,* 1971; *Hinter den sieben Bergen,* 1973), mithin bar »malerischer Stimmungen« – dafür klare, geschlossene Optik, die von Großformen, genau umrissener Gegenständlichkeit und kräftigen Farbgegensätzen bei völligem Verzicht auf eine gestuelle Malweise ausgeht. In vielen dieser Bilder spielen die Weite und Tiefe des gedehnten Horizontes (Caspar-David-Friedrich-Rezeption) eine Rolle, zu ihm hin bewegt sich alles: Stromleitungen oder Straßen, zumal Autos als die Transporteure des Menschen und seiner Sehnsucht nach dem Entdecken des Nochnichtgesehenen.

Mattheuers Landschaften sind sehr oft von einem erhöhten Standpunkt aus gesehen, sie geben bevorzugt ein Panorama (Leipzig, 1971), immer aber Weite, und zwar in einer dialektischen Interpretation, nämlich sowohl in der Tiefendimension, die den Körpern Raum schafft, um sich plastisch bewegen zu können, als auch im Nahraum, der das Ferne zwar perspektivisch unverletzt läßt, es aber zugleich optisch (durch Mittel der Farbe und der Linienkomposition) heranholt: Der Mensch bewegt sich im Raum, welcher scheinbar »schrumpft«, näher kommt, aber dennoch seine sichtbare »Richtigkeit« behält – Malerei reflektiert hier die komplexe Inbesitznahme des Raumes durch das gesellschaftliche Individuum. In solch neuem Erschließen der Landschaft spricht sich das Lebensgefühl des heutigen Menschen aus, der nicht nur im Auto sein Land bereist, son-

Wolfgang Mattheuer *Kain* 1965. Öl. 96 x 118 cm. Halle: Staatliche Galerie Moritzburg

Wolfgang Mattheuer *Osterspaziergang II* 1971/72. Öl. 58 x 89 cm. Aachen: Sammlung Peter Ludwig

dern es im Flugzeug überquert; eine Seherfahrung wird Bild, die mehr aufs Ganze und Totale gerichtet ist, auf den Über-Blick, der die Erfahrung des schnellen Fortbewegens, der Geschwindigkeit, ebenso in sich aufgenommen hat wie die optische Reizüberflutung durch die städtische Umwelt.

- Eine Mischform zwischen Landschaftsmalerei und Genrebild ist die Suite der Fenster-Bilder, in denen im Wechselspiel zwischen Nähe und Ferne, Drinnen und Draußen ein dialektischer Zusammenhang zwischen dem Menschen und seiner Umwelt sichtbar wird: gedankenvolle Interpretation des Mensch-Natur-Verhältnisses. Mattheuer greift mit diesen Gemälden eine Tradition auf, die von den niederländischen Meistern des 15. Jahrhunderts bis ins 20. Jahrhundert (Oskar Schlemmer) verfolgt werden kann. Für die Malerei in der DDR war dieser Bildtyp durchaus keine Seltenheit (Hans Grundig, Otto Niemeyer-Holstein, Albert Wigand und andere). Die problemreiche Auseinandersetzung mit der gesellschaftlichen Wirklichkeit der DDR gerät immer mehr in das Zentrum des Schaffens von Wolfgang Mattheuer. Hierher gehören sowohl die kritische Genremalerei (*Nach der Party*, 1968) als auch und vor allem die allegorischen (zum Teil symbolischen) Gedankenbilder, die hinter die Kulissen von Gewohnheit und Konvention dringen. Mattheuer, dem es unabdingbar um die Bewältigung von Problemen im Zusammenleben der Menschen geht, entwickelte dabei neue Möglichkeiten realistischer Verallgemeinerung: Emblematische Strukturen und dialektische Figurationen werden gehandhabt, um in die Malerei eine produktiv-kritische Methode einzuführen.

Ein Hauptstück des Mattheuerschen Œuvres ist das Gemälde *Horizont* (1970). Das verschlüsselte Bild weist auf spießige Engstirnigkeit, kleinliche Wortklauberei und auf phrasenhafte Reden. Das Gemälde ist durch seine Metaphorik relativ offen für Interpretationen, es legt verschiedene Ausdeutungen und Schlußfolgerungen nahe. Seine Konstruktion zwingt zum Nachdenken. Auf alle Fälle stellt der Künstler die Phrase, das gleichgültige Verhalten, den herzlosen Bürokraten, den

Egoisten, die Angst vor der eigenen Entscheidung bloß. Mental geht Mattheuer noch weiter, indem er die Erfindung des Zweiten Gesichtes im *Maskenmann* (1981, Zeichnung) aufgreift, die im Januskopf-Symbol (bei Metzkes 1977) historisch vorgeprägt ist. Auch hier Vieldeutigkeit als Stilprinzip. Maskenmann suggeriert die Frage nach dem wahren Gesicht, imaginiert Eingesperrtsein, aber auch Doppelzüngelei, benennt »zwei Sprachen im Land« (Adolf Dresen), private Meinung nach innen, Schutz-Phrase nach außen: Lüge als Gesellschaftsspiel, demoralisierte Sozietät.

Formal setzt Mattheuers Malerei Sehgewohnheiten voraus, die einerseits aus der Lebenspraxis des heutigen Menschen, zumal des Stadtbewohners stammen, andererseits durch den permanenten Einfluß der Massenmedien bedingt sind. Das hatte zur Folge, daß der Maler an die Reize äußerster optischer Reduktion, des Neben- und Miteinanders verschiedener Ereignisse und an signalhafte Präzision anknüpfte. Charakteristisch sind die Verbindung von scheinbar Entgegengesetztem (Paradoxon) und die unvermittelte Überführung eines reichen gedanklichen Inhalts in die jäheste Anschaulichkeit. Auch Verfremdungen sind für Mattheuer bezeichnend, mitunter selbst etwas Bedrohliches – das ergibt sich zum einen Teil aus der plastischen Übermacht der Figuration im Raum (die weder durch luminaristische noch durch atmosphärische Reize vermittelt wird), zum anderen aus absonderlichen (mitunter schockierenden) Bilderfindungen. Ein Vergleich mit Malern des Surrealismus (etwa mit René Magritte) liegt auf der Hand. Natürlich wertete Mattheuer diese Kunst für sich aus. Auch gibt es eine Affinität zu Beckmann und zu den Meistern der Neuen Sachlichkeit. Aber gedanklich wie optisch ist Mattheuers Malerei in der Zeit verwurzelt – das macht zu einem großen Teil ihre Faszination aus. Methodisch steht diese Kunst der realistischen Schreibweise eines Volker Braun viel näher als der Malweise irgendeines Malers. Selten war eine Kunstleistung in der DDR so unmittelbar – gedanklich wie formal – aus der Gegenwart gewachsen wie diese. Indessen wäre es einseitig, das Besondere dieser Bilder ausschließlich mit neuen Seherfahrungen und gewandelter Lebensweise zu erklären. Hinzu kommt die philosophisch geprägte Gedanklichkeit dieses grüblerischen Malers.

Das malerische Werk Wolfgang Mattheuers wird von einer beträchtlichen graphischen Produktion

Wolfgang Mattheuer *Geh' aus deinem Kasten* 1985. Öl. 170 x 270 cm. Hannover: Sprengel-Museum

(Lithographie, Holzschnitt, Siebdruck) begleitet. Der Künstler bevorzugt dabei den Holzschnitt. Sein Stil wird durch lapidare Strukturen bestimmt. Der überscharf figurierte Strukturenschnitt war mit dem auf sicher aufgerissenen Schwärzen beruhenden strengen Geometrismus eine Sonderleistung in der Holzschnittkunst der DDR. Vor 1971 zeichneten sich diese Holzschnitte durch die rhythmische Parallelität der Stege aus, deren gereihte Massen geschlossene Schwarzfelder plastisch, fast schmerzhaft, hervortreten lassen (*Flüchtende, Fernsehstilleben,* 1967). Seither existieren auch differenziertere Schnitte, in denen die bisher zu beobachtende dramatische Härte einem kontemplativen Lyrismus Platz gemacht hat (*Sommer,* 1973; *Strandkörbe,* 1974). Einendes Stilprinzip zwischen Holzschnitten und Malerei ist die betont herausgearbeitete optische Schärfe der Gegenstandswelt.
Die Kunst Mattheuers hat ikonographisch und stilistisch zahlreiche junge Künstler in der DDR inspiriert.

Leipziger Graphik zwischen Tradition und Modernität

Das Zentrum der Leipziger Graphik war die Hochschule für Grafik und Buchkunst, die bereits in den sechziger Jahren zur Höhe der alten Graphischen Akademie aufschloß. Den Holzstich, den dort einst Hans Alexander Müller nach Karl Rössing wieder aus einem einfachen Reproduktionsverfahren hin zur freien Graphik geführt hatte, fand hier befähigte Wiedergänger. Nach 1945 wirkte an der Hochschule Johannes Lebek, der diese alte Kunst erneut aufnahm. Zehn Jahre später, 1955, treten mit Gerhard Kurt Müller und Hans-Joachim Walch Künstler hervor, die den Holzstich zu neuer Blüte führten. Gerhard Kurt Müller gilt als der Begründer der Leipziger Holzstecherschule, die sich neben und mit der Leipziger Malerei entwickelte und mit deren neusachlicher und neoexpressionistischer Stilistik korrespondiert.[79] Aus der Gruppe der hochbegabten Holzstecher, die aus dieser Leipziger Schule hervorgegangen sind, seien Andreas Brylka, Heiner Vogel, Volker Wendt und Egbert Herfurth genannt. Den eigentlichen Höhepunkt erreichte der Holzstich in Leipzig aber mit Karl-Georg Hirsch (in Berlin wurde die Technik 1949 von Werner Klemke eingeführt und nach ihm mit Erfolg von Wolfgang Würfel genutzt).

Gerhard Kurt Müller *Zu Schiller, Kabale und Liebe* 1968. Holzstich. 8 x 7 cm.

Karl-Georg Hirsch, der sich auch als Maler vorgestellt hat, gilt als das Haupt der Leipziger Holzstecher-Schule. Sein Werk ist nicht nur auf exzellente Buchgraphik begrenzt, es existiert auch ein umfangreiches freies druckgraphisches Œuvre. Die ersten Holzstiche gehören noch in die sechziger Jahre. Das buchfreie Werk entfaltete sich mithin nicht als Illustration, wohl aber zumeist im Konnex zu Literatur und Philosophie. In der Technik des Holzstichs erreichte Hirsch jene Klassizität und Modernität, die ihn zu einer herausragenden Persönlichkeit in der druckgraphischen Kunst werden ließen. Seine Stilmittel sind höchst variabel, die anregende Gedanklichkeit der Blätter ist anspruchsvoll und vieldeutig. Walter Jens hat in seiner Laudatio, die er 1998 im Museum Ratzeburg hielt, auf »die Mauer« als Zentraltopos dieser Kunst verwiesen, die «Ausdruck einer umfassenden Entfremdung zwischen Mensch und Mensch« gewesen sei. In der Tat gibt die Expressivität dieses Stils in seiner Detailgenauigkeit und ekstatischen Übersteigerung von Physiognomie, Gestik und Räumlichkeit und in der überhitzten Atmosphäre vieler Szenen Kunde von Eingesperrtsein, Heuchelei, Spitzeltum, Angst und Unruhe, ist Ausdruck von Klaustrophobie und

Egbert Herfurth *Aus dem Jahn-Krimi* 1972.
Kolorierter Holzstich. 6,6 x 10,2 cm

damit ein Realismus, der die Wahrheit über gesellschaftliche Verhältnisse ins Bild bringt.
Das technische Instrumentarium erweiterte Hirsch in den siebziger Jahren auf Radierung, in den achtzigern auf Aquatinta und Kombinationsdrucke (Farbholz- und Linolschnitt), der Holzstich bleibt jedoch über all die Jahre im Zentrum des Werkes.
In der Tradition von Hans Alexander Müller arbeitet auch Rolf Kuhrt, der jedoch nicht den Holzstich, sondern den Holzschnitt zu seiner Domäne gemacht hat. Neben Wolfgang Mattheuer ist er der erfolgreichste Vertreter dieser Technik in Leipzig. Sein expressiver, lapidarer Schnittstil wird in dramatischen Szenen realisiert, die, gleich Hirsch, essentielle gesellschaftliche Themen verbildlichen. Gewalt, ob bei Kain oder Hiob, wird in erbarmungsloser Härte in zeitkritischer Reflexion an den Pranger gestellt. Auch in den Gemälden, Zeichnungen und Plastiken des Künstlers findet diese neuexpressionistische Kunst ihren ekstatisch-turbulenten Ausdruck, welcher Spiegel der Gewalttätigkeiten dieser Zeit ist. Aus dieser Kunst ruft Warnung und Verzweiflung, auch Alleinsein, ob in Zeichnungen oder in Gemälden, wie *Operation total* (1989) oder *Familie* (1990).
Aus der Fülle des Leipziger Graphikangebotes der siebziger Jahre sei noch auf Günter Horlbeck verwiesen, der konsequent seinen Weg zur Abstraktion ausschritt, und auf Volker Stelzmann, der sich als veristisch geprägter Realist in der Radierung einen Ruf erwarb. Hervorzuheben sind sodann Wolfgang E. Biedermann und Joachim Jansong. Biedermann erwies sich in großformatigen Farbradierungen, die im Mehrplattenüberdruck hergestellt wurden, als ein Feingeist des Kupfertiefdrucks, der »innere Landschaften« imaginabel werden ließ und dabei Realitätsfragmente mit informellen Strukturen kombinierte (*Homage à Caspar David Friedrich,* 1976) – Radierungen in Richtung Johny Friedlaender.
Joachim Jansong kam von der Fotografie zur Druckgraphik. In den »Erinnerungen« trat er 1978 mit Siebdrucken vor die Öffentlichkeit, die Decollage-Effekt und Fotografie nutzten. In den achtziger Jahren führte er für die Graphik in der DDR ungewohnte drucktechnische Verfahren ein. Er kombinierte Radierung und Aquatinta mit Heliogravure. Zwischen 1983 und 1987 schuf er Drucke für die von Horst Hillmer mit Gespür für druckgraphische Qualität betreute Galerie der heute nicht mehr existierenden Fliesenwerke in Boizenburg an der Elbe (*Dona nobis pacem,* 1983; *Roma eterna,* 1986). In diesen Drucken sind Fotografie und Radierung zu einer eigenartigen druckgraphischen Einheit verbunden. Der Protokollcharakter der Fotografie ist durch Manipulationen im Tiefdruck verfremdet, »eingetrübt«. Überdrucke und Überzeichnungen, integriertes fotografisches Material, Zeit und Raum scheinen in

Karl-Georg Hirsch *Feuer!* 1981. Holzstich. 13,9 x 14 cm.
(Blatt 10 aus der gleichnamigen Mappe der eikon-Graphik-Presse Dresden)

Rolf Kuhrt *Laokoon I* 1979. Holzschnitt. 62,5 x 46,6 cm.

einer »weichen«, matt leuchtenden Faktur aufgehoben zu sein. Unterschwellig schimmern Methoden der Kombinatorik der Surrealisten durch diese schöne Kunst. Vieldeutigkeit auch hier als Stilprinzip.

Zwei weitere Graphiker, ein jeder ein Souverän seiner Kunst, sind Rolf Münzner, der Lithograph, und Baldwin Zettl, der Kupferstecher.

Rolf Münzner hatte die Schule von Werner Tübke und Gerhard Kurt Müller durchlaufen und in der Aspirantur die Vorzüge der lithographischen Werkstatt von Horst Arloth genossen, die er zwei Jahrzehnte später selbst leiten sollte. Als 1973 papierumflattert seine *Druckpressen über Leipzig* schwebten und wehten, eine Schablithographie, die als Plakat für die 2. Leipziger Graphikbörse diente, war sein Name in vieler Munde. Mit ihm trat ein Künstler mit erfrischender Phantasie an, der schwere Maschinen in den Himmel über Leipzig schickte und dadurch die Skyline der Stadt mit ihrer druckgraphisch-polygraphischen Schaffensexistenz zusammenbrachte. Der Bild-Erfinder und Fabulierer war in der selten geübten Schabtechnik auf Stein am Werke. Seither sind phantastisch, grotesk und sensibel Epitheta seiner Kunst, später wurden noch skurril und iro-

Joachim Jansong *Leipziger Osten* 1983. Radierung. 33 x 23,2 cm.

Rolf Münzner *Druckpressen über Leipzig* (Als Plakat verwendet) 1973. Schablithographie. 36,5 x 26,5 cm.

Baldwin Zettl
Die Sensation (Johannes Wüsten gewidmet) 1971.
Kupferstich. 25,8 x 21,5 cm.

Baldwin Zettl *Melancholie II (auch Bahnhof)* 1988.
Kupferstich. 24,7 x 21 cm.

Rolf Münzner *Hommage à Senefelder* 1985. Schablithographie. 24 x 32 cm.

nisch nachgetragen. Neben Arbeiten für das Buch entstanden freie graphische Blätter, welche die Erzählkraft dieses Künstlers ebenso wie die technische Perfektion immer wieder unter Beweis stellten. Als der Meisterdrucker Horst Arloth 1984 in seiner Edition arwil die Mappe *saxa loquuntur – hommage à alois senefelder* (55 Exemplare) herausgab, war er selbstverständlich dabei. Sein Schabblatt fügt sich zur zeichnerisch zupackenden Porträtkunst Bernhard Heisigs und Dietrich Burgers, zum Lyrismus einer Steinritzung von Gerhard Altenbourg, zur arkadischen Kreidelithographie Werner Tübkes und zu Künstlern einer jüngeren Generation, allesamt Jünger Senefelders, die sich mit Michael Kunert, Walter Libuda, Johannes Heisig und Wolfgang Henne aufgeregt und in mitunter turbulent-dynamischer gestischer Bildsprache artikulierten. Rolf Münzner war unter ihnen jener Künstler, der mit der Asphaltschablithographie einen technischen Neuwert einbrachte, welcher in deutschen Landen seinesgleichen so nicht hatte. Er walzt auf den Stein einen dunklen, dünnen Asphaltgrund, welcher der eigentliche Druckträger ist und aus ihm schabt und ritzt er negativ die Zeichnung, die grau bis weiß in fast unglaublich feinen Nuancen und zarten Strichen im matten, beinahe »samtenen« Schwarz steht. Münzner hatte die Kraft und die Disziplin, diese Kunst auf einsame Höhen zu führen.

Baldwin Zettl, ebenfalls Schüler von Tübke und Müller und zudem von Kuhrt ist eigentlich ein Enkel-Schüler von Johannes Wüsten (1896–1943), der den Kupferstich im 20. Jahrhundert wieder zu eigenständiger Kunst erhoben hatte. Er begann 1967 mit der Arbeit am Kupferstich im anspruchsvollen Dialog mit der Literatur, und zwar mit Kleist, Büchner, Storm und Heine. 1971 überraschte Zettl mit dem großen Kupferstich (25,8 × 21,5 cm) *Die Sensation – Johannes Wüsten ge-*

widmet: eine Menschenansammlung auf einer Brücke über Bahngleisen und verunglücktem Zug. Dicht bei dicht die Menschen, die Sensation vor und unter ihnen betrachtend, gestochen im neusachlichen Stil. In der Menschenmenge ein Wüsten-Porträt und ein Selbstbildnis Zettls. Ein Bekenntnisblatt zu Tradition, zu Stil und zu der kaum noch gebräuchlichen Technik. Der Künstler lieferte auch in den folgenden Jahren freie, nicht von der Literatur inspirierte Drucke. In diese Blätter des grüblerisch veranlagten Künstlers sind auch gesellschaftskritische Angst- und Zwangsvorstellungen eingeflossen. Diese Psychasthenie ist verschiedenen Drucken abzulesen: *Melancholie II,* 1981, *Wer hören will, muß fühlen,* 1987 – geradezu »blitzartig« werden in den Drucken Ohnmacht, Eingesperrtsein und Einsamkeit erhellt.

Die Technik des Kupferstichs ist nahezu anachronistisch zeitaufwendig, womöglich ein Grund dafür, daß sie Oberflächlichkeit und Modisches von sich abweist. Das Ende des Jahrhunderts hat Zettl mit Vorzug dem *Ring des Nibelungen* von Richard Wagner gewidmet (1991–1999). Die »Walküre« suchte er auf einem Fries von fünf Platten (Länge: 130 Zentimeter) ins Bild zu bringen. Ein Meisterwerk sowohl eines fantasiereichen veristischen Realismus als auch expressiver Präzision. Das Kupferstich-Œuvre wird von einer Gruppe sensibler Silberstiftzeichnungen begleitet.

Karl-Marx-Stadt (Chemnitz) – Galerie der Unangepaßten: »Clara Mosch«

Karl-Marx-Stadt (Chemnitz) ist erst seit Anfang der siebziger Jahre durch seine Künstler ins Gespräch gekommen. Das heißt nicht, es habe keine Tradition. Die Kunsthütte des alten Chemnitz' unter der Leitung von Schreiber-Weigand genoß in den zwanziger Jahren als Pflegestätte avantgardistischer Kunst einen guten Ruf. Schmidt-Rottluff hatte zwar seine Heimatstadt verlassen, hielt die Verbindung zu ihr aber immer aufrecht. Die Seniorin der Chemnitzer Künstler war Martha Schrag, eine Malerin und Graphikerin, die wie Sella Hasse in Berlin, im Anschluß an Robert Sterl, ihren Lehrer, und Käthe Kollwitz eine soziale Kunst schuf, in welcher der Produktionsprozeß und der Arbeiter den Mittelpunkt bilden.

Der Katalog der Bezirks-Kunstausstellung zur 800-Jahr-Feier der Stadt (1965) verzeichnet einige tüchtige Kräfte, welche die lokale Tradition wachhielten und auch mit Erfolg wirksam waren, zum Beispiel Fritz Diedering, Robert Dietrichs, Lothar Rentsch (Plauen), Karl Heinz Jakob (Zwikkau), Gerhard Klampäckel und der »verspätete Expressionist« Heinz Tetzner (Gersdorf). Hinzu kommen Elisabeth Ahnert (Ehrenfriedersdorf), die Albert Wigand zur Collage animiert hat, und insonderheit Otto Müller-Eibenstock und Willibald Mayerl. Müller-Eibenstock war schon in den zwanziger Jahren als Konstruktivist hervorgetreten und hatte Verbindung zu Herwarth Waldens *Sturm*. Zwischen 1930 und 1932 stellte er in Berlin in der unter Nerlingers Leitung stehenden Gruppe »Die Abstrakten« aus. Er hat die konstruktivistischen Gestaltungsprinzipien sein Leben lang verwirklicht. Auch Willibald Mayerl war bereits 1930 in Ausstellungen zu sehen. Von Beruf war er Bergmann. 42 Jahre lang arbeitete er unter Tage, die Malerei gehörte den Abenden und den Sonntagen. Seine großformatigen, dunkelfarbenen und expressiven Bilder haben das Leben der Bergleute zum Gegenstand. Die derbe Realistik der Gemälde ist dokumentarisch. Stilgeschichtlich ist Mayerls Malwerk eine volkskünstlerisch-naive Entsprechung zur proletarisch-revolutionären Kunst. Sie fand jedoch nirgenwo Zuspruch und Würdigung.

In den siebziger Jahren rückten in Karl-Marx-Stadt einige junge Leute in den Vordergrund, die das künstlerische Klima der Stadt entschieden beeinflußten. Das waren insbesondere die Maler Axel Wunsch, Michael Morgner, Lutz Voigtmann, Heinz Plank (der von den surrealen Kombinationen Tübkes angeregt worden ist) und Wolfgang Einmahl, die Aquarellistin Irene Bösch, die Graphiker Gregor Torsten Schade und Thomas Ranft und die Malerin Dagmar Ranft-Schinke. Stilistisch bewegte sich die Kunst dieser Karl-Marx-Städter zwischen einem farbstarken Realismus (Wunsch) und surrealer Phantastik (Ranft). Ihr Eintritt in die Kunstszene der sächsischen Großstadt war spektakulär. Diese Künstler waren zumeist Absolventen der Hochschule für Grafik und

Buchkunst Leipzig. Sie wollten die Kulturpolitik in Karl-Marx-Stadt umkrempeln, »aufmischen«. Zu einem ihrer Stützpunkte machten sie die schon 1953 gegründete Verkaufsgenossenschaft bildender Künstler, eine Galerie gründeten sie selbst. Die Galerie der Verkaufsgenossenschaft bezog 1973 nach Umbau ihrer Räume eine obere Etage eines Hauses in der Klosterstraße und hieß fortan »Galerie oben«. Ihr tatkräftiger und erfindungsreicher Leiter wurde der Kunstwissenschaftler Georg Brühl, ein bekannter Jugendstil-Sammler, der in und mit dieser Galerie ein aufsehenerregendes Kultur-Management betrieb. Mit dieser Galerie verbindet sich der Aufbruch der Kunst in den siebziger Jahren in Karl-Marx-Stadt. Es gab dort Ausstellungen von überregionaler Bedeutung und Mittwochveranstaltungen, die im Lande ihresgleichen suchten. Diese Jour fixe fanden nicht nur mit Malern, sondern auch mit Wissenschaftlern aller Disziplinen, mit Schriftstellern und Komponisten, mit Filmemachern, Musikgruppen und so weiter statt. Die Galerie war relativ unabhängig, da allein vom örtlichen Künstlerverband verwaltet.

Die andere Galerie, die ein weiterer Pfeiler des städtischen Kunstlebens wurde, befand sich in einem kleinen Laden in Adelsberg, einem ländlichen Vorort. Spiritus rector war Thomas Ranft. Er hatte mit seiner damaligen Frau Dagmar, mit Michael Morgner und Gregor Torsten Schade, der sich seit 1980 Kozik nennt, einen engen Freundeskreis gebildet, dem sich auch der Annaberger Universalgeist Carlfriedrich Claus anschloß. Die Galerie bestand von 1977 bis 1982 und hieß »Clara Mosch«. Der Name gab zu allerlei spekulativen Gerüchten Anlaß, war aber nichts anderes als ein Akronym, gebildet aus den Namensanfängen der Kombattanten des Freundeskreise. Man stellte eigene Werke aus, aber auch solche gleichgesinnter Nonkonformisten. So gab es Ausstellungen u. a. von Altenbourg, Bartnig, Uhlig und Hähner-Springmühl, ja selbst von dem ehrwürdigen Dresdner Maler Albert Wigand. Die Produzentengalerie »Clara Mosch« hatte stets Schwierigkeiten mit den Kulturbehörden und geriet bald in die verschärfte Aufmerksamkeit der Staatsicherheitsbehörden.

Thomas Ranft
Die Ebene (nach einem Gedicht von Sarah Kirsch) 1987.
Radierung. 14,5 x 20 cm.

Der agile Thomas Ranft organisierte Künstlerfeste und Pleinairs. Die Freilichtmalerei-Treffen waren in den siebziger Jahren weit verbreitet und erfreuten sich regen Zuspruchs, zumal, wenn sie frei organisiert waren, wie etwa 1975 unter der Leitung des Arkade-Galeristen Klaus Werner oder das legendäre Pleinair im Herbst 1977 in der Nähe eines mecklenburgischen Dorfes, das »Leussow-Recycling«, das auch einen 8-mm-Film (Rainer Wasse) und einen »Kunstkoffer« (28 Exemplare) hervorbrachte. Der Koffer war, Marcel Duchamp fest im Blick, Fluxus-Adaption und enthielt Graphik (je eine Radierung von Michael Morgner, Thomas Ranft, Gregor-Torsten Schade und Wolfgang E. Biedermann), Fotodokumente und Spurenobjekte (Asche, verkohltes Holz) des Recyclings. Dieses Holzkoffer-Objekt wurde 1978 von der Galerie Arkade Berlin herausgegeben.

Thomas Ranft, ein von der Anthroposophie des Rudolf Steiner beeinflußter Künstler, entschied sich 1970 endgültig für die Radierung, die jahrzehntelang sein Medium blieb. Florale Gebilde *(Hängende Gärten)* und erträumte Kompositionen *(Die Versuchung des heiligen Antonius)*, inspiriert von phantastischer Kunst, stehen am Beginn des umfangreichen, meist kleinformatigen Werkes. Imaginäre Welten (*Versuch einer Landschaft, Der Berg,* beide 1973) und Mikroskopien wie die Radierungen der von den Molekularbiologen der Akademie der Wissenschaften Berlin angeregten und beauftragten Reihe *Spuren* (1977) beherrschen die Radierungen. Graphische Folgen der siebziger Jahre *(Ikarus, Flugzauber, Raum und Zeit, Orbis)*

Dagmar Ranft-Schinke *Metamorphose* 1996. Tuschezeichnung. 36 x 27 cm.

sind Phantasien zwischen Traum und Wissenschaft, sind Meta-Realität eines erdachten Mikrokosmos.

1978 lernte Ranft auf einer Frankreich-Reise Marc Chagall, Johny Friedlaender und Hans Hartung kennen, Begegnungen, die seine Phantasie beflügelten.

Ranft führte in jenen Jahren auch Carlfriedrich Claus und Gerhard Altenbourg zur Radierung, dessen Kaltnadelarbeiten er sämtlich gedruckt hat. So nimmt es nicht wunder, daß sich im eigenen Werk Spuren dieser beiden Künstler finden. 1986 hatte Thomas Ranft eine Begegnung mit Ernst Jandl, dem Experimentallyriker, dessen Sprachbildern und metasprachlichen Reflexionen der Graphiker sich verwandt weiß. Zwanzig Radierungen wurden 1991 dem Jandl-Gedichtband *Der beschriftete Sessel* beigegeben (Reclam-Verlag Leipzig). Thomas Ranft war und ist einer der produktivsten und anregendsten sächsischen Künstler der siebziger bis neunziger Jahre. Seine Kunst ist Variante einer phantastischen erträumten und erspielten Realität.

Zu den Teilnehmern der »Mosch-Gruppe« gehörten auch Dagmar Ranft-Schinke, die bis 1984 mit Thomas Ranft verheiratet gewesen ist, und Gregor Torsten Schade (ab 1980 Kozik), sodann Michael Morgner und Carlfriedrich Claus.

Dagmar Ranft-Schinke, eine feinsinnige, stille Naturlyrikerin des Aquarells und der Radierung, beschäftigt sich vornehmlich mit dem Verhältnis Natur – Mensch, wozu ihre radierten Pegasus-Visionen ebenso gehören wie die Inka-Reflexionen. Zunehmend bestimmte informelle Gestik die zeichnerischen Strukturen ihrer Kunst.

Gregor Torsten Kozik war der hemmungsloseste »Wildling« unter den »Mosch«-Künstlern. Bekannt wurde er mit den *Schlehendornbildern* und insbesondere mit *Schwarzen Zeichnungen* (1976 bis 1978) von großer ungegenständlicher Suggestion und spiritueller Energie. Diese Zeichnungen waren 1978 in Berlin in der Galerie Arkade gezeigt worden, in deren Schaufenster er die erste öffentliche Performance, *Das schwarze Frühstück*, inszenierte. Das war Live-Art im Zusammenspiel von visuellen, körperlichen und räumlichen Objekten beziehungsweise Prozessen und folgedessen der Versuch einer Symbiose von bildender und darstellender Kunst. Kozik initiierte Aktionen

Michael Morgner *Angst I* 1984. Radierung, Aquatinta, Aussprengverfahren. 64 x 48,7 cm.

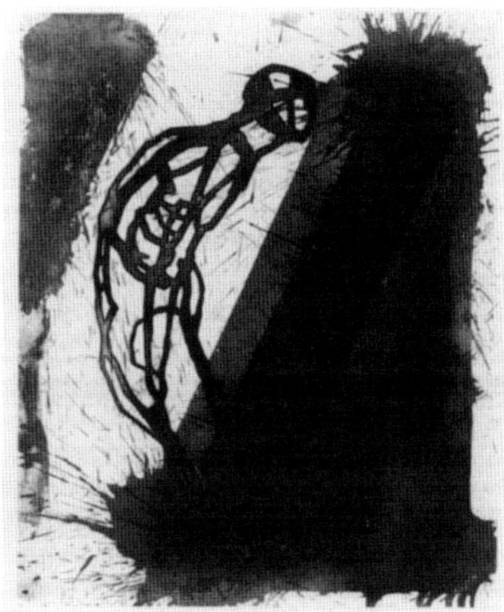

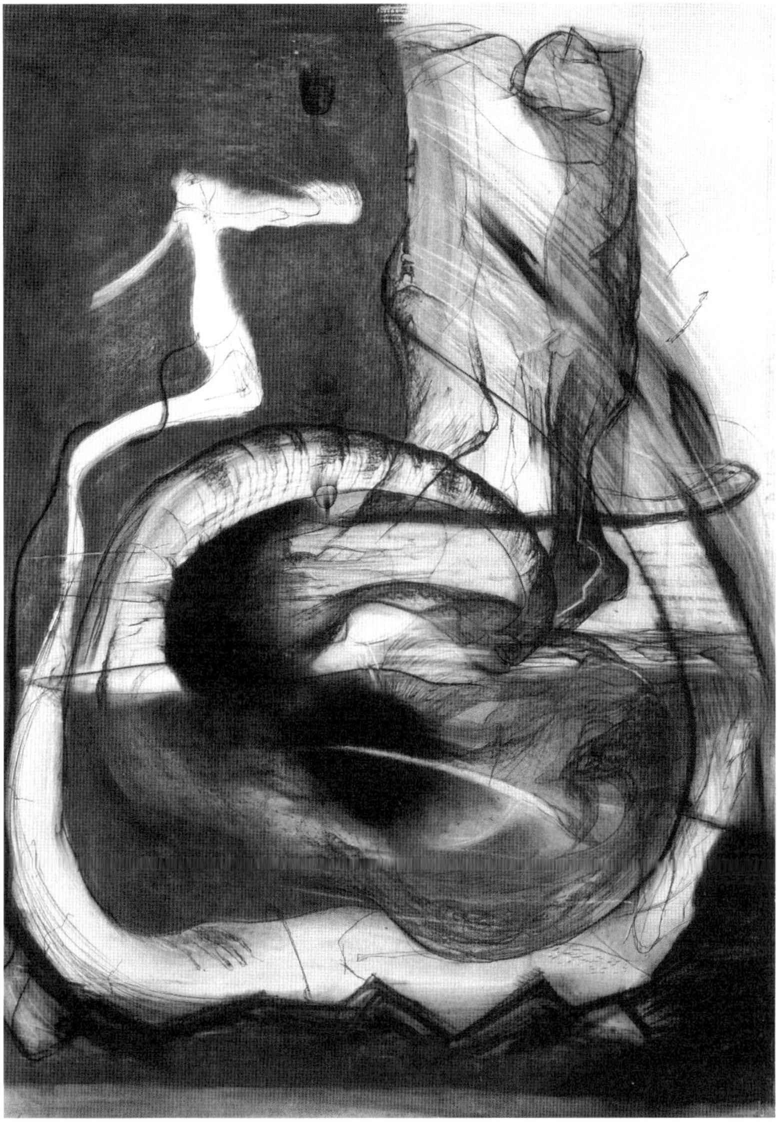

Gregor Torsten Kozik (Schade) *Elefantische Zeit I* 1982. Kohle, Kreide, Graphit. 209 x 158 cm.

und arbeitete im Sinne von Joseph Beuys an der »Erweiterung des Kunstbegriffs«. Dazu gehörten gemeinsame Malaktionen mit anderen Künstlern im Garten des Malers Günter Huniat in Leipzig-Stötteritz. Höhepunkt war das *Harlaß-Projekt* (Malerei, Graphik, Installation, Foto), das er 1980 in der Eisengießerei »Rudolf Harlaß« in Karl-Marx-Stadt realisierte. Im gleichen Jahre inszenierte er zusammen mit Michael Morgner im Staatstheater Dresden mit Bildern und Objekten das Environment *Die Nacht*. In der Mitte der achtziger Jahre findet Kozik durch den Holzbildhauer Hans Brockhage zu Holzreliefs und Holzschnitten. Diese geschnittenen, gerissenen und gekerbten Holzdrucke im großen Format (218 × 232 cm) führten 1992 als Holzstock und auf Vlies gebracht ein Eigenleben.

Im Kreis der »Moschisten« war Michael Morgner eine charismatische Gestalt. Er brachte psychosoziale Mentalität emblematisch ins Bild. Drei

Michael Morgner *Das Schweigen* 1976. Öl und Latex. 180 x 241 cm.
Leipzig: Museum der bildenden Künste

Kunstwissenschaftler kamen zu ähnlichen Erkenntnissen: Anita Beloubek-Hammer, der die bisher überzeugendste Morgner-Interpretation zu danken ist, schreibt: »Morgners Polarisierung der Gestalttypen des Geängstigten und des Schreitenden trifft ... die permanent aktuelle Entscheidungssituation der einst in der DDR lebenden Menschen in zugespitzter, jedoch symptomatischer Weise.«[80] Und Klaus Werner, ein früher Förderer Morgners, teilt in der Einführung zum Werkverzeichnis der Druckgraphik mit: »Man hat diese Arbeiten zu Recht mit dem Zustand der Gesellschaft verbunden, dem Verlust des Menschlichen durch Gewalt, Indoktrination, Neid, Bürokratie. Darüber hinaus sind diese Figuren ohne Physiognomie in jeder Phase Fragmente eines Selbstbildnisses, das selbst durch die Masken und Zeichen wandern muss, um sich zu erkennen.«[81] Ernst-Gerhard Güse, Direktor des Saarland-Museums Saarbrücken, erkennt 1993 im Vorwort zum Morgner-Katalog *Deutsches Requiem*: »In einer Malerei zwischen Abstraktion und Gegenständlichkeit, die Zeichenhaftes und christliche Symbolik einschließt, entsteht eine ungeschützte Bestandsaufnahme von der existentiellen Situation des Menschen in unserem Jahrhundert abseits ideologisch bestimmter Wertungen und Heilserwartungen.«
Michael Morgner, gebürtiger Chemnitzer, hat in Leipzig an der Hochschule für Grafik und Buchkunst studiert. Ende der sechziger Jahre stellte er sich mit Landschaften, Porträts und Stilleben vor. Anfang der siebziger Jahre wird seine Kunst bemerkenswert. Seine Antikerezeption, die in der Graphikmappe *Ovid-Metamorphosen* (1972) zu einem stilprägenden Ergebnis führt, hat dazu beigetragen. In diesen acht Lithographien macht sich das Stilvokabular erstmals bemerkbar, das in den folgenden Jahren mit entschiedener Konsequenz weiterentwickelt wurde. Es sind geschwungene, schleifenhafte Formen, Schwünge und Bögen, die menschliche Figuren umschließen, Minotauros und Perseus, Ikarus und Daphne, Tanteus und Phaeton. Diese Kunst sucht und findet Zeichen, sinnhafte figurative Metaphern. Beuys und Penck sind nicht weit, aber unverbindlicher. Zwar ist auch Morgners Kunst polysemantisch, doch es gelingen Zeichen von bestürzender Kraft, die im Abstraktum denkbar genau sind, etwa in der Erfindung des aufrecht *Schreitenden* (1978) oder

der Angstfigur (endgültige Formfindung 1983). Diese Signalfiguren, in der Ovid-Mappe vorgeformt, sind im klaren Liniengerüst gegeben. Die Lineatur erinnert an die Bleiruten-Stegetur hochgotischer Glasmalerei, vermittelt folglich nicht Individualität, sondern bleibt Zeichen, oftmals verbunden mit Abstrakta wie Dreieck und Kreuz. Die Morgner-Figur ist verschiedentlich zwischen Balken eingezwängt und auch gekrümmt. Angst und Eingesperrtsein werden imaginiert – Klaustrophobie, wie auch von anderen Künstlern in der DDR.

In Morgners Werk erscheint in den achtziger Jahren eine Werkgruppe, die Krankheit und Tod ins Bild bringt. In der Kunst der DDR war das ein verdrängtes Thema (aufgegriffen ebenfalls von Kettner). 1986 stirbt Morgners Frau. Der Tod hängt lange Zeit als Fatum über dem Werk und beeinflußt den Ablauf solcher Zyklen wie *Ecco homo* (1986), *Ein deutsches Requiem* (1988) und noch *Reliquie Mensch* (1995). Sie sind die Höhepunkte seines graphischen Werkes, in dem seit den siebziger Jahren die Radiertechnik in Verbindung mit verwandten Verfahren (Kalte Nadel, Aquatinta, Aussprengtechnik, Prägedruck) dominiert. Er treibt diese Technik experimentell voran, verwendet Druckplatten monotypisch, kalkuliert den Prägeeffekt und setzt die tiefgeätzte Radierung als konstitutives Medium ein. Figurenschablonen werden für Blinddruck genutzt und stringente Formzeichen seriell eingesetzt. Morgner wurde einer der ausdrucksmächtigsten und stilistisch souveränsten Graphiker seiner Generation. Gleiches gilt unvermindert für die Malerei, die ihre Metapher in furios-dynamischer Gestaltung formuliert (*Das Schweigen*, 1975/76) und als »ausgewaschene« Tuschmalerei (neunziger Jahre) in existentielle Phänomene menschlichen Daseins vordringt.

Leben als Experiment: Carlfriedrich Claus

Carlfriedrich Claus gehörte zu den Namensgebern der »Clara-Mosch«-Gruppe, war ihr »innerer« Außenseiter und zugleich ihr philosophischer Kopf. Man hat ihn einen »sozialistischen Mystiker« genannt. In den fünfziger Jahren begann er mit mnemotechnischen Übungen, die in lautdichterische und phonetische Exerzitien mündeten. Claus verstand sich als ein dialektischer Denker, der in Grenzzonen menschlichen Bewußtseins einzudringen suchte, um Unbewußtes, Noch-nicht-Bewußtes erhellen zu helfen. Seine Experimente bezogen auch die eigene Physis als Forschungsobjekt ein. Claus nannte seine Arbeiten Sprachblätter. Er benutzte das Medium Linie, geformt aus dem Material Sprache/Buchstabe, Produkte eines Denk-Zeichnens, realisiert auf dem Papier, zumeist zweiseitig beschrieben, Vorder- und Rückseite, Durchblick vermöge transparenten Papieres. Dieses Werk ist ein Novum in der zeitgenössischen Kunst, obgleich es im Kontext der visuellen Poesie, der skripturalen Graphik steht.

Zur Druckgraphik kam Claus Ende der sechziger Jahre (Lithographie, Offset), zur Radierung mit Hilfe von Thomas Ranft 1975. Rudolf Mayer (Dresden) wurde alsbald sein tatkräftiger verlegerischer Förderer. Schon 1964 zeigte die Staatliche Kunsthalle Baden-Baden die erste Einzelausstellung und gab seinen Text *Notizen zwischen der*

Carlfriedrich Claus *Essay - Zu Brechts Frühwerk* 1969.
Lithographie. 26 x 33 cm.
(12. Druck der Kabinettpresse Berlin)

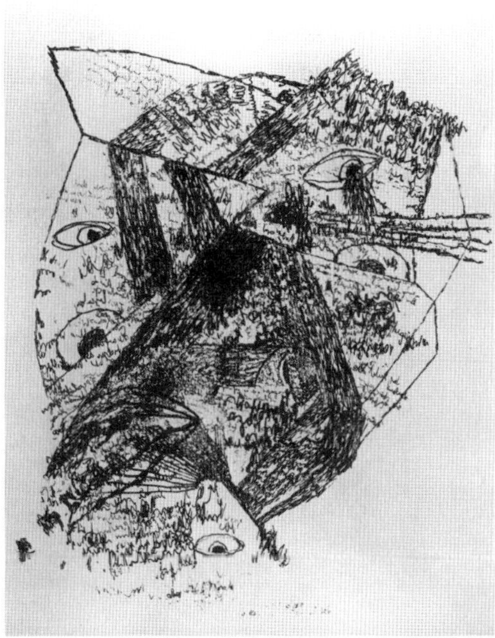

Carlfriedrich Claus *Erinnertes Gedicht eines jüdischen Mädchens* 1959/60. Tusche, Feder, Collage. 29,5 x 21 cm. Dresden: Kupferstich-Kabinett

experimentellen Arbeit – zur ihr heraus. Die erste bedeutende Ausstellung in DDR-Zeiten fand 1976 in der Galerie Arkade in Berlin statt. Initiator war Klaus Werner, der in der Folge der wichtigste publizistisch-wissenschaftliche Begleiter seines Werkes wurde. Die offiziellen sogenannten Kunstsachverständigen in der DDR nahmen allerdings das Werk lange nicht zur Kenntnis, beziehungsweise sie taten es gewissen Kommunalfunktionären gleich, denen Claus ein lästiges Ärgernis war. Zur politischen Dummheit gesellte sich die ästhetische – Diffamierungen blieben nicht aus. Noch 1977, als Radierungen seiner heute legendären *Aurora*-Mappe in eine große Ausstellung in Dresden aufgenommen worden waren, wurden Häupter bedenklich geschüttelt – kein Verständnis.

Claus kam von Sprachexperimenten und vom Wissenschaftsdenken über die konzeptionelle Poesie zur Form des Schreibdenkens; Bloch, der Entdecker des »Noch-Nicht-Bewußten« (»Dämmern nach vorn«) als Anreger: automatisches Schreibzeichnen (1957/58), um Schichten des »Noch-Nicht« freizulegen. Ein Zusammenhang mit Bretons Versuchen, die Grenzen des Verbalen zu sprengen, ist offensichtlich, wenngleich nicht bewußt hergestellt. Seine eigenen Schreiboperationen führten Claus zum beidhändigen Zeichnen – »Denken wird anders gefärbt, wenn es mit der linken Hand objektiviert wird«, sagte er im Sommer 1967. Weitere Innovationen seiner Arbeit sind (ab Ende 1961) die Beidseitigkeit des Schreibzeichnens auf transparenten Flächen und die »Schalen«-Komposition mit mehreren Blättern, »Kombinate« genannt (ab 1964). Durch sie wird Meta-Intext realisiert, also mehrere Sprach- und Gedankenebenen in einem schrift-bild-künstlerischen Werk. Die »Mehrsichtigkeit der Darstellungsebenen« (Klaus Werner) erlaubt das essayistische Ausarbeiten von Gedanken, die Ausformung von »Denklandschaften«. In die Satzkreisungen und -vibrationen, in die Schriftfelder (*Beginn eines Briefes an Will Grohmann*, 1963) und Schriftnester (*Jähe Erkenntnis*, 1969) ist fremdsprachiges Zeichenmaterial (etwa hebräisches) integriert. Die Formen der Hand und besonders häufig des Auges fungieren als ikonische Zeichen innerhalb mikrographischer Schriftstrukturen. Das bildnerische Gefüge reicht vom Schreibzeichnen bis zur Bildung malerisch strukturierter Grapheme (*Flüchtige Architektur eines Gesprächs,* 1979) und malerisch gesetzter Farbfeldrhythmen, welche informelle Kunst tangieren. Entstanden ist eine sehr eigene Kunstwelt, die Vergleichbares nicht hat.

Die Sprachblätter von Claus gehören zu einer viellinigen Tradition, deren Aufnahme, Bewertung und kritische Adaption nicht geraden Wegs verläuft. Claus hat frühzeitig selbst auf »Bezüge« verwiesen, von einem im 11. Jahrhundert geschriebenen Koran bis zur Konkreten Poesie der fünfziger und sechziger Jahre des 20. Jahrhunderts. Vielleicht ist sein Werk der originärste Beitrag, der aus Sachsen in unseren Jahren der Kunst hinzugefügt worden ist.

Schrift, Sprache und Bild durchdringen sich bei Claus, vermitteln »strukturelle Informationen«, sind Ergebnisse philosophischen Denkens, sichtbar gemacht in gezeichnet-geschriebenen Bildern. Die Einheit zwischen Sprachdenken und Kunst hebt die Grenzen zwischen Wissenschaft, Literatur und Kunst auf und vermittelt zugleich zwischen dem Bewußten, Vorbewußten und Unbewußten. Die Verwendung unterschiedlichsten Schriftmaterials zu abstrakt-mythischen Metaphern und Individualzeichen will Einsichten bereitstellen. Das Schreibzeichnen macht auch zwanghafte Traumfragmente deutlich, es ist affektuös und intellektuell gesteuert. Die Rezeption solcher Arbeiten ist schwierig, weil die Arbeiten Mitdenken erfordern, das sich höchst komplizierten Gedankenkonstruktionen und deren graphischen Umsetzungen nähern muß, fremden Bildwelten. Claus breitet auf den gezeichneten Blättern Denklandschaften aus, »Denkbilder« (Klaus Werner) zu Geschichte und Gegenwart. Sie tragen Titel wie *Paracelsische Denklandschaft* (1962), *Historische Allegorie: Prag* (1963), *Eulenspiegel-Reflex* (1964/65), *Geschichtsphilosophisches Kombinat* (1963–1965). Das *Kombinat* ist ein Hauptstück im Œuvre. Es sind einundzwanzig beschriebene Blätter, die sich zu einem »Buch der Zeit« zusammenfügen. Claus hat einige der Gedankenkomplexe, die ihn bei dieser Arbeit beschäftigt haben, am 25. Oktober 1964 in einem Brief an den Philosophen Ernst Bloch benannt: »›Geschichte

Carlfriedrich Claus *Eulenspiegel-Reflex (Durchleuchtung der Vorderseite)* 1964/65. Feder, Tusche. 29,8 x 21 cm. Chemnitz: Kunstsammlung, Stiftung C. C. Archiv

und Welt‹, das Ihr *Prinzip Hoffnung* mich immer neu erfassen lehrt – ich versuche, es in diesem Kombinat zu durchdenken, zu durchschreiben. Einem ›Subjekt‹-Teil (mit Triebgefühlfühlern, Erwartungsaffekt, Intellekt-Kontakten, Schicksals-Masken, die man abhebt, Mahnsätzen) mit der Tusche der Erinnerung geschrieben: an die plötzlich lebendige Stille, als man – am Rand des Letalen – dem Heer der Ängste ausgeliefert war, da jäh jenen Punkt fand, auf dem man stehen kann, ihn für einen Moment ›hatte‹ und mit ihm jene diese ›Augenblicks‹-Ahnung verbindet sich der ›Objekt‹-Teil, die ›Historische Abteilung‹. Diese besteht auch aus vorversuchenden Ansätzen zur Vermittlung mit den m. E. nach stark utopiehaltigen, einen Sinnzusammenhang bildenden Geschichtschiffren Isaak Luria, Nathan von Gaza, Thomas Müntzer. Mir schwebte bei der Arbeit an dem Kombinat Ihr Wort vor, aus *Thomas Müntzer als Theologe der Revolution* (Berlin 1960): ›begriffene Geschichte‹ – ein Wandern, Irren, Suchen nach der verborgenen Heimat; voll tragischer Durchstörung, kochend, geborsten von –Sprüngen, Ausbrüchen, einsamen Versprechungen, diskontinuierlich geladen mit dem Gewissen des Lichts –, aber die Niedergegangenen, Thomas Müntzer und was sein Anblick lehrt zu sprechen, zählen an sich bereits zur geschichts-philosophischen, ja geschichts-transzendenten Reihe; ein Palimpsest, mit den Zügen des Bauernkrieges überschrieben, mit den Betrachtungen einer anderen Welt auf dem Grund.«

Diese Briefpassage verdeutlicht schon hinreichend die Schwierigkeiten, die der Betrachter/Leser mit den Arbeiten von Claus haben kann. Dieses Verständnis-Problem stellt sich auch dann ein, wenn Claus mit seinen Vorstellungen der politischen Realität hilfreich beikommen möchte. Der Text einer Kaltnadelradierung von 1978, *Nahtstellen Zwischenräume. Problem aus dem Realisierungsprozeß sozialistischer Demokratie: Psychische Wirkungen, die eine Weisung auf einem administrativen Weg von oben nach unten auslösen kann; daraus entstehende nichtantagoni-*

Carlfriedrich Claus *Textvibrationsstudie* 1960. Tusche, Feder. 28 x 21 cm

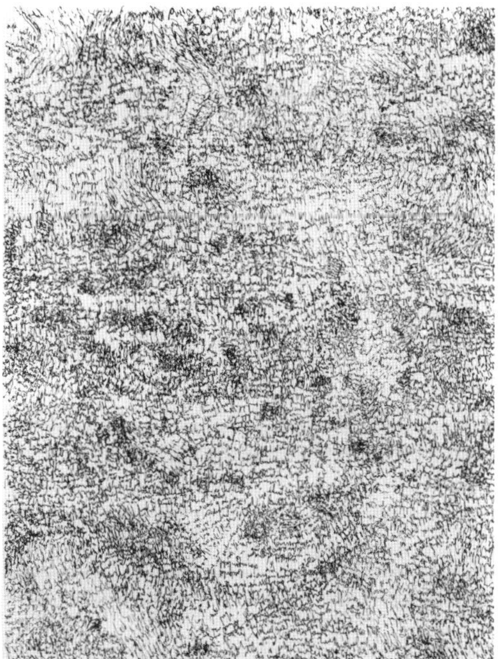

stische Widersprüche, ist visuell kaum zu erschließen. Das Verständnis der Graphik ist nur durch diese Bildlegende möglich. Das gilt nahezu für das gesamte Werk. Um nur noch ein Beispiel anzuführen: *Der Allegorische Essay für Albert Wigand* (1965), ein Hauptblatt im Œuvre, bringt sein Anliegen, »Naturalisierung des Menschen, Humanisierung der Natur, ein kommunistisches Zukunftsproblem.« klar, und nur hier unmißverständlich, im Titel-Text zu Worte.
Man darf sich der Kunstwelt des Carlfriedrich Claus allerdings doch auch aus rein optischer Sicht nähern, allein das Bildhafte mit seinen Strukturen aufnehmend, seinen feinen Ballungen und Verästelungen, seinen Graphem-Nestern und zittrigen Liniengespinsten. Ästhetisches Erlebnis dann, das die Totale des imposanten Opus allerdings nur streift und damit die sensuelle Schicht von den Sinnschichten abhebt.
Die druckgraphischen Hauptwerke von Carlfriedrich Claus sind *Aurora* (1977), eine Mappe mit zehn Radierungen, herausgegeben von Rudolf Mayer in der eikon Grafik-Presse im Verlag der Kunst Dresden in vierzig Exemplaren, und das *Aggregat K* (1988), das in fünfzig Exemplaren als 50. Mappenedition der eikon Grafik-Presse erschienen ist. Das *Aggregat* K wurde im November 1988 im Kupferstich-Kabinett Dresden in Ausstellung und als Edition vorgestellt und als »Eintritt des sich selbst aufklärenden Individuums in die von einer realen Utopie gesteuerten, freien Gesellschaft« (Klaus Werner) bezeichnet.
Aus der *Aurora*-Mappe wurde 1993 in Köln (Galerie Barthel und Tetzner) ein Experimentalraum aufgebaut. In diese Installation waren auch Zeichnungen aus dem Denk-Kreis der *Aurora*-Studien einbezogen, vergrößert auf Fotofilm und kaschiert auf Klarsicht-Acryl-Platten. Der *Aurora*-Experimentalraum ist heute Eigentum des Deutschen Bundestages.
In den letzten Lebensjahren, Claus starb 1998, hatte sich der Künstler wieder verstärkt phonetischen Projekten gewidmet. Sein *Lautaggregat K* war bereits 1993 vom Westdeutschen Rundfunk Köln gesendet worden.
Der künstlerische und schriftliche Nachlaß von Carlfriedrich Claus wird in den Kunstsammlungen Chemnitz aufbewahrt. Zeitlebens hatte er an einer für eine kleine Elite begrifflich fassbaren Kunstsprache und Philosophie gearbeitet. Sein Wach-Träumen galt einer Utopie des Sozialismus.

Grenzüberschreitungen, etwa mit Claus Weidensdorfer und Horst Sagert

Im 20. Jahrhundert wurden die durch Konventionen gezogenen Grenzen der traditionellen Gattungen und deren materiale Ausdrucksmittel in Frage gestellt, ihre »Reinheit« verletzt, die Grenzen schließlich überschritten. Das begann mit Collagen und Montagen »bildfremder« Elemente. Die Fotografie, lange Zeit von der bildenden Kunst verpönt, entwickelte spätestens mit Heartfield und dem Bauhaus neue Ausdruckssprachen, drang in Malerei und Druckgraphik ein und beeinflußte ein neues Instrumentarium in Malerei, Radierung, Lithographie und Siebdruck. Die Integration der Fotografie in die Druckgraphik (Stein, Platte oder Sieb wurden mit einer lichtempfindlichen Schicht überzogen) und das Zeichnen auf Folien, dessen Ergebnisse für den Druck fotografisch auf Offsetplatten oder -folien kopiert werden, wie es Rauschenberg in den USA und Hamilton in England in den sechziger Jahren mit Erfolg praktizierten, war ein besonders sinnfälliger Verstoß gegen die konventionellen Grenzen der Druckgraphik. Doch auch seitwärts der traditionellen Graphik und jenseits des Foto-Journalismus stellte sich in den siebziger Jahren die Fotografie als eigenständige künstlerische Ausdrucksform vor, verschiedentlich in Konkurrenz zur Bildgraphik, zumal einige ihrer Vertreter mit Erfolg die »Grenzen« verwischten, indem sie selbst in Richtung Bildkunstwerk arbeiteten. Es seien wenigstens Kurt Buchwald, Jörg Knöfel und Ulrich Lindner genannt. Grenzüberschreitungen waren auch die nahezu wandbildgroßen Formate der Druckgraphik, wie sie Grieshaber gern benutzte, und verschiedene von Ebersbach benutzte Malerei-Installationen, welche die Gemälde als Mehrtafelwerke, als Fußboden- oder Wandkombination, als Faltfigur oder -gruppe arrangierten. Alsdann wurde der Raum jenseits der traditionellen Plastik zum Gegenstand bildnerischen Gestaltens, wurde durch Assemblage, Objekt,

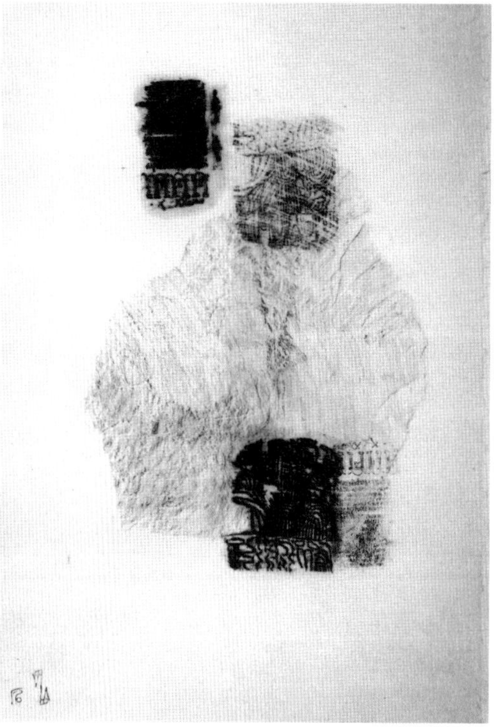

Olaf Wegewitz *Gavrinis II* 1986/87. Frottage.
97,5 x 63,5 cm. Dresden: Kupferstich-Kabinett

Aktion und Installation in Besitz genommen. Edmund Kesting hatte schon 1919 mit seinen Gemälden »mit verschränkter Leinwand«, die er »Bildbauwerke« nannte, den Raum in konstruktivistischer Absicht in sein Werk einbezogen. In der DDR wurden solche Verfahren in den siebziger Jahren zunehmend genutzt. Robert Rehfeldt ging hier voran. Besonders erfolgreich war Jürgen Schieferdecker, der für seine Kunst gattungsfremde Materialien im Sinne der Combine painting nutzte (*Das Lächeln der Mona Lisa oder Kann Hoffnung scheitern?*, 1976). Auch einige Künstler der alten Generation standen nicht abseits. Hermann Glöckner und Willy Wolff lieferten immer wieder charakteristische Exempel, Glöckner etwa mit raumgeometrischen »Aufbiegungen« und Wolff mit »Akkordischen Kompositionen« und Metallobjekten. Die Erweiterung des Kunstbegriffes war auf Ausstellungen kaum zu sehen. Max Görners lichtkinetische Objekte blieben eine Ausnahme. Daß 1979 in der Orangerie des Schlosses Mosigkau bei Dessau Objekte von Malern gezeigt worden sind, wurde kaum wahrgenommen. Olaf Wegewitz arbeitete mit Draht, Hans-Hendrik Grimmling mit Korbgeflecht, Gil Schlesinger – *Hommage für den unbekannten Zimmermann* – mit Teilen von Mühlrädern und mit Seilen. Andere Künstler erwiesen sich als gewitzte Mechaniker (die ihren Tinguely und Panamarenko kannten): Spielmaschinchen von Frieder Heinze *(Goldenes Huhn)* und Manfred Smollich (*Unser Kind* – mit eingebauter Spieluhr), Objekte von Jürgen Haase und Wasja Götze, gar ein Flugobjekt aus Holz, Metallteilen und Draht von Ullrich Hartung. In einem Seitentrakt des Berliner Doms dominierte 1985 Reinhard Zabka in zwangvoller Enge mit einer *Bewußtseinserweiternden Psychodelia-Maschine*.

Erst in den achtziger Jahren wurden »neue Kunstformen« ernst genommen: Aktionskunst, Performance, Objektkunst, Installation, Video etc. fanden Ausstellungsorte, so in der Kunsthochschule Dresden und in der Galerie Eigen + Art Leipzig.

Zu den Pionieren der multimedialen Aktionen in der DDR gehörte der Dresdner Graphiker Claus

Via Lewandowsky *Porträt zur Euthanasie* 1989.
Acryl, Zelleim, Urin. 130 x 110 cm.
Berlin: Berlinische Galerie

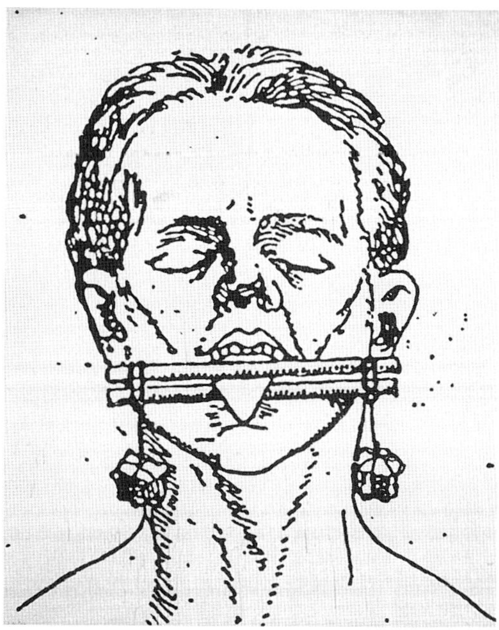

Weidensdorfer, der 1987 im Dresdner Jazzklub »Tonne« an einer Aktion mit Musik, Körperbemalung, »Sofort-Bildern« und Installation beteiligt war, die von Jürgen Haufe und Matthias Creutziger fotografisch dokumentiert wurde. Aus der Aktion entstanden farbige Offsetdrucke in Weiterführung der Mappe *Jazz und Improvisation* (1986) von Weidensdorfer und Haufe. In einem Text zu der Aktion von 1987 schreiben die beiden Autoren: »Durch gemeinsames Arbeiten am Bild entstand eine Collage, in der sich zwei Handschriften zu einer dritten formten.« Das Ergebnis wurde 1989 in Ausstellungen im Anger-Museum Erfurt und in der Galerie oben in Karl-Marx-Stadt gezeigt. Ein Jahr vorher waren im Lindenau-Museum Altenburg Jazzbilder von Claus Weidensdorfer vorgeführt worden.

1988 versammelten sich junge Dresdner Künstler bei maßgeblicher Beteiligung der Auto-Perforations-Artisten unter Via Lewandowsky in den Dresdner Ausstellungshallen am Fučikplatz zu einer Arbeitsausstellung, der sie den Titel *Blaues Wunder* gaben – Anspielung auf die bekannte Elbbrücke oder auf den gleichnamigen Einbaum, mit dem Joseph Beuys 1973 mit seinen Schülern den Rhein überquerte?

Im Jahre 1989 fand die »grenzüberschreitende Kunst« erstmals Eingang in eine Bezirkskunstausstellung, und zwar in Berlins junger Galerie Weißer Elefant.

Ästhetisch anspruchsvolle »Grenzverletzung« ereignete sich, von den Möglichkeiten des Films abgesehen, auch beim Buchobjekt und im Theater. Das spektakulärste und zugleich anspruchsvollste Buchobjekt wurde allerdings erst 1986 mit Hilfe des Reclam-Verlages Leipzig von Frieder Heinze und Olaf Wegewitz vorgelegt *(Unaulutu. Steinchen im Sand)*. In das Buchobjekt sind nicht nur Druckgraphik und Zeichnung integriert, verwendet wurden neben einem Schwirrholz auch Reiskörner, Schilfrohr, Palmenblätter, Bambus ...

Im Theater, für das mehrere bildende Künstler gelegentlich als Bühnenbildner wirksam wurden, haben Achim Freyer und Horst Sagert Furore gemacht. Auf das Multitalent Einar Schleef, der gelegentlich auch als Maler auftrat, sei nur am Rande verwiesen.

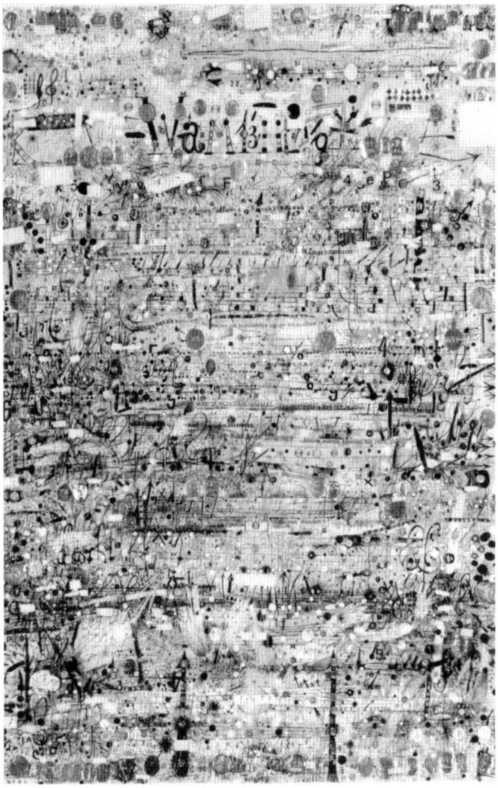

Horst Sagert *Choral aus der Mark Brandenburg* 1974. Feder und Pinsel in Tusche, Collage. 90 x 60,5 cm. Berlin: Kupferstichkabinett

Bei Achim Freyer finden sich die Quellen der Theaterarbeit in Malerei und Environment. Er hatte in den fünfziger Jahren Gebrauchsgraphik an der Fachschule in Berlin-Schöneweide studiert und war von 1954 bis 1956 Meisterschüler für Bühnenbau bei Bertolt Brecht. Als Maler ist er Autodidakt, stets offen für alle Einflüsse seiner Jahre. Aus Freyer wurde kein Formstifter wie Altenbourg, Claus oder Morgner, sondern ein Liebhaber der Weltkunst, der die Angebote aufsaugt, mit ihnen spielt – seine multimediale Kunst ist ein Lustgarten der Malerei. Dafür wurde Freyer ein feinsinniger Kompilator neoexpressiv-informeller Malerei, oft in den Spuren von A. R. Penck. In den sechziger Jahren arbeitete er bei kreativen Regisseuren (Benno Besson, Ruth Berghaus, Adolf Dresen) für Bühnenbild und Kostüm. 1973 gab er am Schloßpark-Theater Berlin seine erste Inszenierung. Er fand beim Theater zur Vollendung seiner Kunst. Seit den achtziger Jahren (Beginn mit den Inszenierungen des *Freischütz* an der Staatsoper Stuttgart und der *Zauberflöte* 1982 in Hamburg) reiht sich Erfolg an Erfolg. Seine glanzvolle, eigenwillige Theaterkunst wird europaweit gerühmt und findet auch Widerspruch, ja selbst heftige Kritik: trotz »Faszination der Ästhetik« eben auch »Manierismus«. Freyers Bühnenkunst ist ein herausragendes Beispiel jener »Grenzüberschreitung« im Einzelnen, die im Gesamtkunstwerk auf der Bühne und damit im Zusammenspiel aller bildnerischen, architektonischen und musikalischen Elemente ihre Erfüllung findet. Aber alle »Findungen der Bühnengestalten« sind nach Freyers eigenem Wort »eine erweiterte Malerei in Zeit«.

Auch Horst Sagert war von der Brecht-Bühne tief beeindruckt. Er hatte bei Heinrich Kilger und Karl von Appen studiert. 1963 begann die Arbeit für das Theater. 1964 feierte er mit der Bühneneinrichtung zu Jewgeni Schwarz' Märchenparabel *Der Drachen* für das Deutsche Theater Berlin wahre Triumphe. Mit Sagert war ein Bühnenbildner mit dem Blick eines Malers und Poeten aufgetreten. Seine Bühnenästhetik hat fortan auch die freie Arbeit inspiriert: Zeichnungen und Collagen bieten in der zeichnerischen und montierten Durchformung eine Poesie des Minutiösen und leben von der Akribie des Details. Horst Sagert ging den Weg zur Materialcollage, zu Kunstfigur und Environment, als welches er 1979 seine Ausstellung im Bode-Museum auf der Berliner Museumsinsel zu gestalten wusste. Der Sieg des Malers über die Bühne wurde vollends gesichert mit Goethes *Urfaust* 1984 im Berliner Ensemble; Sagert führte auch die Regie. Der Berliner Theaterkritiker Ernst Schumacher schrieb: »Vom ersten bis zum letzten Augenblick überschwemmt eine Bilderflut die Bühne, reißt Fabel und Figuren an sich und taucht auch die Schauspielkunst ganz in sie ein. Das war keine Sicht mehr auf das Stück, sondern eine Vision von ihm, durchaus jener produktiven ›Art von Wahnsinn‹ gemäß, von der sich Goethe in der Rückerinnerung an die Entstehung des *Faust* beherrscht sah.«

Als Collagist war Sagert gelegentlich auf Ausstellungen su sehen. Bekannt wurde der *Choral aus der Mark Brandenburg* von 1974, eine Arbeit mit Feder, Pinsel und Collage. Die Collagen des Künstlers sind mit Dingfragmenten und Schriftwucherungen durchsetzt. Diese bewegen sich zwischen bildnerischer und literarischer Imagination (und der »musikalischen Graphik« eines Mauricio Kagel). Die Surrealisten haben dafür den Begriff »Poèm-Objet« gefunden. In den Buchobjekten setzt sich die Kunst der Collage fort, etwa in den *Lehrstücken eines Kuckucks*, einem Buchobjekt der visuellen Poesie. Friedrich Dieckmann hat solche Werke »psychographische Bilderbücher« genannt.

Die achtziger Jahre: Kunst ist die einzige erkennbare Form der Freiheit auf dieser Erde (Heinrich Böll)

Die Alten: Glöckner, Wolff, Mohr

In den achtziger Jahren, als die Agonie der DDR unübersehbar wurde, arbeiteten aus der ältesten, im Lande wohnenden Künstlergeneration noch fünf Maler von Bedeutung. Sie haben über Jahrzehnte hinweg Würde und Unantastbarkeit der Kunst vorgelebt. Das waren Hermann Glöckner, Willy Wolff, Otto Niemeyer-Holstein und Theodor Rosenhauer, die noch im alten Jahrhundert starben, und Arno Mohr, der 2001 Kreide und Kohlestifte für immer aus der Hand legen mußte. Ihnen war das Glück beschieden, bis ins hohe Alter hinein künstlerisch produktiv sein zu können. Auf Niemeyer und Rosenhauer treffen wir noch im letzten Kapitel dieses Buches.

Hermann Glöckner überraschte gegen Ende seines langen Lebens noch mit abstrakten Linienzügen, die mit Farbkreiden Schwünge, Kreise und Spiralen aufs Papier brachten, in denen sich eine luzide Formgesinnung in vollendeter Reinheit frei und offen aussprach. Werner Schmidt nannte sie »eine andere ›Kunst der Fuge‹, ›Bild der unendlichen Bewegung‹ und ›Gleichnis des fließenden Lebens‹« (Nekrolog im *Neuen Deutschland* vom 14.5.1987).

Willy Wolff beschäftigte sich noch mit Objekten aus Eisen, Messing und Holz sowie mit Collagen, wie *Dame mit Hermelin*, die er 1983/84 nach dem Gemälde des Leonardo da Vinci geschaffen hat. Wolff genoß infolge seiner künstlerisch liberalen Ansichten, seiner Experimentierlust und der Autonomie seines Werkes hohe Verehrung in der jüngeren Künstlerschaft, die ihn 1982 einlud, an der Ausstellung »Frühstück im Freien« im Leonhardi-Museum in Dresden teilzunehmen, in die er eine Arbeit gab, welche er *Manet würde sich wundern* nannte. Wolff war an der Dresdner Kunstakademie Meisterschüler von Otto Dix gewesen und galt in den dreißiger Jahren als eine der Hoffnungen in der künstlerischen Jugend der sächsischen Metropole. Begonnen hatte er mit einer kühl distanzierenden Malerei in der Nähe des Verismus. Zugleich lag die altdeutsche Tradition des Genauen und Sorgfältigen in dieser Kunst, zugleich das Doppelbödige und Hintersinnige, wie es sich in den Federzeichnungen der Jahre 1954 bis 1960 zeigte. Diese überscharfe Zeichenweise mit den dichten Strichlagen, die Kunstkenner faszinierte, wurde in den sechziger Jahren durch ein an Poliakoff erinnerndes abstraktes Hard-edge-Painting abgelöst.

Zwei längere Aufenthalte 1957 und 1958 in London gaben seiner Kunst wegweisende Impulse und brachten jenen Stil, der ab dem Ende der sechziger Jahre in Dresdens Bildkunst eine anregende Ausnahmeposition besetzte. London war in den

Willy Wolff *Nähmaschine* 1957. Bleistift, Feder in Tusche. 63,8 x 47,5. Berlin: Kupferstich-Kabinett

fünfziger Jahren ein Platz der Avantgarde des westlichen Europas, und die 1952 von Richard Hamilton und anderen Künstlern gegründete »Independent Group« erwies sich als der Ausgangspunkt einer neuen Entwicklung. Diese bestand darin, daß die durch Massenmedien und Reklame beeinflußte Trivialkultur für bildwürdig befunden wurde und Gegenstände des alltäglichen Konsums in bildkünstlerische Formationen aufgenommen worden sind. Bilder in Signalfarben zeigten banalste Realitätsfragmente in wie collagiert wirkenden Kompositionen. Als Wolf in London

Willy Wolff *Lenin zum 100. Geburtstag* 1970. Öl. 116 x 95,5 cm.

Arno Mohr *Künstlercafé* 1985. Kaltnadel-Radierung. 29,5 x 42,2 cm.

eintrat, trat bereits eine nach Hamilton jüngere Generation mit David Hockney auf. Diese brachte ein ironisch-spielerisches Element in die »neue« Kunst. Wolff begegnete, von seiner Entwicklung her gesehen, durchaus vorbereitet und aufnahmebereit dieser damals jüngsten Kunsttendenz. Er hat sich Zeit gelassen, eine eigene Antwort zu finden. Es drängte auch nichts, zumal Pop Art auf dem Kontinent nahezu unbekannt gewesen ist. Erst 1962 stellten Künstler dieser aktuellsten Tendenz in Europa aus: Pontus Hultén holte vier Amerikaner, darunter Johns und Rauschenberg, die Väter der New Yorker Pop Art, ins Moderna Museet nach Stockholm (die Ausstellung wanderte weiter nach Amsterdam und Bern), und die Galerie Ileana Sonnabend in Paris stellte »American Pop Art« aus. 1964 wurde mit vielen Ausstellungen zum Jahr des Triumphes des Pop in Westeuropa. Den Beginn machte wiederum das Moderna Museet, Stockholm. Es zeigte Werke von Dine, Lichtenstein, Rosenquist, Segal, Warhol und Wesselmann. Die documenta 3 (Kassel 1964) nahm allerdings erst zurückhaltend von der Pop Kunst Kenntnis. Die nächste Documenta (1968) behandelte dann »Probleme der Pop Art« in aller Breite. Damals erlangte Pop-Art in Westeuropa den größten Einfluß, aber bereits ein Jahr später veranstaltete die Hayward Gallery in London eine Ausstellung, die auf Pop Art zurückblickte. Es ist hier deshalb ausführlicher auf die Genesis von Pop Art eingegangen worden, weil die Kunst von Willy Wolff sich gerade in jenen Jahren neu profilierte, und zwar in der kritischen Auseinandersetzung mit Pop. Aus Dresden kam eine ganz eigene Antwort (die freilich weder in London, noch New York vernommen worden ist). Das erste Bild dieses »neuen« Stils malte Wolff 1967, es trägt den Titel *Warnung*.

Willy Wolff war neben Renato Guttuso einer der realistischen Künstler, welche die Herausforderung von Pop Art frühzeitig angenommen haben. Guttuso hatte bereits 1962 notiert, dass Pop Art, die er witzig-treffend Neo-Dada nannte, das Präludium einer »neuen Bildlichkeit« sei. Er selbst malte 1976 mit dem *Café Gréco* eine der intelligentesten dialektischen Negationen von Pop, zumal in der von Pop Art wiederbelebten »Bild-im-Bild«-Zitat-Methode. In diese Richtung zielte auch das Werk von Willy Wolff. Es erreichte mit den Gemälden der Jahre 1967 bis 1971 ein Faszinosum, das gerade jüngeren künstlerischen Kräften Impulse gegeben hat.

Auch Arno Mohr, der zeitlebens seinen Stil eines Berliner Realismus »karg und weise« (Erwin Strittmatter) kultivierte, hat Guttusos Bild *Café Gréco* (1976) gesehen. Nur hat er nicht die Stilmorphologie des Italieners verarbeitet, sondern dessen intelligente Erzählweise aufgegriffen. Mohr zeichnete und radierte zwischen 1982 und 1985 verschiedene Fassungen seines *Künstlercafés*. So wie Guttuso eine imaginäre Versammlung mit der Dominante Georgio de Chirico gemalt hat, so ähnlich verfuhr auch Mohr. Er brachte an die Tische seines Cafés eine Künstlergesellschaft Berliner Tradition und Aktualität: Cremer, Eisler, Brecht, Nagel, Zille sind fast immer dabei. Das Bekenntnisblatt gehört zu den Hauptstücken seines Œuvres. In die reiche Ernte der achtziger Jahre sind auch Porträts eingebracht worden (Bertolt Brecht, Anna Seghers, Hanns Eisler, Ernst Busch) und die expressiven, kompakt-großzügigen Holzschnitte der Folgen *Tagebuch-Notizen* (1981), Berliner *Bilder* (1985) und zu Strittmatters Roman *Der Laden* (1987). Mohr hatte mit diesen Werken die gedankliche und formale Quintessenz seines umfangreichen Schaffens gefunden.

Ausstellungen, nicht nur in Paris

Im Frühjahr 1981 kam es im Musée d'Art moderne de la Ville de Paris zur Ausstellung »Malerei und Graphik in der DDR«. Sie war ohne Zweifel durch die sammlerische Aktivität von Peter Ludwig und durch die aufsehenerregende Teilnahme an der documenta 1977 wenn nicht verursacht, so doch begünstigt worden. An dieser 6. documenta nahm die bekannte Quadrupelalliance der Maler Bernhard Heisig, Wolfgang Mattheuer, Willi Sitte und Werner Tübke teil. Sie folgten einer Einladung des künstlerischen Leiters der documenta, Manfred Schneckenburger, der das Konzept gemeinsam mit Lothar Romain verantwortete; die Arbeitsgruppe Malerei leiteten Klaus Honnef und Evelyn Weiss. Die Aufnahme der vier ostdeutschen Maler war freundlich, doch es gab in den ersten Tagen auch Proteste.

Die Ausstellung in Paris war aber noch wichtiger. Das Pariser Museum wollte eine Exposition eigener Wahl. So reisten unter der Leitung der Direktorin des Museums, Bernadette Contensou, Kunsthistoriker von der Seine an die Spree. Von deutscher Seite nahm an der Auswahl ein Kunstwissenschaftler teil, der auch zum Kommissar der Ausstellung bestellt worden war. Die Arbeitsgruppe besuchte Ausstellungen, Ateliers, öffentliche und private Sammlungen. Das Ergebnis wurde Willi Sitte, dem Präsidenten des Künstlerverbandes der DDR, vorgelegt und von diesem akzeptiert. Madame Contensou hätte ohnehin keine Veränderung an der Liste der ausgewählten Künstler und Werke geduldet. So kam zum ersten Mal eine Ausstellung zustande, die im Ausland ein vielseitiges Bild von der Kunst der DDR vorstellte, das durchaus nicht auf figürliche Kunst begrenzt war. Die »großen Vier«, also Heisig, Mattheuer, Sitte und Tübke, waren mit Hauptwerken beteiligt. Heisig zeigte unter anderem ein Commune-Bild von 1980, Mattheuer das allegorische Gemälde *Horizont* von 1970, Sitte eine Hommage à Courbet von 1977 und Tübke die *Lebenserinnerungen des Dr. jur. Schulze III* von 1965. Ihre Gemälde waren wie die der Realisten Metzkes, Paris, Quevedo, Rink und Stelzmann starke Zeugnisse von der künstlerischen Tragkraft des Gegenständlichen. Aber auch Hermann Glöckner und Willy Wolff, Gerhard Altenbourg und Carlfriedrich Claus waren mit bedeutenden Werkgruppen an der Ausstellung beteiligt. Die Vielfalt künstlerischer Ausdrucksweisen wurde durch Werke vervollständigt von Wolfgang Biedermann, Klaus Dennhardt, Hartwig Ebersbach, Ulrich Hachulla, Frieder Heinze, Joachim Jansong, Gerhard Kettner, Klaus Magnus, Wolfgang Petrovsky, Dagmar Ranft-Schinke, Günter Rechn, Jürgen Schieferdecker, Dieter Tucholke, Max Uhlig, Hans Vent, Werner Wittig und Axel Wunsch. Die stilistische Pluralität fand ebenso wie die handwerkliche Solidität Aufmerksamkeit – das Echo in der Presse war bemerkenswert, nur seltsamerweise nicht in der DDR ...

Es gab nach der Pariser Exposition keine andere Ausstellung, in der die Vielfältigkeit von Malerei und Graphik in der DDR so umfangreich gezeigt worden wäre. Das galt auch für die seit 1982 beginnende Teilnahme von Künstlern aus der DDR an der Biennale Venedig (Metzkes, Peuker, Rink, Weidensdorfer, Gille und andere) und für die verdienstvolle Ausstellung »Zeitvergleich '88«, die der Staatliche Kunsthandel der DDR im Rahmen der 38. Berliner Festwochen durchführte. Diese Ausstellung realisierte die Konzeption des Westberliner Kunsthändlers Dieter Brusberg und zeigte 13 Maler aus der DDR (Heisig, Mattheuer, Metzkes, Tübke, Uhlig, Händler, Ebersbach, Peuker, Libuda, Wenzel, Liebmann, Giebe und Hampel). Sie bestätigte den Metzkes-Satz, »Der Realismus ist wie das Gras, das niedergetreten wieder aufsteht.«

Realismus, »die exklusivste Form der Malerei«

Der Realismus kannte auch in der DDR stilistisch Polaritäten. Seine Mentalität war jedoch zumeist sensualistisch geprägt. In den achtziger Jahren lassen sich zwei breite Entwicklungsströme erkennen, ein kontemplativer und ein aktionistischer. Sie waren auch schon in den Jahrzehnten vorher zu beobachten. Kontemplativer Realismus ist hedonistisch, so man will »kulinarisch« und auf Meditation gestimmt. Als Primarius kann immer wieder Harald Metzkes ausgemacht werden. In den achtziger Jahren hat er wie kaum ein anderer die Fülle des alltäglichen Lebens gemalt. Er bediente alle Genres der Malerei, hat sich »dem verwirrenden Leben« ausgesetzt, um »ein Bild daraus zu machen«. Der Mensch in Einsamkeit und Geselligkeit, das sachliche Ding im Für-sich-Sein und im Zueinander und die Landschaft in Nähe und Fremde lieferten für den Malstrom Bild für Bild unerschöpflich Motive. In zahlreichen

Rolf XAGO Schröder *Die letzten Sonnenfetzen* 1989. Öl. 42 x 59 cm.

Walter Libuda *Selbstbildnis mit Narbe* 1984. Mischtechnik. 83,3 x 66,8 cm. Leipzig: Museum der bildenden Künste

seiner Gemälde ist immer wieder die Sehnsucht nach einer intakten Welt visualisiert. Literatur und Theater bereicherten den Motivfundus, der auch direkt oder qua Allegorie das Komische und Groteske in sich barg. Harald Metzkes war der Hauptmeister der in realistischer Tradition eingebundenen Gesellschaftsmalerei in der DDR. Wohin man im Œuvre blickt, ob auf das Familienbild *Das Baby*, auf den »familiären« und doppelsinnigen *Laokoon* oder auf das Triptychon *Der*

Werner Liebmann *Nest* 1987. Öl. 100 x 125 cm. Berlin. Grundkreditbank

Tanz (alle 1987), stets geht es um »geselliges Beisammensein«, also um zeitgenössische Genre-Malerei.
Ist Metzkes ein großartiger Erzähler im Bilde, volksnahe einfach und intellektuell zugleich, so war Manfred Böttcher, der Meister der Farb-Meditation, wie es vor ihm in der DDR wohl nur noch Otto Niemeyer-Holstein gewesen ist. Er malte in den achtziger Jahren seine Bilder noch konzentrierter, kompakter. Seine Sujets wurden »großstädtischer«, Farbe und Form drängten sich auf dem Bilde in unnachahmlicher Feinheit. Die Gemälde von der Straßenkreuzung, aus der Höhe seines letzten Ateliers gesehen (ab 1986), sind nur schwer zu übertreffende Farb-Poesien von der Großstadt und ihrer Atmosphäre. Ein *Nächtliches Fenster* (1992), das Stilleben und Außenwelt zu malerischer Einheit bindet, gibt einen Farbbildbau von erlesener autonomer Schönheit.
Der kontemplative Realismus findet sich in dieser Zeit auch bei Malern wie Rolf Händler und Lutz Friedel, dessen Selbstbildnis als zwergenhafter Hofnarr (nach Velázquez) »Sinnbild der Künstlernatur im Osten« (Matthias Flügge) ist. Bei Nuria Quevedo und Konrad Knebel in Berlin tritt er auf, vor allem aber bei Siegfried Klotz in Dresden. Die Geistesverwandtschaft des Dresdners zu Bernhard Kretzschmar und Theodor Rosenhauer ist nicht zu übersehen. Zu den wesentlichen Werken gehören das Porträt des Malers Johannes Heisig und das Greisenporträt des Kunsthistorikers Fritz Löffler (1987). Klotz' Dresden-Ansichten erreichten mit *Phantasus über Dresden* (1989) eine Noblesse, die an die Malkultur der alten Dresdner Malergeneration heranführt.
Aus dem kontemplativen Realismus sind immer wieder Fluchtbewegungen hin zu intensiver Dynamisierung des Bildes, auch zum Abstrakten fest-

Stefan Plenkers *Mauerbild* 1987. Öl. 170 x 185 cm. Reutlingen: Sammlung Seiz

zustellen. Horst Zickelbein ist dafür der auffälligste Maler. Er fand in den achtziger Jahren seine »inneren Landschaften« und »Raumgedichte« (*Topoemas,* 1985), in denen abstrakte Triebkräfte Ausdruck finden. Seit der Übersiedlung 1995 auf die dänische Insel Bornholm setzt sich ein rustikal-elementarer Formstil durch, der von den gewaltigen Steinen des Eilands zu beeindruckenden Bildexzessen inspiriert worden ist. Trotz aller Irritationen ist eine Kontinuität im Werk zu erkennen, die von dem Gemälde *Der tote Fischer* von 1957 zu dem *Blauen Torso* und der *Schwarzen Form* von 1996 führt.

Zwischen dem kontemplativen und aktionistischen Realismus hat der Leipziger Maler Arno Rink sein Feld bestellt. Er ist neben Volker Stelzmann die interessanteste Malerpersönlichkeit der Leipziger Realisten-Generation nach Heisig und Tübke, zugleich galt er nach dem letztgenannten Künstler als arrivierter Vertreter eines »Neuen Manierismus« in der DDR. In das öffentliche Gespräch geriet der Künstler in den siebziger Jahren mit Gemälden wie *Spanien 1938* (1974) und *Canto libre* (1977). Die Schönheit des Details, die sichere Eleganz der Komposition, eine mitunter exaltierte Gebärdensprache und die farblich unterkühlte Ausführung der Malerei suggerieren dem Betrachter Glanz, Kostbarkeit und Luxus. Die Bilder der Jahre 1983 und 1984 brachten eine Verfeinerung der Stilistik. Das *Spanische Stilleben* (1983), konzentriert auf wenige kulinarische Objekte um den gewaltigen Tierschädel, gehört zum

Genre der Vanitas vanitatum. In diesem Bild, inspiriert von der Lyrik Erich Arendts, ist eine Tendenz zu Strenge und Kargheit verwirklicht, welche die Schönheit dieser Malerei trägt. Der Stierschädel ist kein Symbol für blinde, geistlose Energie. Die Leidenschaft des Erotischen, die zahlreiche Gemälde Rinks beherrscht, wird auch in diesem Bilde ausgedrückt. Die Dialektik von der Vergänglichkeit alles Irdischen und dem Triumph über das Leben beherrscht diese Malerei. Versuchung, Sex und Laster sind Grundthemen im Werk Rinks, etwa bei der *Nacht der Gaukler* (1983) oder der *Kleinen Versuchung* (1984). Die Figuren erscheinen zuweilen wie sexuelle Marionetten. Rink überhöht das Sexuelle ins Symbolische: nicht Lebenslust, sondern Lebensgier als Ausdruck von Fremdheit, Angst und Verlorenheit. Diese Kritik wird nicht mit den Mitteln des Verismus betrieben, sondern mit dem Form-und-Farb-Instrumentarium eines »schönen Stils« vorgetragen, den man zum Beispiel auch bei dem Wiener Maler Rudolf Hausner beobachten kann. Von hier aus ist es bis zum Surrealismus nicht mehr weit. Der Berliner Maler Rolf Xago Schröder praktiziert sie. In seiner unterkühlt formulierten Gedankenkunst amalgamieren sich phantastische Formvorstellungen mit Zeichenhaftem, selbst Irrationalität führt zu Bildlogik.

Die aktionistische Tendenz im Realismus ist in Farbe und Form expressiv temperiert, der Sensualismus zeichnerisch-gestisch strukturiert. Selbstverständlich gehören dazu Maler wie Bernhard Heisig und Willi Sitte, beide grundsätzlich und Letzterer insbesondere mit seinen vitalen Akten (*Liebespaar zwischen Minotaurus und Tod*, 1981) und den Selbstbildnissen der neunziger Jahre. Ansonsten sind es vorwiegend Künstler, die in den frühen fünfziger Jahren geboren worden sind, welche diese Tendenz in den achtziger Jahren voranbringen. Es gehören dazu Walter Libuda, ein Farbabenteurer seltener Art, der in seinen mehrfigurigen, engräumigen Kompositionen von größter Farbintensität an Manfred Böttcher anschließt, und Werner Liebmann, der ein lichtes, dekoratives Element in seine expressive Malerei einzubinden weiß. Ihre vitale Ausdruckskunst hebt tradiertes Formgut ins Zeit-

Roland Nicolaus *Berliner Ruinenromantik* 1987. Öl. 100 x 74 cm.

genössische. Nennenswert sind auch der Berliner Roland Nicolaus und als Ältester (geboren 1945) der Dresdner Stefan Plenkers (Dresden). Beide haben Landschaften gemalt, die düsterer Geschichtsort waren. Plenkers überzeugt mit einem beängstigend gemalten *Mauerbild* (1987) in schmerzender Weiß-Dominanz und Nicolaus schuf in der Mitte der achtziger Jahre eine Werkgruppe *Berliner Ruinenlandschaft* aus ebenfalls verurteilender, anprangernder Gesinnung. Sein Gemälde *Berliner Ruinenromantik* (1988) gibt den Blick über das Gelände der ehemaligen Reichskanzlei zum mauerzerschnittenen Potsdamer Platz, zum Spreebogen am Reichstag – Fluß und Mauer: ein dunkles, dramatisches Bild, giftige Lichter. Er habe, sagte er dem Autor, den Pariser Platz als einen »metaphysischen Un-Ort« empfunden, als ein Gleichnis für Aus- und Eingesperrtsein. Es ist ein Bild, das wie eine Wunde schmerzt. Stilistisch steht hinter dieser Kunst ebenso Felix Nussbaum wie Ernst Schroeder: ein »harter« Realismus.
Zu den wichtigen Künstlern dieser Aktionisten gehört Johannes Heisig. Er kommt aus Werkstatt und Schule seines Vaters. Mit dem Gemälde *Der Aussichtsturm* (1982) erregte er sofort Aufsehen. Das Bild, frisch und jugendlich, raffte Eindrücke und verdichtete sie zu einer Art Mega-Landschaft historisch geprägter Zivilisation. Die vielschichtige Raum-und-Zeit-Verschachtelung wird bei

ihm stilmorphologisch zum Kennzeichen. In der Malerfamilie Heisig, die im Frühjahr 2000 in der Galerie Berlin vorgestellt worden ist (Bernhard Heisig nebst seiner Gattin Gudrun Brüne und den beiden Söhnen Walter Eisler und Johannes Heisig sowie dessen Frau Antoniette) hat er sich eine eigenständige Position erarbeitet.

Die Maler verweigern den Gehorsam: Heisig und Mattheuer

Bernhard Heisig gehöre zu den bedeutendsten deutschen Malern »nicht nur der unmittelbaren Gegenwart, sondern des Jahrhunderts überhaupt«, verkündete Eberhard Roters in seiner Rede zur Eröffnung der Ausstellung des Malers 1994 im Herforder Kunstverein. Und er erklärte Heisigs »deutsche Malerei« als eine »traumatische Malerei«.[82] Das ist formuliert sowohl aus dem tradierten Bewußtsein dieser Malerei, welche Corinth, Dix, Kokoschka und Beckmann als historisch-künstlerische Wertmaßstäbe verinnerlicht hat, als auch aus der Biographie des Malers selbst. Es mag nicht zuletzt diese im Werk vieler Realisten in der DDR vorhandene Traditionslinie gewesen sein, welche Günter Grass 1982 zu der oft mißdeuteten Formulierung gebracht hat: »In der DDR wird deutscher gemalt.«[83]

Heisig hat in den achtziger Jahren Bilder geschaffen, die seine historischen Themen modifizieren und den »Fritz-und-Friedrich«-Komplex neu einbringen. Die umfangreiche Werkgruppe der Preußen-Bilder (um 1987/88), unter denen sich Gemälde befinden wie *Feldherrnhügel*, *Ja, wir sind die Garde*, *Beschäftigung mit Fritz und Friedrich* und *Preußisches Stilleben*, könnte mit der Neubewertung der preußischen Geschichte zusammenhängen, die in der DDR Ende der siebziger Jahre zu beobachten gewesen ist. Sie wurde in der Wiederaufstellung des Reiterstandbildes *Friedrich II.* von Christian Daniel Rauch 1980 in Berlins Renommierstraße Unter den Linden jedermann sichtbar. Diese vermeintliche Preußen-

Johannes Heisig *Der Aussichtsturm* 1982. Mischtechnik. 140 x 200 cm. Halle: Staatliche Galerie Moritzburg

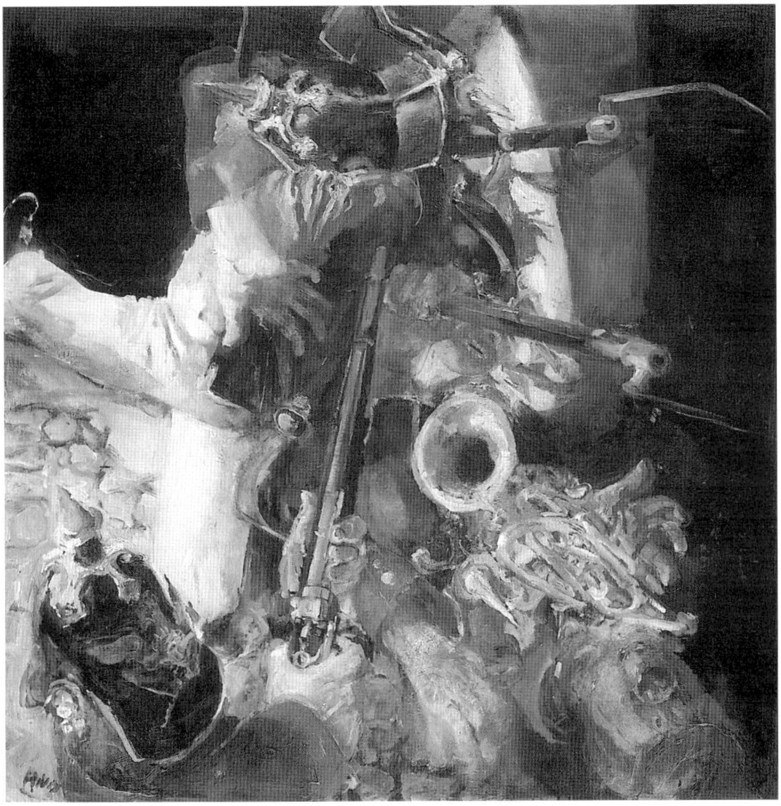

Bernhard Heisig *Preußischer Soldatentanz III* 1978/86. Öl. 120 x 130 cm.
Hamburg: Kunsthalle

Renaissance hat die Reaktion auf Heisigs Preußen-Bilder allenfalls freundlich beeinflußt, aber nicht verursacht. Der Maler hatte sich bereits 1965 mit dem Friedrich-Stoff am Beispiel einer eingehenden Menzel-Interpretation beschäftigt.[84]
Heisigs Parabel-Gemälde *Christus verweigert den Gehorsam* (1986) ist gewissermaßen eine Quintessenz. Diese konzentriert sich auf Gewalt und Aggression. Die Bilder sind leidenschaftliche Inszenierungen eines historisch geprägten kritischen, nicht fremdgesteuertes Bewußtseins (*Alles Theater,* 1994). Im Grunde geht es, wie in aller Geschichtswelt Heisigs, um die Ambivalenz zwischen Geist und Macht.
Das Ende des Jahrzehnts bringt der Malerei Heisigs noch einige Städtebilder (Dresden, Tangermünde). Die Gemälde *Brühlsche Terrasse* (1990) und *Augustusbrucke mit Hofkirche* (1990/95) zeigen die bekannten Motive, unterscheiden sich aber durch ihr weltstädtisches Flair wesentlich von den Veduten des gepflegten Dresdner Kolorismus. Ein Erlahmen der Malkraft dieses Malers, der sich noch das Abenteuer neuer Zeichnungen zu Goethes *Faust* gönnte, ist zu Beginn des 21. Jahrhunderts nicht auszumachen.
Auch ein anderer Leipziger, Wolfgang Mattheuer, ist ein großer Bild-Erfinder. Seine metaphorische Lakonik formte Gemälde und Graphik aus der Auseinandersetzung mit der Gegenwart und traf pointiert neuralgische Zustände und Verhaltensweisen. Schon die Erfindung der Maskenmänner und zerrissenen Figuren (*Das zweite Gesicht, Zwiespalt*) der siebziger Jahre entlarvte die Clevernis biederer Bürger, die verschiedentlich als moralische Verkommenheit definiert worden ist. In den achtziger Jahren verschaffte sich die Wut über die beengenden, erniedrigenden Verhältnisse in der DDR geballten Ausdruck. Mattheuer malte Bilder von Ausbruch und Flucht (*Geh aus deinem Kasten,* 1985) und faßte die Sujets zusammen in den Li-

nolschnitten der *Suite '89*, welche von der Edition Brusberg Berlin herausgegeben wurde. Die gewichtigste Bildfindung Mattheuers in den achtziger Jahren wurde der *Jahrhundertschritt* (1987). Die Beschäftigung mit dieser suggestiven Metapher-Figur zeigte sich bereits 1981 in einer Zeichnung (*Aggression*) und alsbald im Linolstich (1982) und führte über verschiedene Bildphasen (*Verlorene Mitte*, 1985) 1987 zu dem Gemälde und der sensationellen Plastik. Das skulptive Gerüst der Plastik assoziiert dem Kunsthistoriker das suprematistische Konstruktionsschema El Lissitzkys, das dieser für seine Lithographie *Neuer* aus der Folge *Die plastische Gestaltung der elektromechanischen Schau Sieg über die Sonne* (1920/21) gefunden hatte. Die Mattheuer-Metapher von 1987 ist ein signifikantes Zeugnis der bildnerischen Intelligenz des Malers und zugleich Beleg der eindrucksvollen inhaltlichen Kontinuität seines Werkes seit dem *Kain* (1965): Zerstörung, Selbstzerstörung als Menetekel unserer Zeit. In Gemälde wie Plastik symbolisiert die Bild-Erfindung von 1987 die Zerrissenheit des Jahrhunderts, gibt eine »fliehende Endzeit-Gestalt« und ist also – in der Definition von Eduard Beaucamp – eine »Jahrhundertmetapher«.[85]

Eine nicht minder wichtige Bildkonstruktion ist das Gemälde *Draußen, drinnen und ich* (1986). Es steht in der ikonographischen Tradition der Spiegelbilder, die in der modernen Kunst durch solche Meister wie Picasso und Beckmann, Dix und Max Ernst, Giacometti und Bacon bereichert wurde. Mattheuers Spiegelmetaphorik imaginiert die Problematik des Künstlers, ja des Künstlerischen überhaupt: das Spiegelbild als Enthüllung, als Konfrontation mit sich und der Welt, ein Bild von Hoffnung und Gefährdung.

Mattheuer hat auf seine Art, wie Heisig auch, die Indoktrination durch die offizielle Kulturpolitik ignoriert, Fremdbestimmung verweigert und seine persönliche Sicht auf die Zustände seiner Umwelt und seines Staates, in dem er lebte, ins Bild gebracht.

Alternativrealismus: Von Tucholke und Petrovsky zu Butzmann und Behrendt

Alternativrealismus ist aktionistische Kunst, pointierter Ausdruck eines kritischen, dogmenfreien Geschichtsbewußtseins. Diese Kunst bedient sich in ihren Assoziationen zu Geschichte und Gegenwart unkonventioneller technischer Mittel. Zu ihren Ahnen gehören Kurt Schwitters, Raoul Hausmann und John Heartfield als »Klassiker« sowie Joseph Beuys, Robert Rauschenberg und Klaus Staeck als ältere »Zeitgenossen«. Charakteristisch sind für diese Kunst Synergieeffekte: Decollage/Collage, Spurensuche (Fundstücke als Lebenszeugnisse, Dokumente), selbst Bild-Wort-Musik-Kombinationen.

Dieter Tucholke markierte in der zweiten Hälfte der sechziger Jahre den Anfang mit Monotypien, Material- und Klischeedrucken. Es folgte Schieferdecker in den siebziger Jahren mit combine-painting. Die Kulmination schließlich in den achtziger Jahren: Collagen und Aktionen von Petrovsky, Graphik und Jazz bei Weidensdorfer, Radierungen von John, Tiefdruckmanipulationen von Behrendt, Radierungen und Steinabreibungen von Butzmann und Gemälde von Giebe.

Dieter Tucholke kam aus dem Kreis der Berliner Experimentalgraphiker. In den siebziger Jahren errang er Aufmerksamkeit mit technisch anspruchsvollen Kombinationsdrucken (*Spuren und Wände, Hommage à Ionesco – Die Nashörner*, beide 1977) und 1980 schockierte er mit der Folge *Negativbilder Preußischer Geschichte*. Es sind zwanzig graphische Blätter in einer Mappenauflage von 20 Exemplaren. Ihm folgte im September 1986 Dieter Bock, der »Preußen (de)montiert« im Berliner Dom ausstellte. Tucholke inszenierte im Club der Kulturschaffenden zu Berlin 1981 eine Anti-Preußen-Ausstellung, in welcher sich auch klingelnde und klappernde Objekte befanden. »Mein Preußenbild«, sagte er dazu – und: »Zorn gerinnt zur Persiflage«. Tucholke gab verfremdet Ansichten auf Köpfe preußischer Potentaten und auf deren vermeintliche Heldentaten: eine collageartige Häufung ihrer Tugenden und Laster. Jeder wichtige oder unselige Kronenträger Preußens wurde behandelt, die Negativfolgen ebenso, also zum Beispiel Hitler. Im Preußenbild des Dieter Tucholke ist mithin auch das Hakenkreuz und die fast chaplinesk stilisierte Fratze des Diktators, der mit diesem blutigen Kreuz angetreten war – Trompeten und Fanfaren dann und viele Grabkreuze. Tucholkes satirische preußische Geschichte stellt ein individuelles Geschichtsbild vor, in dem Preußen nur insofern einen Platz hat, als es Gegenstand unerbittlicher Kritik ist. Die progressive Linie in der preußischen Geschichte, etwa die Politik verschiedener Reformer, bleibt ausgeklammert. Die Formsprache des Künstlers verarbeitete Erfindungen und technische Finessen von Arcimboldi bis Rauschenberg. Mit dieser Folge wurde Tucholke einer der gedanklich und formal interessantesten bildenden Künstler in der DDR. Er setzte einen Gegenpunkt zu einer anderen Art von Geschichts- und Gegenwartsbewältigung durch Malerei und Graphik. Um das Problem zu personalisieren: Bernhard Heisig und Werner Tübke malen und zeichnen mit dem Einsatz einer aufwendigen und »genauen« Figuration, die alternativen Realisten, wie eben in Berlin Tucholke und in Dresden Petrovsky und Schieferdecker, arbeiten in einer Sprache, die beträchtlich von der »normalen Optik« abweicht. Im Jahre 1988 hatte Dieter Tucholke eine Graphikmappe vorgelegt: *Die Nacht hat 12 Stunden – ein Totentanz. Erinnerung an die 12 Jahre Finsternis und Angst.* Das Opus umfaßt 20 Kombinationsdrucke, zum Teil Negativradierungen über dokumentarische Offsetreproduktionen, in denen der Künstler das Chaos sichtbar werden läßt, in das der Faschismus Deutschland gestürzt hatte. Zerstörung wird in jedem Blatt bildhaft, Judenverfolgung und Bücherverbrennung. Die Collagevorlage für den Offsetdruck benutzt Fetzen von Umschlägen zu Büchern von Döblin und Heinrich Mann, von Zeitschriften, wie *Aktion* und *Weltbühne*. Gezeigt werden auch ramponierte Berliner »Triumphzeichen«, wie die Quadriga auf dem Brandenburger Tor und die Siegessäule. In die Mappe eingefügt ist eine Gruppe radierter Köpfe, entpersönlicht, Totenschädel: Henker und Opfer. »Schönheit« kommt nicht vor. Tucholke begründet im Geleitwort die Wahl der Farben: »... eine düstere Verbindung von Rot, Braun und Schwarz: Blut, Brand und Finsternis, es blieb keine Wahl.« Dennoch glimmt auch in dieser sehr persönlichen Abrechnung ein Funken Hoffnung: Im letzten Blatt der Mappe bringt eine umkopierte Fotografie einen Leierkastenmann inmitten der Trümmerwüste ins Bild. Ihm zur Seite ein kleines Mädchen – das Leben geht weiter.

Wolfgang Petrovsky *Aus der Folge »Zur deutschen Geschichte«* 1978. Collage. 26 x 20 cm.

Dieter Tucholke bereicherte nach Alfred Hrdlicka (*Wie ein Totentanz*, 1974) das alte Totentanz-Thema durch einen neuen, eigenwilligen Beitrag. Zugleich gehört seine Mappe nebst Bernhard Heisigs *Faschistischem Alptraum* (1967/78) und Herbert Sandbergs *Anachronistischem Zug* (1982/83) zu den wichtigsten historisch-kritischen Folgen aus der Druckgraphik in der DDR.

Ohne Zweifel ist neben Tucholke Wolfgang Petrovsky ein besonders aufregender und anregender Teilhaber des Alternativrealismus. Er kam von der Universität Leipzig, wo er Kunsterziehung studiert hatte, und wirkte ab 1979 freischaffend bei Dresden. Angeregt durch die russische Lautpoesie (Chlebnikow, Krutschonych), durch das Wortbildwerk von Kurt Schwitters und die akustischen Collagen von Carlfriedrich Claus, entwickelte er sowohl seine Collagen und druckgraphischen Arbeiten als auch die intermedialen

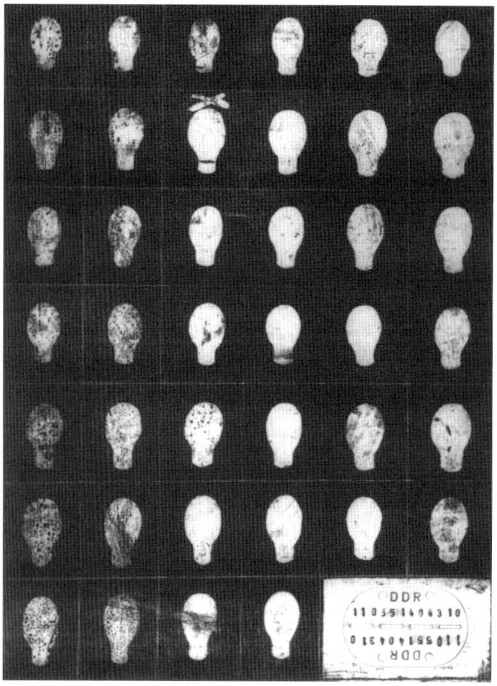

Falko Behrendt *Ich selbst als 110551404310* 1980. Aquatinta und Prägedruck. 43,5 x 32 cm.

Aktionen, die er mit anderen Künstlern (Frank Voigt, Andreas Küchler) inszenierte. Schon bald erarbeitete er mit dem Dresdner Komponisten Hartmut Dorschner Bild-Text-Klang-Kompositionen, in denen nach dem Wort des Künstlers die Collagen das Libretto bildeten. Orte solcher Aktionen waren unter anderen die Kunsthandlung Patzig in Freital, die Galerie am Fischmarkt in Erfurt und das Militärhistorische Museum in Dresden. Zu den wichtigen frühen Gemeinschaftsarbeiten gehörten das Projekt *aktion = hoffnung* in Freital und die *Höllenfahrt* von 1983/84. In der Graphik zählt die Mappe *Fastnacht und Aschermittwoch* (1983) zu den wesentlichen Exponaten. Kreatives Auswerten von Fotodokumenten führte zur Serigrafie (*Von Merz bis heute,* 1988) und zu Postkartenserien, welche Mail-Art politisch instrumentalisierten (etwa Serien gegen die Raketenstationierung in Ost und West, 1980, zur Perestroika, 1987). Übermalte Collagen und Decollagen, Stempel, Fotografien und Klischeedrucke (Realitätsfragmente) waren das technische Instrumentarium, mit dem Petrovsky seine Folge *Zur deutschen Geschichte* (1978 bis 1983) schuf, die als unkonventioneller Beitrag zur Ausformung eines dialektischen Geschichtsbewußtseins begrüßt worden ist. Diese Folge ist eine Synthese aus Dada (Schwitters), Heartfield und Staeck. Die eruptiven Farb-Bild-Felder wurden im Laufe der Jahre vermöge informeller Malstrukturen (*Landschaft mit Restgold,* 1993) zu Expressionen geführt, die Entlarvung und Anklage zugleich sind. In Petrovsky hat die intellektuelle Politisierung eines bildstarken alternativen Realismus einen Meister gefunden.

Eine nahezu konträre Position zu Petrovsky innerhalb der »Historienkunst« im Felde des Alternativrealismus besetzt Joachim John. Er empfing Anregungen von Cremer, Niemeyer-Holstein, Hans Theo Richter und Mucchi. Sein Hauptarbeitsgebiet ist die Kunst der Zeichnung. Mit den Beckmann-Phantasien *(Max Beckmann in Südamerika)*, der kultur- und sozialkritischen Folge *America Latina* und den Blättern zu Schillers *Wilhelm Tell*, Heiner Müllers *Der Aufstieg* und Schatrows *Weiter, weiter, weiter ...*, sämtlich Arbeiten aus der zweiten Hälfte der achtziger Jahre,

Frank Voigt *Harlekin* 1986. Acryl. 100 x 75 cm. Dresden: Galerie Neue Meister

Manfred Butzmann *Türme* 1981. Aquatinta. 19,5 x 24,4 cm. (Blatt I aus der Mappe »Steinernes Berlin«)

Claus Weidensdorfer *Hans-Peter Hund zeichnet Berlin* 1967. Aquatinta und Strichätzung. 16,8 x 20,6 cm.

äußert sich eine Art Traumbildnerei, die einstens (1903) durch Ferdinand Avenarius für Kubin reklamiert worden war. Bei Joachim John kulminiert sie in den seit 1988 entstandenen Blättern zur Französischen Revolution. John hatte dafür aufwendige Studien historischen Materials, wissenschaftlicher und künstlerischer Literatur betrieben. Desgleichen wichtig war die Rezeption des Ereignisses zu späterer Zeit. Und selbstverständlich hat er sich mit den zeitgenossischen Zeichnungen und Stichen der Girardet und Niquet, der Prieur und Berthault befaßt. Sie lieferten ihm mit ihrem künstlerisch-dokumentarischen Material eine Topographie der Revolution, die zur geistig-sinnlichen Basis seiner Zeichnungen geworden ist. Wie Alfred Hrdlicka in seinen Zeichnungen und Radierungen zur Französischen Revolution hat sich auch John als historischer Dialektiker nicht auf eine illustrative Darstellung der Geschehnisse beschränkt. Insbesondere verfolgte er das erregende Schicksal der schillernden Zauberformel »Freiheit, Gleichheit, Brüderlichkeit« durch die Zeitläufte. So tauchen in dieser sechzig Zeichnungen umfassenden Folge literarische und historische Figuren auf, werden spätere Kriege und anderes Unheil beschworen, agieren die Helden, Verlierer und Opfer der Revolution, aber eben auch Don Quichote, Wilhelm Tell, Lenin und Stalin ... Stilmorphologisch und im Einsatz der zeichnerischen Mittel bleibt John in den Gefilden der Berliner Zeichenkunst.

Ebenfalls literarisch und historisch ambitioniert erweist sich Falko Behrendt, der an der Dresdner Kunsthochschule bei Günter Horlbeck studiert und bei ihm die Möglichkeiten freien graphischen Gestaltens geübt hat. Technisch geriet er in die Nähe von Petrovsky, obgleich er sich beinahe ausschließlich mit den Kombinationen von Tiefdruckverfahren beschäftigt. Die Integration von Wirklichkeitsfragmenten (Foto, Collage, Erzeugnisse der Printmedien) ist beiden gemeinsam. Behrendt wurde der Öffentlichkeit bekannt durch die zehn Radierungen zu Majakowskis Poem *Darüber*, das 1985 im Reclam-Verlag Leipzig erschien. Der Auftrag fiel mit den Intentionen des Künstlers, Graphik und Foto einander zu verbinden, ideal zusammen. Zum kunsthistorischen Fond, der dem Künstler gegenüberstand mit den konstruktivistisch montierten Arbeiten von Alexander Rodtschenko (1923) zum gleichen Buch und mit pop-informellen Drucken von Robert Rauschenberg, gesellten sich die Erfahrungen von Joachim Jansong mit dem Übertragen von Fotos oder Fotocollagen auf die Radierplatte. Behrendt betreibt seine Manipulationen mit gelegentlich bis zu sieben Plattenzuständen und durch den Zusammendruck mehrerer Platten sowie durch die Bearbeitung mit zeichnerischen und malerischen Mitteln. Insofern schließt sein Werk unmittelbar an die früheren Arbeiten der Berliner Experimentalgraphik an, erreicht aber mit neuen technischen Mitteln einen erweiterten Wirkungsradius.

Andreas Dress *Kleine Stadt* 1986. Radierung. 23 x 29 cm.

Behrendt bietet neben anderen Künstlern (etwa Ingo Arnold) überzeugende Exempel für die Interaktion verschiedener technischer und methodischer Verfahren innerhalb eines alternativen Realismus.

Manfred Butzmann, der bei Magnus Zeller in Caputh bei Potsdam in einem Malzirkel seine ersten Schritte zur Kunst gemacht hatte, studierte in den sechziger Jahren bei Arno Mohr und Werner Klemke in Berlin. Er wurde unter den Stadtbildnern der unerbittlichste Moralist und als solcher Spurensucher und folgedessen »Stadtforscher«. Sein kritischer Geist stellte sich zuerst in den Aquatinten der Folge *Eindrücke* vor, in welcher während der Reservistenzeit bei der »Nationalen Volksarmee« der DDR Gesehenes festgehalten war. Die Drucke berichten von Sturmbahn, Kasernenhof und Schießplatz, vom Gasmaskenkopf und von der Innenansicht (Stube, Schränke). Diese Blätter vermitteln in nüchterner Sprache ein authentisches Bild von Trostlosigkeit und Entpersönlichung. Danach beschäftigte sich der Künstler in dem Komplex »Heimatkunde« mit seiner Stadt Berlin und druckte ab 1984 unter dieser Überschrift eine Plakatserie. Der Kunsthistoriker Eugen Blume schreibt darüber: »Die Heimatkunde-Plakate sind Warnschilder, Erkundungsgänge und Hoffnungsbilder. Als Korrektiv wirkten sie dem Verlust von Heimat entgegen, der alltäglichen Demontage durch Abriß, Kaputtsanierung der historischen Bausubstanz, der permanenten Umweltzerstörung und der bewußten Geschichtsverfälschung.«[86] Die Plakate sind im kontinuierlichen Konnex mit der politischen Kunst des Klaus Staeck entwickelt worden.

Ein weiteres Arbeitsfeld, das sich Butzmann erschloß, sind die Abreibungen von Grabplatten, vom Straßenasphalt, von Chorgestühl, von Türen und Toren. Das wichtigste künstlerische Ergebnis des Jahrzehnts bilden jedoch die beiden Aquatintafolgen *Steinernes Berlin* (1. Teil 1981/82: 17 Aquatinten; 2. Teil 1983–1987: 27 Aquatinten). Angeregt durch das 1930 erschienene und 1933 von den Nazis auf den Scheiterhaufen verbrannte Buch von Werner Hegemann *Das steinerne Berlin. Geschichte der größten Mietskasernenstadt der Welt,* war Butzmann angetreten, im Berlin seiner Zeit mit kritischem Blick zu sondieren. Die radierten Stadtbilder des Graphikers unterscheiden sich von den malerischen Haushiographien des Konrad Knebel und des Klaus Magnus, von den nüchternen Poesien des Hans-Otto Schmidt und von den spröden und kargen Liniengebilden der Ursula Strozynski – Butzmanns Aquatinten sind rücksichtslose Bestandsaufnahmen, deren Aquatintaschleier die Objekte verfremdet. Die Graphiken registrieren den Hochbunker aus der Nazizeit ebenso wie die noch nicht gesprengten Gasometer des Prenzlauer Bergs oder die Grenzmauer des SED-Staates, die Hinterhäuser und verfallenen Architekturen (Schinkels Elisabethkirche), das Zeughaus ebenso wie den Bahnhof Friedrichstraße und alle möglichen Sehenswürdigkeiten, viele Ruinen und verlassene Gärten, Bauplätze

Claus Weidensdorfer *Shakespeare* 1972.
Lithographie. 22 x 29 cm.

und Giebelwände. Der Stil ist nüchtern und sachlich, vermittelt ungeschönt Wahrheit. Die Graphikspezialistin Anita Kühnel schrieb, die »unberührte Verlassenheit seiner Motive« mache »betroffen, manchmal melancholisch«.[87] Diese Topographie ist Alternativrealismus besonderer Art, Morbidität und Tristesse sind Bild geworden. Noch radikaler hat Lutz Friedel seine Berlin-Topographie sichtbar gemacht. Im Motivfundus sind weder gründerzeitliche Fassaden noch Hinterhausidyllen, sondern Flugzeuge über der Stadt. Friedels Flugzeugbilder, zwischen 1983 und 1989 gemalt, zeigen landende Flieger, die, tief über den Straßen, in die Gebäude einzudringen scheinen, ja, er malt auch den *Absturz* (1985). Bedrohliche Bilder, in Berlin gesehen.

Der Dresdner Graphiker Claus Weidensdorfer hat eine gegensätzliche Position zu Butzmann bezogen. In dieser lebt Dresdner Barock und Musik, Jazz. Lithographie und Radierung sind die bevorzugten Techniken. Sein Werk wird bestimmt durch verhaltene Poesie und furiose Dynamik mit oftmals kautzig-hintersinniger und zuweilen ironischer Interpretation. Eine frühe Aquatinta von 1967 *(Hans Peter Hund zeichnet Berlin)* bündelt solche Möglichkeiten. In den siebziger Jahren dominiert die Lithographie. Die Arbeit in der Werkstatt von Hans und Elly Schreiter in Dresden ermöglichte das Experimentieren in großem Format und mit Farben. Weidensdorfer schuf Lithographie-Plakate und Steindrucke mit sechs beziehungsweise sieben Farben, unter ihnen Drucke von 1976 *(Menschen im Regen, Begegnung)*, die zu den besten Leistungen der ostdeutschen Druckgraphik jener Zeit gehören. In den achtziger Jahren tritt eine Sicht hervor, die unterschiedlichste Vorgänge der Realität verquickt und mit purer Phantasie zusammenbringt. Fensterausblicke, »Menschen und Figuren«, Dresdner Barock gegen Plattenbauten, Leben auf Bahnhöfen, Brücken, kurzum »Der Mensch und die Stadt« werden zum Motivfeld dieser Kunst. Das szenische Inventar wird dichter, überlagert und durchdringt sich.

Claus Weidensdorfer *Begegnung. 2. Zustand* 1976. Farbige Lithographie. 43,3 x 60,5 cm.

Hartwig Ebersbach *Kubistisches Symposion* 1988. Gouache. 102 x 73,5 cm.

Linke Seite:
Jürgen Schieferdecker *Dresdner Menetekel* 1983. Assemblage. 180 x 120 cm. Dresden: Galerie Neue Meister

Arno Rink *Versuchung II.* 1980. Öl. 159 x 126 cm. Oberhausen: Ludwig-Institut

Wolfgang Mattheuer *Jahrhundertschritt* 1987, Öl, 100 x 105 cm, Berlin, Privatbesitz

Wolfgang Petrovsky *Das alte Lied. Aus der Folge »Zur deutschen Geschichte«* 1987. Collage, Tusche. 53 x 73 cm.

Karl-Georg Hirsch *Auch für Daniel Ch.* 1975. Holzstich. 11,9 x 16,8 cm.

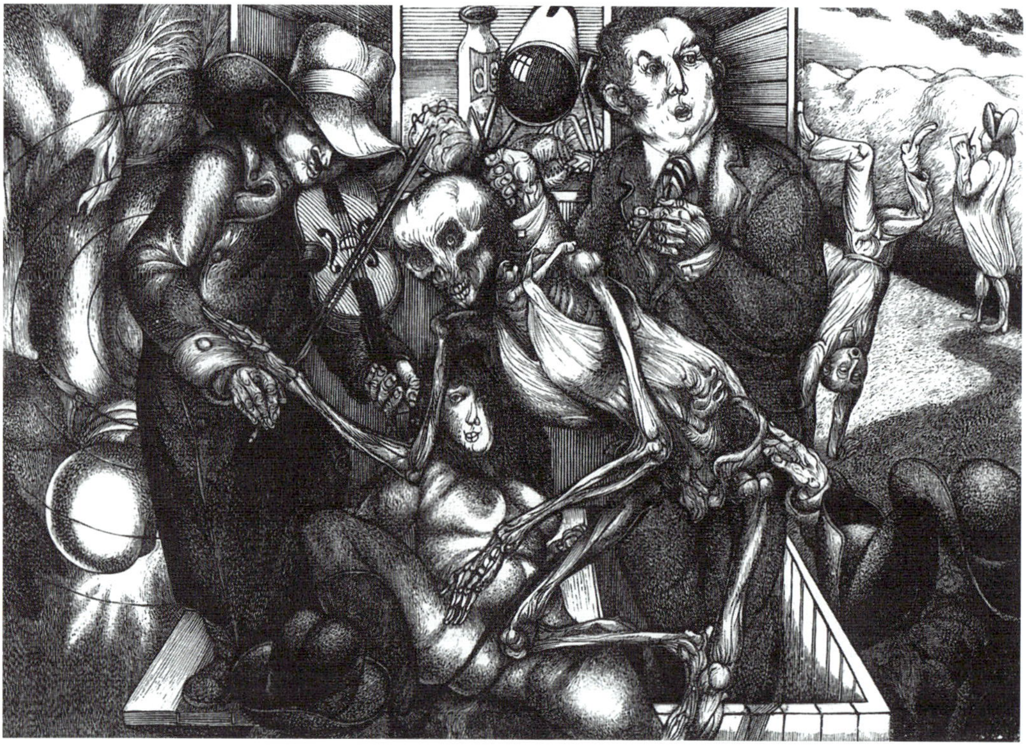

Dieter Tucholke *Zum 10.5.1933* 1987. Kombinationsdruck Radierung, Reliefdruck und Offset. 51,5 x 35 cm.
(Aus dem Zyklus *Die Nacht hat 12 Stunden …*)

Fritz Cremer *Ohne Titel*. 1979. Aquarell. 40,4 x 29,3 cm.

Linke Seite:
Mark Lammert *o.T.* 1989. Öl. 108 x 75 cm.

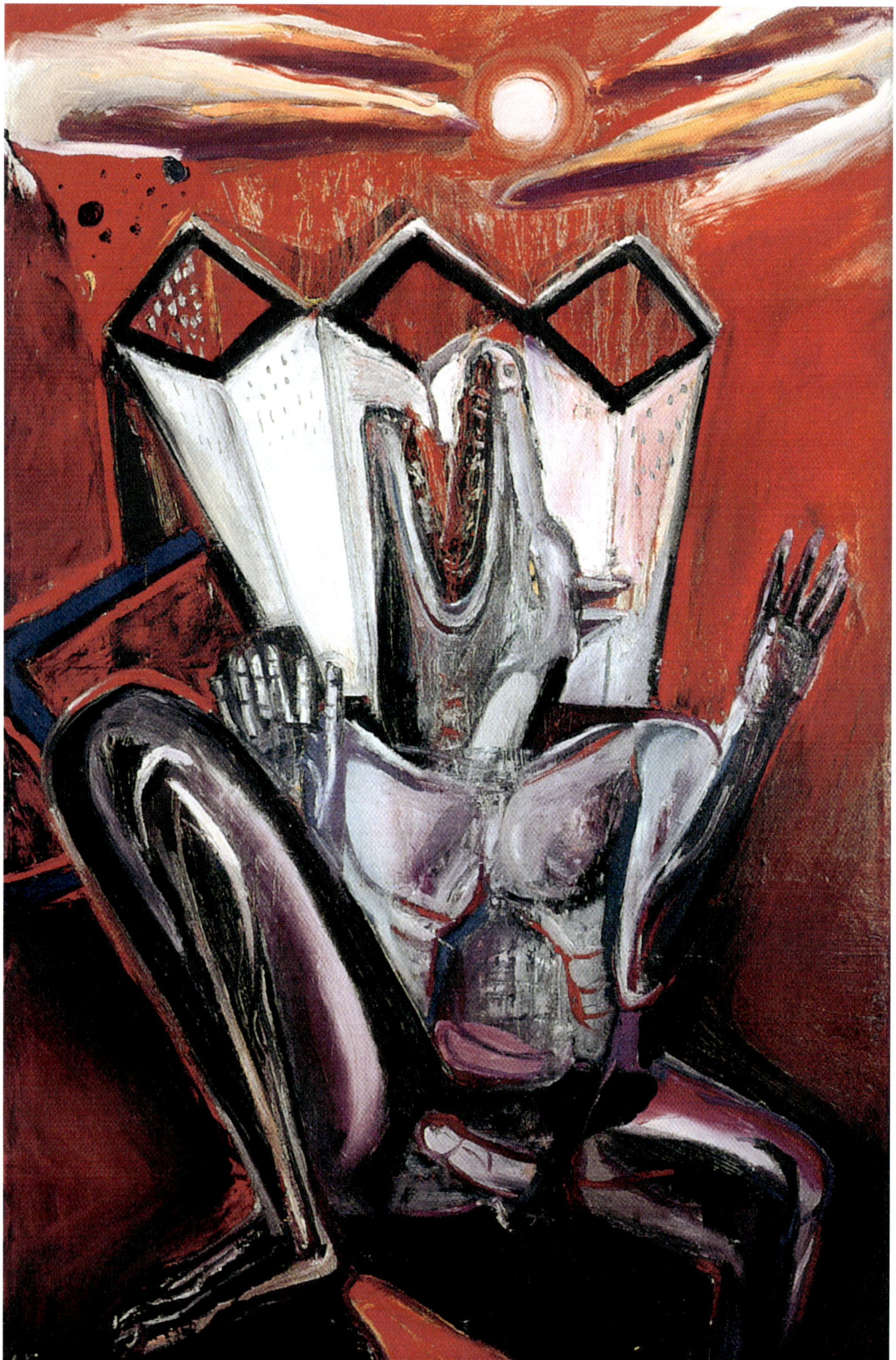

Manfred Böttcher *Nächtliches Fenster II.* 1992. Öl. 100 x 80 cm.

Linke Seite:
Klaus Killisch *Blue velvet* 1988. Öl. 218 x 141 cm. Berlin: Berlinische Galerie

Hans Vent *Strandfigur* 1993. Acryl. 100 x 71 cm.

Harald Metzkes *Komödianten mit Neufundländer* 1989. Öl. 190 x 190 cm.

A. R. Penck *9. November 1989* 1989. Öl. 130 x 150 cm. Frankfurt/Oder: Galerie Junge Kunst

Willi Sitte *Das Paar* 1980. Öl. 61 x 55 cm. Reutlingen: Sammlung Seiz

Bernhard Heisig *In mir warst du am Leben. Zur Pariser Kommune. Diptichon* 1997/98. 140 x 70 cm und 120 x 160 cm.
Berlin: Sammlung Piepenbrock

Bernhard Heisig *Seeräuberjenny* 1980. Öl. 200 x 150 cm. Hannover: Sprengel-Museum

Hans Ticha *Klatscher III* 1979/92. Öl. 140 x 110 cm. Frankfurt/Oder: Sammlung Sparkasse

In geistiger Nachbarschaft arbeitet Andreas Dress und es kommt zu Gemeinschaftsunternehmen. Später, als »Jazz und Improvisation« wichtig wird, tritt Jürgen Haufe zu Weidensdorfer. Beide sprengen den konventionellen Begriff der Kunst, Aktionen werden entwickelt, musikalische Rhythmen drängen sich vor, Recycling von Fragmenten und Spuren im graphischen Blatt, Literatur kommt hinzu, ein bisschen Büchermachen – zusammen mit anderen Graphikern –, und sei es als Leporello (*Der Nullte,* 1984). Auf die intermedialen Aktionen Weidensdorfers wurde an anderer Stelle dieses Buches bereits hingewiesen.
In der alternativrealistischen Tendenz läßt sich auch eine kulturkritische und eine aktuell-politische Linie entdecken. Dazu gehören Jürgen Schieferdecker (Dresden) und Hans Ticha (Berlin).
Jürgen Schieferdecker ist Architekt. Als Maler orientierte er sich an surrealistischen Positionen. Seine hellwache und scharfe Kritik wurde oft in Assemblagen entwickelt, die Graphik setzte kräftige kritische Akzente *(Neuer Haussegen für Handwerker).* Bekannt wurden auch kulturkritische Drucke zu Andy Warhol (*Andy's Suppe heißgemacht,* 1983).

Hans Ticha hatte Pädagogik studiert, bevor er die Kunsthochschule Berlin bei Robbel, Mohr und Klemke besuchte. Ab 1970 abeitete er freischaffend, trat jedoch hauptsächlich als Buchillustrator erfolgreich hervor. Seine Malerei, die in den achtziger Jahren kaum gesehen werden konnte, reibt sich an Formerkenntnissen der russischen Konstruktivisten ebenso wie an Léger und an »klassisch« gewordenen Bildwelten der Pop-Art, etwa an der Kunst von Richard Lindner. Die Gemälde sind harte, direkte Kritik an den gesellschaftlichen Verhältnissen in der DDR (*Umarmer,* 1980; *Mauer,* 1983).

Herbstsalon in Leipzig, Blaues Wunder in Dresden, »Konturen« in Berlin – Unruhe in »neuen Bildwelten«

In den achtziger Jahren eskalierten die alternative, nonkonformistische Kunst und ihre Boheme, zumal in Berlin, Dresden und Leipzig. So richtete gegen die Mitte des Jahrzehnts der Maler und Bildhauer Hans Scheib in der Sredzkistraße 64 in Berlin-Prenzlauer Berg eine Zimmergalerie ein, die rasch Treffpunkt ungebundener, unkonventioneller Künstlernaturen wurde oder solcher, die sich dafür hielten. In Leipzig installierte Gerd Harry Lybke 1983 eine Galerie (Eigen + Art), die schnell ein Podium der Avantgarde wurde. Gerd Sonntag, eines der stärksten Malertalente seiner Generation (Jahrgang 1954), erlangte mit seiner expressiven Kunst nennenswerte internationale Erfolge auf Ausstellungen, verschiedentlich zusammen mit etwa Klaus Killisch, Neo Rauch und Wolfgang Smy. In New York erhielt er 1989 im Brooklyn Museum of Art als erster ostdeutscher Künstler eine Personalausstellung, die in der *New York Times* Beachtung fand.
Bei Eigen + Art und in den Mappen der Trottelpresse Gohlis (Leipzig) sowie der Obergrabenpresse Dresden aus dem Jahre 1986 versammelten sich jüngste künstlerische Kräfte, die den Kunstprozessen in der DDR vollkommen entfremdet waren. Das sind in der Mappe *live wire* (Gohlis)

die Maler Trakia Wendisch, Hans Scheuerecker, Wolfgang Smy, Reinhart Sander, Angela Hampel, Klaus Süß, Andreas Küchler, Tobias Ellmann, Christine Schlegel, Michael Kunert, Klaus Hähner-Springmühl, Jürgen Wenzel, Klaus Elle, Steffen Fischer, Wolfram A. Scheffler, Michael Brendel. Für die in Metallschuber gelegte Mappe *Treibsand* der Obergrabenpresse arbeiteten ebenfalls Angela Hampel, Hähner-Springmühl, Sander, Scheffler, Schlegel und Smy, dazu kamen Jürgen Dreissig, Clemens Gröszer, Andreas Hanske, Michael Hengst, Wolfgang Henne, Udo Lenkisch, Werner Liebmann, Akos Novaky, Michael Wirkner und Karla Woisnitza. Auch Einzelaktionen wurden gestartet, so von Lutz Dammbeck mit Mediencollagen (*Herakles-Projekt,* 1985) und Animationsfilmen in Karl-Marx-Stadt, Leipzig und Potsdam-Babelsberg. Solche und ähnliche Veranstaltungen waren Foren disparater Kunstprozesse, welche die offizielle Kulturpolitik konterkarierten. Besonderes Aufsehen erregte im November 1984 der taktisch-listig vorbereitete 1. Leipziger Herbstsalon im Messehaus am Markt. Hier stellten Lutz Dammbeck, Günter Firit, Hans-Hendrik Grimmling, Frieder Heinze, Günter Huniat und Olaf Wegewitz ihre raumbeherrschenden Werke aus, die mit explosiven Bildchiffren Ausbrüche ungebändigten Temperamentes waren. Allein die multimedialen Mediencollagen (und Handmade-Filme) von Dammbeck wiesen in eine neue Richtung und überwanden die herkömmlichen Gattungsgrenzen bildender Kunst. Politfunktionäre wollten sofort vernichtend eingreifen. Massive Attacken waren im Gange, aber engagierte Unterstützung durch die Künstlerschaft, insbesondere durch Bernhard Heisig, der damals Vizeprä-

Gerd Sonntag *Der rote Junge mit dem Hund* 1987. Öl. 140 x 170 cm. Frankfurt/Oder: Galerie Junge Kunst

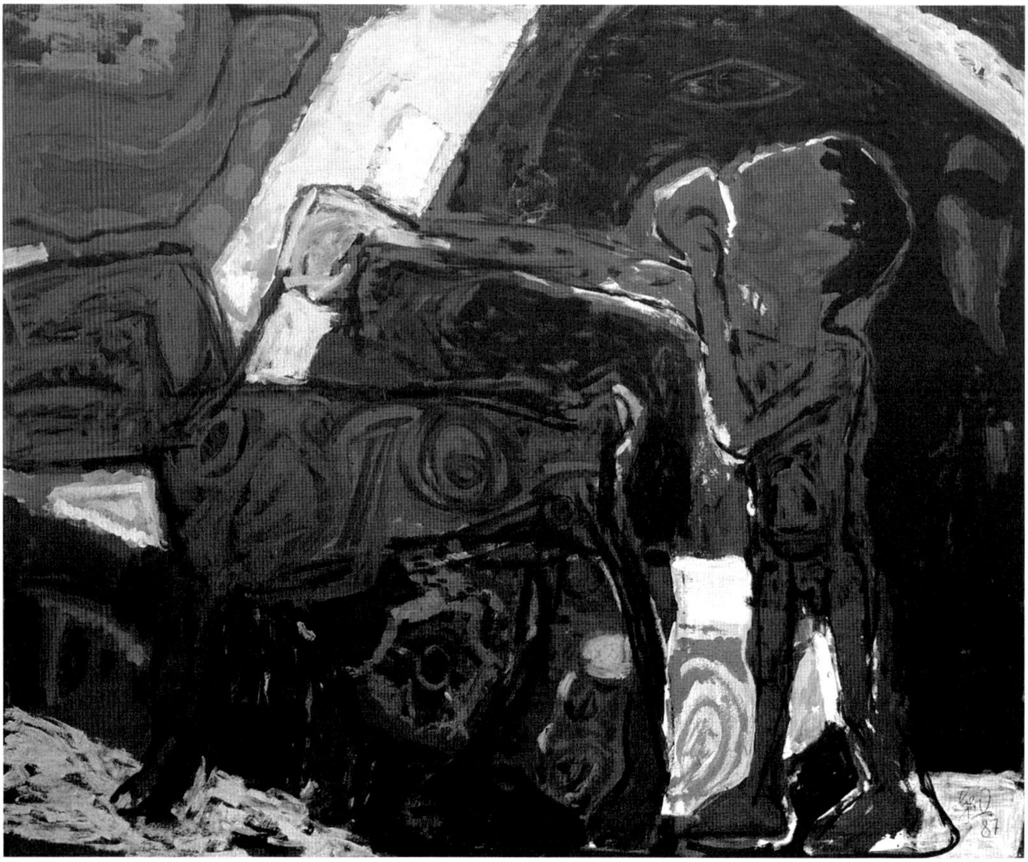

Trakia Wendisch *El Colosso* 1986/87. Mischtechnik. 240 x 200 cm.
Berlin: Berlinische Galerie

sident des Künstlerverbandes war, verhinderten das Schlimmste. Die Verhältnisse hatten sich binnen kürzester Zeit rapide geändert. Noch 1981 war es möglich gewesen, im Leipziger Gewandhaus ein Fresko von Wolfgang Peuker nach Gustav Mahlers *Lied von der Erde* auf Intervention des Hausherrn bei Kurt Hager, dem Kulturchef der SED, hinter einer Eichenholzvertäfelung verschwinden zu lassen. 1984 konnten die ungewohnten Kunstwerke des Leipziger Herbstsalons nicht mehr in einer Nacht-und-Nebel-Aktion entfernt werden. Geradezu sonntäglich ruhig verlief schließlich 1988 die Aufnahme der Arbeitsausstellung junger Dresdner Künstler, der sie den

Michael Kunert *Vom Grund – Die Welle* 1988. Acryl / Collage auf Karton. 75 x 109 cm. Leipzig: Sammlung Sparkasse

Wolfgang Henne *Kopfpaar, vollmundig* 1990. Mischtechnik. 75 x 108 cm.

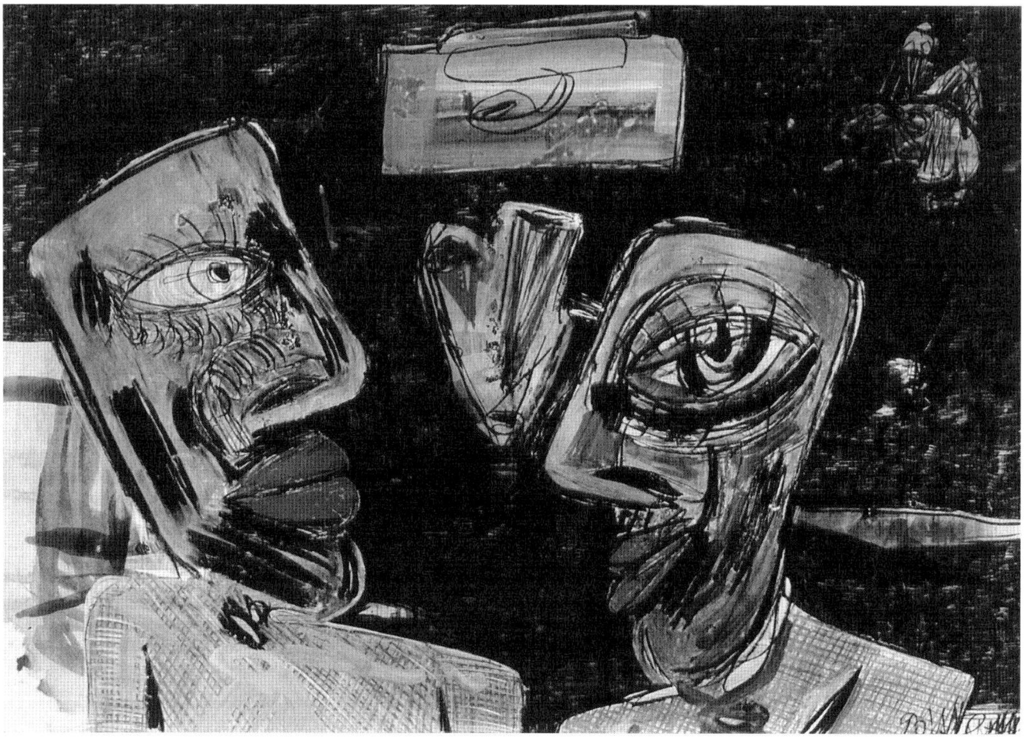

Jürgen Wenzel *Fleischer* 1983/85. Öl. 100 x 80 cm. Privatsammlung

Namen »Blaues Wunder« gegeben hatten und die im damaligen Ausstellungszentrum am Dresdner Fučikplatz aufgebaut worden war. Das begehbare Objekt *Brücke und Arche* von Jörg Sonntag und Andreas Hegewald beherrschte die Halle. Es war als »Objekt für den Frieden«, als Sinnbild des Brückenbaus zwischen Völkern und Kulturen definiert und in der Zusammenarbeit mit Studenten, Architekten und sowjetischen Soldaten gebaut worden. Indirekt angeregt worden war das Brücke-Monument der beiden Künstler womöglich durch das markante Turm-Modell von Wladimir Tatlin, das dieser 1919/20 für die III. Internationale konstruiert hatte. Charakteristisch für die Ausstellung zeigten sich die Ignoranz gegenüber der traditionellen schönen Malerei der Dresdner Ästheten und ein marktähnlicher Trubel expressiver Farbigkeit und individueller Chiffrensprachen.

Seriöser, also mit kunstwissenschaftlichem Anspruch trat 1989 die Ausstellung »Konturen« an die Öffentlichkeit. Sie vereinte in der Nationalgalerie Berlin Werke von ab 1949 geborenen Künstlern der DDR. Es war die letzte offizielle Ausstellung von Niveau, die mit Künstlern der DDR in der Republik zusammengestellt worden ist. Im Prinzip brachte sie jedoch nichts Neues, zumal das künstlerische Terrain nicht lückenlos sondiert worden war. Die umfangreiche Kaltnadel-Folge *Andrea Doria* (1985–1988, 50 Blatt) von Hartmut Hornung, in einem zwischen expressiver Kraft und informellen Strukturen vermittelnden Stil gearbeitet, dramatisiert den Untergang eines Luxusschiffes und wurde als Menetekel für das

Rechte Seite:
Norbert Wagenbrett *Begegnung* 1984.
Öl. 146 x 100 cm. Halle: Staatliche Galerie Moritzburg

Hans-Hendrik Grimmling *Schuld der Mitte II* 1981/82. Acryl. 197 x 256,5 cm. Leipzig: Sammlung Sparkasse

Angela Hampel *Zu Kerstin Hensel Vor-Speise* 1988.
Lithographie. 20 x 15 cm.

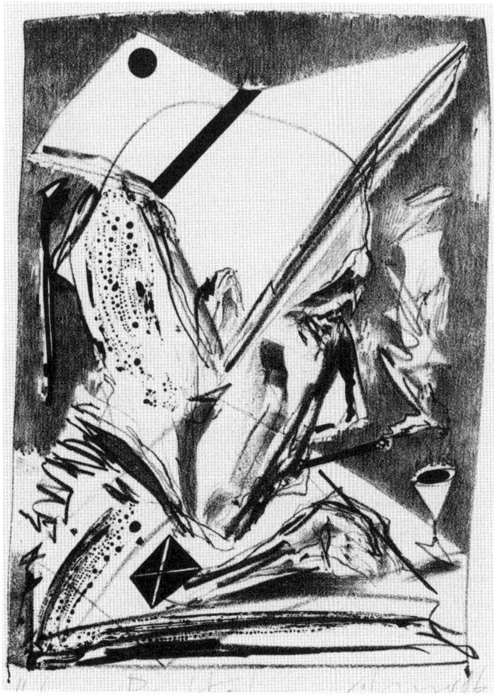

Steffen Volmer *Buchkopf* 1986.
Lithographie. 21 x 15 cm.

Otto Sander *Im Lichte der Güllenutzung* 1985. Radierung. 48,5 x 63,5 cm.

Lutz Dammbeck *La Habanera, Der Wind hat mir ein Lied erzählt* 1983. Acryl und Tempera. 190 x 210 cm. Frankfurt/Oder: Galerie Junge Kunst

Schicksal der DDR aufgenommen. Das Fazit der Ausstellung verdeutlichte mit Gemälden von Hubertus Giebe und Zeichnungen und Graphiken von Michael Kunert, Gerd Mackensen, Ursula Strozynski, Ellen Fuhr und Petra Kasten das Fortleben einer expressionistischen Konstituante, in der, wie Angela Hampel zeigte, Elemente des Symbolismus genauso aufgehoben sind wie die symbolisch erhöhte Zeichensprache bei Wolfgang Smy, Steffen Volmer, Otto Sander und Volker Henze. Auch überdeutlich gemalte Leiblichkeit, an die sachliche Bildmagie der endzwanziger Jahre erinnernd, fehlte nicht, wie Clemens Gröszer, Norbert Wagenbrett, Doris Ziegler und Trakia Wendisch vorführten. Ebenso fanden informelle Konzepte ihren Platz, so bei Harald Toppl. Herausragend aus der Konturen-Ausstellung präsentierten sich allein Walter Libuda mit Gemälden und Hanns Schimansky mit Zeichnungen.

Die Ausstellungen in Leipzig, Dresden und Berlin brachten der leidenschaftlich-radikalen Aufbruchsmalerei, die seit Beginn der achtziger Jahre zu beobachten gewesen ist, demonstrative Höhepunkte.

Doris Ziegler *Musizierender Engel in Plagwitz* 1977. Tempera, Öl. 63,5 x 75,5 cm. Frankfurt/Oder: Galerie Junge Kunst

Auf dem Weg zu »absoluter Freiheit«

In der zweiten Hälfte der achtziger Jahre trat die Kunst einer Neuen Expressivität endgültig und unübersehbar hervor. Sie wirkte wie eine Kampfansage gegen eine kultivierte Malerei und Graphik des schönen Scheins. Die Neue Expressivität ist keine belle peinture, sie ist grob, hektisch erregt, aggressiv, mitunter ungezügelt wild und vulgär. Es ist Malerei aus Spontaneität, in die bei dem einen oder anderen Künstler Spuren des surrealen Automatismus eingelagert sind. Diese Kunst der Neuen Expressivität (und auch der Neuen Lyrischen Abstraktion) äußert sich als kompromißloses Bekenntnis zur eigenen Subjektivität. Malen wird als »Abenteuer« (Libuda) empfunden, als Wollust, als befreiender Akt. Kennzeichen dieser Kunst sind starke, »laute« Farben, die autonom eingesetzt werden, ein dramatischer Gestus, die Bevorzugung einer zeichenhaften Sprache, die sich in Chiffren und Abbreviaturen mitteilt und die Räumlichkeit aufhebt oder ein Durchdringen von Draußen und Drinnen suggeriert. Diese Kunst verweigerte sich allem Offiziellen.

Das Postulat der »absoluten Freiheit« des künstlerischen Schaffens wurde rigoros zu verwirklichen versucht.

In den achtziger Jahren formierte sich in den Kunstverhältnissen der DDR eine subkulturelle Künstler-Gesellschaft, deren Kraft aus dem Miteinander kam, aus der Zusammenarbeit von Malern und Dichtern. Es entstand eine Flut von Klein- und Kleinstauflagendrucken als Graphik-Lyrik-Band, als Siebdruckbuch, als Ausstellungsbegleitbuch.[88] Kunst stand dabei nicht im Zen-

Hubertus Giebe *Zu Günter Grass, Die Blechtrommel* 1982.
Radierung und Kaltnadel. 24 x 16 cm.

Reinhard Minkewitz *Die Möwe* 1984.
Radierung und Kaltnadel. 49 x 64 cm.

Hanns Schimansky *Ohne Titel* 1988. Tusche. 99 x 81 cm.
Hannover: Sprengel-Museum

Clemens Gröszer *Danse macabre* 1989/90.
Mischtechnik. 206 x 100 cm. Reutlingen: Sammlung Seiz

Hubertus Giebe *Die Schuld I* 1980/81. Öl. 190 x 150 cm. Dresden: Stadtmuseum

Rechte Seite:
Neo Rauch *Torf* 1993. Öl. 200 x 125 cm. Privatbesitz Berlin

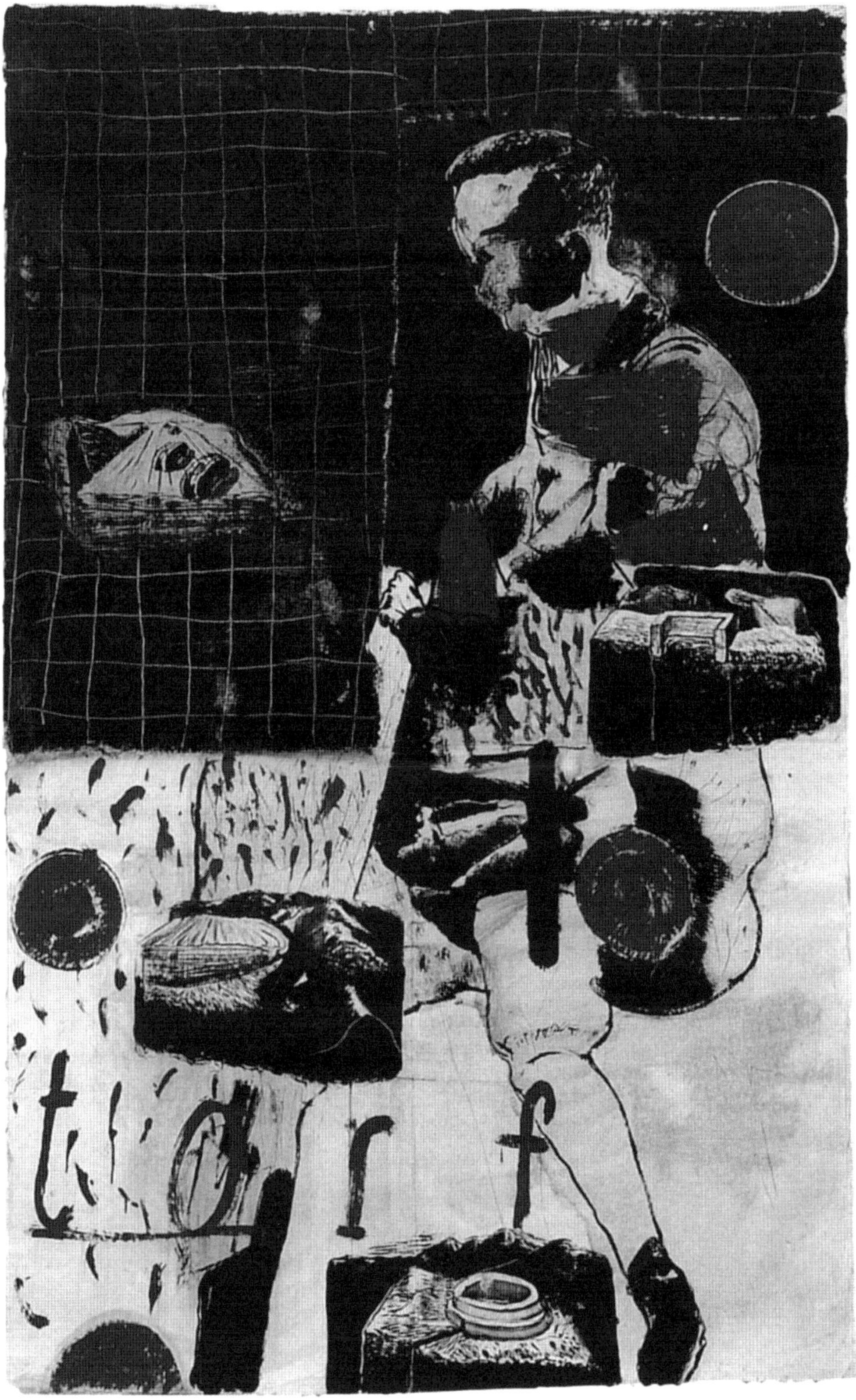

Wolfgang Smy *Ins Wasser gefallen* 1990. Öl. 113 x 146 cm. Reutlingen: Sammlung Seiz

trum des Interesses, eher der Rausch des produktiven Machens, das Ans-Licht-Bringen neuer Gedanken und Bilder.

Aus der Fülle der druckgraphischen Produktion heben sich ab 1985 zwei Editionen heraus. Es sind dies unter der Regie von Herbert Kästner die multivalente Reihe *24×34. Blätter zu Literatur und Graphik* der Leipziger Gruppe der Pirckheimer-Gesellschaft und die von Jens Henkel und Gunnar Barthel in der Galerie oben Karl-Marx-Stadt (ab 1990 in der Burgart-Presse Rudolstadt) herausgegebene Künstler-Buch-Folge *Reflexionen*. Beide Editionen waren neben den Mappen *Treibsand* und *live wire* die künstlerisch anspruchsvollsten Drucke der alternativen Kunstszene, deren Personal kaum mehr zu überblicken gewesen ist.

Zugleich wirkten noch Heisig, Mattheuer, Metzkes und Tübke, um nur diese zu erwähnen, aber ihnen zuseiten entwickelte sich eine multistilistische Kunst von prächtiger Frische und Lebendigkeit. Als eine der kraftvollsten und kreativsten Künstlerpersönlichkeiten trat Michael Morgner unübersehbar hervor, der mit *Angst* (1984), *Ecce*

Hanns Schimansky *Ohne Titel* 1988. Tusche. 49 x 62 cm.

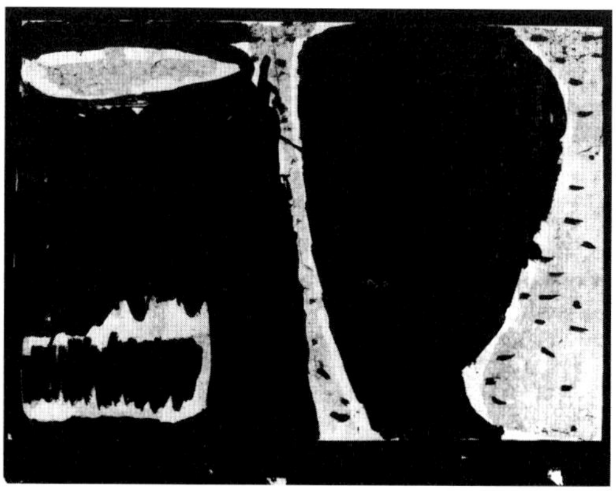

homo (1994) und *Reliquie Mensch* (1995) zu den wenigen autonomen Form- und Gestaltfindern in der bildenden Kunst des Ostens wurde.

An dem stürmischen Andrang neuer Bildwelten war auch eine exaltierte, mitreißende Kunst beteiligt, die sich gesellschaftlich relevanter Themen widmet, so bei Johannes Heisig, Trakia Wendisch und Hubertus Giebe. Letzterer betrieb jenseits offizieller Geschichtsdogmen eine neue Spurensuche in der Vergangenheit (Arbeiten zu *Ästhetik des Widerstands* von Peter Weiss und *Bildnis Willi Münzenberg*, 1987; übermalte Fotofahnen sowohl zu Brecht und Ernst Busch als auch zu Stalin und Hitler, zur Reichskristallnacht und Massengrab, 1984 – 1989). Zu ihnen gesellten sich Künstler einer archetypischen Zeichensprache, wie Wolfgang Smy oder Klaus Süß, der Karl Schmidt-Rottluff neu entdeckt hatte und der der Technik der verlorenen Form im Hochdruck erneut Ansehen verschaffte (*... und nicht mit dem kalten Verstand*, sechs Farblinolschnitte in der Trottelpresse Gohlis, 1988), oder Künstler eines modisch-traktierten Verismus, wie Clemens Gröszer. Künstler eines informellen Abstraktionismus, der oftmals reine Interspektion ist, traten hinzu. Namen wie Göschel, Herold, Hähner-Springmühl, Freudenberg, Toppl, Joachim Böttcher, Woisnitza, Sabine Herrmann, Reich, Henze, Bayer, Lewandowsky oder die Brüder Carsten und Olaf Nicolai, später Kaeseberg mögen als Beispiele dienen. Psychosoziale Expressionen wie bei Klaus Killisch oder Gerd Sonntag verschafften sich Aufmerksamkeit, desgleichen wurden surrealistische Angebote unterbreitet, wie sie Rolf Xago Schröter lieferte,

Michael Freudenberg *o. T.* (Abriß) 1981. Collage. 79 x 94 cm.

ebenso Konstruktionen, die an Albers, Bill und Glöckner anschließen und gelegentlich computerberechnet sind wie bei Horst Bartnig. Selbst »Hyperrealismen« fanden genauso wie Realismus-Persiflagen statt, die von Bacon ebenso angeregt worden sein könnten wie vom amerikanischen »Neuen Realismus« im Verschnitt mit plattester Kunst für Reklame und Illustration: ein Pop-Revival als »Griff ins Leben«, zur Jahrhundertwende erfolgreich inszeniert von dem Heisig-Meisterschüler Neo Rauch.

In dem herrlichen Überangebot darf die Kunst der reinen Zeichnung nicht übersehen werden. Erstaunlich souveräne Ergebnisse finden sich bei Mark Lammert, Reinhard Minkewitz oder Hanns Schimansky, wohingegen sich selbst Goltzsche oder Uhlig, einst Matadore des künstlerischen Wagemuts, konservativ und provinziell ausnehmen, zumal sie sich mental in Wiederholungen erschöpfen.

Alles in allem ist die aus dem Osten gekommene Kunst in ihren besten Werken reich an »innerer Figur«, an thematischer und artifizieller Vielfalt, technischer Finesse und psychologischer Problematik. Diese Kunst gerät häufig – wie es der Schriftsteller Siegfried Lenz ausgedrückt hat – »begrifflich an die Grenze des Sagbaren«. Man hat diese offene Kunst der achtziger Jahre als Befreiung aus vormundschaftlichen Dogmen begrüßt, wenngleich in dem Freiheitsjubel manchmal eine Reflexion Goethes in Erinnerung kam: »Es werden jetzt Produktionen möglich, die Null sind, ohne schlecht zu sein.«

Kunstzentren in der DDR

Kunstzentren in einem kleinen Land – fragwürdige Enklaven?

Die lokalen Eigenarten beginnen sich im Jahrhundertwandel aufzuheben. Für die Entwicklung eines Stilpluralismus der Kunst in der DDR waren die Zentren jedoch über Jahrzehnte hinweg von größter Bedeutung, zuweilen, in den Fünfzigern, garantierten sie das Fortdauern und Überleben von Kunst überhaupt.

Es gab und gibt die künstlerischen Ballungsgebiete Dresden, Berlin, Leipzig und Halle sowie mehrere kleine Kraftzentren, etwa die Insel Usedom oder Karl-Marx-Stadt/Chemnitz. Die hermetische Abgeschlossenheit des Landes, das Abgeschnittensein vom Kunstgeschehen in der Welt, war ohne Zweifel eine Ursache für den Fortbestand dieser Zentren, die der Außenstehende, sozusagen von einem europäischen Standort aus, allzu schnell als einen Anachronismus disqualifizieren könnte.

Dresden, das älteste und stabilste Zentrum, ist ein Beleg dafür, wie eine lokale Tradition nicht nur Kunstbewußtsein wachhielt, sondern auch zu einer Basis großer Kreativität wurde. Die Unmittelbarkeit individueller Kommunikation, das Aufeinanderwirken der Künstler, prägte im Konnex mit der fortwirkenden Tradition lokale Besonderheiten aus, die von einer alten Generation exemplarisch vorgezeigt wurden. Andererseits, auch in Berlin, später in Leipzig und danach in Karl-Marx-Stadt, bündelten sich Gruppenenergien zu Richtungen und Schulen (»Berliner Schule«, »Leipziger Schule«, die Clara-Mosch-Gruppe in Karl-Marx-Stadt), die gegeneinander rivalisierten und gerade dadurch den Pluralismus der Stile ausprägten und bereicherten.

Der Nachteil der insularen Entwicklung der Zentren bestand hauptsächlich in verzögerter Kenntnisnahme jüngster internationaler Tendenzen und dadurch nur stark verzögert ermöglichtem Dialog mit ihnen. Ein Beispiel dafür ist die verspätete kritische Aufnahme von Pop-Art und Aktionskunst in der DDR. Willy Wolffs Antwort darauf wurde von der Kunstkritik kaum zur Kenntnis genommen. Wolff, einst Meisterschüler von Dix, reagierte mit seinem Gemälde *Warnung (Reifen)* schon 1967 auf die Herausforderung von Pop-Art, also gerade zu der Zeit, da Pop-Art auf dem europäischen Kontinent Furore zu machen begann. Noch gravierendere Fälle für verzögerte An- und Aufnahme waren Environment und Aktion.

Zum anderen war die Periode der aufgezwungenen Isolation eine Ursache dafür, daß Innovationen von internationaler Relevanz einiger bedeutender Künstler in der DDR kaum oder nur oberflächlich, jedenfalls gleichermaßen arg verspätet in der Welt zur Kenntnis genommen worden sind. Die Kunstszene galt ja lange Zeit angesichts der offiziellen Ausstellungen als verödet. Um nur zwei Exempel anzuführen: Der Beitrag von Hermann Glöckner zum Konstruktivismus – jenseits des Dresdner Traditionalismus entwikkelt – wurde erst in den siebziger Jahren (Staatsgalerie Stuttgart, 1974) erkannt, und Gleiches gilt für die intermediale Kunst des Carlfriedrich Claus, zu dessen aus »Denkschreiben« entwickelten »Sprachblättern« sich kaum Vergleichbares findet.

Der erste Teil dieses Buches beschreibt in großen Zügen die Grundlinie der kunsthistorischen Ereignisse und Prozesse. Es mußte dabei auf manches verzichtet werden. Vieles blieb, um Tendenzen zu verdeutlichen, erst einmal unberücksichtigt. Dem historischen Abriß folgt nun eine mehr punktuell gerichtete Betrachtung, die bevorzugt schöpferische Leistungen verdeutlichen will, die bisher nicht erörtert werden konnten. Wir zeichnen dabei ein (in dem gebotenen Rahmen natürlich unvollständiges) Bild der wichtigsten Kunstzentren. Nachdrücklich sei betont, daß zwischen den »einen«, also den bisher erörterten Künstlern, und den »anderen«, mithin folgenden, kein Antagonismus beschrieben werden soll. Erst ihr gemeinsames schöpferisches Miteinander, das den produktiven Meinungsstreit offen gehalten hat, hat die »Kunstgesellschaft« der DDR abgerundet, komplettiert.

Die Leistungen in den Zentren können hier nur angedeutet werden. Vieles wurde im ersten Teil des Buches bereits dargestellt. Die nun folgende Betrachtung der Zentren wird nicht bis zum Ende der DDR betrieben, sondern nur bis in die siebziger Jahre. Der Grund dafür ist in der Kunstentwicklung selbst zu suchen. Schon gegen Ende der siebziger Jahre öffnete sich die Kunstszene und der immer stärker praktizierte Dialog mit aktuellen Kunstprozessen befreite das künstlerische Subjekt allmählich von lokaler Konvention. Letzte Ausstellungen (»Konturen«, Nationalgalerie Berlin und »Zwischenspiel«, Verband Bildender Künstler der DDR und Gesellschaft für bildende Kunst Berlin, beide 1989) bestätigten, daß die Kunstzentren in der DDR ihre alten, zuzeiten tragenden Funktionen verloren hatten. Geblieben sind Wohnorte, die verschiedentlich Ballungszentren bildender Künstler sind.

Berlin, reich an Widersprüchen, doch ohne Avantgarde

Berlin war in den zwanziger Jahren Zentrum, Umschlagplatz und Schmelztiegel der avantgardistischen Kunst Ost- und Westeuropas. Die Stadt rivalisierte eigentlich nur noch mit Paris. 1933 war alles vorüber. Berlin hat seine einstige internationale Stellung bis heute nicht wiedererlangt. Der Anteil der ehemaligen Metropole an der Kunst in der DDR wird von der »Berliner Bildhauerschule« und in der Malerei durch die »Berliner Schule« bestimmt. Experimentelle und neoexpressionistische Tendenzen vervollständigen das Bild. Auf das Präfix »Ost« verzichten wir, da der Leser weiß, daß hier nach 1945 nur Ostberlin gemeint sein kann.

Ist Dresden malerisch, so war Berlin bis zum Auftritt der »Berliner Schule« demonstrativ-agitatorisch, auch literarisch. Schon immer hatte in Berlin publizistische (und illustrative) Graphik einen Platz. Sie wurde nun angeführt von Herbert Sandberg (Künstlerkreis um die Zeitschrift *Ulenspiegel*) und von Werner Klemke, der die Buchillustration und die Technik des Holzstichs wieder künstlerisch bedeutsam werden ließ. Insgesamt lebte die Kunst von einem Reichtum des Neben- und Miteinanders, wuchs aus der Spannung von Polaritäten. Die Widersprüche in der Malerei begannen bereits bei jenen Künstlern, die schon vor 1933 mit Erfolg wirksam gewesen sind, also bei Heinrich Ehmsen, John Heartfield, Max Lingner, Otto Nagel, Oskar Nerlinger und bei Magnus Zeller. Spuren bei Jüngeren haben eigentlich nur

Werner Klemke *Büste einer jungen Frau* 1950. Holzstich. 28,5 x 24 cm. Offenbach: Klingspor-Museum

Horst Hussel *Ohne Titel* 1999. Radierung. 8,8 x 15,5 cm.

Otto Nagel *Abschied vom Fischerkietz I* 1965. Pastell. 48,5 x 63,9 cm.
Berlin: Märkisches Museum

Paul Kuhfuss *Traum des Malers* 1960. Aquarell. 50 x 72 cm.

Ehmsen und Nagel hinterlassen. Heartfield kam in der Fotomontage kaum noch zu eigenen Entwicklungen. Lingner hatte seine große Zeit in Frankreich (1928–1949), wo er zu einem Klassiker der Zeitungsgraphik geworden war, auch seine schönsten Malereien waren in Paris entstanden. Ebenso war Nerlingers Hoch-Zeit Geschichte: Das Umfunktionieren konstruktivisti-

Fritz Duda *Zinnien* 1956/57. Öl. 75,5 x 40,5 cm.
Frankfurt/Oder: Galerie Junge Kunst

schen Sprachgutes in proletarisch-revolutionäre Kunst, eine der wesentlichen Leistungen des Malers vor 1933, erlebte nach 1945 keine Entsprechung – seine Kunst gewann dokumentarischen Charakter (*Inbesitznahme der Fabriken,* 1947; Arbeiten im Eisenhüttenkombinat Ost), das Beste gab er in zarten Landschaftsaquarellen. Auch Zeller fand nicht mehr zur Kraft seiner sanft-expressiven und symbolischen Bilder zurück, er malte hauptsächlich Landschafts-, Familien- und Kinderbilder. Anders war das mit Ehmsen und Nagel, die schon durch ihre Tätigkeit an der Akademie der Künste beträchtlichen Einfluß ausübten. Meisterschüler von Ehmsen waren unter anderen Bert Heller, Wolfgang Frankenstein, Horst Zickelbein sowie Manfred Böttcher; von Nagel waren es beispielsweise Ronald Paris, Harald Metzkes, Rolf Schubert.

Otto Nagel, geschult an der Malerei Liebermanns, gab nach 1945 (von verschiedenen Porträts, darunter Selbstbildnissen von 1949 und 1963, abgesehen) sein Bestes in Pastellen, worunter den Trümmerfrauen-Blättern (1947), den Berlin-Arbeiten aus dem Jahre 1954 und den Fischerkietz-Pastellen (1965) der Vorzug gebührt. Mit diesen Blättern aus farbigem Staub knüpfte er an seine zartnervigen Berlin-Pastelle der dreißiger und vierziger Jahre an.

Der Farbdramatiker Heinrich Ehmsen entwickelte nach 1945 ein Werk, das mit expressiv-anklagenden Bildern aus den endvierziger Jahren (*Auschwitz,* 1948) einsetzte und sich 1954 noch einmal zu beträchtlicher Produktivität steigerte: Zu den Landschaftsbildern gesellten sich die Gemälde-Suite *Ostsee-Fischer*, das Gemälde *Störungsrechnung* und die allegorische Reihe der Tierbilder. Am Ende überraschten Vietnam-Gemälde und -Aquarelle, Ergebnisse einer Reise in das Land Ho-chi Minhs (1956), dem er auch selbst im freundschaftlichen Gespräch begegnet war. Die besten dieser Arbeiten haben einen folkloristisch orientierten dekorativen Rhythmus und zeigen kompositorische Unbekümmertheit. Die inspirative Kraft der Ehmsen'schen Malerei wurde von zahlreichen Künstlern der nachfolgenden Generation erst nach dem Tode des Künstlers erkannt.

Charlotte E. Pauly *Nocturno* 1966. Aquatinta, Strichätzung, Kaltnadel. 27,6 x 30,6 cm.

Die Gruppe der Altmeister wurde akkompagniert durch mehrere qualifizierte Maler der älteren Generation. Dazu gehören der mit bilderbuchbunten, heiteren Berlin-Gemälden brillierende Naive Paul Schultz-Liebisch, die Landschafter Gottfried Richter und Walter Denecke, der Porträtist und Landschafter Heinrich Burkhardt, der Maler und Brecht-Bühnenbildner Karl von Appen, die Malerin Alice Lex-Nerlinger, die Collagistin Elena Liessner-Blomberg, der in Fürstenwalde lebende Illustrator und Maler Gerhard Goßmann, der von Dresden nach Birkenwerder übergesiedelte Lichtbildner-Porträtist und Experimentierer Edmund Kesting (chemische Malerei), der durch die Ungunst der Verhältnisse nicht mehr künstlerisch zur Wirkung gekommene Maler Herbert Behrens-Hangeler, welcher kurzzeitig an der Weißenseer Kunsthochschule gelehrt hatte, und die Maler Fritz Duda und Paul Kuhfuss. Die beiden zuletzt genannten Künstler waren prototypisch für verschiedene Entwicklungstendenzen der Berliner Malerei.

Paul Kuhfuß gehörte in die Nachfolge der 1911 gegründeten expressionistischen Gruppe *Die Pathetiker*, zu der Meidner, Janthur und Steinhardt zählten. Sein Name taucht in fast allen wichtigen Berliner Ausstellungsrezensionen seit dem Ersten Weltkrieg auf. Der spätere Malstil hat eine gewisse, wenn auch entfernte Ähnlichkeit mit dem des Josef Hegenbarth. Aus dunklen Hintergründen leuchten seine traumhaften Grüngelbs oder Purpurvioletts, Blumen dämmern auf den Leinwänden in magischen Farben. Die Figuren werden zu floralen Ornamenten. Im letzten Lebensjahrfünft entstanden Werke, in denen märchenhafte Phantastik zu großen Verallgemeinerungen führt. Bei etlichen Bildern ist der Betrachter an Chagall erinnert. Die Schönheit dieser Bildwerke wird aus pantheistischer Sicht gespeist.

Inhaltlich und stilistisch einen Widerpart zu Kuhfuß verkörperte Fritz Duda, dessen Werk um 1925 einsetzte: In seinen frühen sozialkritischen Gemälden werden Natur und Kreatur zu Gleichnissen für soziale Tatbestände. Eine Sonderleistung seines Werkes ist ab 1933 das Blumenstück. Bei den spaten, fast volkskunsthaft naiven Blumenbildern ist die Leichtigkeit der Farben weitergetrieben. Im umfangreichen Œuvre Dudas nimmt

Herbert Tucholski *Fischerboote* 1962/65. Aquatinta. 38 x 34 cm

die Landschaftsmalerei einen guten Platz ein: Seine Berliner Stadtlandschaften haben eine nüchterne und doch poetische Strenge, die Farbkultur erinnert zuweilen an Utrillo, obgleich sie die Tradition der Berlin-Bilder von Werner Heldt aufgreift, der übrigens von 1946 bis 1949 in Berlin-Weißensee lebte.

Zur älteren Malergeneration treten noch einige Graphiker von Rang. Dazu gehörten Sella Hasse, Charlotte E. Pauly, Toni Mau, Arno Mohr, Herbert Sandberg und Herbert Tucholski sowie die Bildhauer Theo Balden, Fritz Cremer und René Graetz.

Sella Hasse, die vor 1945 in Nachbarschaft zu Käthe Kollwitz als Vertreterin der sozialen Graphik bekannt war, konnte infolge eines Unfalls nur bis an den Anfang der fünfziger Jahre tätig sein. Den beiden anderen Frauen der Berliner Graphik-Equipe hingegen war es vergönnt, viele Jahre anregend zu wirken. Toni Mau, eine ebenso dekorativ wie experimentell arbeitende Künstlerin, erwarb sich beträchtliche Verdienste bei der Einführung der Serigraphie in die künstlerische Druckgraphik der DDR. Charlotte E. Pauly, Schriftstellerin und Malerin, erlernte, damals zweiundsiebzig Jahre alt, das Handwerk des Radierens bei Herbert Tucholski. In ihrem umfangreichen graphischen Werk (seit 1958) zeigt sich

Kurt Robbel *Werftarbeiter II* 1966. Öl, Eitempera. 75 x 49 cm. Berlin: Nationalgalerie

heiter und naiv, unbekümmert und scheinbar absichtslos ein Realismus, der ebenso anregend wie beglückend ist. Weisheit des Alters und hohe Sehkultur vereinten sich mit einer immer noch jugendlichen Bewegtheit, mit einem Temperament, welches ihre Blätter zu Trägern einer mitunter kauzig-hintergründigen Poesie macht. Ihre Kunst hat zahlreiche jüngere Graphiker in Berlin und Dresden inspiriert.

Die beiden stärksten Künstler der Ost-Berliner Graphik waren Arno Mohr und Herbert Tucholski. Ihre Mentorenschaft war für den künstlerischen Nachwuchs hilfreich.

Herbert Tucholskis wesentliche Leistung zeigt sich in den künstlerischen Techniken des Hoch- und des Tiefdrucks (begleitet von Aquarell und Zeichnung). Poetische Transformationen und verhaltenes Durchlichten waren für den sensiblen Landschafter (der bevorzugt den Zusammenklang von Architektur und Landschaft gestaltete) ebenso charakteristisch wie sorgfältig ausgewogene Kompositionen, in denen Maß und Ordnung herrschen. Stilgeschichtlich setzt Tucholskis Werk die Freiluftklarheit und das ausgeglichene Helldunkel der schwarzen Kreiden eines Georg Seurat voraus, ebenso die stille Monumentalität der Käthe Kollwitz. Tucholski hatte in den dreißiger Jahren zu einem der Kollwitz nahestehenden Künstlerkreis des Atelierhauses Klosterstraße gehört.[89] Zu den Freunden zählten auch die Maler Werner Heldt und Werner Gilles sowie die Bildhauer Hermann Blumenthal und Ludwig Kasper. In dieser Gemeinschaft hat sich Tucholskis Stil geformt – er zeichnet sich durch Strenge und Kargheit des Bildbaus, durch Betonen einer geometrischen Tektonik und durch die Noblesse einer feinen Farbkultur aus. Karl Rössing, der 1976 die umfassende Tucholski-Retrospektive des Berliner Kupferstichkabinetts sah, bekannte: »Mich fesseln die große Einfachheit und die Farbigkeit, die aus seinen grauen Tonstufen hervortritt, und auch seine Variationsfähigkeit, wenn er ein Thema in mehreren Phasen verdichtet.«[90] Herbert Tucholskis Bedeutung kommt in die Nähe von Wilhelm Lachnit, Hans Theo Richter und Wilhelm Rudolph, drei anderen Altmeistern der Graphik Ostdeutschlands.

Der jüngere Arno Mohr, der auch als Maler in Erscheinung getreten ist und dessen graphisches Werk 1946 mit Holzschnitten einsetzte, erreichte gegen Ende der fünfziger Jahre besonders infolge seiner Genre-Graphik große Popularität. Er

Arno Mohr *Angler* 1958. Lithographie. 14,5 x 25 cm.

René Graetz *Mond am Strand* 1967. Kohle, Bleistift, Pastellkreide, Gouache. 108,2 x 93 cm. Berlin: Berlinische Galerie

galt in der zeitgenössischen Kunst als der Berliner Zeichner schlechthin. Seine Graphik stand bis in die Mitte der fünfziger Jahre in der Tradition von Menzel und Liebermann. In der zweiten Hälfte der fünfziger Jahre verknappte sich die lineare Sprache Mohrs rapide. Den Arbeiten ist eine spröde Leichtigkeit eigen, die den Eindruck hervorruft, als wären die Linien in den Sand gezeichnet. Lithographien, wie *Liebespaar am See* (1957) und *Angler* (1958), sind Belege dieses Stils. Das spätere Werk Arno Mohrs durchlief ein Intermezzo des Skizzenhaften (Porträts), ja Karikaturesken (die 44 Kaltnadel-Radierungen *Mein Lebenslauf*, 1960), fand aber mit Beginn der sechziger Jahre zu einer neuen Bildhaftigkeit, die im Zusammenhang steht mit der Ausbreitung des zeichnerischen und malerischen Werkes. Die Drucke wurden kostbarer, sensibler, und aus den Bilderzählungen verschwand allmählich die anekdotische Zuspitzung, um einer umfassenden Interpretation Platz zu machen (Mutter-Porträt, Lithographie, 1972; Fontane-Porträt, Lithographie, 1974, usw.). Auf das Spätwerk haben wir an anderer Stelle schon hingewiesen.

Aus der Bildhauer-Graphik der älteren Generation sind Theo Balden, Fritz Cremer und René Graetz zu nennen. Während bei Balden das (meist) offsetlithographische und zeichnerische Werk eine direkte Begleitung der plastischen Entwürfe war, gewann es bei Cremer und Graetz Selbständigkeit. Indessen steht Balden mit der suggestiven Zeichenhaftigkeit seiner Blätter dem Spätwerk von Graetz nahe.

Fritz Cremers Realismus im Lithographiewerk –

Wolfgang Frankenstein *Ludwig Renn* 1959. Mischtechnik. 100 x 70 cm.
Berlin: Nationalgalerie

hier war schon früher die Rede davon – ist thematisch meist von der Dichtung Bertolt Brechts angeregt worden. Zu Cremers Hauptblättern gehören die beiden Fassungen der Lithographie *O Falladah* (1956). Sie zählen mit dem Steindruck *O Deutschland, bleiche Mutter* (in der Version von 1961) zu den charakteristischsten Lithographien Cremers überhaupt. Der Graphiker hat aus dem Werk des Dichters bevorzugt jene Lyrik gewählt, in der die Verantwortung des einzelnen vor der Gesellschaft ergründet wird, ein Thema, das im Œuvre der beiden Künstler zentrales Anliegen ist. Stilgeschichtlich ist die Anregerschaft Ernst Barlachs (besonders deutlich in der Folge *Walpurgisnacht*, 1956) erkennbar. Formsprachlich lebt die Cremersche Druckgraphik sowohl von herber Konturenlineatur als auch von zumeist linear geformtem Helldunkel. Cremers Druckgraphik ist nicht »Bildhauergraphik«, sondern eine selbständige Leistung hohen Ranges, zu der sich auch ein eindrucksvolles zeichnerisches und aquarelliertes Werk gesellt.

Auch René Graetz entwickelte seine Graphik in zunehmendem Maße unabhängig von der Plastik. Das graphische Werk nimmt, nach dem strengen, statuarischen und gesellschaftskritischen Vorspiel aus den fünfziger Jahren, alsbald Anregungen von Pablo Picasso und Henry Moore auf und kommt rasch zu einer heiteren, leuchtenden Dekorativität, der das Gegenständliche nur noch bedingt wichtig ist. Der antifaschistische Emigrant Graetz wurde Schutzpatron jenes Teils der jungen Berliner Generation, die das freie Spiel mit Form und Farbe auf ihren Schild hob. Seine Kunst – er hatte sich zuletzt der Technik des Siebdrucks mit Erfolg verschrieben – ist mehr von strömenden Emotionen denn vom Denken bestimmt worden. Graetz hat in Berlin mitgeholfen, der Druckgraphik eine »neue Attraktivität« zu geben. Theo Balden schrieb über dessen Blätter: »... sie sind Spiegelbilder, Sinnbilder unserer Zeit, eigenwillig, voller Symbolgehalt und widersprüchlicher Dekorativität, explosiv und herausfordernd zu Auseinandersetzungen. Sie sind ferner die bewegende, weltweite Widerspiegelung des Kampfes zwischen Licht und Dunkel, zwischen Bedrohung und Hoffnung, Krieg und Frieden, Geburt und Tod.«[91]

Zu den einflußreichen Berliner Lehrerpersönlichkeiten (zumeist an der Kunsthochschule in Berlin-Weißensee tätig) gehörten die Maler Bert Heller, Gabriele Mucchi, Kurt Robbel, Walter Womacka und Günther Brendel, auch Wolfgang Frankenstein. Insbesondere Heller, Mucchi und Robbel haben Spuren gezogen: Für sie ist ein konstitutiver Bildbau charakteristisch. Bei Mucchi äußert sich dieser dramatisch, bei den anderen bringt er statische Ruhe hervor. Dieser konstitutive, aus den Formen bedacht komponierte Bildbau hat in der Berliner Malerei immer eine Rolle gespielt (zuletzt bei Hofer und Strempel). Die strenge Bildstatik schließt indessen intensive, leuchtende Farben nicht aus, wie gerade die Stilleben und Landschaften von Kurt Robbel zeigen. Die Bedeutung dieser Maler bestand unter anderem darin, daß sie ihre vehemente (Mucchi) oder vornehm-bedächtige Malweise (Robbel) immer wieder in den Dienst politischer Aufgaben gestellt haben. Später hat Frankenstein, wohl in der Absicht, an seinen Lehrer Ehmsen anzuschließen, die dramatisch-farbexpressive Tendenz der Berliner Malerei zu beleben versucht. Er war aus dem Nachkriegs-Surrealismus gekommen und entwickelte im Anschluß daran einen strengen Figurenstil, der die Kunst der modernen Mexikaner um Diego Rivera auswertete. Womacka brachte in die Berliner Kunstlandschaft eine dekorative Note, die sich infolge schöner Äußerlichkeit eines heftigen Streites erfreute. Ab 1974 stellt sich sein Werk stilistisch aber als Gegensatz zum früheren dar: Der bildnerische Kanon gerät ins Jonglieren und erinnert nun an die sachliche Richtung der zeitgenössischen Leipziger Malerei, doch durch einige Werke irrlichtern auch Rauschenberg (*Erika Steinführer,* 1981) und Guttuso (*Der Strand,* 1982).

Die erste Nachkriegsgeneration

Die zahlenmäßig starke Generation der am Ende der zwanziger und Anfang der dreißiger Jahre geborenen Maler und Graphiker trat in den sechziger Jahren in das Rampenlicht der Öffentlichkeit. Vier dichtgewählte Ausstellungen ließen den Eindruck einer Gruppen- oder Schulbildung aufkommen. Wir haben dieses Ereignis hier schon früher beschrieben. Desgleichen wurde das Phänomen der »Berliner Schule« und ihrer Künstler bereits vorgestellt, ebenso die Berliner Experimentalgraphik.

Für Berlin war charakteristisch, daß viele Kräfte der ersten Nachkriegsgeneration oft einander

Walter Herzog *Gatter* 1983. Radierung. 27,7 x 28 cm.

Joachim John *26.12.85 (Selbstbildnis mit Totenkopf)* 1985. Kaltnadel-Radierung. 19,2 x 16,4 cm.

Freund und Lehrer waren. Außerdem spielte der Umstand mit, daß die tragenden Persönlichkeiten dieser Generation früh mit wichtigen älteren Meistern der Kunst enge Verbindung hatten, die den Kontakt zu Jüngeren auch im Interesse ihres eigenen Werkes suchten und pflegten (Bildhauer: Lammert, Seitz, Grzimek und Cremer; Maler: Ehmsen, Nagel, Mucchi; Graphiker: Mohr und Tucholski). Auffällig ist auch das lebendige Interesse an den Schwesterkünsten, insbesondere an Literatur, Schauspiel, Musik, das zu zahlreichen »interdisziplinären«, wechselseitig inspirierenden Künstlerfreundschaften geführt hat. Außerhalb dieser hier bereits vorgestellten Tendenzen der »Berliner Schule« und der Experimentalgraphiker wirkte in Berlin noch eine ganze Reihe von Künstlern bemerkenswerter Kraft. Ihre Arbeiten lassen sich nicht ohne weiteres denen der einen oder anderen Gruppe zuordnen. Hierher gehören die zurückhaltend naive Berliner Malerei etwa von Günter Horn, die dramatisch aufgewühlte Graphik von Joachim John sowie die expressive Malerei von Klaus Roenspieß, die turbulenten Kompositionen des Bühnenmalers Dietrich Kaufmann, die Graphik von Manfred Butzmann, die asketisch strengen Bilder und graphischen Blätter der Nuria Quevedo (Kassandra-Radierungen von 1985), die lapidare Ethik-Kritik in den (den Leipziger »Sachlichen« benachbarten) Werken von Heidrun Hegewald, die surreale Flecht- und Strichpartikelwelt der Graphiken des Architekten Walter Herzog. Auch die hintergründige Bildwelt von Gerenot Richter darf hier nicht unerwähnt bleiben, dessen altmeisterlich durchgearbeitete Zeichnungen und Drucke von eindrucksvoller Dingpräzision sind.

Nach diesen Künstlern trat eine neue, zahlenmäßig nicht sonderlich starke Generation auf. Wir nennen die Maler Hans-Otto Schmidt (der dem Berliner Stadtbild wieder einen, wenn auch in der Tradition von Heldt lebenden neuen Aspekt abgewinnt), Edmund Bechtle, Heinrich Tessmer, Friedrich-Wilhelm Fretwurst, Peter Hoppe, Linde Bischof, Lutz Friedel und Karin Sakrowski. Mit ihnen gerieten auch Rand-Berliner aus Woltersdorf ins Gespräch: Erika Stürmer-Alex, Johanna Görke.

Endlich kennt die Berliner Kunstlandschaft jener Jahre noch einige Potenzen, die durch ihr Werk große Aufmerksamkeit erregten und die verschiedentlich, was die Bedeutungsebene betrifft,

Lutz Friedel *Selbst als Sebastian de Morra – Hommage à Velazquez* 1980. Öl. 69 x 49,5 cm.

Gerenot Richter *Gleichnis III (Eustachius)* 1987. Radierung. 48 x 63 cm.

Hans Otto Schmidt *Stadtlandschaft mit Bahndamm* 1975. Öl. 60 x 80 cm.
Berlin: Nationalgalerie

mit Harald Metzkes in einem Atemzug genannt werden. Es sind das die Maler Konrad Knebel, Hans Vent, Horst Zickelbein und Ronald Paris, der Graphiker und Aquarellist Dieter Goltzsche sowie der Graphiker Klaus Magnus. Hinzu kommen noch Bildhauer, die über ein autonomes druckgraphisches beziehungsweise zeichnerisches Werk verfügen. Über Vent, Zickelbein, Paris und Goltzsche wurde schon bei früherer Gelegenheit in diesem Buche geschrieben.

Konrad Knebel gilt, wie Metzkes, als ein herausragender und prototypischer Vertreter der Berliner Kunst. Sein Motivfeld sind die Häuser und Straßen als Orte des Werdens und Vergehens menschlichen Daseins, Fassaden als Physiognomien. Knebel wirkt hier nicht allein: Magnus und Hans-Otto Schmidt bearbeiten dasselbe Terrain. In den Darstellungen lebt Berliner Lokaltradition – Nagels Stadt-Bilder etwa oder die von Werner Heldt. Selbst Max Liebermanns Kunst steht im Hintergrund. Für alle diese Maler gab und gibt es sozusagen ein spezifisch »berlinisches Problem«, nämlich das Klären des Verhältnisses von Form und Farbe auf einem strengen zeichnerischen Gerüst.

Knebels Kunst war bis in die siebziger Jahre durch ein Wechselspiel zwischen festem, verwinkeltem Formbau und vertrübtem, herbem, meist kräftigem Kolorit gekennzeichnet (wobei diese Herbheit womöglich eine Mitgift des sächsischen Erzgebirges ist, wo der Maler seine Kindheit verbracht hat). Gegen die Mitte der siebziger Jahre öffnen sich Knebels Gemälde der in sich differenzierten Farbe; die auflösende und verbindende Wirkung des Lichtes wird genutzt. Die Bilder beginnen stärker aus dem Lichtraum heraus zu

Heinrich Tessmer *Große Reitergruppe (Apokalypse)* 1986. Öl. 200 x 200 cm. Reutlingen: Sammlung Seiz

Erika Stürmer-Alex *Überlagerung* 1979. Farblinolschnitt. 16 x 22 cm.

Silvia Hagen *Hafen (Lauterbach/Rügen)* 1996. Kohle. 40 x 29 cm.

Ursula Strozynskí *Ostkreuz. Zu der gleichnamigen Erzählung von Richard Pietraß* 1989. Kaltnadel-Radierung. 27,5 x 20,5 cm. (53. Veröffentlichung der Mariannenpresse Berlin)

Klaus Magnus *Alte Berliner Häuser* 1974. Kohle. 53,4 x 69,6 cm. Dresden: Kupferstich-Kabinett

leben, der sich in einer tonig reichen Stufung von Form, Fläche und Farbe verwirklicht. Einerseits sind subtilere Behandlung der Form und ausgewogenere Kompositionen zu erkennen, andererseits Zurückdrängen der ehedem kräftigen Farbe zugunsten einer feinen abgestuften, lichtgesättigten Farbskala: Das Neue ist die Bewältigung des milchigen, vielleicht doch etwas silbrigen, in jedem Falle aber neutralen Graulichtes der Berliner Übergangsjahreszeiten. Bei Konrad Knebel

Konrad Knebel *Durchblick* 1977. Tempera. 17 x 12 cm. Berlin: Berlinische Galerie

Peter Hoppe *Herbststilleben* 1988. Öl. 140 x 140 cm. Reutlingen: Sammlung Seiz

vollzog sich damit ein Prozeß, der auch für andere wesentlich geworden war. Maler wie Metzkes oder Vent haben sich etwa zur gleichen Zeit verstärkt auf die Darstellung der Wirkungen des Lichtes und der Atmosphäre auf die Gegenstände konzentriert – die Ergebnisse blieben grundverschieden. In ihrem Werk liegt aber durchaus ein stilgeschichtlicher Zusammenhang beschlossen, der einstens, wenn nicht als Gegenentwurf, so doch als Antwort auf die Renaissance veristischer oder neusachlicher Malmethoden verstanden werden könnte.

Klaus Magnus ist nahezu dem gleichen Motivkreis verpflichtet wie Knebel. Magnus' Liebe gehörte seit den siebziger Jahren dem gründerzeitlichen Berlin. Er porträtierte Häuserfassaden in den Stadtbezirken Lichtenberg, Mitte und Prenzlauer Berg, ließ das zernarbte Steinwerk vom Werden und Vergehen erzählen. Zwar stellt er es mit penibler Übergenauigkeit vor, verfällt aber nirgends in kalten Verismus. Die durch Wetter und Zeitläufe verschlissenen Fassaden erhalten durch seine Kunst eine neue Schönheit, weil sie sich auch als Gleichnis auf das menschliche Dasein anbieten. Die Häuser sind aus dichtem, eng verwobenem Strichgefüge oder (in den Zeichnungen) aus breiten Helldunkelzonen gebildet. Trotz aller aus Genauigkeit und poetischer Freiheit gewobenen Realistik handelt es sich hier um eine Kunst, die insgeheim zum Phantastischen tendiert. Das zeigt sich freilich schon früher (1967), nämlich in den fast geomorphologischen Strukturen der Kaukasus-Radierungen, die stilistisch auf die radierten Felslandschaften des Hercules Seghers verweisen. In späteren Jahren werden Stillleben mit Altberliner Häusern verbunden. Seine Kultur des Stillebens entwickelt Magnus in den achtziger Jahren. Die Gegenstände werden in ihrer Stofflichkeit in Zeichnung und Aquatinta genau, aber in einem Timbre festgehalten.

Wolfgang Peuker *Pariser Platz II* 1990. Öl. 115 x 90 cm. Berlin: Grundkreditbank

Die Berliner Stadtlandschaft ist auch noch von anderen stilmorphologischen Positionen her dargestellt worden – auf Manfred Butzmann und Ursula Strozynski wurde bereits hingewiesen. In den neunziger Jahren sind noch die eindrucksvoll surreal verfremdeten Stadtbilder (Brandenburger Tor) von Wolfgang Peuker aufgetaucht, die einen völlig neuen Blick auf Berlin bieten.

Bildhauer-Graphik

Von den beiden namhaften Plastikern der bisher vorgestellten Generation, Wieland Förster und Werner Stötzer, hat nur Förster ein vom skulptiven Werk unabhängiges zeichnerisches und graphisches Œuvre aufgebaut. Stötzer schuf außer einigen frühen Porträts fast nur Aktzeichnungen, die, für sich genommen, in der DDR nach dem Wirken von Gustav Seitz der vollendetste und reinste Ausdruck der spezifischen, hier vital-dynamischen Bildhauer-Zeichnung sind. Hingegen können andere Plastiker, etwa Sabine Grzimek oder Friedrich B. Henkel, auf eine beträchtliche graphische Produktion verweisen. Bildhauer, wie Rolf Biebl oder Sylvia Hagen, stehen stellvertretend für zeichnerische Positionen einer jüngeren Generation.

Einen sehr nennenswerten Beitrag zur Berliner Graphik gaben insbesondere Förster und Henkel. Ihr zeichnerisches beziehungsweise graphisches Werk ist in Dimension und Intensität bei den ostdeutschen Bildhauern der DDR ein seltener Fall. Wieland Försters Werk wurde von Anfang an von Zeichnung und Druckgraphik begleitet, also seit etwa 1960. Neben dem Akt wurden Landschaften und Porträts wichtig. Das zeichnerische Schaffen aus der zweiten Hälfte der sechziger Jahre, ausgelöst durch eine Tunesien-Reise (1967), brachte außer einigen Porträts (*Bildnis Erich Arendt,* 1972) vor allem geistvolle und fein empfindsame Landschaftssuiten hervor. Diese zeigen Strukturen, Gewordenes, Prozeßhaftes. Die tiefe Gedanklichkeit der Bleistift-Gebilde aus der Folge *Rügenlandschaft – Hommage à Caspar David Friedrich* (1971 bis 1974) bindet Seherlebnis, Phantasie und Poesie zu tiefer Schönheit. In diesen Arbeiten ist eine »denkende Hand« am Werke, der die Zeichnung ein Anlaß ist, ein Naturbild zu geben, hinter dem etwas vom Bewußtsein der Zeit deutlich wird. Anregungen durch die Kunst von Paul Eliasberg sind nicht zu übersehen. Der Kunsthistoriker Andreas Hüneke schreibt über Försters zeich-

Rolf Biebl *Akt am Strand* 1982. Kaltnadel-Radierung. 18,7 x 18,7 cm.

nerisches Werk: »Die mit sensiblem und auch energischem Bleistiftstrich gebildeten Strukturen (des Rügen-Zyklus) schaffen aus Felsen, Bäumen, Feldern, Häusern, Netzen, Wolken und Atmosphäre eine eigene spannungsreiche grafische Gestalt. Die Struktur der Dinge wird sichtbar gemacht, meist von einem Zentrum her ausstrahlend. Das Detail ist durch das Ineinandergreifen haarfeiner Linien in die große Form verwoben, wie diese zum Blattrand hin durch auslaufende Linien mit der weiteren Umgebung und mit unserer eigenen Umwelt verknüpft zu sein scheint. Erfahrungen, die Wieland Förster in den Tunesien-Zeichnungen (1968/69) im einzelnen gemacht hat, werden – sublimiert und dem Ganzen einverleibt – im Rügen-Zyklus verwendet. Die tunesischen Flugbilder, Felsstrukturen und Olivenhain-Figurationen klingen wieder an. Der Übergang zwischen landschaftlichen und menschlichen Formen hatte seine stärkste Ausprägung in den Zeichnungen der merkwürdig geformten, an Akte und Torsi erinnernden uralten Olivenbäume und den Landschaftliches assoziierenden Akten der *Einblicke* (1971) erhalten. Dieser Schwebezustand ist fast systematisch von zwei Seiten her angegangen worden und kennzeichnet den Blick des Künstlers auch für das Erotische in der Landschaft, ein für Försters Werk typisches Element. Auch in dem Zyklus *Labyrinthe* (1974) spielt es eine tragende Rolle. Anregung für diese Kohlezeichnungen bot die Sächsische Schweiz mit ihrem porösen, bizarr geformten Gestein, in dessen Inneres einzudringen die Vorstellung reizt. Das Eindringen selbst wird im Zyklus nacherlebbar – vom massigen ›Torstein‹ zu immer weiter werdenden, dynamischen Innenräumen. Die Schwärze der Kohle schafft eine neue Räumlichkeit in Försters Zeichnungen, die energiegeladenen Striche und verhauchenden Wischer scheinen den Raum rotieren zu lassen.«[92] Seit den sechziger Jahren gewinnen im Werk Försters kontinuierlich Leid-Zeichen menschlicher Existenz Bedeutung. *Passion, Opfer, Martyrium, Gefesselte* werden in Plastik wie Graphik Gestalt, Schmerz und Leid fortan Kardinalthema im Œuvre Försters. In den neunziger Jahren entstehen in der Radierung auch wieder Flugbilder und im Zusammenhang mit weiblichen Torsi (*Daphne,* 1996) Zeichnungen in Ölkreide, fragile lineare Strukturen von erlesener Schönheit.

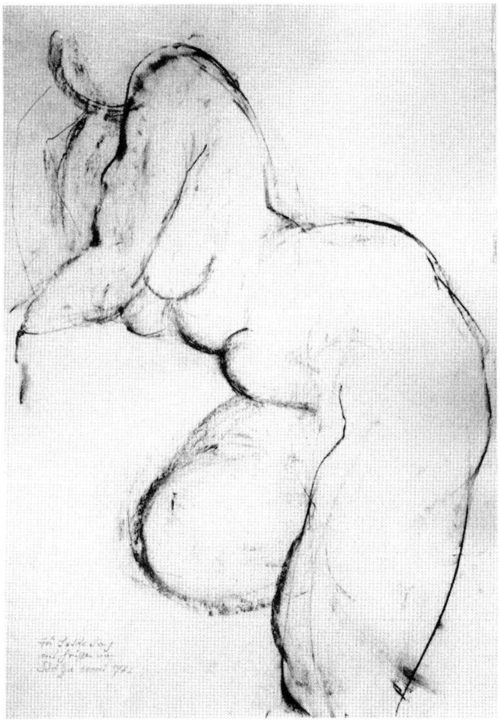

Werner Stötzer *Akt* 1972. Kreide. 55 x 41 cm.
Berlin: Berlinische Galerie

Durch die Konzentration auf Strukturgebilde stehen Zeichnung und Graphik von Friedrich B. Henkel dem Werk Wieland Försters durchaus nahe. Henkels Arbeiten sind ebenfalls dem Landschaftserlebnis verpflichtet. Er hat dazu 1968 selbst einmal gesagt: »Landschaften bieten mir zunächst das Erlebnis von Raum, Körper, Struktur und Farbe, die zusammen eine spezifische Atmosphäre erzeugen. Ein Hügel, ein Baum, ein Gebüsch oder ein gepflügtes Feld ist immer ein erregendes Erlebnis. Die Veränderung der Überschneidungen beim Umwandern macht die Landschaft räumlich erlebbar. Das Jugenderlebnis der Rhönlandschaft wirkt stark in der Erinnerung. Da war die Form beschreibende Furche, Wege, der gepflügte Acker im April, die narbig-kahle Hut im Kontrast zu den mächtigen Buchenwäldern, punktuellen Weizenfeldern, Flimmern in der Sommerflur. Gebüsch und Baum als plastische Körper und kleine Form gegen den Hügel. Strukturen der Materie, Kräfte des Wachsens und der

Friedrich B. Henkel *Wardsia-Erinnerung* 1970.
Farbige Zeichnung. 35,3 x 27,5 cm.
Berlin: Berlinische Galerie

Zerstörung, Furchen, Risse und Narben. Landschaften auf Hiddensee und Rügen bestärkten diese Sicht.«[93] Später fand sie in den *Kaukasischen Blättern* (40 Zeichnungen, 1967–1970/71), den *Biesenthaler Landschaftsfiguren* (Zeichnung und Mischtechnik, 1972) und den *Maramures-Landschaften* (Mischtechnik, gelegentlich Collage, 1974) reife Formung. Die Arbeiten belegen, daß die Landschaft als Kunstfigur in den siebziger Jahren zu einem zentralen Thema Henkels geworden ist. Andreas Hüneke beschrieb Henkels Zeichnungen so: »In den kaukasischen Blättern werden Felsen, in denen aus Biesenthal bei Berlin Gebüsch, in jenen aus Maramures in Rumänien Heuhaufen zu schwermütigen, verinnerlichten Gestalten. Im kaukasischen Zyklus geht das so weit, daß die intellektuelle Kenntnis der übereinandergelagerten Grundrisse der alten Höhlenstadt Wardsia zu einem Bild geformt wird. Hier ist also nichts direkt Sichtbares, sondern die Vorstellung von Gewußtem dargestellt.«[94]
Zu Henkels zeichnerischem und plastischem Werk tritt ab 1966 die Radierung. Der Anfang ist graphisch-zeichnerisch, bald aber wird eine mehr malerische Sicht auf die Landschaft geboten. Der Reiz dieser Blätter ist vorerst technisch bedingt; Henkel läßt die weißen Flecke durch Abdecklack entstehen, den er mit dem Pinsel auf die Zinkplatte bringt, um hernach mit der Radiernadel weiterzuarbeiten – auch innerhalb der abgedeckten Flächen. Die reiche Struktur des Abzugs erklärt freilich das Malerische dieser Blätter nur zu einem Teil. Es ist die poetische Sicht, welche die Landschaft sublimiert und ein Bild von ihr gibt, das mehr die Stimmung und den Charakter eines geographischen Ortes zeigt als dessen fotografierbare Gestalt. In gewisser Weise sind diese Radierungen und Aquatinten (übrigens auch technisch) der Tradition verpflichtet, die Hercules Seghers begründet hat. Andererseits erinnern die Graphiken mit den subtilen Variationen der Dichte in der Struktur und den tonalen Zonen, die unterschiedliche Valeurs schaffen, auch an das Radierwerk von Giorgio Morandi. 1978 legte Henkel eine Mappe *Zehn kleine Kaltnadelradierungen* vor, der 1979 nach einer Italienreise eine Aquatinta *Toskanische Landschaft* folgte, der sich italienische Architektur- und Plastikmotive in Zeichnun-

Wieland Förster *Bildnis Erich Arendt* 1972. Graphit.
64,9 x 50,1 cm. Dresden: Kupferstich-Kabinett

gen und Marmor anschlossen. Die Italien-Reisen des Künstlers 1979 und 1983 brachten ein bedeutsames plastisches Werk (insbesondere Reliefs), dazu Zeichnungen und Collagen. In den *Römischen Blättern* (1983/84) sind aus Erlebnisskizzen »Zeichnungs-Bilder« geworden, in denen aus dem Gesehenen die Kultur des Bildwissens von der Antike bis zur Pittura metafisica bildnerisch Gestalt angenommen hat.

Fritz Tröger *Wintertag* 1969. Kaltnadel-Radierung. 33,5 x 51 cm.

Dresden – nicht nur die Stadt der Maler

Dresden hat die Ästhetik der malerischen Kultur stets hochgehalten. Die Stadt, seit dem 19. Jahrhundert neben München das traditionsreichste Kunstzentrum des alten Deutschlands, verfügte nach 1945 über die quantitativ stärkste alte Generation der Maler und Graphiker.
Im Jahre 1950 schrieb Fritz Löffler, der verdienstvolle Interpret und Förderer Dresdner Künstler: »Heute ist Dresden die Stadt einer nachimpressionistischen, schönen Malerei, die der Tradition alle Ehre macht.«[95] Er nannte als Kronzeugen unter anderen Bernhard Kretzschmar, Paul Wilhelm, Theodor Rosenhauer und Josef Hegenbarth, auch Hermann Glöckner, bei dem der Kunsthistoriker einen künstlerischen »Neuaufbau« entdeckte. Neben dieser »Dresdner Schule«, zu der viele tüchtige und liebenswerte Talente gehören, existierte seit den endzwanziger Jahren eine starke Gruppe von proletarisch-revolutionären Malern des Realismus, darunter Hans Grundig und Curt Querner. Diese Generation hatte sich von den Nazis nicht demoralisieren lassen: Der Humanismus ihrer Werke war nach dem Ende des Zweiten Weltkrieges eine der fundamentalen Ecksäulen der Kunstentwicklung. Es ist deshalb nicht weiter verwunderlich, wenn die Dresdner Malerei gleich nach 1945 stark in den Vordergrund öffentlicher Aufmerksamkeit rückte.

Meister der Dresdner Malkultur

Der weitgedehnte Hintergrund der zeitgenössischen Dresdner Kunst wurde seit den sechziger Jahren durch mehrere Ausstellungen erkennbar, worunter besonders wichtig waren: 1964 die Übersicht *Zweihundert Jahre Hochschule für Bildende Künste Dresden 1764–1964*, 1972 eine Darbietung (im Staatlichen Museum Schwerin) aus den Beständen des »Hauses der Heimat« in Freital, das über eine reichhaltige Sammlung der Dresdner Kunst der zwanziger Jahre verfügt; und 1976 die Ausstellung »200 Jahre Malerei in Dresden« (Gemäldegalerie Neue Meister der Staatlichen Kunstsammlung Dresden). Wird das Material dieser Ausstellungen zusammengefaßt, ergibt sich eine Liste der Künstler, die bis in die Zeit nach dem Zweiten Weltkrieg hinein ständig oder vorübergehend am Bild der Kunst in Dresden mitgewirkt haben. Dazu gehören unter anderen die Maler und Graphiker Rudolf Bergander, Siegfried Berndt, Johannes Beutner, Richard Birnstengel, Gert Caden, Hans Christoph, Otto Dix, Siegfried Donndorf, Conrad Felixmüller, Erich Fraaß, Erich Gerlach, Hermann Glöckner, Otto Griebel, Curt Großpietsch, Hans Grundig, Lea Grundig, Ernst Hassebrauk, Josef Hegenbarth, Joachim Heuer, Erhard Hippold, Eugen Hoffmann, Werner Hofmann, Hans Jüchser, Edmund Kesting, Waldo Köhler, Hans Körnig, Karl Kröner, Max Lachnit, Wilhelm Lachnit, Otto Lange, Reinhold Langner, Erna Lincke, Carl Lohse, Albert Mann, Ruth Meier, Ernst Alfred Mühler, Rudolf Nehmer, Georg Nerlich, Curt Querner, Hans Theo Richter, Theodor Rosenhauer, Wilhelm Rudolph, Gustav Schmidt, Helmut Schmidt-Kirstein, Ewald Schönberg, Eva Schulze Knabe, Friedrich Skade, Hildegard Stilijanow, Fritz Tröger, Otto Westphal, Albert Wigand, Paul Wilhelm, Fritz Winkler, Willy Wolff.

Helmut Schmidt-Kirstein
Mädchen mit Blumenkohl Aquarell.
40 x 50 cm.

Einige später wirkende Lehrer an der Kunsthochschule, darunter auch jüngere Kräfte, schließen sich noch an: Walter Arnold, Fritz Dähn, Alfred Hesse, Paul Michaelis, Heinz Lohmar, Hans Kinder, Herbert Kunze und andere.
Das ist ein verblüffend umfangreiches Verzeichnis, wie es, zumal in dieser Qualität, von keiner anderen Stadt in Ostdeutschland angelegt werden konnte. Das Bild war bunt und bewegt, scheinbar ohne Kontur. Dennoch zeichneten sich einige Tendenzen deutlich ab:

- die proletarisch-revolutionäre Linie der Dresdner Kunst (mit den beiden Grundigs, mit Griebel, Schulze, Schulze-Knabe, Hoffmann, Querner, später Bergander)
- eine ursprünglich von Dix betroffene Malerei (zu der auch die Kunst der proletarischen Realisten gehört), welche die Plastizität der Formen veristisch herausstellt – zugleich aber andere Impulse (Expressionismus) aufnimmt und fortträgt (diese sachliche Richtung der Dresdner Malerei gabelt sich in den veristischen Wahrheitsfanatismus eines Griebel oder Querner, in die realistische Phantastik des Hans Grundig, in die feierliche Poesie von Wilhelm Lachnit, in die zeichnerische Nüchternheit Fritz Trögers und in die zu Mense oder Schrimpf neigende neosachliche Romantik des Rudolf Nehmer)
- der besänftigte späte Expressionismus-Widerhall bei Fritz Winkler und Erich Fraaß, besonders aber bei Helmut Schmidt-Kirstein und in den Holzschnitten von Hans Jüchser
- eine surreal-hintergründige Malerei, wie sie sich um 1945/46 bei dem aus der französischen Emigration zurückgekehrten Heinz Lohmar äußert (später temporär bei Jürgen Seidel, alsbald in den Gemälden des Archi-

Rudolf Nehmer *Heiterer Herbst* 1957. Öl. 50 x 70 cm. Halle: Staatliche Galerie Moritzburg

Christoph Wetzel *Der tote Präsident* 1974. Mischtechnik. 200 x 150 cm.
Dresden: Galerie Neue Meister

tekten Jürgen Schieferdecker und in den Zeichnungen und Collagen des Mediziners Dottore)
- eine abstrakt-konstruktive Tendenz, die sich bei Hans Christoph, Hans Kinder, Herbert Kunze und in den Monotypien von Willy Wolff als Kunst des Informellen und in den Monotypien von Max Lachnit als plastisch-konstruktiv zeigt, während sich das Werk von Hermann Glöckner als ein fundamentaler Beitrag zum europäischen Konstruktivismus erweist
- schließlich und endlich die »Dresdner Schule«, deren schöne Malerei die Dresdner Tradition von Kuehl, Sterl und Bantzer fortsetzt. Dazu gehören unter anderen Wilhelm Rudolph, dessen überlokale Bedeutung allerdings im Holzschnitt zu finden ist, Bernhard Kretzschmar und Hans Jüchser, der feinsinnige Paul Wilhelm, der auch von Cézanne angeregte Karl Kröner, der im Unterschied zum Zeichner immer noch zuwenig bekannte Maler Josef Hegenbarth, die Koloristen Ernst Alfred Mühler und Georg Nerlich sowie Theodor Rosenhauer mit seiner strengen und

Karl Kröner *Südfranzösische Landschaft mit Viadukt II* 1969. Öl. 74 x 91 cm.
Dresden: Galerie Neue Meister

pastosen Malerei; als Außenseiter der »Dresdener Schule« fungieren der einstige Kokoschka-Meisterschüler Joachim Heuer, der später die Kunst von Picasso und insbesondere die von Braque nachempfunden hat, der unruhige barocke Geist Ernst Hassebrauk und der Farbtektoniker Albert Wigand.

Die künstlerischen Kräfte Dresdens lassen sich nicht nur in diese Tendenzen eingrenzen. Es gibt genügend Maler, die vollständig außerhalb eines wie auch immer gearteten Schulzusammenhanges stehen. Dazu gehören beispielsweise Hermann Glöckner, dessen Kunst für Dresden ohnehin ein außergewöhnlicher Fall ist, Willy Wolff, der seinen Stil immer wieder in Frage gestellt hat und sich jüngsten Formtendenzen öffnete, und der Bildhauer Eugen Hoffmann, dessen (ursprünglich von Henry Moore beeinflußtes) Aquarellwerk zu den schönsten malerischen Leistungen zählt, die jemals aus dieser Stadt gekommen sind.

Betrachtet man diese Kunstlandschaft in ihrem Werden, ergibt sich, daß die abstrakten, konstruktivistischen und surrealen Tendenzen in Dresden nie recht heimisch geworden sind – sie blieben Ausnahme, schöne Randerscheinung. Bestimmende Faktoren waren der sozialkritische Verismus und die »Dresdner Schule«. Da die aus dem Verismus kommenden Meister (zum Beispiel Grundig und Querner) in diesem Buch schon gewürdigt worden sind, beschränken wir uns hier auf einige andere Maler.

Bernhard Kretzschmars Malerei setzte um 1919 mit einem kleinen expressionistischen Vorspiel ein, entwickelte aber schnell einen erzählerischen Genrestil. Viele Bilder zeigen die Welt des Kleinbürgerlichen. In der Darstellung (*Empor-*

kömmling, 1939) spielt Hintergründiges und Doppelsinniges mit. Ein Hauptstück ist das Gemälde *Vereinsmeier* (1924), ein Genrebild, das Interieur, Gruppenbild, Akt und Landschaft vereint und zugleich die Ironie sichtbar werden läßt, welche das gesamte Werk des Künstlers verhalten durchdringt und sich ganz zuletzt noch einmal in den 46 satirischen Federzeichnungen voll bissiger Kritik und sächsischem Witz der Folge *Die Zeitnelke* (1971) zeigt. In diesen Arbeiten lebt die veristische Groteske wieder auf, die ein tragendes Element seines eindrucksvollen Radierwerkes ist, das zwischen 1920 und 1923 entstanden und auf etwa 150 Blatt gediehen war.

Bernhard Kretzschmars nach dem Selbstporträt von 1946 vorgelegtes Werk ist mehr eine Ausbreitung früher erworbener malerischer Erkenntnisse als echte Neufindung, aber mit verschiedenen Dresden-Landschaften, mit einem Schanghai-Gemälde (1954), dem Eisenhüttenstadt-Panorama (1955–1957) und mit mehreren Porträts, insonderheit dem *Selbstporträt mit Masken* (1954), das auf Drolerien von Wilhelm Lachnit Bezug nimmt, und dem Smantek-Bildnis (1963) hat er immer wieder Bilder von hoher malerischer Qualität geschaffen.

Eine Parallelerscheinung zu Kretzschmars Werk ist Wilhelm Rudolphs Malerei. Auch Rudolphs künstlerische Entwicklung begann um 1919. Die ersten Werke zeigen sich als ländlich schwerer Expressionismus *(Rote Wege und blaue Häuser, Nächtliche Gaststube mit Hund)*, der alsbald proletarische Züge erhielt (die Alt-Männer-Porträts). Nach eigenem Bekenntnis hat ihn der Expressionismus freigemacht. Rudolph entwickelte einen strengen Landschaftsstil, der im Spätwerk, das vornehmlich Landschaften und Porträts vereint, zu einer fast monochromen Farbbehandlung gelangt. Eine Sonderleistung ist das Tierbild (zumal die Hyänen-Bilder). In ihm steigerte der Künstler seine Malerei zu höchstem Ausdruck. Vollendung findet die Kunst Rudolphs indessen in der Zeichnung und besonders im Holzschnitt.

Für Albert Wigand ist die Paarung von Stärke und Ursprünglichkeit mit Sensibilität und einer hohen Farbkultur charakteristisch. Er malte meist kleinformatige Interieurs, Stilleben und Straßenbilder. Die fein abgestimmte Farbe zeigt die Schönheit simpler Gebrauchsgegenstände (Stilleben) und verwaschener, zerlebter Vor- und Kleinstadthäuser. Des Malers Straßen und Hausfassaden zeichnen sich durch unauffällige Schlichtheit aus. Gern wird Schrift, wie sie an alten Häusern zu finden ist, ins Bild integriert: Schrift als Bildbau-Element und als Zeichen menschlichen Lebens. In der Dresdner Kunst ist Wigands Arbeit – neben der von Glöckner – die »reinste« Malerei, weil ihm Farbe und Farbordnung wichtiger sind als linear oder plastisch bestimmte Form – und Erzählung im Bilde kommt nirgendwo vor. Ursprung und Inspirationsquell dieser Kunst ist nicht die nachimpressionistische Dresdner Malerei, sondern die französische Malkultur. Das malerische Œuvre wird von Zeichnungen begleitet, ab 1957, angeregt durch die Malerin Elisabeth Ahnert, auch von Collagen.

Hans Jüchser orientierte sich in seiner Malerei sowohl an Cézanne (was in Dresden noch bei Karl Kröner der Fall war) als auch an Marées. Seine Kunst ist eine sehr persönliche Synthese aus der

Hans Kinder *Figuration* 1985. Mischtechnik. 63 x 46 cm. Halle: Staatliche Galerie Moritzburg

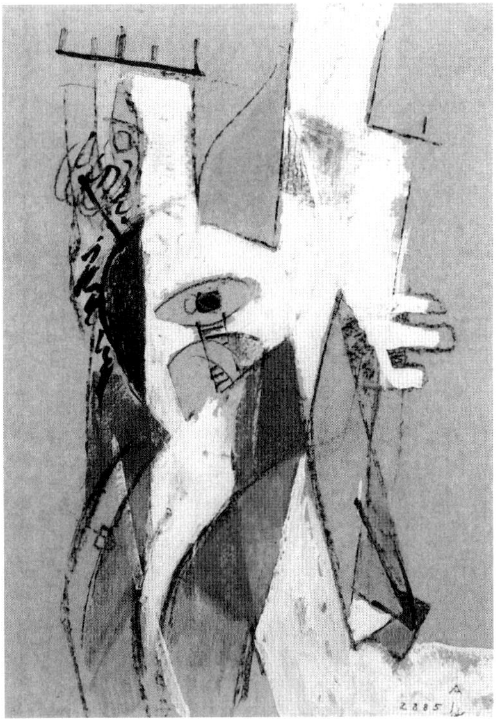

Paul Wilhelm *Feuerlilie vor einem Holzschnitt von Hiroshige* 1951. Aquarell. 53,2 x 36,4 cm. Dresden: Galerie Neue Meister

kritischen Begegnung mit den Werken dieser Maler. Aber ebenso sind viele Anregungen seiner älteren und gleichaltrigen Dresdner Weggefährten aus den zwanziger Jahren in sie eingeflossen. Nach 1950 wird die Malweise Jüchsers lockerer und heller, die Farben leuchten in schlichter Verhaltenheit. Er schildert hauptsächlich stilles Glück im Alltag, malt biblische Szenen oder die Dresdner Landschaft. In die Figurenkompositionen werden gern stillebenhafte Elemente eingebaut. Jüchsers festgefügte Malerei, die auch zuweilen Ausflüge in die reine Abstraktion unternahm, ist eine Vereinigung von linear-konstruktiven Elementen, welche sich in der Sprache der Kontur bemerkbar machen, mit sublimer koloristischer Kultur. Die Gemälde werden durch ein ausdrucksvolles expressives Holzschnittwerk ergänzt, das sich ab 1955 parallel zur Malerei entwickelte. Neben Rudolph ist Jüchser der wichtigste Holzschneider der alten Generation in Dresden.

Theodor Rosenhauer war unter den Dresdner Realisten einer der ausdrucksstärksten Meister der Farbe. Sein malerisches Werk besteht hauptsächlich aus Landschaft, Stilleben und Porträt. Im Unterschied etwa zu Kröner oder Wilhelm gibt er die Landschaft nicht als in Licht und Atmosphäre getauchte »paysage intime«, sondern als ernste, in den Tonwerten gedämpfte Malerei, in der sich sensualische und rationale Elemente vereinen. Auch der »Pleinairismus« eines Niemeyer-Holstein steht ihm fern: Rosenhauers Bilder sind »nachdenklicher«, schwerer. Das ist hauptsächlich durch zwei Faktoren erreicht worden, nämlich durch die Farbe und durch deren Pastosität. Rosenhauers Farben sind stumpf und erdig – ihr optisches Gewicht findet in Dresdens Kunst nur bei Querner, der ab 1935 das Aquarell bevorzugt, eine Antwort. Die Oberfläche seiner Bilder gleicht Reliefstrukturen, in deren Gräben das Licht hockt. Diese Farbform-Organisation verleiht den Gemälden etwas Verinnerlichtes, Grüblerisches.

Im Gegensatz zu Rosenhauer steht das Werk von Ernst Hassebrauk, dessen Malerei durch energische Pinselschrift und nervös-großstädtischen Duktus gekennzeichnet ist. In ihr lebt ein übersteigertes, fast barockes Lebensgefühl. Bereits die Anfänge gegen Ende der zwanziger Jahre (Porträts) zeigen neben veristischer Rabiatheit im Erfassen der Charaktere die später immer wichtiger werdende Vorliebe für das Elegante und den Glanz des Schönen. Im Unterschied zu Rosenhauer, von dem es nur sehr wenige graphische Blätter gibt, ist Hassebrauk gleichermaßen Maler wie Zeichner. Neben das Porträt treten Landschaft (zumal des alten Dresdens), Stilleben und freie Nachschöpfung von Kunstwerken – letzteres wird im Laufe der Jahre immer wichtiger. Bei keinem anderen Dresdner Künstler ist die handschriftliche Verve, sind Vitalität und Dynamik so ausgeprägt wie bei Hassebrauk – in dieser Hinsicht ein totaler Widerpart zu Wigand, dem »stillsten« der Dresdner. Die Unruhe in Kokoschkas Mal- und Zeichenweise findet hier wieder eine Entsprechung. Trotz solcher Besonderheiten ist Hassebrauks Werk ohne die Bindung zur alten Kunst (Guardi war zeitlebens ein Vorbild) nicht denkbar. Er hat sie selbst immer wieder gesucht, er nahm alte Kunst mit der Leidenschaft eines Genußmenschen in sich auf, um alsbald, schnell und heftig, mit Adaptionen zu antworten. Die bildnerische Kommunikation mit Architektur und musealem Kunstgut trieb, auf Dresden bezogen, eine umfangreiche Suite von Ansichten, Metamorphosen und Paraphrasen hervor, deren schönste Stücke 1968 als *Dresdner Bilderbuch* (Verlag der Kunst; Text: Fritz Löffler) publiziert worden sind. Die leidenschaftliche Besessenheit des Künstlers zeigt sich auch in der Vielfalt technischer Mittel: Malerei mit Öl und Acrylfarbe, Zeichnung mit Pinsel und Feder, Kohle und Kreide, Collage, Radierung, Farblithographie.

Maler-Zeichner wie Hassebrauk war auch Willy Wolff, dessen Kunst jedoch mit der des anderen stilistisch nichts zu tun hat. Wolff war noch kurz vor Beginn der Nazizeit Meisterschüler von Otto Dix gewesen – das frühe Werk erinnert daran. In den fünfziger Jahren trat seine Kunst in mehreren, stilistisch voneinander scheinbar unabhängigen Schüben hervor. Die Pinsel- und Rohrfederarbeiten bieten ganz einfache Dinge, die mit pedantischer Genauigkeit gezeichnet sind: Spielzeug, ein Kinderbett, ein Atelierinterieur, Pilze, eine alte Nähmaschine, Häuser usw. Das Besondere dieser Blätter macht sich sowohl im dingbezogenen Erfassen der Realität als auch in der phantastischen Ordnung der Gegenstände bemerkbar: Es legt Hintersinniges nahe (Anregungen durch den Surrealismus sind unverkennbar) und glänzt im poetischen Gewebe dicht gesetzter Federstriche mit Bilderfindungen von skurrilem Humor (*Knöpfe mit Außenseiter, Nadelparade,* 1955/56). Um 1960 bricht dieses Werk jäh ab. Es entstehen Gemälde, Collagen und Monotypien, in denen ein von Poliakoff inspiriertes abstraktes Element stärker hervortritt und alsbald triumphiert. In der Malerei setzt sich eine plakativ grellfarbene Trivialsprache durch, die sich als sehr eigene Reaktion auf die Kunst Richard Lindners und auf die amerikanische und englische Pop-Art erweist. An anderer Stelle dieses Buches ist darüber geschrieben worden. Willy Wolff war neben Hermann Glöckner der einzige Künstler aus Dresdens alter Malergeneration, der seine Kunst in ständigem Kontakt mit internationalen Stiltendenzen vorangetrieben hat. Nur reichte

Josef Hegenbarth *Zeitungsverkäufer* Um 1950.
Öl. 39 x 29 cm.
Dresden: Galerie Neue Meister

Glöckners Weg weiter in die Vergangenheit zurück und ist auch mit größerer formlogischer Konsequenz ausgeschritten worden.

Hermann Glöckners Beitrag zum europäischen Konstruktivismus ist im Ansatz schon kurz vor 1914 zu erkennen. Aus dieser Zeit gibt es kleinformatige Aquarelle, die in ihrer verhaltenen kubischen Bildgeometrie an Otto Meyer-Amden denken lassen. Die Kunst Glöckners gestaltete sich in der »klassischen Zeit« des Konstruktivismus durchaus unabhängig. Von 1930 bis 1937 entstand ein lehrhaft und experimentell entwickeltes »Tafelwerk«, das etwa 150 Konstruktivismen umfaßt: Das geometrische Gerüst der Malerei wird in »absoluter Reinheit«, gelöst vom Gegenständlichen, systematisch nach seinen Aussagemöglichkeiten geprüft und eingesetzt. An anderer Stelle dieses Buches ist darüber geschrieben worden.

Hans Körnig *Die Graphikausstellung* 1955. Aquatinta. 33 x 24,4 cm. Dresden: Kupferstich-Kabinett

Dresden als Ort der Graphik

Man hat sich angewöhnt, Dresden eine Stadt der Maler zu nennen. Sie ist in viel größerem Maße, wenigstens im 20. Jahrhundert, der Graphik zugewandt: die *Brücke*-Gemeinschaft 1906–1913), der Kreis um den *Dresdener Verlag von 1917* und um die Zeitschrift *Menschen* (frühe zwanziger Jahre), die proletarisch-revolutionären Künstler der *ASSO* (seit den endzwanziger Jahren), Persönlichkeiten wie Dix und Felixmüller, Kretzschmar und Rudolph, später die beiden Grundigs und Wilhelm Lachnit, Hegenbarth und Hans Theo Richter – weltanschaulich und stilistisch grundverschieden – haben entscheidend dazu beigetragen, daß Dresden zu einem Zentrum der Graphik in Deutschland geworden ist.
Wilhelm Rudolph entwickelte seit den fünfziger Jahren ein beachtliches Holzschnittwerk. Auf den lapidaren Schwarzweiß-Kontrast geschlossener oder grob differenzierter Flächen wird nun zugunsten eines Mosaiks kleiner Stege und Inseln verzichtet. Rudolphs Holzschnitte sind Struktur-Holzschnitte, in denen die Schwärzen durch feinteilige Schnittarbeit in samtige Grautöne aufgelöst und die Strukturen durchsichtig werden. Das bestätigen besonders die atmosphärisch gelösten, geradezu durchlichteten Landschaften, die den größten Teil des späten Holzschnittwerks beanspruchen.
Während die Bedeutung Rudolphs als Graphiker schon sehr früh erkannt wurde, blieb der Anteil Wilhelm Lachnits am künstlerischen Bilddruck einem Teil der Kunstkritiker und -historiker verborgen. Lachnit, der schon 1925 als Maler hervorgetreten war, entwickelte in den letzten Jahren seines Lebens, ab 1957, ein ebenso umfangreiches wie inspirierendes druckgraphisches Werk. Er baute dabei auf seiner früheren druckgraphischen Arbeit auf, die 1920 mit Radierungen eingesetzt hatte. Wilhelm Lachnit, in Dresden der echteste peintre graveur, benutzte mit Vorliebe die malerischen Techniken, also Aquatinta und (die in der Kupferdruckpresse abgezogene) farbige Monotypie. Davon war hier bereits früher die Rede.
Zwei andere große Meister aus der alten Generation sind Hans Theo Richter, dessen Werk hier

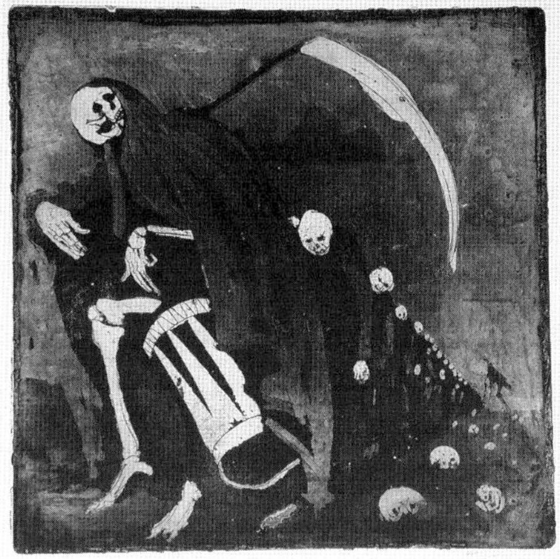

Hans Körnig *Totentanz* 1955. Aquatinta. 32 x 32,5 cm.
Dresden: Kupferstich-Kabinett

schon vorgestellt worden ist, und Hans Körnig. Hans Körnig kam aus dem expressiv aufgeladenen Spätimpressionismus, in dessen stilistischem Umkreis er bie 1952 arbeitete. Dann geschah ein völliger Umbruch in seinem Werk, verbunden mit der Aquatinta-Technik, mit der er sich seit 1953 beschäftigte. Sie kam seinem Naturell entgegen. Er war ein genauer Beobachter und ein Erzähler mit kafkaesk-hintergründiger Philosophie. Gegenstand seiner Drucke wurden seine Familie und das Leben der kleinen Leute in dem ruinösen »Barock« der Dresdner Neustadt. Die Aquatinten mit bis zum Bersten dicht gedrängten »Millieu« hat er selbst 1954 und 1955 in seinem Dachbodenatelier im Wallgässchen ausgestellt. 1954 war das eine Sensation und Otto Dix beehrte die Kunstgesellschaft mit seiner Anwesenheit. Diese Aquatinten sind ein alternativer Realismus der besonderen Dresdner Art. In Berlin verschaffte die Deutsche Bücherstube in der Friedrichstraße der Kunst Körnigs große Aufmerksamkeit. Unter der Regie von Ilse von Kamptz erschien mit einem Text von Franz Fühmann anläßlich der Körnig-Ausstellung 1958 die erste Ausgabe der *Blätter der Deutschen Bücherstube* (mit 3 Aquatinten von 1953, Auflage: 150 Exemplare). Körnig kam 1961 von einer Reise nicht zurück, die »Mauer« stand plötzlich dazwischen. Dresden war sein Nährboden gewesen. Als er ihn verloren hatte,

Eberhard Göschel *Lichtung* 1987. Öl. 181 x 146 cm. Frankfurt/Oder: Galerie Junge Kunst

besaß auch seine Kunst nicht mehr jene Kraft, durch die sie in den fünfziger Jahren gespeist worden war.

1988 gab die eikon Grafik-Presse Dresden mit den im Kupferstich-Kabinett bewahrten Platten eine Kassette in 50 Exemplaren mit 15 Aquatintaradierungen der Jahre 1953 bis 1959 heraus, gedruckt von Jochen Lorenz in der Werkstatt der Obergrabenpresse, ihr Titel: *Fastnachtsspuk im Wallgässchen.* Körnig schied im Oktober 1989 aus dem Leben. Er hatte zuletzt in Niederwinkling am Bayerischen Wald gelebt.

Die eikon Grafik-Presse unter Rudolf Mayer hat mit dieser Kassette und mit den 55 Editionen der Jahre 1963 bis 1992 einen wichtigen Beitrag zur Geschichte der deutschen und insbesondere der Dresdner Graphikverlage im 20. Jahrhundert geleistet.

»Künstlerische Jugend« nach 1960

Für Dresden brachte das Jahr 1960 das Heraustreten einer größeren Zahl neuer Kräfte. Die Ausstellung »Junge Künstler« vereinte Gerhard Bondzin, Jutta Damme, Helmut Gebhardt, Herta Günther, Gerhard Kettner, Ursula Rzodeczko, Manfred Schubert, Christine Wahl, Fred Walther, Horst Weber, Claus Weidensdorfer und Werner

Wittig. Hermann Naumann und Jürgen Seidel waren bereits früher wirksam geworden. 1961 kam Max Uhlig dazu. In der Mitte des Jahrzehnts gab Jürgen Böttcher, der später ein erfolgreicher Dokumentarfilmregisseur wurde, an der Dresdner Volkshochschule Kurse für Malerei. Um ihn bildete sich ein Kreis talentierter junger Leute, darunter Peter Herrmann, Winfried Dierske, Peter Graf, Peter Makolies, Ralf Winkler, später auch Eberhard Göschel. Von dieser damals jungen Generation sind noch die Maler Günter Tiedeken, Gunter Hermann und Jürgen Schieferdecker, die Zeichner Ernst Lewinger und Dottore (d. i. Dr. Wolfgang G. Lehmann) sowie die in Meißen lebenden Graphiker Wolfram Hänsch und Lothar Sell zu nennen. Als jüngste Kräfte kamen Horst Leifer, Klaus Dennhardt, Manfred Richard Böttcher, Matthias Jaeger, Hartmut Bonk, Klaus Drechsler, Andreas Dress, Peter Muschter, Achim Heim, Dietmar Gubsch, Stefan Plenkers, Siegfried Klotz, Dietmar Büttner, Dieter Bock und Gerda Lepke hinzu.

Zahlreiche junge Maler arbeiteten im Banne von Traditionen. Ursula Rzodeczko gelang dabei ein neues Anknüpfen an expressionistische Malgesinnungen: Gemälde aus den siebziger Jahren lassen durch ihren Farbgehalt an Jawlensky denken. Auch Horst Leifers Werk erinnert in seinem leidenschaftlichen Impetus (Selbstporträts) an den Expressionismus, während Siegfried Klotz mit kulturvoller Malerei unmittelbar in der Kretzschmar-Nachfolge steht. Gerda Lepke sucht, angeregt durch Herbert Kunze und Max Uhlig, tachistische Möglichkeiten einer freien Malspur auszuwerten, findet aber immer wieder zu strenger Gesetzlichkeit innerhalb informeller Strukturen. Jürgen Seidel realisiert auf Leinwänden und in Collagen (Baumrinden-Collagen) ein surreal vermitteltes Verhältnis zur Natur – Felsbilder und verhüllte Rosenstöcke als gleichnishafte Zeichen. Legen diese Maler großen Wert auf die Peinture, so verzichtete der mit einem surrealen Instrumentarium arbeitende Jürgen Schieferdecker weitgehend auf solche Schönheit. Er bot (seit 1964) keine stille Meditation, sondern provozierte den politisch-philosophischen Disput. Seine Montagen sind entweder Integration fremder Bildelemente (Zitate) in das eigene Malwerk oder Einbau von Materialien im Sinne einer Combine painting als Synthese von gemaltem Bild und Materialmontage. Stilgeschichtlich finden sich auch Erinnerungen an Max Ernst, Caspar David Friedrich und an altdeutsche Malerei.

Eine eigenwillige Erneuerung der »Dresdner Schule« zeichnete sich bei den Malern im Freundeskreis um Peter Herrmann ab, welche zumeist Autodidakten sind. Gemeint sind hier neben Herrmann vor allem Peter Graf und Eberhard Göschel, aber auch der fernerstehende Gunter Hermann, während der sensible und scheinbar naive Kleinmeister Winfried Dierske nur vorübergehend zu dieser Gruppe zählte, desgleichen Ralf Winkler, der unter seinem Pseudonym A. R. Penck als vielseitig begabter Experimentator und Konzeptkünstler bekannt geworden ist. Die Künstler um diesen Freundeskreis (eine Art Dresdner »Fauves«) hatten sich in den sechziger Jahren in einem Hinterhaus an der Hechtstraße eine eigene Galerie geschaffen, die, obgleich von geringerer Publizität und eigentlich Untergrund, mit der Galerie Kühl und mit dem Leonhardi-Museum (beide haben sich große Verdienste um die Dresdner Kunst erworben) wetteiferte. Die malerisch stärkste Kraft aus diesem Kreis ist nach Penck ohne Zweifel Peter Herrmann. Er malt bevorzugt Landschaften des Dresdner Stadtrands und Innenräume, welche sich dem Draußen öffnen und die Natur einlassen. Sein naiver Blick auf die Landschaft ist innerhalb der Dresdner Malerei so ungewöhnlich, wie es einmal der von Theodor Rosenhauer war.

Lothar Sell *Haus in Kolomenskoje* 1975. Lithographie. 31 x 49 cm.

Dieter Bock *Der erste Tag im Frieden* 1985. Fotocollage, Acryl und Zeichnung auf Spanplatte. 183 x 208 cm.
Dresden: Galerie Neue Meister

Das Bild der Graphik der »Jüngeren« ist reicher, vielseitiger und für die ostdeutsche Kunst auch bedeutsamer als das der Malerei dieser Generation. Ein Grund mag darin liegen, daß sich die Befreiung von Lehrer- und Schuleinflüssen in der Graphik schneller und reibungsloser vollziehen konnte als in der Malerei. Dazu wirkte das Vorhandensein einer hervorragenden Equipe von Altmeistern der graphischen Künste als Herausforderung und Ansporn.

Die beiden bedeutendsten Graphiker dieser den Altmeistern folgenden Generation in Dresden und zugleich die bekanntesten Schüler von Hans Theo Richter waren Gerhard Kettner und Max Uhlig.

Gerhard Kettner war schon in den fünfziger Jahren hervorgetreten. Die Anfänge waren nicht nur von Hans Theo Richter beeinflußt worden, sondern ebenso von der Kunst Adolph Menzels, Käthe Kollwitz und Karl Hofers; Anfang der sechziger Jahre war den Lithographien eine Beschäftigung mit der Zeichenkunst Henry Moores abzulesen. Die Blätter bestechen einerseits (im Porträt vor allem) durch ihre wesensdeutende Schönlinigkeit, andererseits ist eine Affinität zu plastischen Problemen nicht zu übersehen. Kettner wurde hier bereits an anderer Stelle vorgestellt.

Max Uhligs künstlerischer Anfang reicht in das Jahr 1960 zurück. Größere Aufmerksamkeit erwarb er sich 1964 mit einer Reihe von Aquatinta-Porträts, die durch die Wucht einer kompakten Formensprache und die Dichte des Liniengefüges (als eine Einheit von linearen und luminaristischen Werten) faszinierten. Uhligs Kunst – sie bewährt sich vor allem in Porträts und Landschaften – verdichtete sich in der Folgezeit im Sinne einer fest gefügten, von Zufällen befreiten artifiziellen Sprache. Ihre wesentlichen Merkmale sind zwingende Bildhaftigkeit, statuarische Ruhe, bewirkt durch den Verzicht auf beschreibende oder szenische Elemente und durch den potenzierten Ausdruck der linearen Massen, sowie antiimitative Formulierung. Die Zeichnungen und Lithographien (später auch farbige Pinselzeichnungen) fallen durch ein dynamisches Geflecht von Pinselzügen auf, die eine Fülle räumlicher Reflexe schaffen. Das radierte Werk wird 1967/68 zugunsten einer rein zeichnerischen (und lithographischen) Arbeit zurückgestellt. Ein starker stilbeeinflussender Impuls kam durch die lithographierten Zeichnungen von Alberto Giacometti, die 1965 in einer Ausstellung in Berlin zu sehen waren.

Uhligs erste Schaffensphase findet in den Lithographien der Mappe *Dresdener Landschaften* (1970 als 14. Druck der Kabinettpresse Berlin erschienen) eine gewisse Zusammenfassung. Seither ist der Künstler freier geworden, ungebundener, offener. Zu den beachtlichsten Leistungen des Zeichners gehören die Künstler-Bildnisse aus den Jahren 1969 bis 1974 (Porträts von Hermann Glöckner, Hans Jüchser, Gerhard Kettner, Otto Niemeyer-Holstein, Hans Theo Richter und Willy Wolff) sowie die umfangreiche Gruppe starker Selbstporträts. Sie erfassen den besonderen Rhythmus des Gesichts in einer Art physiognomischer Topographie. Einen quantitativ größeren Platz nehmen indessen die Landschaftszeichnungen ein. Sie entwickeln sich aus linearen Strukturen, die aus sich überlagernden, einander verhakenden Pinselzügen bestehen. Eine Tendenz zur psychogrammatischen, fast tachistischen Malspur (jedoch immer vor dem Objekt erzeichnet) wird sichtbar. Die gesamte Druckgraphik beruht seit dem Ende der sechziger Jahre fast ausnahmslos auf zeichnerischen Formulierungen.

Seit den siebziger Jahren (konzentriert seit 1975) wird für Max Uhlig auch die Malerei wichtig: Findungen vor der Natur, realisiert in einer expressiv-dramatischen Malschrift, die der art informell benachbart ist, jedoch von einem »naturalistischen Kern« nicht freikommt und sich in Serien-Schüben immerfort variierend ausläuft (die Aquarelle der Palanga-Suite aus dem Jahre 2000).

Zu Kettner und Uhlig gesellt sich eine Gruppe malerischer Graphiker. Es gehören ihr Ulli Eisenfeld, Helmut Gebhardt, Herta Günther, Gunter Hermann, Christine Wahl, Claus Weidensdorfer und Werner Wittig an sowie einige Künstler, die mit konstruktiven Methoden bildnerische Poesien aus Raum- und Gestaltungsfragmenten entwikkeln (Manfred Richard Böttcher, Matthias Jaeger).

Helmut Gebhardts technisches Medium war der farbige Linolschnitt, die bevorzugte Arbeitsmethode der Druck in serieller Variation, der dem einzelnen Abzug seine einmalige Farbbesonderheit beläßt. Die Linolschnitte sind aus der Farbe heraus gedacht und werden als großformige, rhythmische Ordnungen realisiert. Gebhardt trug am konsequentesten in Dresden die graphischen Impulse weiter, die von Wilhelm Lachnit gekommen sind; auch Anregungen von Hermann Glöckner sind nicht zu übersehen.

Als liebenswerte Kleinmeisterin der Farbgraphik fungiert Herta Günther. In den von der Fabulierfreude Max Schwimmers inspirierten Blättern findet poetische Beobachtungsgabe Ausdruck, die sich an der farblich oft delikaten Reflexion genrehafter Szenen bewährt. Sie sind mit char-

Horst Leifer *Selbstbildnis, sitzend mit Skizzenblatt* 1989. Öl. 95 x 85 cm.

Anton Paul Kammerer *Die Ebene, zu Sarah Kirsch* 1987. Radierung. 19 x 26 cm.

mantem Esprit und mit Gespür für Eleganz bildnerisch realisiert.

Claus Weidensdorfer steht ganz in der Nähe, wenngleich seinen Blättern nicht jene Lieblichkeit eigen ist, die Herta Günthers technisch brillante Drucke charakterisiert. Bei ihm sind Anregungen von Kubin und Chagall unverkennbar. Seine Kunst wird durch spontane Niederschrift und einen mitunter kauzigen Humor bestimmt. Die ursprünglich ganz aus der Linearität entwickelte Graphik, der es inhaltlich um Eindrücke des Alltages geht, hat in den siebziger Jahren die Farbe als gleichrangiges Gestaltungsmittel aufgenommen. Hinzu treten die weitere Entwicklung eines unübersehbaren satirischen Elements und eine konsequent entwickelte Zivilisationskritik.

Einen völlig eigenständigen Beitrag entwickelte Werner Wittig, der auch als Maler hervorgetreten ist. Das druckgraphische Werk setzte um 1958 mit Radierungen ein. Zehn Jahre später erwies sich der Griff zum Hochdruck als besonders erfolgreich. Wittig schabt und kratzt Landschaften und Stilleben in die Hölzer, sublime Gebilde aus zartester Lineatur. Technisch gesehen sind diese Blätter Holzrisse. In Stilleben aus dem Jahre 1976 gelingen dem Graphiker unter Ausnutzung aller Materialeigenschaften feinste Strukturen, die in ihrer verhaltenen Schönheit der Sensibilität nahestehen, die den Holztafeldrucken Rössings oder den Kombinationsdrucken Altenbourgs eigen ist. Die sensible Graphik Wittigs fand einen Höhepunkt in drei Mappeneditionen der eikon Graphik-Presse, aus denen die Ausgaben von 1979 *(Blatt, Würfel, Knospe)* und 1986 *(Neue Holzrisse)* hervorzuheben sind, weil sie treffliche Zeugnisse des Farbholzrisses enthalten, deren feine graphische und koloristische Kultur durchaus eine Sonderleistung zeitgenössischer deutscher Druckgraphik ist.

Eine Sonderstellung in Dresdens mittlerer Generation nehmen Hermann Naumann, Hartmut Bonk und die in Meißen lebenden Graphiker Wolfram Hänsch und Lothar Sell ein.

Hermann Naumanns stilistisch variable Graphik gipfelt in den fünfziger Jahren in Holzschnitten (zur Literatur) mit Schrottechnik, später (1966/67) in Punzenstichen. Mit den Punzenstichen steht er in der deutschen Graphik auf einsamer Höhe. Vergleiche gibt es kaum, zumal diese Technik nur noch selten gebräuchlich ist. Naumanns, von reger Produktivität gezeichneter Weg führt von den meisterlichen Punzenstichen zur jiddischen Dichtung (*Meine jüdischen Augen*) von 1969 zu einem in Exorbitanz betriebenen Stilkonglomerat der achtziger und neunziger Jahre. Die acht Radierungen zur Mary-Wigman-Mappe des Reclam-Verlages Leipzig 1984 und die mit Pastell überarbeiteten Steinzeichnungen zu Baudelaires *Der Narr und die Venus* von 1939 sind kennzeichnende Stationen.

Mit Wolfgang Hänschs Blättern, die thematisch dem ländlichen Leben verbunden sind, fand eine gänzlich unartistische, geradezu naive Weltsicht Eingang in die Dresdner Graphik. Eine Verbindung zu Querners dörflicher Motivwelt liegt nahe.

Bei Lothar Sell indessen dringt ein rustikal-folkloristisches Element durch, das sich bevorzugt in Bild-Erzählungen bewährt, die mitunter an die dichtgedrängte Sprache alter Bilderbogen erinnern.

Von den Dresdnern am weitesten in die Gebiete einer technisch-experimentellen Graphik vorgedrungen war Klaus Dennhardt. Er operierte mit der Umsetzung fotografischer Techniken und Ergebnisse in die Offset-Lithographie (die gelegentlich mit Siebdruck kombiniert ist). Hier schließt er unmittelbar an Rauschenberg und Hamilton, aber auch an Dieter Rot an. Aus eigenem Fotomaterial entwickelte Dennhardt Fotomontagen, die reproduziert, unterschiedlich belichtet und kopiert (bis alle Grauwerte beseitigt sind) werden und als

Max Uhlig *Paar* 1982. Lithographie. 82,5 x 41,5 cm.

Herta Günther *Am Tresen* 1978.
Farbradierung. 26 x 20,5 cm.

Gerda Lepke *Barockgarten Großsedlitz-Putten* 1990.
Kaltnadel-Radierung. 29,4 x 19,4 cm.

Hermann Naumann *Meine jüdischen Augen.* 1966/67.
Punzenstich. 15,3 x 23,9 cm.

Wolfram Hänsch *Familienfest* 1968. Radierung. 16 x 16 cm.

Vorlage für die Druckplatten dienen. Der Graphiker nutzt die fotomechanischen Mittel der Isohelie, um zu eigenwilligen Aussagen zu kommen. Überzeugend hat er diese Technik in den Künstlerporträts von 1974/75 angewandt: Die Porträtierten werden mit Hilfe einer fotomechanischen Manipulation der formtypischen Struktur ihres künstlerischen Werkes interpretiert. Damit ist es Dennhardt gelungen, moderne technische Mittel, die zuerst von der Pop-Art ausgewertet wurden, für die realistische Kunst nutzbar zu machen.
Ausgangspunkt dieser bemerkenswerten Entwicklung war die Opposition zur »Dresdner Malerschule«, in der sich Dennhardt (wie auch die Künstler um Peter Herrmann) befindet. Das Erscheinungsbild der Dresdener Graphik, wie es nach 1945 Rudolf Bergander, Lea Grundig, Hans Jüchser, Wilhelm Lachnit, Hans Theo Richter und Wilhelm Rudolph mit bedeutenden Werken profilierten, ist durch den Beitrag nachfolgender Generationen vielseitiger und reicher geworden. In dieser Graphik lebt durchaus eine sublime malerische Kultur fort, welche in Dresden tief verwurzelt ist.

Leipzig – konträr, avantgardistisch und mit Ambivalenz zu Literatur und Philosophie

Leipzig ist in früheren Abschnitten dieses Buches bereits ausführlich gewürdigt worden. Es hat jene Kunst hervorgebracht, die in Westeuropa als »Kunst der DDR« zuerst aufgenommen worden ist. Auch hier wieder ein Notname: »Leipziger Schule«, verknüpft zumal mit den Namen Heisig, Tübke und Mattheuer. Die Stadt, einst ohne erwähnenswertes malerisches Klima, kam mit ihren Malern in den sechziger Jahren ins Gespräch. Trotz expressiver Tendenzen (Heisig, Ebersbach) trat die Ambivalenz zu Literatur und Philosophie als besonderes Kennzeichen der Leipziger Malerei hervor, womöglich auch als Fortleben der von Max Klinger verwirklichten Gedankenkunst. Zeichnerische Exaktheit, plastisch-räumliche Bildorganisation, Glätte des Farbauftrags, sattes Kolorit, Verschlüsselung des Bildgehaltes, Simultanmethode und Lakonismus wurden zu Kriterien dieser Malerei, die sich stilmorphologisch konträr zur Kunst in Dresden und Berlin behauptete. Eine neue Historienmalerei (Heisig, Tübke) nahm in Leipzig ihren Anfang ebenso wie künstlerische Installation (Leipziger Herbstsalon 1984: Dammbeck, Firit, Grimmling, Heinze, Huniat, Wegewitz) und andere »Grenzüberschreitungen«. Die Messestadt wurde seit den siebziger Jahren das lebendigste, widerspruchreichste Zentrum eines neuen Avantgardismus in der bildenden Kunst in der DDR.

Halle – nicht nur Sitte, auch Ebert

Anläßlich der Besprechung der II. Deutschen Kunstausstellung, Dresden 1949, äußerte der Kunsthistoriker Fritz Löffler die Erkenntnis, daß Halle die fortschrittlichste und geschlossenste Künstlerschaft besitze. Zu den Künstlern, die ihm besonders aufgefallen waren, gehörten unter anderen Carl Crodel, Erwin Hahs, Kurt Bunge, Hermann Bachmann und Karl Erich Müller.
Die künstlerische Tradition Halles reicht aber keinswegs weit zurück. Sie entwickelte sich erst im Zusammenhang mit der 1915 gegründeten

Kunstgewerbeschule auf der Burg Giebichenstein (heute Hochschule für Kunst und Design). Dieses Institut galt neben dem Bauhaus und der Breslauer Akademie als die modernste Kunstschule im Deutschland der Weimarer Republik; Lehrer waren unter anderen Gerhard Marcks und Gustav Weidanz. Halle ist auch heute noch ein leistungsstarkes Zentrum des Kunsthandwerks und des Designs (industrielle Formgestaltung). Nach dem Kriege lehrten als erste die Maler Carl Crodel und Erwin Hahs sowie die Bildhauer Waldemar Grzimek und Gustav Weidanz. Ihr Wirken gemeinsam mit anderen Künstlern von der »Burg« hat wesentlich zu dem Aufschwung beigetragen, den die Hallesche Malerei nach 1945 genommen hat.
Im nahen Blankenburg am Harz lebte 1945 bis 1947 Karl Rössing. Hier entstanden seine Holzstichfolgen *Begegnungen* (erst 1977 in Buchform erschienen im Verlag bei Klett-Cotta in Stuttgart) und *Passion unserer Tage* (beide 1945/46). In letz-

Otto Möhwald *Straßenschlucht* 1991. Öl. 110 x 100 cm.

terer wird der Wahnwitz des Krieges angeklagt. Auch die Holzschnitt-Folge der Apokalypse und die Illustrationen für den *Ulenspiegel* wurden 1947 noch in Blankenburg begonnen.

In der Saalestadt wurden hauptsächlich zwei Komponenten der künstlerischen Entwicklung des 20. Jahrhunderts weitergeführt: eine expressiv-gesteigerte Ausdruckssprache, die durch die bedeutende Expressionismus-Sammlung der Staatlichen Galerie Moritzburg in meisterlichen Werken immer gegenwärtig ist, und der proletarisch-revolutionäre Avantgardismus, dem mit Karl Völker ein Klassiker zuwuchs, der durchaus an die Seite Nagels, Hans Grundigs und Querners gestellt werden kann. Völker hatte in den zwanziger Jahren in Malerei wie Holzschnitt eine kompakte, elementare Bildsprache erarbeitet, in die Anregungen des Expressionismus und des Konstruktivismus eingeflossen sind. Nach 1945 erreichte er, dessen Werk zunächst auf Unverständnis stieß (die erste umfassende Retrospektive fand 1974 statt), nicht mehr die Bedeutung wie in den Jahren 1922 bis 1932. Immerhin blühte aber das malerische Werk noch einmal auf, und in Gemälden wie *Tischgesellschaft mit Rückenakt* (1948) bietet es sich als kostbare Malerei dar, fern den Erregungen und der Spannung früherer Jahre, abgeklärt nun und Ausdruck der Sehnsucht auch dieses Malers nach Stille, Harmonie und Schönheit. Die späten Zeichnungen (1949 bis 1957) auf Kreidegrund nehmen in Farbkultur und Phantasiereichtum Tendenzen kommender Jahre vorweg.

Die politisch engagiertesten Künstler schufen sich in Halle schon 1947 mit der von Fritz Baust geleiteten Gemeinschaft »Die Fähre« eine organisatorische Plattform. Ihre Malerei erreichte insbesondere durch die Aufnahme von Anregungen des italienischen Realismo frühzeitig eine formale Geschlossenheit, die sich in einem energischen linearen Stil und in expressiver Farbformbehandlung zeigt. Die Künstler der Fähre (Fritz Freitag, Karl Erich Müller, Otto Müller, Willi Sitte, Meinolf Splett) beschritten auf dem Territorium der künftigen DDR mit am frühesten den Weg zum »sozialistischen Realismus«. Sie arbeiteten 1948 im Eislebener Bergbaurevier, und Karl Erich Müllers Gemälde *Die erste Schicht* gehört zu den »Inkunabeln« dieser Kunstentwicklung nach 1945. Impulse kamen ohne Zweifel auch von Conrad Felixmüller, der von 1949 bis 1961 an der Hallenser Universität als Zeichenlehrer wirkte.

Bekannt und viel diskutiert wurde die enge Verbindung der Maler mit Produktionszentren (Bernhard Franke und Walter Dötsch schufen in Bitterfeld und Wolfen eine Keimzelle der Volkskunstbewegung, Wilhelm Schmied arbeitete im Mansfeld-Kombinat »Wilhelm Pieck« in Eisleben usw.). Mitte der fünfziger Jahre erreichte die Hallesche Kunst einen Aufschwung, der für die ganze DDR wichtig wurde. Auch entwickelten sich gerade hier aus Proletariern Malerpersönlichkeiten (der Maurer Albert Ebert, der Hüttenarbeiter Willi Neubert, der Bergmann Kurt Pers).

Ab 1957 traten die Halleschen Maler mit ihrer politischen Kunst in der DDR stärker in den Vordergrund als die Künstler jeder anderen Stadt, vor allem Willi Sitte, Karl Erich Müller und Willi Neubert. Neben und mit ihnen ist eine produktive Gemeinschaft älterer und jüngerer Künstler am Werke gewesen.

Zur älteren Generation in und um Halle gehören beispielsweise Wilhelm Schmied und Hannes H. Wagner, Meinolf Splett, Helmut Schröder und Eberhard Frey, Otto Müller, Carl Marx und Fritz Freitag, von der mittleren seien Bernhard Franke, Dieter Rex, Fritz Müller, Werner Rataiczyk, Kurt Pers, Fotis Zaprasis und Otto Möhwald genannt. Das Hauptarbeitsgebiet dieser Künstler ist die Malerei, deren formale Artikulation im Laufe der Jahre immer deutlicher differenziert wurde. Carl Marx und Fritz Freitag waren in der stark form- und linienbetonten Hallenser Malerei Außenseiter durch ihre Dekorativität, Helmut Schröder durch seine heiter-naive Sicht und Otto Möhwald infolge seiner strenggebauten, mitunter fast monochromen Malweise (deren Affinität zur Malerei des Dresdners Eberhard Göschel oder der »Berliner Schule« offensichtlich ist.)

Zu den anregendsten Kräften der Malerei in Halle gehörte Otto Müller. Er hatte bis 1930 bei Hahs und Crodel studiert und sich danach seinen Lebensunterhalt in den Leuna-Werken (Laborant, technischer Zeichner) verdient. Otto Müller wurde insonderheit wegen seiner handwerklichen Gediegenheit so etwas wie das gute Gewissen der

Uwe Pfeifer *Poetischer Moment* 1973. Öl. 61 x 85,3 cm. Frankfurt/Oder: Galerie Junge Kunst

Hallenser Maler. Neben dekorativ angelegten Porträts sind Gräser bevorzugtes Motiv (»Gräser-Müller«). Die Grasstücke haben zuweilen einen emailartigen Glanz, sie leben von einer mosaikhaft heiteren, manchmal auch gobelinhaft ernsten Farbe und von einer gemmenhaft geschnittenen Linie. Das zeichnerische Werk besticht durch eine Poesie der Genauigkeit – hart und präzise stehen Linien zu einander, oft ohne jeglichen Ton, ohne Wiedergabe von Licht und Schatten. Sie kennzeichnen das Konstruktive in der Natur.

Aus der »künstlerischen Jugend« sind in den siebziger Jahren Harald Döring, Günter Rechn und Uwe Pfeifer hervorgetreten. Döring und Rechn bieten Bilder mit dynamisierten Bildräumen, die an Francis Bacon denken lassen. Das bestimmende Charakteristikum von Rechns Kunst ist, daß sie Bewegungsprozesse in einem unruhigen, mitunter hektischen Strich festhält – man ist an Alfred Hrdlicka erinnert. Uwe Pfeifer hingegen, der das Gesicht der Neu-Städte zum Gegenstand seiner Bildwelt gemacht hat, wertet die Malerei von Völker und Mattheuer aus. Seine faszinierende Bildmagie entbehrt nicht einer gewissen Surrealität.

Eine besonders liebenswerte und außergewöhnliche Erscheinung der Hallenser Malerei, ja der Kunst in der DDR überhaupt, war Albert Ebert. Er wurde 1957 schlagartig bekannt durch eine Ausstellung im Pavillon der *Berliner Zeitung*, der sich in der Berliner Friedrichstraße nahe am S-Bahnhof befand. Es war eine der legendärsten Ausstellungen in der DDR: Sie schloß mit dem Beinahe-Ausverkauf der in ihr gezeigten Gemälde.

Ebert hatte Jahrzehnte als Bauarbeiter und Heizer gearbeitet, zur Malerei kam er erst als Vierzigjähriger. Obgleich er kurze Zeit die Malklasse von Carl Crodel besucht hatte, war er Autodidakt. Albert Ebert wurde zu einem Meister des Volksleben-Bildes. In kleinen und kleinsten Formaten schilderte er mit Humor, Ironie und in kauziger Phantastik Feste, Umzüge, Kaffeetischrunden, Karnevalsmaskeraden, Familienleben, Wirtshausgeselligkeiten, Frauen bei der Morgentoilette, Akte, Atelierinterieurs (Maler und Modell), Friedhofsszenen ... Die unbekümmerte Sicht auf die Alltagswirklichkeit ist in ihrer bildnerischen Realisation vor allem auch wegen der Poesie und der mit ihr verbundenen Fabulierkraft oft als ein Beispiel der naiven Malerei aufgenommen worden. Nicht nur die Motivwelt läßt bejahen, daß Ebert ein naiver Maler ist, selbst formale Eigenheiten, die der naiven Malerei innewohnen, scheinen es zu bestätigen. Dazu gehören die (verpuppte, marionettenhafte) Starrheit der Figuren, die mitunter kurios verschobenen Perspektiven und die Akribie einer geradezu minutiösen Darstellung. Dennoch existieren zahlreiche Faktoren, die es verbieten, Ebert der naiven Kunst zuzurechnen. Allenfalls ist er ein Grenzfall zur naiven Malerei hin. Für diese ist nämlich eine vor-naturalistische »zeitlose« Sprache typisch. Auch tritt im Prinzip keine stilistische beziehungsweise methodische Entwicklung ein – das Stilgefüge liegt von Anfang an fest und erfährt nurmehr eine quantitative Ausbreitung. In gewisser Weise trifft das für Ebert zu und stimmt doch wiederum nicht. Zunächst wandelt sich das Erscheinungsbild seiner Kunst durchaus. Die Anfänge stehen im Umkreis von Crodels Naturauffassung (also in einer Schulbindung, die es für die wirklichen Naiven – sie halten auf einer infantilen, ontogenetischen Stufe – gar nicht gibt!). Bald aber schlägt, schon seit den fünfziger Jahren, eine Sicht durch, die zumindest an die Erfahrung der farbraffiniertesten französischen Impressionisten erinnert. Das Spiel und Widerspiel der Lichter und die kunstvollen Valeurs, die in erdigen Farben mit Brauntönen und sanften Grüns zauberisch verwirklicht sind, lassen gar an das Helldunkel Rembrandts denken. Eine solche malerische Kultur findet sich gewöhnlich bei den Naiven nicht.

Es ist dann insonderheit auch das (malerische) druckgraphische Werk (Radierung ab 1946, kontinuierlich und zielstrebig jedoch erst ab 1964, Lithographie ab 1963/64), das die Gedanken an naive Kunst abweist. Gerade hier vollzieht sich von der linearen Unbeholfenheit des Beginns über die geschmäcklerisch ausgekosteten Schwärzen der Lithographien von 1968/69 bis zu dem farblich subtilen, über lithographischen Andrucken realisierten Schmelz der Wachsfarbstift-Zeichnungen der Spätzeit (1972–1974) eine Entwicklung, die sich nicht aus der Naivität eines »reinen Herzens« erklären läßt. Vielmehr brach hier ein künstlerisches Ingenium durch, das sich, zunehmend Eigenständigkeit gewinnend, als souveräne, ja anregende Stimme im Chor der Kunst in der DDR behauptet hat. Die Malerei Albert Eberts fand viele Nachahmer, aber es ist kein Beispiel bekannt geworden, das sich künstlerisch mit dem Werk dieses Meisters messen könnte. Der Kunsthistoriker Wolfgang Hütt, der sich besondere Verdienste um die Hallenser Künstler erwarb, schrieb: »Es ist nicht das Komplizierte, das Ebert einfach zeigt, sondern es ist das Einfache, das er aus der Kompliziertheit unseres Lebens herausfindet. In diesem Prozeß verbindet sich seine poetische Empfindung mit einem durch sie begrenzten großartigen Darstellungsvermögen, verbindet sich seine Kunst mit der kaum an Generationsgrenzen stoßenden Empfindsamkeit sehr vieler Menschen. In ihr ist ein fast allgemeines und sehr naturgebundenes Verlangen nach dem ausgedrückt, was Ziel auch unserer

Gerhard Wienckowski *Studie einer Sitzenden* 1987. Lithographie. 32,2 x 25,1 cm.

Otto Knöpfer *Stilleben im Atelier* 1962. Öl. 84,1 x 124,2 cm. Erfurt: Angermuseum

gesellschaftlichen Bemühungen ist: die Befreiung von allem, was Menschlichkeit einschränkt oder gar verfälscht.«[76]

Außerhalb der Zentren

Talente finden sich überall. Zwar ist es richtig, daß Berlin, Dresden, Halle und Leipzig Künstlerzentren waren, aber anderswo arbeiteten und arbeiten auch Künstler, so der feinsinnige Aquarellist Gerhard Wienckowski in Eberswalde, der Autodidakt und Maler ungeschlacht urtümlicher Bilder Horst Bachmann in dem Dorfe Rabitz bei Bautzen oder der Hinterglasmaler und Chronist Lausitzer Volkslebens, Max Langer in Niederoderwitz bei Zittau.

Besonders fündig hinsichtlich Kunst und Künstler waren dazu die Städte Magdeburg und Karl-Marx-Stadt (Chemnitz) sowie die thüringischen und nördlichen Landschaften.

Magdeburg war zwischen 1916 und den frühen zwanziger Jahren ein Ort des Spätexpressionismus. Im Ersten Weltkrieg sammelte sich um Kurt Pinthus, der 1917 die Anthologie *Menschheitsdämmerung* veröffentlichte, eine Gruppe revolutionär gesinnter Künstler, die den Namen »Neue Kunst und Dichtung – Die Kugel« annahm und mit der Zeitschrift *Die Kugel* auch ein Publikationsorgan herausgab. Der Gemeinschaft, die enge Verbindung zu Franz Pfemferts *Aktion* hielt, schlossen sich unter anderen Max Dungert, Hans Heinz Stuckenschmidt, Erich Weinert und als Graphiker Bruno Beye und Wilhelm Höpfner an, die beide nach 1945 die künstlerische Tradition in dieser Stadt verkörperten. Dazu gehörte aber auch Katharina Heise mit einem spätexpressionistischen Werk aus den zwanziger Jahren, ebenso Herbert Stockmann, der jedoch nach Halle wechselte. Später traten einige jüngere Maler an, von denen Manfred Gabriel, Dietrich Fröhner und besonders Jochen Aue bekannt geworden sind. Aue ist ein kräftiges malerisches Talent, das im Aquarellwerk – zu seinem Vorteil – in die Nachbarschaft der Dresdner Malkultur geraten ist. Aus der jüngsten Künstlerschaft sind Johanna Bartl, Jens Elgner, Heinz-Georg Marcks, Eckard

Elke Hopfe *Gelebtes Leben* 1979. Tusche. 61,5 x 44,5 cm.
Frankfurt/Oder: Galerie Junge Kunst

Otto Paetz *Um Weimar IV* 1982. Graphit.
22 x 30,4 cm.

Gerd Mackensen *Macht schon wieder Spaß!* 1985.
Radierung. 26,4 x 39,5 cm.

Alfred Ahner *Porträt Gerhard Altenbourg* 1959.
Kreide. 59,5 x 42 cm. Altenburg: Lindenau-Museum

Schwandt, Dieter Ladewig und Anette Groschopp erwähnenswert.

Bruno Beye, der auch als Pressezeichner gearbeitet hat, hinterließ ein umfangreiches zeichnerisches Porträtwerk und ein stattliches Holzschnitt-Œuvre, das durch die geschlossenen, ornamental rhythmisierten Schwarzflächen in der Nachfolge von Félix Vallotton steht und in dem der Widerschein des Expressionismus nie erloschen ist.

Wilhelm Höpfner, der 1929 mit einem Radier-Zyklus zu Brechts *Dreigroschenoper* größere Aufmerksamkeit errungen hatte, widmete sich ab 1966 bevorzugt Materialdrucken.

Die Potenzen und Prozesse in Karl-Marx-Stadt/ Chemnitz müssen hier nicht dargestellt werden, da sie schon im Zusammenhang mit der »Mosch«-Gruppe ausführlich benannt worden sind, es sei denn, man räumte für die achtziger Jahre für die Introspektionen von Carsten und Olaf Nicolai Platz ein, die 1986 und 1989 in der Galerie Eigen + Art in Leipzig debütierten und 1990 in Chemnitz die Produzentengalerie OSCAR gründeten.

Auch in Thüringen war die bildende Kunst immer lebendig. Gera hatte die sozialkritischen Veristen Otto Dix und Kurt Günther. Später wirkten hier Alexander Wolfgang und Kurt Schmidt-Gera. Wolfgang war Landschafter, der mit expressiver Kraft das Bild seiner Heimat festhielt, während Schmidt-Gera, der vom Bauhaus kam, einen wenig bekannten Beitrag zum Konstruktivismus leistete. In den siebziger Jahren traten Horst Sakulowski und Lutz G. Ketscher hervor, deren Malerei der »Leipziger Schule« nahesteht und in gewisser Weise wieder bei dem thüringischen Verismus ansetzt.
Insbesondere Horst Sakulowski, der die Bildwelt von Salvador Dali für sich ausgewertet hat, sind überzeugende malerische Lösungen gelungen (*Porträt nach Dienst*, 1975/76). In den Jahren 1976/77 entstanden auch politische Graphiken (Aquatinten) in verschlüsselter Zeichensprache.
Eine veristische Tendenz schlägt ebenso im Werk des Erfurter Malers Otto Knöpfer durch, der sein Bestes in Planzenstilleben und Wiesenstücken gegeben hat. In Gotha schuf Kurt W. Streubel eine an Hermann Glöckner anschließende konstruktivistische Kunst, deren mathematische Ordnung immer wieder durch vitale Ausbrüche gestört wird.
Als bevorzugt von Malern und Graphikern erweisen sich im übrigen Erfurt und Weimar, wenn man einmal von Jena absieht, wo Lothar Zitzmann arbeitete, und von Wasungen, wo Horst de Marées zu Hause war. Auch bei diesen beiden Malern machen sich konstruktive Bildbauprinzipien bemerkbar, obgleich das Gegenständliche in ihrem Werk immer erhalten geblieben ist.
In Erfurt beziehungsweise Weimar arbeiteten Walther Klemm, Franz Markau, Otto Herbig, Alfred Ahner, Alexander von Szpinger und Albert Schaefer-Ast. Während Szpinger, letzter Vertreter der Weimarer Landschaftsschule, Anregungen fortführte, die von Rohlfs gekommen waren, entwickelte Ahner, vom Zeichentrieb besessen, ein umfangreiches Werk, das impulsiv auf alle Zeitereignisse, sofern sie in und um Weimar einen Widerhall fanden, reagierte – eine spontane Kunst voller Witz und Charme und stets ein wenig hintergründig. Albert Schaefer-Ast ist der Christian Morgenstern unter den deutschen Zeichnern gewesen. Er war – damals lebte er in Berlin – schon in den zwanziger Jahren als Zeit-

Rolf Werner Seglerhafen in Wieck 1962. Öl. 31,4 x 28,2 cm. Rostock: Kunsthalle

Sabine Curio *Schilfgraben* 1988. Radierung und Aquatinta. 14,4 x 21 cm.

Alfred T. Mörstedt *Ohne Titel* 1963.
Zeichnung/Collage. 16 x 17 cm.

schriften-Beiträger aufgefallen. 1945 übernahm er die Graphikklasse an der Weimarer Hochschule für bildende Kunst. Er war ein Meister der Naturstudie und der Karikatur, die bei ihm immer anspruchsvolle Kunst gewesen ist.

Von den zahlreichen Künstlern, die in Erfurt und Weimar wirkten beziehungsweise noch wirken, nennen wir hier lediglich den Holzschneider Erwin Weiß, die Malerin Tina Bauer-Pezellen, die mit ihrem Frühwerk dem thüringischen Verismus nahesteht, den Landschafts-Graphiker Otto Paetz, den Maler Horst Jährling, den experimentellen Graphiker Philip Oeser sowie Alfred T. Mörstedt, einen Zeichner der Skurrilität und Phantastik.

Philip Oeser (d. i. Helmut Müller), der in Weimar mit Kettner und Stötzer studiert hatte, später in Charlottenburg bei Hans Uhlmann und Max Kaus gewesen ist, wurde in Thüringen der anspruchsvollste Künstler einer »Materialästhetik«. Höhepunkt sind Materialmonotypien von feiner Sensibilität, etwa der mit Kaltnadel kombinierte Materialdruck von 1985, *Trompe l'oeil mit verbrannter Feder*. Erwähnenswert sind auch Hans Peter Meyer, Gerd Mackensen, Bernd Schlothauer und Elke Hopfe.

Die Kunst von Gerhard Altenbourg, die durch ihr anregendes Beispiel zu einem Sensibilisierungsprozeß im Werk anderer Maler und Graphiker geführt hat, wurde schon früher vorgestellt. Der Künstler hatte in Weimar studiert und lebte in Altenburg, wo im Lindenau-Museum ein großer Teil seines Lebenswerkes bewahrt wird. Ohne Zweifel ist er der bedeutendste Künstler, den Thüringen in der zweiten Hälfte des zwanzigsten Jahrhunderts der deutschen Kunst geschenkt hat.

Philip Oeser *Ikarische Erinnerung: Fundstück mit Flügelfragment* 1986. Materialdruck. 21 x 39 cm.

Eine Konzentration bildender Künstler entstand auch in den nördlichen Gefilden der DDR. Von der älteren Generation waren oder sind hier am Werke: der Illustrator, Humorzeichner und Maler Fritz Koch-Gotha (Ahrenshoop), die Maler Heinz Dubois (Wismar), Karl Hinrichs (Schwerin), Edith Dettmann (Stralsund), Hedwig Holtz-Sommer (Wustrow) und Kate Diehn-Bitt (Rostock). Die Insel Usedom brachte hinzu Otto Manigk, Otto Niemeyer-Holstein, Rolf Werner, Rosa Kühn, Herbert Wegehaupt, Susanne Kandt-Horn und Vera Kopetz.

Stilistisch sind da viele Gegensätze beisammen: die charmante Menzel-Nachfolge Koch-Gothas, die ihre große Zeit schon vor 1914 hatte, der farbexpressive Realismus von Dubois und Hinrichs, die naive Bildwelt des Rolf Werner und der Edith Dettmann, die noldisch-expressiven Aquarelle und großzügigen Zeichnungen der Holtz-Sommer, der frühe sachliche, mitunter auf die Malerei von Paula Modersohn-Becker verweisende Stil der Diehn-Bitt (ein noch kaum gewürdigter Beitrag zur Neuen Sachlichkeit) und sein poetisch-traumhafter Ausklang.

Von jüngeren Künstlern sind die Graphiker Armin Münch (Rostock), Werner Schinko (Röbel), Karlheinz Effenberger (Schwerin) und Jürgen Weber (Rostock) sowie die Maler und Graphiker Rudolf

Austen (Rostock), Erhard Großmann, Wolfram Schubert (beide Neubrandenburg), Hartwig Hamer und Winfried Wolk (beide Schwerin) bekannt geworden. Zuletzt traten hinzu der aus Berlin in das Schweriner Umland gezogene Joachim John und auf Usedom Volker Köpp und die eine expressive Abstraktion entwickelnden Maler Oskar Manigk und Matthias Wegehaupt sowie die aus der Niemeyer-Nachfolge kommende Sabine Curio.

Die beiden bedeutsamsten Maler der Küstenregion waren Manigk und Niemeyer-Holstein (beide Insel Usedom). Otto Manigks farbkräftiger Stil hatte sich in den vierziger Jahren ausgebildet. Sein feiner malerischer Sinn lebte sich hauptsächlich in Porträts, Interieurs, Blumenstücken und Landschaften aus. Diese stille Kunst stand immer zu Unrecht im Schatten von Niemeyer-Holstein, der in der Öffentlichkeit der Erfolgreichere war.

Otto Niemeyer-Holstein war in der Schweiz, in Ascona, zur Malerei gekommen; von Arthur Segal und Willy Jaeckel erhielt er wesentliche Anregungen. Das frühe Werk blieb nicht unbeeinflußt vom späten Expressionismus. In den endvierziger und fünfziger Jahren gewann seine Malerei (etwa in Gemälden wie *Nelke im Rubinglas, Meine Frau Gemüse putzend,* beide 1957, oder *Alte Frau am*

Armin Münch *Der Denker* 1968. Feder, Tusche. 41,6 x 69,1 cm. Dresden: Kupferstich-Kabinett

Manfred Kastner *Die Stadt* 1982. Öl. 100,5 x 130 cm. Rostock: Kunsthalle

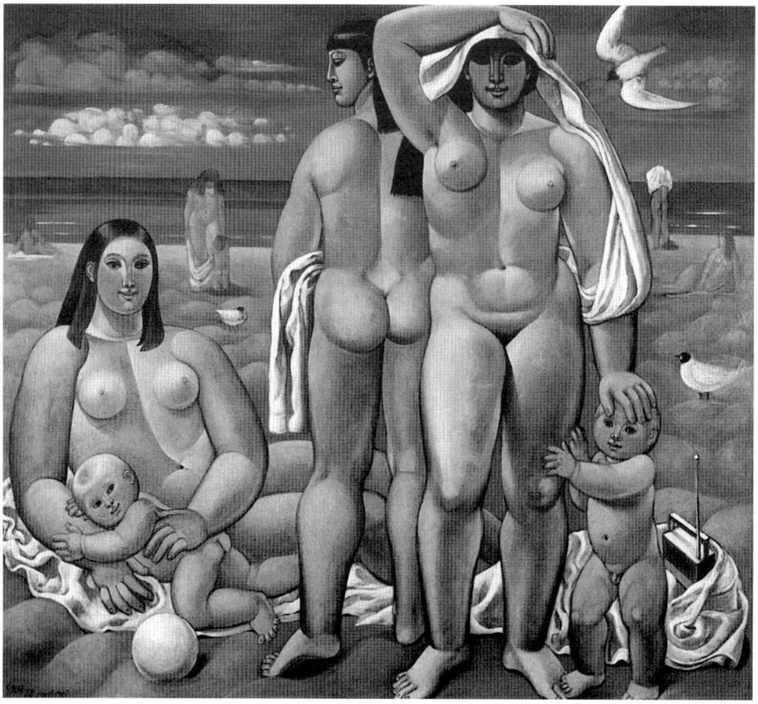

Susanne Kandt-Horn *Badende Frauen und Kinder am Meer* 1972. Öl. 89 x 99 cm.

Otto Niemeyer-Holstein *Ablage im Schnee – Lüttenort* 1953. Öl. 63,2 x 81,2 cm.
Lüttenort/Usedom: Atelier Niemeyer-Holstein

Fenster, 1959) eine solche Kraft, daß sie, etwa gleichbedeutend den Werken der Dresdner Rosenhauer, Kretzschmar, Wigand und Glöckner, als ein Grundpfeiler der humanistischen Kunst in der DDR empfunden wurde. Niemeyer galt seither als eine der großen Malerpersönlichkeiten in der DDR. Sein anregender Einfluß auf Künstler jüngerer Generationen trug – obgleich Niemeyer niemals ein Lehramt bekleidet hatte – reiche Früchte.

Neben den Porträts, deren Zahl im Œuvre jedoch gering ist, sind besonders Landschaften, Gartenstücke und Stilleben wichtig. Die Bilder verraten Auseinandersetzung mit impressionistischen Erkenntnissen und cézanneskem Bildbau. Eine Besonderheit der Niemeyerschen Malkunst besteht in der linearen Begrenzung oder Gliederung vieler Farbformen. Doch die Linie tritt nicht als graphisches Element auf. In ihrer Tonigkeit und ihrer gelegentlich kontrastierenden Beziehung zum Farbfleck bleibt sie immer malerisch; sie modelliert nicht die Form. Ihr Vorhandensein bewirkt eine stärkere Gliederung des Bildorganismus, einen Rhythmus der Formen im Raum, der vom Kubismus angeregt sein könnte. Die Niemeyersche Kunst ist eine Huldigung an die Farbe und an

Matthias Wegehaupt *Menschen am Strand* 1989. Eitempera. 100 x 100 cm.

das Licht. Das bestätigen auch die Aquarelle, deren erste um 1918/19 entstanden sind und deren späte mitunter einen informellen Gestus haben. Niemeyer-Holstein schuf dazu ein kleines druckgraphisches Œuvre (Holzschnitt, Radierung, Lithographie). Die eindrucksvollsten Ergebnisse erreichte er dabei in der Aquatinta.

Als eine Sonderleistung der Niemeyerschen Malkunst erweist sich jenseits jeder Heimattümelei die Darstellung der Ostseeküste. In diesen Bildern hat der Maler sein Bestes gegeben: *Eisbarrieren am Strand,* 1960; *Schneesturm,* 1971. Sie zeigen Niemeyer-Holstein auf der Höhe seines Könnens. Natureindruck ist in solchen Bildern, die wie eine Hohe Schule der Malerei anmuten, vollkommen umgesetzt in Kunst. Das Motiv ist in der Sprache der Farben vergeistigt. Obgleich die Naturbeobachtung sichtbar bleibt, verliert das Objekt seine gegenständliche Direktheit zugunsten einer Aussage, in der eine feingeistige Interpretation dominiert. Diese Malerei, inspiriert von der Grenzwelt zwischen Land und Meer, weist zuvörderst auf sich selbst und erst dann auf den Gegenstand, den sie darstellt.

Blick zurück. Sätze und Gegen-Sätze

Der aufmerksame und unvoreingenommene Leser, der dem Buch bis hierher gefolgt ist, wird nicht umhinkönnen, das kreative Potential zu würdigen, das im Laufe nahezu eines halben Jahrhunderts auf dem Boden der einstigen DDR zu finden gewesen ist. Freilich, eine neue Kunstrichtung ist nicht entstanden und kein einziger Künstler ist zu einem stabilen internationalen Begriff geworden. Allein Heartfield und Hegenbarth haben sich in das geistig-künstlerische Europa eingezeichnet. Immerhin hat die auratische Ausstrahlung der großen Leipziger Maler Heisig, Mattheuer und Tübke über die Grenzen des einstmals vom Provinzialismus beherrschten kleinen deutschen Staates hinaus Bekanntschaft erlangt. Neben Meisterwerken ihres Schaffens, zu denen sich Sprachblätter von Claus, Chiffrenbilder von Morgner und Genremalereien von Metzkes gesellen, stehen über Jahrzehnte hin Banalität, Kompilationen längst bekannter künstlerischer Leistungen und devote Dutzendware. Und aus den Beliebigkeiten des »Rein-Artistischen«, das gegen Ende der siebziger Jahre anschwoll, erhebt sich die Kunst von Altenbourg und Kettner wie erratische Blöcke in der Ödnis.

Der weit verbreiteten Ratlosigkeit der sogenannten späten Moderne und erst recht einer gewissen »Kunstbetriebskunst«, in welcher der Kunsttheoretiker Wolfgang Max Faust kurz vor seinem Tod (1993) ein »Verschwinden der Kunst« zu erkennen glaubte, setzten Künstler des Realismus in der DDR die Revitalisierung der figurativen Kunst entgegen. Obgleich Mangel an Weltoffenheit, politische Engstirnigkeit und demütigende Repressionen künstlerische Kreativität hemmten und beschädigten, erstritten sich Künstler immer weitere Freiräume. Reibungen an Widrigkeiten der gesellschaftlichen Realität hatten in vielen Fällen Stärkung des Selbstbewußtseins zur Folge und bewirkten jene Autarkie, die Kunst überhaupt erst ermöglicht.

Auf den Höhenlinien der realistische Kunst wurden Traditionen dialektisch einbeschlossen und mit Assimilationskraft und Innovationsvermögen kunsthistorisch aktiviert. Bekenntnisse zum Expressionismus, zu Kokoschka und Beckmann, um nur diese zu nennen, beförderten einen geschichtsbewußten Realismus, der sich bei Heisig und Tübke, bei Tucholke und Petrovsky in erfrischend divergierenden Stilformungen äußerte. Ähnlich verhält es sich mit der Darstellung des Menschenbildes, etwa bei Siegfried Klotz oder Gerd Sonntag.

Diese figurative Kunst läßt sich an Formzeichen nicht festmachen, obwohl etwa Mattheuer und Morgner solche einprägsam erfunden haben. Aber bei all den schönen Schwierigkeiten, die diese »durch die DDR gegangene« Kunst ästhetisch und intellektuell bereithält: sie ist nicht ver-rätselt.

Der wirkliche Künstler ist mit jedem Werk auf dem Wege zu sich selbst und erst dann zu anderen. Diese »Brücke« zum Rezipienten, zum »Volk«, die Paul Klee einst suchte, war in jener DDR-Zeit Ideal-Programm. Im Glücksfall führte das zu einem emotionalen und intellektuellen Sichgleichsetzen, das den stillen Dialog zwischen Werk und Betrachter erlaubte und irgendwann durch die magische Kraft der Kunst zur »Wiederkehr als ein anderer« führte. Vielleicht war diese Sehnsucht nach dem »Anderen« eine Ursache für den erstaunlichen Massenandrang zu den großen Kunstausstellungen zwischen Berlin, Leipzig und Dresden. Die Kunst war oftmals Ersatzbefriedigung, Kompensation für ein Dasein, das nicht »voll ausgelebt« werden konnte. Die häufig gemalten oder gezeichneten Metaphern und Allegorien zu dem von Ovid überlieferten Ikarus-Mythos wurden als Denk-Bilder der Überhebung und des Scheiterns begriffen und häufig genug mit der Politik des Staates DDR identifiziert – Aufstieg und Absturz. Ikarus als Scheitern. Wo ist da Alternative, wo Utopie?

Anhang

Anmerkungen

1 Werner Haftmann: Malerei im 20. Jahrhundert. München 1954. 4. Aufl. 1965, S. 422

2 Zitiert nach Götz Adriani: Baumeister. Köln 1971, S. 189

3 Max Beckmann: Tagebücher 1940–1950. München 1979, S. 143

4 Zitiert nach Alfred Hentzen: Werner Gilles. Köln 1970, S. 113

5 Aus den unveröffentlichten Lebenserinnerungen des Malers Heinrich Ehmsen, verfaßt 1956 (Berlin: Berlinische Galerie, Archiv, Schenkung L.L.). Auch Herbert Sandberg nannte die Jahre zwischen 1945 und 1950 die schönste Zeit seines Lebens.

6 Zitiert nach dem Katalog der Allgemeinen Deutschen Kunstausstellung Dresden 1946

7 Carl Linfert: Erinnerung an die Dresdener Ausstellung. In: bildende kunst (Berlin) 1947, H. 1, S. 12

8 Vgl. Werner Mittenzwei: Der Realismus-Streit um Brecht. In: Sinn und Form (Berlin) 1976, H. 6, S. 1273ff.

9 Die von Karl Hofer und Oskar Nerlinger herausgegebene Zeitschrift bildende kunst nach dem Zweiten Weltkrieg bis 1949 die informativste deutsche Kunstzeitschrift.

10 Friedrich Wolf: Der Ulenspiegelkreis. Berliner Zeichner und Karikaturisten. In: Der Standpunkt (Berlin) 1947, H. 3/4, S. 46

11 Faltblatt der Ausstellung »Die ersten Jahre«, die im Mai 1975 im Berliner Club der Kulturschaffenden gezeigt wurde, zusammengestellt von Gudrun Schmidt. Gerhard Strauss war 1945 bis 1950 Referent für Bildende Kunst, Kunsthochschulen, Museen und Denkmalpflege 0in der Deutschen Zentralverwaltung für Volksbildung

12 In: Freie Tribüne (London), 1945, Nr. 3

13 Joachim Uhlitzsch: Die Situation der bildenden Kunst in Dresden. In : Tägliche Rundschau (Berlin), 14. 3. 1951

14 Hans Grundig: Künstlerbriefe aus den Jahren 1926 bis 1957. Rudolstadt 1966, S. 122/123

15 Brief Wilhelm Rudolphs an Professor Werner Hofmann. In: Kunst in Deutschland 1898–1973. Katalog Kunsthalle Hamburg, 1973/74

16 Fritz Löffler: Dresdener Malergenerationen seit der Jahrhundertwende: In: Jahrbuch zur Pflege der Künste, 1. Folge. Dresden 1951, S. 113

17 Bertolt Brecht: Notizen zur Barlach-Ausstellung. In: B. Brecht: Schriften zur Literatur und Kunst, Bd. 2. Berlin und Weimar 1966, S. 312ff.

18 Archiv des Autors

19 Nach Dieter Gleisberg: Conrad Felixmüller – Leben und Werk. In: Conrad Felixmüller. Katalog Galerie Neue Meister, Dresden 1975, S. 47

20 Arnold Gehlen: Das Menschenbild und die darstellenden Künste. In: Menschenbilder. Darmstadt 1968, S. 10

21 Ernst Buschor: Das Porträt. München 1960

22 Zitiert nach John Heartfield und die Kunst der Fotomontage. Katalog Deutsche Akademie der Künste Berlin, 1957, S. 5

23 Vgl. John Heartfield: Der Schnitt entlang der Zeit. Dresden 1981, S. 28

24 Hans Theo Richter. Lithographien, Zeichnungen. Einleitung Werner Schmidt. Dresden 1975

25 Ebenda, S. 7ff.

26 Vgl. den Richter-Text im Katalog der Ausstellung zum zehnjährigen Bestehen der Deutschen Akademie der Künste, Berlin 1960, S. 13

27 Fritz Löffler zur Ausstellung Dresden heute. Malerei, Graphik nach 1945. Katalog Kunstverein Ulm, 1985

28 Gerhard Richter: Text. Schriften und Interviews. Frankfurt/Main 1993, S. 219

29 Manfred Böttcher im Lachnit-Katalog Museum Gotha, 1999, S. 8

30 Vgl. Gabriele Werner in: Katalog Wilhelm Lachnit. Staatliche Kunstsammlungen, Galerie Neue Meister, Dresden 2000, S. 43

31 Eberhart Bartke: Eine Ausstellung – aber kein Weg. In: Junge Kunst (Berlin) 1961, Heft 11, S. 26ff.

32 Klaus Weidner: Zur Entwicklung des sozialistischen Menschenbildes in Werken der Malerei auf der VI. Deutschen Kunstausstellung. In: Wissenschaftliche Zeitschrift der Humboldt-Universität Berlin, Gesellschafts- und Sprachwissenschaftliche Reihe, XVII (1968) 5, S. 816

33 Ebenda, S. 816

34 Jutta Schmidt: Über die Gestaltung des sozialistischen Menschenbildes. In: Einheit (Berlin) 1966, Heft 12, S. 1431

35 Alfred Kurella: Alle Karten auf den Tisch – die besten ins Spiel. In: Neues Deutschland (Berliner Ausgabe). 26. 2. 1967

36 Ebenda

37 Rostock 1973, S. 191

38 Franz Fühmann: Essays, Gespräche, Aufsätze. Rostock 1983, S. 450

39 Marion Scharenberg: Franz Fühmann, Der Geliebte der Morgenröte. In: Weimarer Beiträge 1987, Heft 11, S. 37

40 Vgl. etwa die Kataloge Ikarus (Kulturbund Magdeburg, Freundeskreis Bildende Kunst, 1981) und Blätter zur Bibel. 1949–1989. Christliche Themen in ostdeutscher Graphik (Magdeburg, Verein der Bibliophilen und Graphiksammler, 1999)

41 Eintragung vom 27. 12. 1967 im Tagebuch des Autors

42 Brief im Heimatmuseum Berlin-Hohenschönhausen. Vgl. Wartenberg im Rampenlicht, Bitterfelder Wege übers Land. Berlin-Hohenschönhausen 1997, S. 89

43 Zitiert nach Katalog Harald Metzkes, Galerie Arkade Berlin, 1975
44 Vgl. Harald Metzkes: Ich und Herr H. Schriften, Reden, Aufzeichnungen, Prosa. Dresden 2000, S. 107ff.
45 Harald Metzkes: Rede zur Menzel-Ausstellung in Berlin. In: Bildende Kunst (Berlin) 1980, Heft 10, S. 472
46 Roland März in Katalog Harald Metzkes. Berlin: Nationalgalerie 1977, S. 8
47 Klaus Werner: Harald Metzkes. In: Bildende Kunst (Berlin) 1975, Heft 11, S. 554
48 Ingrid Beyer in Bildende Kunst (Berlin) 1968, Heft 5, S. 235
49 Vgl. Harald Metzkes: Ich und Herr H. Dresden 2000
50 Roland März in Harald Metzkes, Bilder aus 20 Jahren. Katalog Nationalgalerie Berlin, 1977, S. 8
51 Klaus Werner in Katalog Dieter Goltzsche. Berlin: Galerie Arkade, 1977
52 Vgl. Zeichnungen in der Kunst der DDR. Katalog Kupferstich-Kabinett Dresden, 1974, S. 148
53 Zitiert nach Günter Blutke: Was er malte, kam ganz aus seinem Leben. Zum Tode des Malers Curt Querner. In: Neues Deutschland (Berlin), 13./14. 3. 1976
54 Dieter Gleisberg: Zur Rolle und Entwicklung der Grafik in der DDR. In: Weggefährten Zeitgenossen. Bildende Kunst aus drei Jahrzehnten. Katalog Altes Museum Berlin, 1979, S. 246
55 Vgl. Hermann Glöckner: Werke aus den Jahren 1945 bis 1975. Katalog Kupferstich-Kabinett Dresden, 1976
56 Ralf Winkler und die zornigen jungen Männer Dresdens. Wolfgang Opitz befragt von Asteris Kutulas. In: Sondeur (Berlin) 1990, Heft 8, S. 44
57 Fritz Löffler: Katalog Städtische Galerie Albstadt, 1987
58 Kulturpolitisches Wörterbuch, 2. erw. Auflage, Berlin 1978, S. 591
59 Ebenda, S. 593
60 Zitiert nach Wolfgang Hütt: Der Mensch in Verantwortung. In: Freiheit (Halle), 14. 6. 1986
61 Der Künstler zu seinem Werk. Bernhard Heisig zum Gemälde *Der Brigadier*. In: Kunsterziehung (Berlin) 1973, Heft 2, S. 4
62 »Arschleckerei gab es nicht«. Interview mit Willi Sitte von Fritz-Joachim Kopka und Jutte Voigt. In: Die Woche (Hamburg), 2. 3. 2001, S. 40/41
63 Vgl. Heisig-Katalog Gemäldegalerie Neue Meister Dresden, 1973, S. 24
64 Karl Max Kober in Katalog Bernhard Heisig, Dresden/ Leipzig 1973. S. 31
65 Joachim Fest: Das nie endende Menetekel der Geschichte. In: Bernhard Heisig, Bilder aus vier Jahrzehnten. Berlin 1995
66 Werner Tübke. Manuskript im Archiv des Autors
67 Referat von Willi Sitte auf dem XII. Kongreß des Verbandes Bildender Künstler der DDR, Karl-Marx-Stadt 1974. Zitiert nach: Neues Deutschland (Berlin), 29. 5. 1974
68 Vgl. Unter Druck. 20 Jahre Obergrabenpresse Dresden. Dresden 1999
69 Peter Herrmann. Faltblatt Winckelmann-Museum, Stendal 1976
70 Henry Schumann: Die Weisheit der Formen des Fleisches. In: Katalog Sighard Gille. Oberhausen 1989
71 Eberhard Roters in Katalog Zeitvergleich '88. Berlin 1988, S. 20
72 Vgl. Günter Meißner: Leipziger Künstler der Gegenwart. Leipzig 1977
73 Günter Meißner: Drang zur phantasiereichen Deutung vielfältiger Themen. In: Leipziger Volkszeitung, 23. 10. 1974
74 Henry Schumann: Prinzip Realismus. In: Leipziger Volkszeitung, 26. 10. 1974
75 Das Statement wurde entnommen dem Katalog der Studio-Ausstellung der Nationalgalerie Berlin 1973: Junge Maler aus Leipzig im Gespräch
76 Nuria Quevedo in einem Interview mit der Zeitschrift tendenzen (München) 1975, Nr. 104, S. 20
77 Den Begriff führte der sowjetische Ästhetiker W. S. Gulyga ein. Vgl. den Beitrag Über das Typologisieren in der Kunst. In: Filosofskije nauki (Moskau) 1975, H. 2 (russ.)
78 D. F. Markow 1973 in einem Aufsatz in der Moskauer Prawda. Zitiert nach der Übersetzung in Neues Deutschland, 19. 5. 1973 (Der ästhetische Reichtum des sozialistischen Realismus)
79 Vgl. Lothar Lang: Von Hegenbarth zu Altenbourg. Buchillustration und Künstlerbuch in der DDR. Stuttgart 2000
80 Vgl. Michael Morgner. Figur + Metapher. Werkverzeichnis der Druckgrafik. Leipzig 2000, S. 12
81 Ebenda, S. 10
82 Vgl. Eberhard Roters: Zeit zu leben. In: Bernhard Heisig, Geisterbahn. Berlin 1995, S. 37
83 Günter Grass: Sich ein Bild machen. In: Zeitvergleich. Malerei und Grafik aus der DDR. art – Das Kunstmagazin (Hamburg) 1982, S. 12
84 Bernhard Heisig: Literatur und die Kunst der Illustration. In: Marginalien (Berlin) 1965, Heft 18
85 Eduard Beaucamp in: Wolfgang Mattheuer, Zwischen Idyll und Katastrophe, Bilder von 1958 bis 1999. Frankfurt/ Main 1999, S. 7
86 Vgl. Manfred Butzmann: Heimatkunde. In 24 Abteilungen. Berlin: Privatdruck 1992, S. 64
87 Ebenda
88 Jens Henkel/Sabine Russ: DDR 1980/1989. Künstlerbücher und originalgrafische Zeitschriften im Eigenverlag. Eine Bibliografie. Gifkendorf 1991
89 Vgl. dazu Ateliergemeinschaft Klosterstraße 1933–1945. Künstler in der Zeit des Nationalsozialismus. Konzeption nach einer Idee von Gudrun Schmidt. Texte: Angela Lammert, Gudrun Schmidt, Inge Zimmermann
90 Lothar Lang: Gespräch mit Karl Rössing in Berlin. In: Die Weltbühne (Berlin) 1976, Heft 20
91 Vgl. Faltblatt René Graetz. Galerie im Turm. Berlin 1968
92 Vgl. Wieland Förster, Friedrich B. Henkel, Peter Sylvester, Fotis Zaprasis – Landschaftszeichnungen. Katalog Kreismuseum Burg Querfurt, 1975
93 Arbeitsnotizen des Künstlers, geschrieben für den Autor
94 Vgl. Anmerkung 92
95 Fritz Löffler: Die zweite deutsche Kunstausstellung in Dresden. In: Die Kunst und das schöne Heim (München) 1950, Heft 4, S. 129
96 Wolfgang Hütt: Über den Stellenwert des Graphischen im Werk Albert Eberts. In: Bildende Kunst (Berlin) 1976, Heft 4, S. 184f.

Kurzbiographien

(der im Abbildungsteil gezeigten Künstler)

Abkürzungen:

A = Akademie
AdK = Akademie der Künste der DDR, Berlin
ASSO = Assoziation revolutionärer bildender Künstler
HGB = Hochschule für Grafik und Buchkunst Leipzig
Ka = Katalog
KHS = Kunsthochschule, unabhängig vom genauen Namen der KHS
L = Lehrer
MS = Meisterschüler
WV = Werkverzeichnis

Ahner, Alfred 3.8.1890 Wintersdorf–12.11.73 Weimar. 11–13 A München, L Peter Halm. 13/14 Stuttgart, L Adolf Hölzel. Lebte ab 22 in Weimar.

Altenbourg, Gerhard 22.11.26 Rödichen-Schnepfenthal als G. Ströch–30.12.89 Meißen. 46–48 Zeichenunterricht bei Erich Dietz, Altenburg. 48–50 KHS Weimar, L H. Hoffmann-Lederer. 70 Mitglied AdK Westberlin. Lebte in Altenburg. WV von A. Janda, Hannover 69. WV Metallarbeiten von A. Janda. Leipzig 94.

Bartnig, Horst 15.11.36 Militsch (Schlesien). 54–57 Fachschule angew. Kunst Magdeburg. Seit 64 konstruktiv-konkrete Arbeiten. Lebt seit 58 in Berlin.

Behrendt, Falko 11.5.51 Torgelow. 71–75 KHS Dresden, L G. Kettner, G. Horlbeck. Übersiedlung nach Neubrandenburg. Lebt seit 95 in Hamburg.

Bergander, Rudolf 22.5.09 Meißen–10.4.70 Dresden. 28–33 A Dresden, L Richard Müller, MS bei Otto Dix. 39 ASSO. Ab 49 Lehrer, 51 Prof. KHS Dresden. 53–59, 64/65 Rektor KHS Dresden. 61 Mitglied AdK. Lebte in Dresden.

Biebl, Rolf 12.6.51 Klingenthal. 73–78 KHS Berlin, L K. H. Schamal, W. Fitzenreiter, W. Stötzer. 79/80 Assistent KHS Budapest. 80–83 MS AdK, L L. Engelhardt. 85–93 Lehrauftrag KHS Berlin. Lebt in Berlin.

Biedermann, Wolfgang E. 5.4.40 Plauen. 66–67 HGB, L G. K. Müller. Lebt in Leipzig.

Blume, Harry 15.2.24 Leipzig–17.3.92 Leipzig. 47–51 HGB, L E. Hassebrauk. 51–56 Repin-Institut Leningrad. 89–92 Lehrauftrag HGB. Lebte in Leipzig.

Bock, Dieter 7.1.46 Berlin. 69–71 Fachschule angew. Kunst Berlin-Schöneweide. Lebt in Dresden.

Böhme, Christa 29.12.40 Berlin–17.3.91 Berlin. 58–61 Werkkunstschule Berlin-Charlottenburg. 61–63. KHS Berlin-Charlottenburg. 77–80 MS AdK, L W. Schmied.

Böhme, Lothar 26.7.38 Berlin. 57–61 Meisterschule für Kunsthandwerk Berlin-Charlottenburg. 76–90 Lehrtätigkeit für Autodidakten im Otto-Nagel-Haus Berlin. 94 AdK Berlin. Lebt in Berlin.

Böttcher, Jürgen 8.7.31 Frankenberg/Sa. Nennt sich als Maler Strawalde. 49–53 KHS Dresden, L W. Lachnit. 53–55 Lehrer (Mal- und Zeichenkunst) an Volkshochschule Dresden. 55–60 KHS (Filmkunst) Potsdam-Babelsberg. Seit 1960 Regisseur für Dokumentarfilme. 89 Mitglied AdK Westberlin. Mitglied der Sächsischen AdK. Lebt in Berlin.

Böttcher, Manfred 28.10.33 Oberdorla/Thür.–2.1.2001 Berlin. 50–55 KHS Dresden, L W. Lachnit. 55–58 MS AdK H. Ehmsen. Lebte in Berlin.

Brendel, Günther 17.1.30 Weida/Thür. 48–51 KHS Weimar. 52/53 KHS Dresden, L F. Dähn, R. Bergander. 58 Lehrer, 70 Prof. KHS Berlin. Lebt bei Berlin.

Brosch, Hans 7.7.43 Berlin. Arbeiten für Berliner Ensemble und Deutsches Theater Berlin. Lebt seit 79 in Westberlin.

Brüne, Gudrun 15.3.41 Berlin. 61–66 HGB, L B. Heisig, H. Wagner. 77–00 Lehrtätigkeit KHS Halle. Lebt in Strohdehne/Brandenburg.

Burger, Dietrich 14.8.35 Bad Frankenhausen. 53–58 HGB, L B. Heisig. Seit 64 Lehrtätigkeit HGB, 84 Prof. Lebt in Leipzig.

Bruse, Hermann 7.4.04 Hamm–24.5.53 Berlin. Autodidakt. 34–36 Zuchthaus. 45 als Mitglied der Saefkow-Gruppe zum Tode verurteilt. Von den Alliierten befreit. Ab 48 Lehrer am Institut für Kunsterziehung der Humboldt-Univ. Berlin. Lebte zuletzt in Berlin.

Butzmann, Manfred 14.9.42 Potsdam. 62 Malzirkel bei Magnus Zeller in Caputh. 64–69 KHS Berlin, L A. Mohr, W. Klemke. 73–77 MS AdK, L W. Klemke. Lebt seit 70 in Berlin.

Claus, Carlfriedrich 4.8.30 Annaberg.–22.5.98 Chemnitz. Autodidakt. Ab 51 künstlerische Arbeit: experimentelle poetische Texte, ab 58 experimentelle Sprechprozesse, Sprachblätter. 91 Mitglied AdK Berlin-Brandenburg. Lebte in Annaberg-Buchholz. WV Druckgraphik von K. Werner/G. Juppe, Altenburg 1998. WV Sprachblätter von K. Werner, Chemnitz 90.

Cremer, Fritz 22.10.06 Arnsberg/Ruhr–01.09.93 Berlin. 1922–25 Steinbildhauer-Lehre. Bis 29 Folkwangschule Essen, Abendkurse. 29–37 KH Berlin, L W. Gerstel. 38 MS Preußische AdK Berlin. 46–50 Professor Akademie f. angewandte Kunst Wien. 1950 Übersiedlung in die DDR, Mitglied AdK Berlin, Vizepräsident 74–83. Ehrenmitgliedschaften AdK Moskau und Rom. Lebte in Berlin. WV Graphik von R. Gredig, Berlin 75/Berlin 89.

Crodel, Carl 16.9.1894 Marseille–28.11.73 München. 15/18 bis 21 Studium Archäologie Universität Jena. 27–33 Lehrtätigkeit Burg Giebichenstein Halle. 33 Entlassung aus dem Lehramt. 45–51 KHS Halle, Prof. 51 Übersiedlung nach München. WV Das graphische Werk, von C. Strecker, München 61.

Curio, Sabine 29.6.50 Ahlbeck/Usedom. 69–74 KHS Berlin. 71–72 Malstudien im Atelier von Niemeyer-Holstein. 77–80 MS AdK, L W. Förster. Lebt auf Usedom.

Dammbeck, Lutz 17.10.48 Leipzig. 67–72 HGB. Ab 76 Animations- und Experimentalfilme. Ab 83 multimediale Collagen. 86 Übersiedlung nach Hamburg. Seit 99 Prof. KHS Dresden.

Dennhardt, Klaus 19.5.41 Dresden. 63–68 KHS Dresden, L H. Lohmar. Lebte bis 86 in Dresden, ab 87 in Westberlin.

Dierske, Winfried 19.2.34 Aarhus/Dänemark. Autodidakt. Gehörte 50–55 zum Böttcher-Penck-Kreis in Dresden. Lebt in Arnsdorf bei Dresden.

Dornis, Kurt 7.10.30 Glogau. 46–49 Dekorationsmalerei. 49–52 Fachschule für angewandte Kunst Leipzig, L W. Münze. Lebt in Leipzig.

Dress, Andreas 6.1.43 Berlin. 69–74 KHS Dresden, L H. Kunze, G. Horlbeck. Lebt in Sebnitz.

Duda, Fritz 30.1.04 Horst-Emscher–13.7.91 Berlin. 22–24 Kunstgewerbeschule Essen. 24–33 KHS Berlin, L K. Hofer. 28 ASSO. Lebte in Berlin.

Ebert, Albert 26.4.06 Halle–21.8.76 Halle. 46 KHS Burg Giebichenstein Halle, L C. Crodel. Lebte in Halle. WV der Graphik von H. Brade, Hannover 86, WV der Malerei von D. Litt, Leipzig 2001.

Ebersbach, Hartwig 17.5.40 Zwickau. 59–64 HGB, L H. Mayer-Foreyt, B. Heisig. 79–84 Lehrtätigkeit für experimentelle Kunst HGB. 93 Gründungsmitglied Freie AdK Leipzig. 96 Mitglied Sächsische AdK Dresden und AdK Berlin. Lebt in Leipzig.

Ehmsen, Heinrich 9.8.1886 Kiel–6.5.64 Berlin. 06–09 Kunstgewerbeschule Düsseldorf, L F. H. Ehmcke, P. Behrens. 09–10 Paris. Ab 11 in München im Umkreis des Blauen Reiter. Lebte ab 29 in Berlin. 45–49 Prof., stellv. Direktor KHS Berlin-Charlottenburg. 1950 Gründungsmitglied AdK Berlin. WV Druckgraphik von L. Lang, Burgk 86.

Firit, Günter 28.4.47 Westerhausen. 69–70 KHS Dresden. 71–73 Assistent an der Nationalgalerie Berlin. 87 Übersiedlung nach München. Lebt in Puchheim bei München.

Förster, Wieland 12.2.30 Dresden. 46–50 politische Haft in Bautzen. 53–58 KHS Dresden, L W. Arnold, H. Steger. 59–61 MS AdK, L F. Cremer. 74 Mitglied AdK Berlin, 78 Vizepräsident. 85 Prof. 91 Austritt AdK Berlin. 96 Gründungsmitglied Sächsische AdK Dresden. Lebt in Berlin.

Frankenstein, Wolfgang 5.5.18 Berlin. 35–43 Kunstgewerbeschule Berlin, KHS Berlin. 49–51 künstlerischer Leiter der Galerie Rosen Berlin. 53 Übersiedlung nach Ostberlin. 62–64 Prof. am Institut für Kunsterziehung Univ. Greifswald. Ab 65 Institut für Kunsterziehung Humboldt-Univ. Berlin.

Freudenberg, Michael 27.12.49 Dresden. 73 Begegnung mit A. R. Penck, erste Gemeinschaftsbilder. Seit 79 freischaffend. Lebt in Dresden.

Freyer, Achim 30.3.34 Berlin. 51–55 Fachschule für angewandte Kunst Berlin-Schöneweide. Als Maler Autodidakt. 54–56 AdK MS für Bühnenbau bei B. Brecht. Ab 65 Kostüm- und Bühnenbildner. 71 Wohnsitz Köln. 73 erste eigene Inszenierung (Schlosspark-Theater Berlin). Seit 76 Prof. für Bühnenbild KHS Berlin-Charlottenburg. 89 Mitglied AdK Berlin-West. Mitglied der Sächsischen AdK. Lebt seit 74 in Westberlin.

Friedel, Lutz 16.6.48 Leipzig. 68–70 KHS Dresden, L G. Kettner. 70–73 HGB, L H. Mayer-Foreyt, H. Wagner. 77–80 MS AdK, L B. Heisig. 85 Übersiedlung nach Westberlin, lebt in Berlin.

Gebhardt, Helmut 5.7.26 Dresden–21.11.89 Dresden. 47–51 KHS Dresden, L W. Lachnit. Lebte in Dresden.

Giebe, Hubertus 15.11.53 Dohna. 74–76 KHS Dresden. 78/79 MS HGB, L B. Heisig. 79–82 Assistent KHS Dresden bei G. Horlbeck. 82–86 Lehrtätigkeit KHS Dresden, 87–91 Dozent KHS Dresden. Lebt in Dresden.

Gille, Sighard 25.2.41 Eilenburg. 65–70 HGB Leipzig, L B. Heisig, W. Mattheuer, W. Tübke. 73–76 MS AdK, L B. Heisig. Seit 92 Prof. HGB Leipzig. WV Gemälde, Druckgraphik von I. Gille in Kat. S. G., Oberhausen 89. Lebt in Leipzig.

Glöckner, Hermann 21.1.1889 Dresden–10.5.87 Berlin. 04–11 Dresdner Kunstgewerbeschule, Abendkurse. 23/24 A Dresden, L O. Gussmann. 27 Mitglied im Deutschen Künstlerbund. 30–37 Entwicklung eines konstruktivistischen Tafelwerkes. Lebte in Dresden. WV Die Tafeln von Chr. Dittrich, Dresden 92.

Göschel, Eberhard 28.3.43 Bubenreuth. 64–69 KHS Dresden, L H. Kunze, R. Bergander. 77–80 MS AdK, L T. Balden. 78 Gründungsmitglied Obergabenpresse Dresden. Mitglied der Sächsischen AdK. Lebt in Dresden und Fürstenau.

Goltzsche, Dieter 28.12.34 Dresden. 52–57 KHS Dresden, L M. Schwimmer, H. T. Richter. 58/59 MS AdK, L M. Schwimmer. Seit 78 Lehrtätigkeit KHS Berlin, 92 Prof. 90 Mitglied AdK Berlin-Brandenburg. WV Radierungen, Holzschnitte, Linolschnitte von G. Schmidt, Berlin 77, Berlin 2001, Lithographien von A. Scharnhorst, Berlin 96.

Graetz, René 2.8.08 Berlin–17.9.74 Graal-Müritz. Autodidakt. 29–38 Südafrika. 39 London. 39/40 Internierung in Kanada. 41 London, Mitarbeiter im Deutschen Kulturbund. 46 Rückkehr nach Ostberlin. Lebte in Berlin.

Graf, Peter 4.6.37 Crimitschau. Freundeskreis Böttcher/Penck in Dresden. 56/57 KHS Berlin-Weißensee. Lebt in Dresden.

Griebel, Otto 31.3.1895 Meerane – 7.3.72 Dresden. 09 Lehre als Dekorationsmaler. 11–15 Kunstgewerbeschule Dresden. November 18 Soldatenrat. 1919 KPD. 19–22 A Dresden, L R. Sterl. 29 Mitbegründer der ASSO in Dresden. 33 als »entartet« diffamiert. 46–48 Kunsterzieher Kreuzschule Dresden. 53–60 Dozent an der Arbeiter-und-Bauern-Fakultät in Dresden. Lebte in Dresden.

Grimmling, Hans-Hendrik 13.7.47 Zwenkau. 69/70 Grundstudium KHS Dresden und HGB. 70–74 HGB, L W. Mattheuer. 74–77 MS, L G. Kettner. 86 Übersiedlung nach Westberlin.

Gröszer, Clemens 20.4.51 Berlin. 72–76 KHS Berlin-Weißensee. 80–83 MS AdK, L W. Förster. Lebt in Berlin.

Grundig, Hans 19.2.02 Dresden – 11.9.58 Dresden. 20–22 Akademie für Kunstgewerbe Dresden, anschließend bis 26 A Dresden, L O. Gussmann, O. Hettner. 26 KPD. 28 Heirat mit Lea Langer. 29 Mitglied ASSO. 34 Berufsverbot. 39–44 KZ Sachsenhausen. 44 Fronteinsatz im Strafbataillon, Übertritt zur Roten Armee. 46 Rückkehr nach Dresden. Prof. KHS Dresden. Bis 48 Rektor. WV Gemälde, Druckgraphik von G. Bernhardt, Greifswald 66.

Grundig, Lea 23.3.06 Dresden – 10.10.77 auf dem Mittelmeer. 23–26 A Dresden, L O. Gussmann, F. Dorsch. 26 KPD. 29 ASSO. 36 und 38 Verhaftung durch Gestapo. 39 Emigration. Ab 40 Palästina. 42–48 in Haifa. 49 Rückkehr nach Dresden. 51 Prof. KHS Dresden. 61 Mitglied AdK. WV Radierungen, Berlin 73.

Günther, Herta 9.5.34 Dresden. 51–56 KHS Dresden, L M. Schwimmer, H. T. Richter. Lebt in Dresden. WV Druckgraphik, Dresden 84.

Hagen, Sylvia 12.2.47 Treuenbrietzen. 66–69 Medizinstudium Berlin. 71–76 KHS Berlin, L K. Lemke, K. H. Schamal, W. Stötzer. Lebt in Altlangsow im Oderbruch.

Hachulla, Ulrich 30.5.43 Heydebreck. 63–68 HGB, L W. Tübke, B. Heisig. 79 Dozent HGB Leipzig, seit 92 Prof. Lebt in Leipzig.

Hähner-Springmühl, Klaus 19.1.50 Zwickau. 73 Zusammenarbeit mit M. Freudenberg in Dresden. Lebt in Leipzig.

Händler, Rolf 13.2.38 Halle/Saale. 56–58 FS angewandte Kunst Magdeburg. 61–66 KHS Berlin, L H. Burkhardt, H. Behrens-Hangeler, F. Dähn, K. Robbel. 69–72 MS AdK, L K. E. Müller. Lebt in Berlin-Karow.

Hänsch, Wolfram 9.3.44 Meißen. 61–66 KHS Dresden, L H. T. Richter. Lebt in Meißen.

Hampel, Angela 16.2.56 Räkelwitz bei Kamenz. 77–82 KHS Dresden, L J. Damme, D. Büttner. Lebt in Dresden.

Handschick, Brigitte 14.7.39 Berlin – 26.9.94 Berlin. 57–61 Meisterschule für Kunsthandwerk Berlin-Charlottenburg. 87–90 Dozentin i. Abendstudium FS f. Werbung und Gestaltung Berlin-Schöneweide. Lebte in Berlin.

Hassebrauk, Ernst 28.6.05 Dresden – 30.8.74 Dresden. 25–27 Kunstgewerbeakademie und TH Dresden. 27–32 A Leipzig, L W. Geiger. 46–49 Prof. HGB. Lebte in Dresden.

Heartfield, John 19.6.1891 Berlin – 26.4.68 Berlin. 09–12 Kunstgewerbeschule München, L J. Dietz, R. Engels. 13/14 Kunst- und Handwerkerschule Berlin-Charlottenburg. 17 Mitgründer des Malik-Verlages. Ab 18 KPD. Ab 27 Mitarbeit an der Arbeiter-Illustrierte Zeitung (AIZ). 33 Flucht nach Prag, 38 nach London. 50 Rückkehr nach Ostberlin.

Hegenbarth, Josef 15.6.1884 Böhmisch-Kamnitz – 27.7.62 Dresden. 05–15 A Dresden, L E. Hegenbarth, C. Bantzer, O. Zwintscher, G. Kuehl. 25–43 Mitglied der Prager und Wiener Sezession. 46–49 Professor KHS Dresden. 54 korrespondierendes Mitglied AdK Berlin, Mitglied AdK Berlin (West), Mitglied der Bayerischen Akademie der Schönen Künste. WV d. illustrierten Bücher von U. Zesch. Kat Klingspor-Museum Offenbach 87.

Hegewald, Heidrun 21.10.36 Meißen. 55–58 Modegestalterin. 58–60 KHS Berlin. 71–74 MS AdK, L W. Klemke. Lebt in Berlin.

Heisig, Johannes 23.4.53 Leipzig. 71–73 Studium Biologie. 73–77 HGB Leipzig. Bis 79 Mitarbeit in der Werkstatt des Vaters B. Heisig. 78–80 MS KHS Dresden, L G. Kettner. 79/80 Studium an der F&F Schule für experimentelle Gestaltung Zürich. 80–82 Assistent KHS Dresden bei G. Kettner. 82 Lehrtätigkeit KHS Dresden, 89 Prof. und Rektor KHS Dresden. 91 Aufgabe des Lehramtes. Lebt in Berlin.

Heisig, Bernhard 31.3.25 Breslau. 41–42 Kunstgewerbeschule Breslau. 48 Kunstgewerbeschule Leipzig, L W. Münze. 49–51 HGB, L M. Schwimmer. 54 Assistent HGB, 56 Dozent, 61 Prof. (auch Rektor) HGB, 76–87 wieder Rektor HGB. 72 Mitglied AdK Berlin. 90 Beendigung der Lehrtätigkeit. 91 Austritt AdK. Lebt seit 93 in Strohdehne / Brandenburg.

Heller, Bert 30.3.12 Aachen – 29.4.70 Berlin. 27 Kunstgewerbeschule Aachen. 40–42 A München. 50–53 MS AdK, L H. Ehmsen. 53–58 Prof., zeitweilig Rektor KHS Berlin. 65 Mitglied AdK Berlin.

Henkel, Friedrich B. 26.7.36 Zella (Röhn). Holzbildhauerlehre. 53–56 FS für angewandte Kunst Leipzig. 56–58 KHS Berlin, L T. Balden, W. Grzimek. 56–69 MS AdK, L F. Cremer.

78–80 Lehrauftrag KHS Berlin. Lebt in Berlin. WV von F. Stolzenhein, Stendal 1983.

Henne, Wolfgang 9.6.49 Leipzig. 75–80 HGB, L I. Horlbeck-Kappler. 83–85 MS AdK L W. Klemke. Lebt in Leipzig und Pillingsdorf/Thür.

Herfurth, Egbert 5.4.44 Wiese (Schlesien). 64–69 HGB, L W. Mattheuer. 74–77 MS HGB L A. Kapr. Lebt in Leipzig.

Herrmann, Peter 18.5.37 Großschönau. 54 Volkshochschulkurse bei Jürgen Böttcher (Malerei). 84 Übersiedlung nach Hamburg. Mitglied der Sächsischen AdK. Lebt in Berlin.

Herzog, Walter 20.9.36 Dresden. Zeichenkurse bei Etha Richter. 57–60 Architekturstudium TU Dresden. Malerei bei G. Nerlich. Lebt seit 63 in Berlin.

Hirsch, Karl-Georg 15.3.38 Breslau. 60–65 HGB, L G. K. Müller. Seit 67 Lehrtätigkeit HGB. Ab 70 Leiter Werkstatt für Holzschnitt HGB. 89 Prof. Seit 90 Prorektor HGB. Lebt in Leipzig.

Hopfe, Elke 3.4.45 Limbach-Oberfrohna. 65–70 KHS Dresden, L G. Horlbeck, G. Kettner. 76–79 MS, L G. Kettner. 88 Lehrtätigkeit, 92 Prof. KHS Dresden. Lebt in Dresden.

Hoppe, Peter 27.11.1938 Chemnitz. 56–59 FS Potsdam. 60–65 KHS Berlin, L F. Dähn, A. Mohr, W. Womacka. Lebt in Berlin.

Horlbeck, Günter 2.9.27 Reichenbach/Vogtl. 47–51 HGB, L E. Hassebrauk, M. Schwimmer. Ab 52 Lehrtätigkeit KHS Dresden, ab 67 Prof. KHS Dresden. Lebt in Leipzig. WV Graphik, Leipzig 1982; WV Malerei v. I. Horlbeck-Kappler u. Chr. D. Hölzig, Leipzig 1999.

Horlbeck-Kappler, Irmgard 6.8.25 Leipzig. 48–52 HGB, L Egon Pruggmayer. Ab 53 Lehrtätigkeit HGB, 68 Prof. HGB. WV Graphik von E. Klabunde, Leipzig 1987; WV Malerei, Leipzig 2000.

Hund, Hans-Peter 26.10.40 Wurzen. 55–58 Lehre als Dekorationsmaler. 59–62 FS Angewandte Kunst Potsdam. Lebt in Wurzen.

Hussel, Horst 28.4.1934 Greifswald. 53–54 KHS Dresden, L Erich Fraaß. 54–61 HBK Berlin-Weißensee, L Bert Heller, Graphik-Studium in Berlin-Charlottenburg, L Stabenau. Lebt in Berlin.

Jansong, Joachim 6.4.1941 Berlin. 57–60 Arbeiter-und Bauern-Fakultät KHS Dresden. 61–66 HGB, L E. Föppel, A. Kapr. Ab 69 Lehrtätigkeit HGB, 70 Aufbau-Fachklasse Fotografie HGB, 92 Prof. Lebt in Leipzig.

John, Joachim 20.1.33 Tetschen (Decín). 55–59 Univ. Greifswald, Institut für Kunsterziehung, L H. Wegehaupt. Gehörte zum Schülerkreis von O. Niemeyer-Holstein. 63–65 MS AdK, L H. T. Richter. Wichtige Anregungen von F. Cremer. 86 Mitglied AdK Berlin. 90 Gastprof. Univ. Kassel. Lebt in Neu Frauenmark/Mecklenburg.

Jüchser, Hans 14.7.1894 Chemnitz–13.8.77 Dresden. Kunstgewerbeschule und A in Dresden, L O. Hettner, L. v. Hofmann. 29 KPD. 30 ASSO. Lebte in Dresden.

Kammerer, Anton Paul 17.7.54 Weißenfels. 71–73 Lehre als Gebrauchwerber. 75–80 KHS Dresden, L J. Damme. Lebt in Dresden.

Kandt-Horn, Susanne 3.10.14 Eisenach–11.6.96 Wolgast. 36–40 techn. Zeichnerin und Gebrauchsgraphikerin in Berlin. 54 Übersiedlung nach Ückeritz/Usedom.

Kastner, Manfred 5.4.43 Gießhübel–3.6.88 Rügen. 68–70 Ausbildung zum Präparator für Zoologie in Jena, 70–74 Bühnenbildner am Theater. Lebte in Stralsund.

Kettner, Gerhard 10.8.28–Mumsdorf/Thür.–14.6.93 Dresden. 48 Lindenau-Museumsschule Altenburg, L H. Burkhardt. 49–51 KHS Weimar. Bis 53 KHS Dresden, L H. Grundig, M. Schwimmer, H. T. Richter. Seit 61 Lehrtätigkeit, Prof. (70–74 u. 79–81 Rektor) KHS Dresden. 78 Mitglied AdK. 88 Gastprof. AdK Wien.

Killisch, Klaus 11.9.59 Wurzen. 81–86 KHS Berlin, L H. Tessmer, D. Goltzsche. Lebt in Berlin.

Kinder, Hans 6.8.00 Dresden–20.1.86 Dresden. 16–17 A für Kunstgewerbe Dresden, L M. Feldbauer. 32 Mitglied der Dresdner Sezession. Lebte in Dresden.

Kirchner, Ingo 25.12.30 Berlin–16.6.83 Berlin. 49–53 KHS Berlin, L A. Mohr, B. Heller. Lebte in Berlin.

Kissing, Erich 27.9.43 Leipzig. 61–64 Abendakademie HGB Leipzig, L R. Kuhrt, K. Krug. Gleichzeitig Offsetretuscheur. 63–70 HGB, L W. Mattheuer, W. Tübke. Lebt in Leipzig.

Klemke, Werner 12.3.17 Berlin–26.8.94 Berlin. Autodidakt. 37–39 Trickfilmzeichner. 47–50 Mitarbeit am Ulenspiegel. Seit 51 Lehrtätigkeit. 56 Prof. KHS Berlin. 61 Mitglied AdK. WV d. ill. Bücher von H. Kunze, Rudolstadt 1999.

Klotz, Siegfried 8.8.39 Oberschlema/Erzgeb. 58–63 Mal- und Zeichenschule Zwickau, L C. Michel. 56–70 KHS Dresden, L R. Bergander, J. Damme. 75–78 Assistent KHS Dresden bei G. Kettner. Seit 78 Lehrtätigkeit KHS Dresden. 88–91 Leiter des Grundlagenstudiums KHS Dresden. 92 Prof. Lebt in Dresden.

Knebel, Konrad 24.2.32 Leipzig. 51–57 KHS Berlin, L K. Robbel, A. Mohr, B. Heller. Lebt in Berlin.

Knöpfer, Otto 13.3.11 Arnstadt–22.5.93 Erfurt. 25–29 Lehre als Dekorationsmaler. 31–35 Kunstgewerbeschule

Erfurt, L F. Markau. 38 HDK Berlin-Charlottenburg, L P. Plontke. 45–47. 55 Lehrer Landesschule für angewandte Kunst Erfurt. Lebte in Erfurt.

Körnig, Hans 22.6.05 Flöha bei Chemnitz–14.10.89 Niederwinkling/Bayr. Wald. 30–33 A Dresden, L R. Müller, F. Dorsch, M. Feldbauer. 61 »illegale« Reise nach Holland und Belgien, durch »Mauerbau« keine Rückreise in DDR. Ansiedlung in Niederwinkling.

Korth, Siegfried 4.7.26 Stralsund–27.19.85 Stralsund. 50–55 KHS Berlin, L H. Strempel. 55–57 MS AdK, L O. Nagel, H. Ehmsen. Lebte in Berlin und Stralsund.

Kozik, Gregor Torsten (Schade) 14.5.1948 Hildburghausen. 67–72 HGB, L F. Fröhlich. 80 durch Heirat Namensänderung. Lebt bei Chemnitz.

Kretzschmar, Bernhard 29.12.1889 Döbeln–16.12.72 Dresden. 09–11 Kunstgewerbeschule Dresden. Ab 11 A Dresden, L R. Müller, O. Zwintscher, C. Bantzer, R. Sterl. 32 Gründer und Leiter der Neuen Dresdener Sezession. 59 Korresp. Mitglied AdK Berlin. WV Druckgraphik von G. Schmidt, Berlin 1981.

Kröner, Karl 7.4.1887 Zschopau–30.10.72 Radebeul. 04–08 A für Kunstgewerbe Dresden, anschl. bis 15 A Dresden, L E. Bracht, G. Kuehl. Lebte in Radebeul.

Kuhfuss, Paul 9.8.1883 Berlin–24.8.60 Berlin. 02–07 A Berlin. Ab 07 Kunsterzieher. Seit 23 Mitglied der Berliner Sezession. 49–53 Lehrer an Fachschule Textil und Bekleidung Berlin. Lebte in Berlin.

Kuhrt, Rolf 19.10.1936 Bergzow bei Genthin. 54–56 FS Magdeburg. 56–62 HGB, L E. Voigt, W. Mattheuer, I. Horlbeck-Kappler, A. Kapr. 69–80 Dozent HGB. 80 Prof. Lebt in Leipzig.

Kunert, Michael 14.5.54 Leipzig. 78–83 HGB, L D. Burger, H. Ebersbach. Lebt in Leipzig.

Kunze, Herbert 6.7.13 Chemnitz–17.11.81 Dresden. 32–37 A Dresden, L F. Dorsch, M. Feldbauer, W. Rudolph. 53–73 Dozent KHS Dresden. Lebte in Dresden.

Lachnit, Wilhelm 12.11.1899 Gittersee–14.11.62 Dresden. 21–23 A Dresden, L R. Dreher. 26 KPD. 29 ASSO. Nach 33 zeitweise inhaftiert, Ausstellungsverbot. 47–54 Prof. KHS Dresden. Lebte in Dresden.

Lammert, Mark 30.9.60 Berlin. 79–84 KHS Berlin, L H. Tessmer, bis 86 Aspirantur. 89–92 MS AdK, L W. Stötzer. Lebt in Berlin.

Leber, Wolfgang 15.2.36 Berlin. 51–61 Werkkunstschule Berlin-Charlottenburg. 62–64 Graphiker an der Volksbühne Berlin. Ab 70 Leiter Werkstudio Graphik am Kulturhaus Pankow. 90–93 Lehrauftrag KHS Berlin. Lebt in Berlin.

Leifer, Horst 22.5.39 Bolkenhain/Schlesien–24.01.2002 Sanz. 61–66 KHS Dresden. 68/69 Aspirantur. Ab 88 Lehrtätigkeit KHS Dresden. Lebte in Dresden.

Lepke, Gerda 23.3.1939 Jena. 63–66 Abendstudium KHS Dresden. 66–71 KHS Dresden, L H. Kunze, G. Kettner. Mitglied der Sächsischen AdK. Lebt in Dresden und Gera.

Lewandowsky, Via 1963 Dresden. 82–87 KHS Dresden. 89 Übersiedlung nach Westberlin.

Libuda, Walter 24.6.50 Zechau-Leesen. Theatermaler in Altenburg. 73–75 HGB, L D. Burger, U. Hachulla, B. Heisig, A. Rink. 78 MS bei B. Heisig. 79–80 und 82–85 Assistent HGB. 92 Prof. KHS Berlin-Weißensee. Mitglied der Sächsischen AdK. Lebt in Berlin.

Liebmann, Werner 13.5.51 Königshof/Thür. 76–82 KHS Halle. 83–86 MS bei B. Heisig. 81 Assistent KHS Dresden. Lebt in Berlin.

Lindemann, Rolf 21.8.1933 Magdeburg. 51–57 KHS Berlin, L K. Robbel, B. Heller, O. Nerlinger, G. Mucchi, A. Mohr. Lebt in Berlin.

Löbel, Eberhard 9.5.38 Greifenhagen (Polen). 56–59 Lehre als Gebrauchswerber in Bergen. 61–66 HGB, L. B. Heisig. 82–91 Lehrer Abend-Akad. HGB. Lebt in Leipzig.

Mackensen, Gerd 15.11.49 Nordhausen. 70–75 KHS Dresden, L G. Horlbeck, G. Kettner. Lebt in Nordhausen.

Magnus, Klaus 28.7.36 Gumbinnen. 57–62 KHS Dresden, L H. T. Richter, M. Schwimmer. 66–69 MS AdK, L H. T. Richter. Lebt in Fulda.

Manigk, Otto 9.2.02 Breslau–19.8.72 Ückeritz. 33 Kunstgewerbeschule Breslau. 24–27 A Berlin. 29/30 A Ranson Paris, L R. Bissière. Lebte auf Usedom.

Mattheuer, Wolfgang 7.4.27 Reichenbach/Vogtl. 46/47 Kunstgewerbeschule Leipzig, anschl. bis 51 HGB, L E. Pruggmayer. Als Maler Autodidakt. 53–74 Lehrer und Prof. HGB. 78 Mitglied AdK Berlin. 93 Austritt aus AdK Berlin. Lebt in Leipzig.

Mattheuer-Neustädt, Ursula 10.7.26 Plauen. 47/48 Kunstgewerbeschule Leipzig. 48–52 HGB, L E. Pruggmayer, W. Arnold. Lebt in Leipzig.

Metzkes, Harald 23.1.29 Bautzen. 49–53 KHS Dresden, L W. Lachnit, R. Bergander. 55–58 MS AdK, L O. Nagel. 86 Mitglied AdK Berlin. 91 Austritt AdK. Lebt in Wegendorf/Brandenburg.

Minkewitz, Reinhard 18.12.1957 Magdeburg. 79–84 HGB, L R. Kuhrt. 87/88 MS AdK, L G. Kettner. Lebt in Leipzig.

Möhwald, Otto 19.1.33 Krausebauden/Riesengebirge. 50 bis 54 Institut für künstl. Werkgestaltung Halle, L E. Hahs, K. Bunge, L. Zitzmann. Lebt in Halle/Saale.

Mörstedt, Alfred Traugott 15.3.25 Erfurt. 40–43 Ausbildung zum Gebrauchswerber, 47–48 Meisterschule für angewandte Kunst Erfurt, 48–51 KHS Weimar, L H. Kirchberger, O. Herbig, 51–52 KHS Berlin, L A. Mohr. Lebt in Erfurt.

Morgner, Michael 6.4.42 Chemnitz. 61–66 HGB, L H. Wagner. 92 Sächsische A Dresden und Freie A Leipzig. Mitglied der Sächsischen AdK. Lebt in Einsiedel b. Chemnitz. WV Graphik von G. Juppe, Leipzig 2000.

Mohr, Arno 29.7.10 Posen–23.5.2001 Berlin. 33/34 KHS Berlin-Charlottenburg, L M. Klever, E. Wolfsfeld. 46 Prof. KHS Berlin. 70 AdK. WV Graphik von K. Werner, Berlin 1979.

Mucchi, Gabriele 25.6.1899 Turin–10.5.2002 Mailand. 16 bis 23 Architekturstudium in Bologna. 29–31 in Berlin. 31–34 Paris. Ab 34 Mailand. 44–45 gemeinsam mit seiner Frau Teilnahme am antifaschistischen Widerstandskampf. 53 Mitbegründer der Zeitschrift Realismo. 56 – 61 Prof. KHS Berlin. 60–63 Gastprof. Institut für Kunsterziehung Univ. Greifswald. 90 korresp. Mitglied AdK Berlin. Lebte in Mailand und Berlin. WV Graphik von F. Ragghianti, Milano 1970.

Müller, Gerhard Kurt 1.10.26 Leipzig. 48–52 HGB, L E. Voigt. 54–68 Lehrer, Prof. (64–66 Rektor) HGB. Lebt in Leipzig.

Müller, Karl Erich 19.9.17 Halle/Saale–1998 Halle. 32–36 Dekorationsmaler. 46–48 KHS Burg Giebichenstein Halle, L E. Hahs. 65 Mitglied AdK Berlin.

Münch, Armin 1.5.30 Rabenau b. Dresden. 50–55 KHS Dresden, L H. T. Richter, M. Schwimmer. 58–60 MS AdK, L H. T. Richter. Lebt in Rostock.

Münzner, Rolf 3.1.42 Geringswalde. 62–67 HGB, L G. K. Müller. 69–72 Aspirantur HGB bei A. Kapr u. R. Kuhrt. 73–89 Lehrauftrag HGB. Seit 89/90 künstl. Leiter der Lithographie-Werkstatt. 92 Prof. Lebt in Geithain/Sachsen.

Nagel, Otto 27.9.1894 Berlin–12.7.67 Berlin. Als Maler Autodidakt. 19 KPD. 21 Mitbegründer der »Künstlerhilfe für Rußland«. 28 Mitbegründer der ASSO. 33 Ausstellungsverbot. 36–37 KZ Sachsenhausen. 48 Prof. 50 Gründungsmitglied AdK Berlin, 56–62 Präsident. Lebte in Berlin.

Naumann, Hermann 14.2.30 Radebeul. 47–50 Studium der Bildhauerei bei H. Volwahsen. Ab 50 freischaffend im Künstlerhaus Dresden. 94 Übersiedlung nach Dittersbach b. Stolpen. WV Plastik von H. Luzens, Dittersbach 2000.

Nehmer, Rudolf 12.5.12 Bodesberg/Oder–12.7.83 Dresden. 32–36 A Dresden, L W. Griegel. Lebte in Dresden.

Nerlinger, Oskar 23.3.1893 Schwann/Schwarzheide–25.8.69 Berlin. 08 bis 15 Kunstgewerbeschule Straßburg und Kunstgewerbemuseum Berlin, L E. Orlik, E. R. Weiß. 21–25 Mitarbeit an Waldens Sturm. 28 KPD, ASSO, Mitglied der Künstlergruppe »Die Abstrakten«, später »Die Zeitgemäßen«. 33 Verhaftung und Ausstellungsverbot. 45– 51 Prof. KHS Berlin-Charlottenburg, anschließend bis 58 KHS Berlin-Weißensee. 47–49 mit K. Hofer Herausgeber der Zeitschrift bildende kunst. Lebte in Berlin.

Neubert, Willi 9.11.20 Brandau. 50–52 KHS Halle, L K. Knispel, C. Crodel. 60–62 Lehrer KHS Halle. Seit 70 dort Prof. 74 Mitglied AdK. Lebt in Thale.

Nicolaus, Roland 1954 Berlin. 78/79 KHS Halle. 79–83 KHS Berlin, L. D. Noßky. 85–88 MS AdK, L W. Neubert. Lebt in Berlin.

Niemeyer-Holstein, Otto 11.5.1896 Kiel–20.2.84 Lüttenort. 16–25 autodidaktisches Studium der Malerei, später Anleitung durch A. Segal. 25/26 A Kassel. 26–39 Weiterbildung in Berlin, gefördert von W. Jaeckel. 39 endgültige Übersiedlung nach Lüttenort / Usedom. 69 korrespondierendes Mitglied AdK Berlin. WV Druckgraphik von G. Schmidt u. a., Berlin 1984.

Oeser, Philip 1.6.29 als Herbert Müller in Nordhausen. 49 KHS Weimar, ab 51 KHS Berlin-Charlottenburg, L H. Uhlmann, ab 53 bei M. Kaus. 56 MS bei M. Kaus. 61–63 Gemälderestaurator im Angermuseum Erfurt. Ab 64 Kunstsammlungen Weimar. 74–77 Chefrestaurator Kunstsammlungen Weimar. Lebt in Weimar.

Paetz, Otto 22.1.14 Reichenbach/Vogtl. Lehre als Dekorationsmaler. 35–39 Meisterschule für Handwerk und angewandte Kunst Weimar. 41–45 KHS Weimar, L W. Klemm. Lebt in Weimar.

Paris, Ronald 12.8.33 Sondershausen. 48–50 Glasmalerlehre in Weimar. 53–58 KHS Berlin, L T. Mau, A. Mohr, G. Mucchi, K. Robbel. 63–66 MS AdK, L O. Nagel. 93–98 Prof. KHS Halle. Lebt seit 85 in Rangsdorf bei Berlin.

Pauly, Charlotte E. 6.12.1886 Stampen–24.3.81 Berlin. 09–14 Univ. München. 15 Promotion Univ. Würzburg. 17 Kunstschulen München und Stuttgart, L O. Pankok. 28/29 weitergebildet bei D. Vazquez Diaz in Madrid. Lebte in Berlin-Friedrichshagen.

Penck, A. R. 5.10.39 als Ralf Winkler in Dresden. 53–54 Lehrgangsteilnehmer Volkshochschule Dresden bei J. Böttcher. 55/56 Lehre als Werbezeichner. 56/57 Abendkurse KHS Dresden. 81 Übersiedlung in die BRD. 83 in London. 88/89 Prof. KHS Düsseldorf. Lebt in Dublin, London und Düsseldorf.

Perthen, Christine 21.7.48 Pirna. 67–72 KHS Berlin. 72–75 Modegestalterin. 76–79 MS AdK, L W. Klemke. 77 Lehrauftrag KHS Berlin. 93 Prof. KHS Berlin.

Petrovsky, Wolfgang 4.6.47 Hainsberg bei Dresden. 66–70 Studium Kunsterziehung Univ. Leipzig. 90–93 Lehraufträge KHS Dresden und Hamburg. Lebt in Freital.

Peuker, Wolfgang 27.5.45 Aussig–2001 Berlin. 65–70 HGB, L W. Tübke, B. Heisig, W. Mattheuer. 77–83 Lehrtätigkeit HGB Leipzig. 89 Leitung Malklasse KHS Berlin. 93 Prof.

Pfeifer, Uwe 14.2.1947 Halle. 68–73 HGB, L W. Tübke, W. Mattheuer. 75 Lehrauftrag KHS Halle. Lebt in Halle. WV Malerei und Graphik von W. Büche, Halle 97.

Plenkers, Stefan 28.4.1945 Ebern b. Bamberg. 67–72 KHS Dresden. 80–82 MS bei G. Kettner. Lebt in Dresden.

Querner, Curt 7.4.04 Börnchen b. Freital–10.3.76 Börnchen. 26–30 A Dresden, L R. Müller, O. Dix. 30 KPD, ASSO. Lebte in Börnchen.

Quevedo, Nuria 18.3.38 Barcelona. 52 Emigration der Familie aus Spanien. 59–63 KHS Berlin, L A. Mohr, K. Wittkugel, W. Klemke. 69–71 MS AdK, L W. Klemke. 86–91 Mitglied AdK Berlin. 94–96 Gastprof. Univ. Greifswald. Lebt in Berlin.

Ranft, Thomas 11.1.45 Königssee/Thür. 67–72 HGB, L H. Wagner. 86–89 Lehrtätigkeit Fachhochschule Schneeberg. 93 Mitglied Freie AdK Leipzig. Lebt in Chemnitz.

Ranft-Schinke, Dagmar 10.4.44 Chemnitz. 63–68 HGB, L W. Mattheuer. Lebt in Chemnitz.

Rauch, Neo 18.4.1960 Leipzig. 81–86 HGB, L A. Rink. 86–90 MS bei B. Heisig. 93–98 Künstlerischer Assistent HGB. Lebt in Leipzig.

Rehfeldt, Robert 5.1.31 Stargard–1993 Berlin. 48–53 KHS Berlin-Charlottenburg, L A. Camaro. Lebte in Berlin.

Richter, Gerenot 5.12.1926 Dresden–5.1.91 Berlin. 49–59 Studium Kunsterziehung TU Dresden, Univ. Leipzig und KHS Berlin. 55 Lehrauftrag Institut für Kunsterziehung Humboldt-Univ. Berlin. 62–65 externes Studium KHS Berlin, L H. Burkhardt, F. Dähn. 71 Prof. Institut für Kunsterziehung Humboldt-Univ. Lebte in Berlin.

Richter, Günter 7.5.33 Meißen. 53–58 HGB, L B. Heisig. 90 Lehrauftrag Abendakademie HGB. Lebt in Leipzig.

Richter, Hans Theo 7.8.02 Rochlitz–14.9.69 Dresden. 18–23 Kunstgewerbeakademie Dresden. 26–31 A Dresden, MS von O. Dix. 44 Dozent A Leipzig. 47–67 Prof. KHS Dresden. 56 Mitglied AdK Berlin, ebenfalls Bayerische Akademie der schönen Künste. WV Graphik von W. Schmidt, Berlin/Dresden 1974.

Rink, Arno 26.9.40 Schlotheim/Thür. 62–67 HGB, L B. Heisig. Seit 73 Lehrtätigkeit HGB. 79 Prof. 87–95 Rektor HGB Leipzig. Lebt in Leipzig.

Roenspieß, Klaus 23.1.1935 Berlin. 54–55 KHS Berlin. Lebt in Berlin.

Robbel, Kurt 20.5.09 Berlin–11.7.86 Mahlow bei Berlin. 25–29 Holzbildhauer. 28–31 Kunstgewerbeschule Berlin. 41/42 Hospitant KHS Berlin. 51–74 Lehrtätigkeit, Prof. an KHS Berlin. Lebte in Mahlow bei Berlin.

Rosenhauer, Theodor 8.5.01 Dresden–14.6.96 Dresden. 19/20 Kunstgewerbeschule Dresden, anschließend bis 24 A Dresden, L F. Dorsch. 69 korresp. Mitglied AdK Berlin. Lebte in Dresden.

Ruddigkeit, Frank 19.8.39 Grenzberg. 57–62 HGB, L H. Wagner, H. Mayer-Foreyt. Ab 74 Lehrtätigkeit KHS Halle. 81 Prof. Lebt in Leipzig.

Rudolph, Wilhelm 22.2.1889 Chemnitz–30.9.82 Dresden. 08–14 A Dresden, L R. Sterl, C. Bantzer. 32 Prof. A Dresden. 38 Entlassung aus dem Lehramt. 46–48 Lehrtätigkeit KHS Dresden. Lebte in Dresden.

Sagert, Horst 13.10.34 Dramburg/Pommern. 53–58 KHS Berlin, L H. Kilger. Danach Bühnenbildner und Kostüme für verschiedene Berliner Theater. Lebt in Berlin.

Sakulowski, Horst 28.8.43 Saalfeld. 62–67 HGB, L B. Heisig. Lebt in Weida/Thür.

Sandberg, Herbert 18.4.08 Posen–1991 Berlin. 26–28 A Breslau, L O. Mueller. 28–33 Mitarbeit an Berliner Zeitungen. 29 ASSO. 30 KPD. 34–45 Zuchthaus Brandenburg und KZ Buchenwald. 45–50 mit Günter Weisenborn Herausgeber der Zeitschrift Ulenspiegel. 54–57 Chefredakteur der Bildenden Kunst. 70–73 Gastprof. HGB. 83 Mitglied AdK Berlin. Lebte in Berlin.

Sander, Otto 2.6.49 Osmarsleben. 71–76 KHS Dresden, L G. Horlbeck. Lebt in Neuenhagen.

Schieferdecker, Jürgen 23.11.39 Meerane. 55–62 Architekturstudium TH Dresden, dort Mal- und Zeichenunterricht L G. Nerlich. Seit 76 Betreuer des Kunstbesitzes der TU Dresden. 93 Prof. f. bildkünstlerische Lehre im Fach Architektur, TU Dresden. Lebt in Dresden.

Schimansky, Hanns 26.5.49 Bitterfeld. 68–72 Landwirtschaftsstudium Univ. Rostock. Als Künstler Autodidakt. 77–80 MS AdK Berlin, L K. E. Müller, ab 79 G. Kettner. 97 Mitglied AdK Berlin. Prof. KHS Berlin.

Schlesinger, Gil 25.3.31 Aussig/Tschechien. 60–62 Fachschule für angewandte Kunst Leipzig. Lebt in Schweifenkirchen b. München

Schmidt, Hans-Otto 15.5.45 Bützow/Mecklenburg. Als Maler Autodidakt. Lebt seit 75 in Berlin.

Schmidt-Kirstein, Helmut 5.11.09 Aue/Erzgeb.–27.3.85 Dresden. 29–33 TH Dresden und Kunstgewerbeakademie Dresden. 34–36 Fachlehrer für dekorative Berufe. Lebte in Dresden.

Schnürpel, Peter 20.2.41 Leipzig. 60–65 HGB, L K. Krug, W. Mattheuer, B. Heisig. 65–68 Lehrauftrag im Fachbereich Kunsterziehung der Univ. Leipzig. Seit 78 Fachschule für angewandte Kunst Schneeberg. 90 Direktor dass. 92 Prof. Lebt in Altenburg. WV Graphik von H. Penndorf u. T. Matuszak. Altenburg 2001.

Schroeder, Ernst 15.7.28 Stettin–11.12.89 Hamburg. 49–54 KHS Berlin-Charlottenburg. 56 – 58 MS AdK Berlin, L O. Nagel, H. Ehmsen. Lebte ab 58 in Hamburg. WV von J. Makerinus, Berlin 1996.

Schultheiß, Arnd 22.3.30 Leipzig. 46–51 HGB, L E. Voigt, M. Schwimmer. 91 Lehrbeauftragter HGB. Lebt in Leipzig.

Schwimmer, Max 9.12.1895 Leipzig–12.5.60 Leipzig. 10–16 Lehrerseminar. 19 Univ. Leipzig (Kunstgeschichte). 24/25 freies Studium in Paris. 26–33 Lehrer an Kunstgewerbeschule Leipzig. 33 Entlassung. 49–50 Prof. HGB, anschließend KHS Dresden. 52 Mitglied AdK Berlin. Lebte in Leipzig.

Sell, Lothar 16.11.39 Treuenbrietzen. 57–63 KHS Dresden, L H. T. Richter. 66–69 MS AdK, L H. T. Richter. 74 Lehrbeauftragter KHS Halle. Lebt in Meißen.

Sitte, Willi 28.2.21 Kratzau. 36–39 Kunstschule des Nordböhmischen Gewerbemuseums Reichenberg, anschließend bis 40 Meisterschule für Malerei Kronenburg, Eifel, L W. Peiner. 44 Übertritt zu italienischen Partisanen. 47 Übersiedlung nach Halle. 51–86 Lehrer, Prof. KHS Halle. 69–90 Mitglied AdK Berlin. 74–88 Präsident des Verbandes Bildender Künstler der DDR. Lebt in Halle/Saale.

Smy, Wolfgang 31.5.52 Dresden. 74–76 KHS Dresden. 76–79 HGB, L B. Heisig, S. Gille. Lebt in Kreischa bei Dresden.

Sonntag, Gerd 2.3.1954 Weimar. 73 HGB. 74/75 Lehre als Steinmetz Jena. 80–82 MS AdK, L T. Balden. Lebt in Berlin.

Stelzmann, Volker 5.11.40 Dresden. 63–68 HGB, L G. K. Müller. Seit 75 Lehrtätigkeit. 82 Prof. HGB. 87/88 Gastprof. am Städel Frankfurt/Main. Seit 88 Prof. KHS Berlin-Charlottenburg. Lebt in Berlin.

Stötzer, Werner 2.4.31 Sonneberg. 49–51 KHS Weimar, L Hans van Breek, Siegfried Tschiersky. 51–53 KHS Dresden, L E. Hoffmann, W. Arnold. 54–58 MS AdK, L G. Seitz. 75–78 Gastdozent KHS Berlin. 78 Mitglied AdK Berlin. 87 Prof. 90 Vizepräsident AdK Berlin. Lebt in Alt Langsow/Oderbruch.

Strempel, Horst 16.6.04 Beuthen–4.5.75 Berlin. Bis 33 A Breslau, L O. Moll, O. Mundler. 33 in Paris. 41 pol. Haft. 47 – 53 Prof. KHS Berlin-Weißensee. Danach Übersiedlung nach Westberlin.

Strozynski, Ursula 11.1.54 Dingelstädt/Thür. 72–76 Architekturstudium TU Dresden. Lebt in Berlin.

Stürmer-Alex, Erika 4.2.1938 Wriezen/Oderbruch. 68 Fachschule für angew. Kunst Berlin-Schöneweide. 58–63 KHS Berlin, L H. Behrens-Hangeler, K. Robbel. Lebt in Lietzen.

Sylvester, Peter 5.3.37 Saalfeld. Als Künstler Autodidakt. Lebt in Leipzig.

Tessmer, Heinrich 12.4.43 Rottluff b. Chemnitz. 59–62 Arbeiter-und-Bauernfakultät KHS Dresden. 64–69 KHS Berlin, L W. Womacka, K. Robbel, A. Mohr. 69/70 MS, L W. Womacka. 77 Dozentur. 84 Prof. KHS Berlin. Lebt in Berlin.

Thiele, Günter 13.8.30 Leipzig. 49/50 Kunstgewerbeschule Leipzig, L W. Münze. 56–60 KHS Berlin-Charlottenburg, L E. Schumacher. 75–92 Lehrtätigkeit HGB Leipzig. Lebt in Leipzig.

Ticha, Hans 2.9.40 Bodenbach. 65–70 KHS Berlin, L K. Robbel, W. Womacka, K. Wittkugel. Lebt in Maintal. WV Druckgraphik von H. Lübbert u. H. Ticha, Maintal 2000.

Tröger, Fritz 19.5.1894 Dresden–5.4.78 Dresden. 14–18 Kunstgewerbeschule Dresden, anschließend bis 25 A Dresden, L M. Feldbauer, O. Hettner, O. Gussmann. Lebte in Dresden.

Tübke, Werner 30.7.29 Schönebeck (Elbe). 45–47 Malerlehre und Meisterschule für das deutsche Handwerk Magdeburg. 48–50 HGB, L E. Hassebrauk, E. Voigt. Anschließend bis 51 Studium Kunsterziehung und Psychologie Univ. Greifswald. 56/57 Lehrtätigkeit HGB. 63–76 Lehrer HGB, 65 Dozent, 72 Prof. (zeitweilig Rektor). 82 Mitglied d. Kgl. A Stockholm. 83 Mitglied AdK Berlin. 92 Austritt AdK. Lebt in Leipzig. WV. von K. H. Schulze, Dresden/Leipzig/Berlin 1976. WV Malerei von B. Tübke-Schellenberger, Dresden 1999.

Tucholke, Dieter 8.7.34 Berlin–2001 Berlin. 52–57 KHS Berlin, L W. Klemke, A. Mohr. Lebte in Berlin.

Tucholski, Herbert 21.6.1896 Konitz–29.3.84 Berlin. 13–15, 19–21 Unterrichtsanstalt des Kunstgewerbemuseums Berlin, anschließend bis 26 A Dresden, L R. Müller, M. Feldbauer, L. v. Hofmann. 26–28 Hospitant Vereinigte Staatsschulen Berlin. 57–59 Mentor für Graphik am Institut für bildende Kunst Berlin. 62–65 Leiter der zentralen Werkstätten für Graphik Berlin. Lebte in Berlin.

Uhlig, Max 23.6.37 Dresden. 55–60 KHS Dresden, L H. T. Richter, M. Schwimmer. 61–63 MS AdK Berlin, L H. T. Richter. 95 Prof. KHS Dresden. Mitglied der Sächsischen AdK.

Vent, Hans 13.2.34 Weimar. 53–58 KHS Berlin, L T. Mau, K. Robbel, B. Heller, G. Mucchi. 76–81 Lehrauftrag KHS Berlin. 90 Mitglied AdK Berlin. WV Graphik von P. Röske. Burgk 1989.

Volmer, Steffen 3.2.55 Dresden. 76–81 HGB, L H. Wagner, H. Ebersbach. 82–84 MS an KHS Dresden, L G. Kettner. Lebt in Chemnitz.

Wagenbrett, Norbert 7.11.54 Leipzig. 77–82 HGB, L A. Rink, W. Peuker, V. Stelzmann, S. Gille. 86–88 MS bei W. Sitte. Lebt in Leipzig.

Wegehaupt, Matthias 20.3.38 Berlin. 56–58 Institut für Kunsterziehung, Univ. Greifswald. 58–60 freie Malerei bei O. Manigk u. O. Niemeyer-Holstein. 62–64 KHS Berlin-Weißensee. Lebt auf Usedom.

Wegewitz, Olaf 2.10.49 Schönebeck. Als Künstler Autodidakt, 72/73 freie Studien bei Hans Schulze, Leipzig. Lebt in Huy-Neinstedt/Harz.

Weidensdorfer, Claus 19.8.31 Coswig. 51–56 KHS Dresden, L E. Fraaß, H. T. Richter, M. Schwimmer. 75–89 Lehrauftrag Fachschule für Werbung und Gestaltung Berlin-Schöneweide. 89 Lehrauftrag KHS Dresden. 92–97 Prof. KHS Dresden. Lebt in Radebeul. WV Graphik von G. u. A. Muschter. Leipzig 1990.

Wendisch, Trakia 7.8.58 Berlin. 77–82 HGB, L D. Burger, B. Heisig. 85 MS KHS Dresden, L G. Kettner. Lebt in Berlin.

Wenzel, Jürgen 2.12.50 Annaberg. 67–71 Lehre als Porzellanmaler in Meißen. 75–80 KHS Dresden. Lebt in Dresden.

Wetzel, Christoph 5.6.47 Berlin. 66–67 Lehre als Steinmetz. 67–73 KHS Dresden, L G. Kettner, Fr. Eisel. 74–77 Assistent KHS Dresden. Lebt in Dresden.

Werner, Rolf 11.9.16 Leipzig–6.10.89 Bansin/Usedom. 37–39 A Leipzig, L G. Belwe. Lebte auf Usedom.

Wienckowski, Gerhard 25.9.1935 Fürstenwalde. 54–57 Fachschule für angewandte Kunst Potsdam. 59–68 KHS Dresden, L H. T. Richter, G. Kettner. Lebt in Eberswalde.

Wigand, Albert 24.8.1890 Ziegenhain/Hessen–17.5.78 Leipzig. Schüler von L. Kunowski in Düsseldorf. 20–22 Studium bei O. Ubbelohde. 23–24 Kunstgewerbeschule Berlin. Lebte von 25–71 in Dresden. Bis 56 Lebensunterhalt durch außerkünstlerische Tätigkeiten (Schaufensterdekorateur, Laternenwärter).

Wilhelm, Paul 29.3.1886 Greiz–23.10.65 Radebeul. 03–05 Kunstgewerbeschule Dresden. 06–12 A Dresden, L R. Müller, O. Zwintscher, G. Kuehl. Lebte in Radebeul.

Woisnitza, Karla 16.8.52 Rüdersdorf. 73–78 KHS Berlin. Lebt in Berlin.

Wolff, Willy 5.7.05 Dresden–8.7.85 Dresden. 24–33 A Dresden L R. Müller, MS O. Dix. 30 ASSO, KPD. Lebte in Dresden.

Womacka, Walter 22.12.25 Obergeorgenthal/Tschechien. 40–43 Staatsschule für Keramik Teplice. 46–48 Meisterschule für gestaltendes Handwerk Braunschweig. 49–51 KHS Weimar. 51/52 KHS Dresden, L F. Dähn, R. Bergander. Seit 53 Lehrer, 56 Prof. und 67–88 Rektor KHS Berlin. 69 Mitglied AdK Berlin. Lebt in Berlin.

Xago 1942 als Rolf X. Schröder geboren in Elsterwerda. 62–66 Philosophiestudium Humboldt-Univ. Berlin, anschl. Assistent Filmhochschule Babelsberg. 70–75 Deutsche Bauakademie. Lebt in Berlin. WV Malerei, Berlin 1988; Druckgraphik, Dresden 1985.

Zander, Heinz 2.10.39 Wolfen. 59–64 HGB, L B. Heisig. 67–70 MS AdK, L F. Cremer. Lebt in Leipzig.

Zettl, Baldwin 29.9.43 Falkenau/Eger. 64–69 HGB, L G. K. Müller, R. Kuhrt. Lebt in Leipzig.

Zickelbein, Horst 20.12.26 Frankfurt/Oder. 50–55 KHS Berlin, L H. Strempel, B. Heller. 55–58 MS AdK, L H. Ehmsen. Lebte von 58–95 in Berlin. 95 Übersiedlung nach Bornholm/Dänemark.

Ziegler, Doris 14.3.1949 Weimar. 69–74 HGB, L W. Tübke, W. Mattheuer. Seit 90 Assistent HGB. 92 Prof. HGB. Lebt in Leipzig.

Literaturverzeichnis
(Auswahl, chronologisch geordnet)

Grundlegende Werke, Sammelbände, Überblicksliteratur

Fünfziger Jahre

Kunst in der Deutschen Demokratischen Republik. Plastik, Malerei, Grafik. 1949–1959. Einführung von Ullrich Kuhirt. Dresden: Verlag der Kunst 1959. S. 271–288: Bibliographie der Publikationen über die Entwicklung der bildenden Kunst der DDR unter Berücksichtigung der Kulturpolitik. 1946–1958. S. 289–306: Chronologisches Verzeichnis der Ausstellungen der bildenden Künstler der DDR mit Hinweisen auf die wichtigste Literatur. 1945–1958.

Sechziger Jahre

Hütt, Wolfgang: Junge bildende Künstler der DDR. Leipzig: Bibliographisches Institut 1965.
Biographische Skizzen von 25 Künstlern, darunter über die Maler und Graphiker Horst Bartsch, Gerhard Bondzin, Günther Brendel, Jutta Damme, Fritz Fröhlich, Frank Glaser, Harald Hakenbeck, Karl-Heinz Jakob, Gerhard Kettner, Konrad Knebel, Harald Metzkes, Armin Münch, Willi Neubert, Werner Schinko, Siegfried Schümann, Helena Scigala, Willi Sitte, Jürgen Wittdorf, Walter Womacka.
Hütt, Wolfgang: Deutsche Malerei und Graphik im 20. Jahrhundert. Berlin: Henschelverlag 1969. Darin: Kunst der DDR im Kapitel »Die Kunst nach 1945«, S. 457–561.
Graphik in der DDR. Dresden: Kupferstich-Kabinett 1969. Katalog.
Grundlegender Katalog über die Druckgraphik in der DDR. Mit »Bemerkungen zur Geschichte der Graphik der DDR« von Werner Schmidt und einer Dokumentation über Graphik-Werkstätten, Graphik-Ausstellungen in der DDR, DDR-Graphik im Ausland und in Westdeutschland, DDR-Graphiker auf internationalen Graphik-Ausstellungen, Ausländische und westdeutsche Graphik in der DDR, Graphik-Wettbewerbe, Kunstpreise für Graphik und Graphiker, Editionen von graphischen Blättern und Folgen, Graphik-Kreise und Veranstaltungen zur Popularisierung der Graphik.

Siebziger Jahre

Weggefährten. 25 Künstler der DDR. Dresden: Verlag der Kunst 1970.
Sammlung monographischer Beiträge, darunter auf dem Gebiete der Malerei und Graphik: Gerhard Bondzin, Günther Brendel, Jutta Damme, Helmut Diehl, Erich Enge, Wieland Förster, Fritz Fröhlich, Dieter Goltzsche, Karl-Heinz Jakob, Gerhard Kettner, Konrad Knebel, Wolfgang Mattheuer, Harald Metzkes, Armin Münch, Ronald Paris, Günter Tiedeken, Werner Tübke, Claus Weidensdorfer, Heinz Wodzicka.
Allgemeine Geschichte der Kunst. Hrsg. von der Akademie der Künste der UdSSR, Institut für Theorie und Geschichte der bildenden Kunst. Bd. VIII: Die Kunst des 20. Jahrhunderts. Leipzig: E. A. Seemann 1970. Darin: S. 325–351 summarischer Überblick über die »Kunst der DDR«, verfaßt von Ullrich Kuhirt. Der Text ist aus der Sicht der endsechziger Jahre geschrieben.
Hütt, Wolfgang: Wir und die Kunst. 4., grundlegend überarbeitete, erweiterte und neugestaltete Auflage. Berlin: Henschelverlag 1973. Darin: S. 398–414 Malerei und Graphik in der DDR.
Hütt, Wolfgang: Wir – unsere Zeit. Künstler der DDR in ihren Selbstbildnissen. Berlin: Henschelverlag 1974.
Zeichnungen in der Kunst der DDR. Dresden: Kupferstich-Kabinett 1974. Katalog.
Grundlegender, sehr informativer und gründlich kommentierender Katalog zur Kunst der Zeichnung. Gemeinschaftsarbeit zahlreicher Kunsthistoriker unter besonderer Beteiligung von Hans-Ulrich Lehmann; Redaktion und Leitung der Ausstellung: Werner Schmidt.
25 Jahre Graphik in der DDR. Berlin: Altes Museum 1974.
Grundlegender Katalog über die Druckgraphik in der DDR. Unter anderem mit Beiträgen von Hans Ebert: »Die Periode der antifaschistisch-demokratischen Ordnung und die Anfänge der Graphik bis 1955«; Werner Timm: »Zur Graphik in der DDR«; Renate Hartleb: »Holzschnitt und Holzstich in der DDR«.
Schmied, Wieland: Malerei nach 1945. Berlin: Propyläen 1974. Darin: S. 44–57 Eberhard Roters, »Malerei in Deutschland: Die Deutsche Demokratische Republik«.
Lang, Lothar: Begegnungen im Atelier. Berlin: Henschelverlag 1975.
Sammlung von 37 Porträts, die zwischen 1968 und 1972 in der Weltbühne veröffentlicht worden sind, darunter über die Maler und Graphiker Charlotte E. Pauly, Magnus Zeller, Edmund Kesting, Alice Lex und Oskar Nerlinger, Herbert Tucholski, Elena Liessner, Karl von Appen, Theo Balden, Fritz Cremer, Herbert Sandberg, Arno Mohr, Bert Heller, Karl Kröner, Hermann Glöckner, Bernhard Kretzschmar, Wilhelm Rudolph, Albert Wigand, Curt Großpietsch, Hans Jüchser, Fritz Tröger, Otto Griebel, Theodor Rosenhauer, Hans Theo Richter, Curt Querner, Ernst Hassebrauk, Willy Wolff, Otto Niemeyer-Holstein, Kathe Diehn-Bitt, Hedwig Holtz-Sommer, Albert Ebert, Bruno Beye, Alfred Ahner, Alexander Wolfgang, Marianne Britze, Max Langer.
Farbige Grafik in der DDR. Schwerin: Staatliches Museum 1975. Katalog. Desgl. 1979.
Die Collage in der Kunst der DDR. Berlin: Nationalgalerie (Studio) 1975. Katalog.
Maetzke, Karl-Heinz: Galerie Junge Kunst Frankfurt (Oder) (Museums-Kompendium). Leipzig: E.A. Seemann Verlag 1976.
Überblick über die Bestände der Galerie, deren Sammelgebiet ausschließlich die Kunst der DDR ist. Vgl. dazu auch den Galerie-Katalog 1972 sowie den Katalog »Aquarell, Gouache, Tempera, Pastell«, 1974.
Wegbereiter. 25 Künstler der DDR. Mit einem Vorwort von Willi Sitte. Dresden: Verlag der Kunst 1976.
Sammlung biographischer Beiträge, darunter über die Maler und Graphiker Josef Hegenbarth, Heinrich Ehmsen, Max Lingner, Wilhelm Rudolph, Karl Völker, Bernhard Kretzschmar, John Heartfield, Eugen Hoffmann, Oskar Nerlinger, Otto Nagel, Max Schwimmer, Wilhelm Lachnit, Hans Grundig, Hans Theo Richter, Curt Quer-

ner, Heinrich Burkhardt, Lea Grundig, Fritz Cremer, Fritz Dähn, Rudolf Bergander, Walter Arnold, Arno Mohr.

Schumann, Henry: Ateliergespräche. Leipzig: E. A. Seemann Verlag 1976. Materialreicher Band von großer Authentizität (Wiedergabe von Tonbandaufzeichnungen). Gesprächspartner waren Hartmut Bonk, Carlfriedrich Claus, Fritz Eisel, Wieland Förster, Claus-Lutz Gaedicke, Peter Graf, Bernhard Heisig, Friedrich B. Henkel, Werner Hennig, Peter Herrmann, Ursula Mattheuer-Neustädt, Harald Metzkes, Rolf Münzner, Ronald Paris, Wolfgang Peuker, Nuria Quevedo, Arno Rink, Werner Tübke, Christoph Wetzel und Walter Womacka.

documenta 6. Kassel: Paul Dietrichs KG&Co. 1977. Bd. I enthält S. 47/48 von Lothar Lang: »Zur Malerei der siebziger Jahre«, ferner Beiträge desselben Autors über Heisig, Mattheuer, Tübke und Sitte.

Gassner, Hubertus/Gillen, Eckhart (Hrsg.): Kultur und Kunst in der DDR seit 1970. Lahn-Gießen: Anabas-Verlag 1977.

Malerei der DDR. Museum der bildenden Künste Leipzig. Kataloge der Gemäldegalerie, Heft 5, 1977. Text: Henry Schumann.

März, Roland: Collagen in der Kunst der DDR. Leipzig 1978.

Junge Künstler im Sozialismus. Hrsg. von Ingrid Beyer. Berlin: Dietz Verlag 1978. Darin unter anderem über Bock, Peuker, Gille, Sakulowski, Stelzmann, Pfeifer.

Mir scheint, der Kerl lasiert. Dichter über Maler. Hrsg. von Joachim Walther. Berlin: Buchverlag Der Morgen 1978. Darin literarische Reflexionen, unter anderem über Querner, Hachulla, Sitte, Hippold, Glöckner, Claus, Mattheuer, Cremer, Stelzmann, Tübke, Hegewald, Rehfeldt, Ebert, Hussel, Altenbourg.

Lang, Lothar: Malerei und Graphik in der DDR. Leipzig: Edition Leipzig 1978. Dass. Luzern/Frankfurt/Main 1979. Dass. Leipzig: Reclam-Verlag (RUB 955) 1986.

Hütt, Wolfgang: Grafik in der DDR. Dresden: Verlag der Kunst 1979.

Kunst heute in der Deutschen Demokratischen Republik. Aachen: Neue Galerie – Sammlung Ludwig 1979.

Katalog der von Prof. Dr. Peter Ludwig, Aachen, aus der Kunst der DDR für seine Sammlung erworbenen Werke (von Wieland Förster, Bernhard Heisig, Wolfgang Mattheuer, Harald Metzkes, Willi Sitte, Volker Stelzmann, Werner Tübke, Werner Stötzer und Heinz Zander). Mit Texten von Werner Becker, Lothar Lang und einem Gespräch mit Peter Ludwig.

Weggefährten – Zeitgenossen. Bildende Kunst aus drei Jahrzehnten. Berlin: Altes Museum 1979. Katalog. Grundlegender Katalog zum 30. Jahrestag der Gründung der DDR. Hrsg. vom Ministerium für Kultur und dem Verband bildender Künstler der DDR in Zusammenarbeit mit dem Bundesvorstand des FDGB. Mit der bisher umfangreichsten Chronologie und Bibliographie zur bildenden Kunst der DDR. Texte von Günter Feist, Karl Max Kober, Wolfgang Hütt, Ullrich Kuhirt, Hermann Raum, Ursula Feist, Peter H. Feist, Helga Möbius, Harald Olbrich, Lothar Lang, Erhard Frommhold und Rudolf Kober.

Thomas, Karin: Die Malerei in der DDR 1949–1979. Köln: DuMont 1980 (DuMont-Taschenbücher 97).

Achtziger Jahre

Peinture et Gravure en République Démokratique Allemande. Paris: Musée d'Art Moderne de la Ville de Paris 1981. Katalog der ersten repräsentativen DDR-Kunstausstellung in Paris mit Texten von Bernadette Contensou, Hans-Joachim Hoffmann, Lothar Lang und Raoul-Jean Moulin.

Aquarelle in der DDR. Erfurt: Galerie am Fischmarkt 1981. Katalog mit Texten von Christian Oemig und Jens Semrau.

Künstler der DDR (Altenbourg, Förster, Heisig, Kettner, Metzkes, Sitte, Stötzer, Tübke). Katalog Jahrhunderthalle Höchst (Text: Günter Meißner).

Kunst der DDR 1945–1955. Hrsg. von Ullrich Kuhirt. Leipzig 1982.

Kunst der DDR 1960–1980. Hrsg. von Ullrich Kuhirt. Leipzig 1983.

DDR heute. Malerei, Grafik, Plastik. Ausstellung Kunsthalle Worpswede Friedrich Netzel 1987.

Künstlerische Druckgrafik in der DDR. Sammlung Wolfgang Schreiner. Katalog Oberhausen 1987.

Nationalgalerie Sammlung Kunst der DDR. Berlin. Bearb. von Hans Jürgen Papies und Fritz Jacobi.

Kunst der DDR in den achtziger Jahren. Katalog Galerie Stadt Esslingen, Villa Merkel 1986.

Stationen eines Weges. Daten und Zitate zur Kunst und Kunstpolitik der DDR 1945–1988. Zusammengestellt von Günter Feist unter Mitarbeit von Eckhart Gillen. Berlin 1988, 2. erw. Auflage 1990.

Zeitvergleich '88. 13 Maler aus der DDR. Katalog Berliner Festspiele/Galerie Brusberg/Staatlicher Kunsthandel der DDR. Berlin 1988.

Zeichnungen in der Kunst der DDR. Eine Auswahl aus 40 Jahren. Berlin: Akademie der Künste der DDR 1989.

Durchblick. Katalog Ludwig-Institut für Kunst der DDR. Oberhausen 1984.

Durchblick 2. Katalog Ludwig-Institut für Kunst der DDR. Oberhausen 1986.

Karl Max Kober: Die Kunst der frühen Jahre. 1945–1949. Leipzig 1989.

Konturen. Werke seit 1949 geborener Künstler der DDR. Katalog Nationalgalerie Berlin 1989 (Texte: Jörg Makarinus, Fritz Jacobi, Eugen Blume).

Zwischenspiele. Junge Künstler und Künstlerinnen aus der DDR. Katalog Neue Gesellschaft für bildende Kunst und VBK-DDR Berlin 1988 (Texte: Matthias Flügge, Christoph Tannert, Jörg Sperling u.a.).

Neunziger Jahre

20 Künstler aus der ehemaligen DDR. Berlin: Deutscher Künstlerbund 1990 (Katalogtext Lothar Lang).

Staatskünstler – Harlekin – Kritiker? DDR-Malerei als Zeitdokument. Berlin 1991 (Texte: Dieter Brusberg u.a.).

Wolfgang Knop: Wegzeichen, Zeitzeugen. Illustrierte Postkarten und Briefe zur Wende und Einheit. Suhl 1993.

Ein Rückblick. 25 Jahre Kunsthalle Rostock. Rostock 1994 (Texte: Horst Zimmermann u.a.).

Grafik in der DDR. Die Sammlung Schreiner in der Sammlung Ludwig. Nürnberg 1994.

Kunstdokumentation 1945–1990. SBZ/DDR. Hrsg. von Günter Feist, Eckhart Gillen und Beatrice Vierneisel. Berlin 1996.

Souveräne Wege. 6 Künstler aus der DDR (Altenbourg, Claus, Glöckner, Göschel, Morgner, Uhlig). Katalog Jenaer Kunstverein 1997 (Texte: Karin Thomas, Matthias Flügge).

Ostwind. Fünf deutsche Maler aus der Sammlung der Grundkreditbank Berlin (Altenbourg, Heisig, Mattheuer, Metzkes, Tübke). Katalog 1997 (Texte: Dieter Brusberg, Friedrich Dieckmann, Peter H. Feist, Jörg Makarinus).

Tradition – Innovation. Jüngere Künstler der DDR. Eine Ausstellung des Kupferstich-Kabinetts Dresden. Leverkusen 1990 (Text: Werner Schmidt).

Jahresringe. Kunstraum DDR. Eine Sammlung. 1945–1989. Katalog Kunsthaus Apolda (Text: Matthias Flügge).

Zwischen Anpassung und Widerspruch. Kunst aus dem anderen Deutschland. Sammlung Schreiner. Bamberg 1990 (Text: Lothar Lang).

Martin Demus: Malerei der DDR. Funktionen der bildenden Kunst im realen Sozialismus. Hamburg 1991.

Gabriele Muschter, Rüdiger Thomas (Hrsg.): Jenseits der Staatskultur. Traditionen autonomer Kunst in der DDR. München 1992.

Auftrag: Kunst 1949–1990. Bildende Künstler in der DDR zwischen Ästhetik und Politik. Hrsg. von Monika Flacke. Berlin 1995.

Zwischen Expressivität und Sachlichkeit. 16 Künstlerinnen aus den neuen Bundesländern. Katalog Frankfurt/Oder 1993.

Fragen auf Antworten/Du sollst dir kein Bild machen. Katalog Galerie Berlin 1990.

Mail Art-Szene DDR. 1975–1990 (Konzeption: Wolfgang Eigendorf). Berlin 1994.

Enge und Vielfalt. Auftragskunst und Kunstförderung in der DDR. Hrsg. von Paul Kaiser. Hamburg 1999.

Christa Wolf/Gerhard Wolf: Unsere Freunde, die Maler. Hrsg. von Peter Böthig. Berlin 1995.

Ausgebürgert. Künstler aus der DDR 1949–1989. Hrsg. von Werner Schmidt. Berlin 1990.

Sammlung Siegfried Seiz. Figurative Malerei aus dem letzten Jahrzehnt der DDR. Bestandskatalog, bearb. von Gisold Lammel. Potsdam 1999 (Texte: Peter Guth, Dieter Hoffmann, Wolfgang Hütt, Gisold Lammel, Lothar Lang, Lothar Späth, Gabriele Uelsberg).

Zweitausend

Hermann Raum: Bildende Kunst in der DDR. Die andere Moderne. Berlin 2000.

Deutsche Kunst zwischen gestern und heute. Sammlungskatalog Galerie Junge Kunst Frankfurt/Oder 2000 (Texte: Brigitte Rieger-Jähner, Armin Hauer).

Sammlung Gerenot und Ingeborg Richter. Sammlung zur Kunst der DDR. Katalog Galerie Albstadt 2001 (Text: Peter H. Feist).

Register

Abbildungsnachweis

Akademie der Künste Berlin: 22 u., 28 o., 30, 34, 36, 177
Angermuseum Erfurt: 263
Atelier ONH: 90 u., 268 u.
Berlinische Galerie: 42, 172 u., 200, 211, 237 o.r., 238, 242 o.
Egon Beyer, Berlin: 91, 208
Bildarchiv Preußischer Kulturbesitz: 87
Jürgen Buchhold, Freital: 145 o.l.
Döring, Dresden: 219 o.l., 220
Galerie Brusberg, Berlin: 133 o.
Galerie Junge Kunst Frankfurt/Oder: 28 u., 48, 49 u., 72 u., 79, 81, 96, 139, 204, 218, 228 o., 264 o.l.
Galerie Moritzburg Halle: 32, 111, 112, 154, 214, 244 u., 247
Galerie Neue Meister, Dresden: 16, 22 o., 29, 58, 66, 78, 84, 92 o., 105, 125, 186, 192, 245, 248, 249
Ursula Gerstenberger: 166
Klaus E. Göltz, Halle: 145 u.l., 259
Grundkreditbank Berlin: 181, 240 o.
Heinrich-Ehmsen-Stiftung Kiel: 82
Reinhard Hentze, Halle: 93, 261
Hermann E. Kissling: 231
Klingspor-Museum Offenbach: 226 o.
Bertram Kober, Leipzig: 147 u.
Bernd Kuhnert, Berlin: 70 u., 72 o., 74 o., 85, 86, 201, 203, 210, 217, 219 u.l., 234 u., 252
Kunstgalerie Gera: 133 u.
Kunsthalle Rostock: 88, 129, 265 o., 267, 268 o.
Kunstsammlung Chemnitz: 149
Kunstsammlung Cottbus: 102, 128
Kunsthaus Zürich: 57
Jürgen Kunstmann: 145 o.r.
Kunstsammlung Neubrandenburg: 60
Kunstsammlung Weimar: 70 o.
Kupferstichkabinett Dresden: 27, 49 o.r., 69, 103, 108 o., 127, 172 o., 242 u., 250, 251, 267 o.
Kupferstichkabinett Berlin: 173
Lindenau-Museum Altenburg: 35, 264 u.r.
Ludwig-Forum für Internationale Kunst, Aachen: 120, 121
Ludwig-Institut Oberhausen: 115, 194
Märkisches Museum Berlin: 227
Roman März, Berlin: 198
Winfried Meusolf: 92 u.
Dr. Gerhard Murza, Berlin: 94
Museum der bildenden Künste Leipzig: 19 u., 52, 134 u., 135, 136, 143 o., 144, 166, 180
Museum Ludwig, Köln: 104 u.
Nationalgalerie Berlin: 10, 19 o., 21, 31, 45, 46 u., 50 o., 67, 68, 71, 83, 88, 113, 137, 138, 148, 230 o., 232, 235 u.
Frank Rüdiger, Gera: 95
Sammlung Ludwig: 53
Sammlung Piepenbrock, Berlin: 206/207
Sammlung Rugo, Düsseldorf: 98
Sammlung Schreiner, Bad Steben: 108 u., 188, 235 o.
Sammlung Seiz, Reutlingen: 73, 182, 205, 219 u.r., 222 o., 236, 239
Sammlung Sparkasse Leipzig: 134 o., 130 u.r., 212 o., 215
Christoph Sandig, Leipzig: 130, 131, 142
Bernd Sinterhauf, Berlin: 118
Lothar Sprenger, Dresden: 223
Staatliche Kunstsammlungen Dresden: 89, 116, 237 u.r., 246, 254
Stadtmuseum Jena: 152
Städtische Galerie Cottbus: 44
Städtische Kunstsammlung Chemnitz: 23
Stiftung Carl Friedrich Claus: 170 o.
Stiftung Pommersches Landesmuseum Greifswald: 46 o., 47 o.
Lazlo Toth: 165
Andreas Voigt, Berlin: 209
Angelika Weidling, Berlin: 185
Marion Wenzel: 219 o.r.

Alle weiteren, nicht gesondert genannten Abbildungen stammen aus den Archiven der Künstler, des Autors oder des Verlags.
Unser ausdrücklicher Dank gilt allen Leihgebern für ihre Hilfe.

PROF. DR. LOTHAR LANG, Berlin

Von Hegenbarth zu Altenbourg

Buchillustration und Künstlerbuch in der DDR

2000. VIII, 284 Seiten mit 219 (davon 30 farbigen) Abbildungen. Leinen. ISBN 3-7762-1200-4

Zum historischen abgeschlossenen Thema «Buchillustration in der DDR» liegt hiermit das erste **zusammenfassende und bilanzierende** Buch vor. In Fachkreisen sowie unter Bibliophilen und Bücherfreunden in aller Welt genießt das künstlerische und polygrafische Niveau, das in der Buchillustration der ehemaligen Deutschen Demokratischen Republik von 1945 bis 1990 erreicht worden ist, hohes Ansehen. Der Autor, jahrzehntelang mit der Kunst der europäischen Buchillustration befasst, hat aus intimer Kenntnis der Kunstgeschichte und Buchkunst geschrieben, wobei er auf Bestände der eigenen Sammlung zurückgreifen konnte.

Das reich illustrierte Werk, das sich auf das belletristische Buch konzentriert und das Kinderbuch einschließt, stellt ausführlich die drei «Klassiker» dieser Buchillustration *Josef Hegenbarth, Max Schwimmer* und *Werner Klemke* vor, würdigt aber ebenso das oft vergessene buchkünstlerische Werk solcher Maler und Grafiker wie *Hermann Glöckner, Hans Grundig* und *Elizabeth Shaw*. Große Aufmerksamkeit wird dem Kupferstich und dem Holzstich geschenkt, dessen Domäne die Buchstadt Leipzig war und ist. Die Leipziger Stecherbewegung mit dem Kupferstecher *Baldwin Zettl* und den wesentlichen Meistern der Kunst des Holzstichs, *Gerhard Kurt Müller, Hans-Joachim Walch* und *Karl-Georg Hirsch*, ist ein Novum in der zeitgenössischen Buchillustration. Auch den illustrativen Innovationen der prägenden Zeichner und Druckgrafiker ist weiter Raum gegeben. Neben anderen Künstlern sind *Günter Horlbeck, Ursula Mattheuer-Neustädt, Bernhard Heisig, Harald Metzkes, Dieter Goltzsche, Hans Ticha* und *Ruth Knorr* mit ihren Leistungen vorgestellt. In einem besonderen Kapitel, das sich mit dem Kinder- und Jugendbuch beschäftigt, spannt sich der Bogen von *Hans Baltzer* über *Egbert Herfurth* bis *Manfred Bofinger* und *Klaus Ensikat*. Künstlerische Doppelbegabungen wie *Horst Hussel, Horst Sagert* und *Heinz Zander* sind ebenso behandelt wie Künstlerbuch und Pressendruck, bei denen *Gerhard Altenbourg, Frieder Heinze* und *Olaf Wegewitz* hervorragende Ergebnisse erbracht haben. Auch singuläre Typografen wie *Albert Kapr* und *Gert Wunderlich* erhielten ihren ihnen gebührenden Platz im Buch, das eine kritische Auswahl mit dem Anspruch, stellvertretend für das Ganze zu stehen, bietet.

Der Autor arbeitet methodisch zuweilen mit aufschlussreichen analytischen Vergleichen von Illustrations-Leistungen verschiedener Künstler zu ein und demselben literarischen Werk, etwa von *Gunter Böhmer* und *Werner Klemke* zu Thomas Manns «Krull» oder von *Heinrich Richter* und *Hubertus Giebe* zu Grass' «Blechtrommel».

Der sorgfältig gestaltete Band erschließt ein wichtiges Kapitel jüngster deutscher Buchkunst. **Bibliografische und chronologische Übersichten** erleichtern ebenso wie ein **Register** die Benutzung des Werkes, das in der Handbibliothek eines jeden Freundes des illustrierten Buches nicht fehlen darf.

Postfach 140155 . D-70071 Stuttgart
Telefon 0711-5499 71-11 . Fax 0711-54 99 71-21
e-Mail: hiersemann.hauswedell.verlage@t-online.de

Dr. Ernst Hauswedell & Co., Verlag

Impressum

Abbildung Frontispiz Mark Lammert, Porträt Lothar Lang, 1989, Kreide, 34 x 24 cm

Gestaltung Frank Eilenberger
Layout Atelier für grafische Gestaltung
Druck Jütte-Messedruck Leipzig
Bindung Kunst-und Verlagsbuchbinderei Leipzig
Printed in Germany

ISBN 3-932545-97-4

Es erscheint eine auf 100 Exemplare limitierte Vorzugsausgabe im Schuber mit drei signierten Originallithographien/Selbstporträts von Bernhard Heisig, Wolfgang Mattheuer und Werner Tübke

ISBN 3-932545-87-7

Kataloge schickt gern:
Verlag Faber & Faber Leipzig, D-04107 Leipzig, Mozartstraße 8
Besuchen Sie uns auch im Internet unter
www.faberundfaber.de